유교와 도덕교육의 만남

유교와 도덕교육의 만남

장승희 지음

제주대학교출판부
JEJU NATIONAL UNIVERSITY PRESS

책머리에

　현재 도덕교육이 과연 성공적인가에 대하여 긍정적인 평가를 내리기는 쉽지 않다. 다양한 측면에서 이유를 찾을 수 있겠지만, 문명 패러다임의 변화가 궁극적 원인이 아닌가 생각된다. 인간보다 과학을, 정신보다 물질을, 도덕보다 자본을 더 높이 평가하는 오늘날 패러다임에서 도덕교육은 설 자리가 없어지고 있다. 그렇다고 패러다임만 탓하기에는 인간 존재에서 차지하는 인격·양심·가치의 묵직함이 너무도 엄중하여 차마 그것을 외면할 수 없기에 도덕교육을 그만둘 수 없는 것이다.
　동서양을 막론하고 인간은 도덕성과 관련하여 많은 노력을 기울여왔다. 다양한 이론과 방법을 동원하여 인간은 왜 도덕적으로 살아야 하는지, 어떻게 해야 도덕적으로 될 수 있는지 탐색을 그치지 않았다. 그것은 도덕교육의 정체성을 찾기 위한 노력이었다 해도 과언이 아니다. 우리는 어디에서 그 정체성을 찾아야 할까? 그 답은 전통도덕교육에 있지 않은가 한다.
　유불도로 대표되는 우리의 전통 가운데 현실적 삶에서 어떻게 살 것인가를 성찰한 유교는 오늘날 유효할 뿐만 아니라 새롭게 조명할 필요가 있다. 매순간 삶을 결정하는 것은 거창한 그 무엇이 아니라 바로 지금 여기에서의 소소한 일상일 수 있다. 유교는 그 소소한 데서부터 출발한다. 입고 먹고 자는 데서 출발하여 나와 너·우리·존재와의 관계에서 어떻게 살아야 하는가를 가르친다. 위대한 철학과 세계관도 결국은 내 일상의 소소함에서 출발하며, 유교는 그것을 무시하지 않고 소중히 여기며 가치를 부여한다. 우리가 잊고 있던 점이 바로 이것이다.

유교사상의 본질은 궁극적으로 도덕교육에 있었다. 본서의 제목을 구태여 "유교와 도덕교육의 만남"이라고 한 까닭은 오늘날 그만큼 유교가 그 본질인 도덕교육을 떠나 있다고 판단하였기 때문이다. 유교와 도덕교육의 이런 긴밀성에도 불구하고, 유교를 실제 도덕교육에 적용하기란 쉽지 않다. 경전 해독의 어려움, 가치 패러다임의 괴리 등 여러 요인이 있지만, 필자로서는 도덕교육의 이론·내용·방법에 유교를 적극 수용하지 못하였다는 자괴감을 지울 수 없었다.

여기에 실린 글들은, 도덕교육을 담당하고 유교철학을 공부하면서 이러한 자괴감에서 벗어나기 위한 고민의 결과이며, 다양한 윤리적 상황과 문제들에 대해 유교적 대안을 모색하였던 노력으로, 교육과정과 교과서, 교육 이론·내용·방법에 이르기까지 다양한 접근을 시도해본 것들이다. 막상 지금 보니 부족하고 아쉬운 점이 많지만 현장에 조금이라도 도움이 될 수 있기를 바라는 마음에서 부끄러움을 무릅쓰고 용기를 내 책으로 구성해 보았다.

제1부는 유교의 현재성을 찾고 그 도덕교육적 의미를 탐색한 연구들로, 현대사회 문제들에 대해 유교사상에서 도덕교육적 의미를 찾고자 노력한 결과들이다. 제1장 〈전통도덕의 한계와 새로운 도덕성〉은 작은아들을 키우면서 창의적인 아이들에게 필요한 도덕성을 찾아보고자 한 것이고, 제2장 〈유교에서 배움의 본질과 도덕교육〉

은 큰아들의 공부 과정을 지켜보면서 청소년들에게 공부의 목적과 즐거움을 찾아주기 위한 생각에서 이루어진 글이다. 제3장 〈공자사상에서 정서교육의 해법 찾기〉는 감각 중심의 현대사회에서 인지적 도덕교육의 한계를 보완하기 위해 감성적 도덕성에 초점을 두고 공자의 감정·정서 교육에 대한 관점과 방법을 찾아본 것이다. 제4장 〈남명 조식의 선비정신과 도덕교육〉은 이익 중심의 현대 자본주의 사회에서 선비정신의 본질에 초점을 맞추어 남명의 정신과 그 도덕 교육적 의미를 살펴본 글이다. 제5장 〈다산 정약용의 성(誠) 수양과 도덕교육〉은 유교의 수양 방법들에 대한 현장 적용 연구가 부족함을 느껴 구체화한 것으로, 다음 교육과정 개편 때 제4장과 함께 조금이라도 도움이 되리라 기대하며 쓴 글이다.

제2부는 유교의 도덕교육적 위상과 다른 영역들과의 통섭을 추구한 연구들로, 통섭의 측면은 다문화교육과 통일교육의 관점에서 접근하여 그 가능성을 타진해 보았다. 제1장 〈"동양윤리" 영역 교과지식의 재구조화 원리〉는 교육과정 구성시 동양철학을 어떻게 학교지식으로 전환할 것인지를 탐구한 것이다. 제2장 〈초등 전통윤리교육의 문제점과 활성화 방안〉은 초등학교 현장의 전통윤리교육에 대한 고민에서 나온 것이고, 제3장 〈'바른생활'·'도덕'의 전통윤리교육 분석〉은 그 구체화이다. 제4장 〈고등학교 '전통윤리' 교과서 분석〉은 당시 새롭게 교과로 편성된 '전통윤리' 과목을 분석한 글이다. 제5장 〈유교원리에 의거한 다문화교육 방안〉은 선행 연구인 "유교에서 본 다문화교육 시론"을 바탕으로 오늘날 다문화사회에 필요한 다문화교육 방안을 유교원리에 의거하여 찾아본 것이며, 제6장 〈통일교육의 동양철학적 기초〉는 통일교육의 근거를 동양철학에서 찾고

자 한 시도로, 무엇보다 통일교육의 철학적 근거를 탐색하였다는 데서 그 의미를 찾을 수 있다.

당시에는 치열한 문제의식에서 시작하였음에도 지금 보면 부족한 점들이 보이고, 당시는 중요한 의미가 있었는데 시간이 지나며 의미가 약해진 연구도 있다. 그럼에도 그것들을 포함시킨 이유는 연구 자체가 역사적 의미를 지닐 수 있다고 여겨, 앞으로 연구에 도움이 될까 해서이다.

학생들이 자주 하는 질문은 대부분의 교재들이 서양의 도덕교육 이론과 방법 중심인데 동양의 도덕교육 이론과 방법은 없느냐는 것이었다. 이에 유교도덕교육을 전공한 필자로서 답을 주기가 난감하였다. 이제라도 다행히 참고할 만한 것 하나 내놓게 되어 안심이 된다. 그리고 부족한 글이지만 이렇게 세상에 빛을 볼 수 있도록 출간의 기회를 주신 제주대학교출판부 관계자 여러분들께 감사드린다.

초등학교 교장을 지내셨던 선친과 교육자의 아내로서 평생 내조를 아끼지 않으셨던 모친. 늘 소소한 일상에서의 나눔과 실천을 강조하셨던 그분들의 가르침이 지금 두 아들과 제자들 교육에 소중한 밑거름이 되었다. 오늘따라 당신들의 마음을 미처 헤아리기도 전에 세상을 뜨신 두 분이 그립다.

2013년 12월
유교와 도덕교육, 그 새로운 만남의 가능성을 믿으며
사라봉 아래 인훈당에서
장승희

차례

책머리에 / 5

【제1부】 유교의 현재성과 도덕교육적 의미

제1장 전통도덕의 한계와 새로운 도덕성
― 창의성과 도덕성의 상생을 중심으로 ―

Ⅰ. 머리말 : 전통도덕의 한계와 그 가능성 ·················17
Ⅱ. 사회변화와 시대정신, 그리고 창의성 ·················22
Ⅲ. 창의성과 도덕성의 상생을 위하여 ·················26
   1. 창의성과 영재교육, 그리고 도덕성 ·················26
   2. 도덕지능과 창조적 리더십 ·················34
Ⅳ. 맺음말 : 창의 도덕성의 가능성 모색 ·················41

제2장 유교에서 배움의 본질과 도덕교육
― 『논어』〈학이〉를 중심으로 ―

Ⅰ. 머리말 ·················45
Ⅱ. 배움[學]에 대한 성찰 ·················47
   1. 배움에 대한 성찰 : '메타(meta)-배움'을 향하여 ·················47
   2. 유교에서 배움[學]의 의미 ·················51
Ⅲ. 『논어』〈학이〉의 내용 분석 ·················54
   1. 『논어』와 〈학이〉의 구성 ·················54

2. 〈학이〉의 내용 분석 ·· 59
Ⅳ. 〈학이〉의 '배움[學]'의 본질과 '메타(meta)-배움' ············ 72
　　1. 왜 배워야 하는가? ·· 72
　　2. 어떻게 배워야 하는가? ······································ 74
　　3. 무엇을 배워야 하는가? ······································ 77
Ⅴ. 맺음말 : 도덕교육에서 '메타-배움'의 의의 ················· 79

제3장 공자사상에서 정서교육의 해법 찾기

Ⅰ. 머리말 : '인간다움'에 대한 성찰 ·························· 84
　　1. 인간다움, 과학으로 해명할 수 있는가? ················· 84
　　2. 감정과 정서 : 인간다움의 본질 ························· 87
　　3. 정서교육, 인간다움의 교육 ······························ 90
Ⅱ. 동양사상에서 감정·정서에 대한 관점 ······················ 92
Ⅲ. 공자사상에서 감정·정서 문제 ······························ 97
　　1. 시(詩)와 악(樂) : 감정·정서의 표현과 조화 ·········· 97
　　2. 인(仁)과 예(禮) : 도덕적 정서와 기준 ··············· 103
　　3. 중용(中庸)과 서(恕) : 감정·정서의 조절과 공감 ····· 107
Ⅳ. 공자사상에서 정서교육을 위한 방향 모색 ················· 110
　　1. 감정·정서 표현의 사회적 기준 설정 ·················· 110
　　2. 도덕적 앎을 통한 도덕적 정서 함양 ·················· 112
　　3. 중용의 체득과 정서 모델링의 설정 ··················· 114
Ⅴ. 맺음말 : 정서교육을 위한 제언 ··························· 117

제4장 남명 조식의 선비정신과 도덕교육

Ⅰ. 머리말 ··· 120
Ⅱ. 의(義)의 본질은 무엇인가? ································ 126
Ⅲ. 남명사상의 형성과 특징 ···································· 132

  1. 시대적 배경과 생애 ·· 132
  2. 인간 남명에 대한 이해 ·· 138
  3. 의(義)에 근거한 처사(處士)의 길 ······························· 145
 Ⅳ. 남명 선비정신의 도덕교육적 의미 ································ 152
 Ⅴ. 맺음말 : 도덕과교육에의 수용 방안 ······························ 154

제5장 다산 정약용의 성(誠) 수양과 도덕교육

 Ⅰ. 머리말 : 개념을 넘어서는 동양의 수양 ························ 158
 Ⅱ. 다산의 성(誠)에 대한 수양적 해석 ································ 164
  1. 신독(愼獨) : 자아성찰과 실천 ···································· 165
  2. 성(誠) : 천도(天道)와 인도(人道)의 매개 ················ 171
  3. 지천(知天) : 성(誠)의 궁극 목적 ······························· 176
 Ⅲ. 다산 성(誠) 수양의 도덕교육적 적용 ·························· 181
 Ⅳ. 맺음말 : 현대사회에서 성(誠) 수양의 의미 ················ 189

【제2부】 유교의 도덕교육적 위상과 통섭

제1장 "동양윤리" 영역 교과지식의 재구조화 원리

 Ⅰ. 머리말 : 도덕과의 성격과 동양윤리 ······························ 195
 Ⅱ. 동양윤리 학문지식의 특성과 경향 ································ 200
 Ⅲ. 교육과정에서 동양윤리의 지식내용 분석 ···················· 208
  1. 교육과정에서 동양윤리의 위상 ································ 208
  2. '전통윤리' 분석 ·· 212
  3. '생활과 윤리' 분석 ·· 217
  4. '윤리와 사상' 분석 ·· 223

Ⅳ. 학문지식에서 교과지식으로 : 지식변환의 원리 ·············· 227
　　　　1. 중용(中庸)의 원리 : 제 영역과의 관계 ························ 230
　　　　2. 체용(體用)의 원리 : 본질과 변화 ······························· 233
　　　　3. 문질(文質)의 원리 : 내용과 형식 ······························· 236
　　Ⅴ. 맺음말 : 도덕과에서 동양윤리 영역의 의미 ···················· 239

제2장 초등 전통윤리교육의 문제점과 활성화 방안

　　Ⅰ. 머리말 : 반(反)도덕과교육론에 대한 반론 ······················ 242
　　Ⅱ. 초등 전통윤리교육의 문제점과 그 원인 ·························· 248
　　Ⅲ. 개정 교육과정에서 초등 전통윤리의 위상 ······················ 258
　　Ⅳ. 초등 전통윤리교육의 활성화 방안 ···································· 264
　　　　1. 구조적·제도적 측면 ··· 267
　　　　2. 교육방법적 측면 ··· 269
　　Ⅴ. 맺음말 ·· 270

제3장 '바른생활'·'도덕'의 전통윤리교육 분석
　　　－2007 개정 교육과정을 중심으로－

　　Ⅰ. 머리말 : 전통윤리교육 분석을 위한 성찰 ······················· 273
　　　　1. 초등학교 도덕교육에 대한 성찰 ·································· 273
　　　　2. 도덕과 전통윤리교육 분석의 방향 ······························ 280
　　Ⅱ. '바른생활'의 전통윤리교육 특성 ······································· 281
　　　　1. 교육과정 분석 ·· 281
　　　　2. 교과서 분석 ··· 286
　　Ⅲ. '도덕'의 전통윤리교육 특성 ··· 289
　　　　1. 교육과정 분석 ·· 289
　　　　2. 교과서 분석 ··· 294

Ⅳ. 교육과정·교과서, 그리고 전통윤리교육의 방향 ·············· 299

Ⅴ. 맺음말 : 전통윤리교육을 위한 도덕과의 과제 ············· 302

제4장 고등학교 '전통윤리' 교과서 분석

Ⅰ. 서론 : '전통윤리' 교과의 등장 배경 ························· 307

Ⅱ. '전통윤리' 교과의 특성 ··· 314

   1. '전통윤리'의 성격과 목표 ··································· 314

   2. '전통윤리'의 내용 체계 ····································· 320

   3. '전통윤리'의 교수 방법과 평가 ·························· 324

Ⅲ. '전통윤리' 교과서 분석 ·· 328

   1. 교과서 집필 과정에 대한 분석 ···························· 328

   2. 교과서 체제 및 내용 분석 ·································· 330

   3. 교수 방법과 평가 분석 ······································ 333

Ⅳ. '전통윤리' 교과와 관련된 제반 문제점 ······················ 336

   1. 교과서 내용 체제의 문제점 ································ 336

   2. 평가 및 방법의 문제점 ······································ 341

   3. 교육적 효과에서의 문제점 ································· 343

Ⅴ. 결론 : 대안의 제시 ·· 344

제5장 유교원리에 의거한 다문화교육 방안

Ⅰ. 서론 : 다문화교육에 대한 성찰 ······························· 348

Ⅱ. 유교와 다문화, 공존가능성 탐색 ······························ 356

Ⅲ. 유교의 본질과 교육의 원리 ······································ 361

   1. 대동사회(大同社會) : 더불어 사는 원리 ················ 362

   2. 수기치인(修己治人) : 성찰과 배려 원리 ················ 366

   3. 성(誠)과 경(敬) : 성실과 공경 원리 ····················· 368

Ⅳ. 유교원리에 의한 다문화교육 방안 ·················· 372
　Ⅴ. 결론 : 다문화사회를 위한 도덕교육 ·················· 379

제6장 통일교육의 동양철학적 기초

　Ⅰ. 서론 : 윤리교육의 철학귀속성과 통일교육 ·················· 382
　　　1. 윤리교육의 철학귀속성 문제 ·················· 382
　　　2. 통일교육, 그 현실과 이상 사이에서 ·················· 386
　Ⅱ. 도덕과 교육과정에서 통일교육의 철학적 근거 ·················· 392
　Ⅲ. 동양철학에서 찾아본 통일 이념의 기초 ·················· 398
　　　1. 완전체[통일체]와 질서에 대한 지향 ·················· 399
　　　2. 개체와 전체의 관계 : 통일성의 추구 ·················· 405
　　　3. 대립과 갈등에 대한 관점 : 조화의 추구 ·················· 410
　　　4. 이상사회와 이상적 인간에 대한 추구 ·················· 412
　Ⅳ. 결론 : 세계시민성 교육을 위하여 ·················· 417

참고문헌 / 422

글의 출처 / 441

찾아보기 / 443

【제1부】

유교의 현재성과 도덕교육적 의미

제1장

전통도덕의 한계와 새로운 도덕성

- 창의성과 도덕성의 상생을 중심으로 -

Ⅰ. 머리말 : 전통도덕의 한계와 그 가능성

우리의 전통도덕은 다양한 사상의 영향을 받았지만 조선 500여 년을 지배한 유교의 영향이 절대적이며, 오늘날까지도 우리의 사유구조와 행동양식에 영향을 미치고 있다. 유교의 본질은 경전에 드러나 있는데, 유교경전은 정치, 경제, 사회, 문화, 역사, 문학 등 인간 삶의 다양한 측면을 압축·승화시켜 드러냈으며, 그 본질은 '도덕'의 구현이라고 할 수 있다. 이러한 '도덕' 추구는 다양한 비판과 평가 속에서도 유교를 2500여 년 동안 지속되게 한 힘이었다.

『예기』〈예운〉편에는 유교가 추구한 대동사회(大同社會) 모습이 잘 나타나 있다. 여기서 '천하를 공(公)으로 여긴다'는 표현은, 다스림이 사적 수단이 아니라 모든 백성들을 위한 것이어야 함을 강조한 것이다. 자기 부모와 자식을 넘어 사랑이 남의 부모와 자식에까지 미친다고 한 것은 고귀한 이타정신의 발현을 보여준다. 또한 환과고독(鰥寡孤獨)을 배려함은 사회복지를 말하며, 자신만을 위하여 재화(財貨)를 저장하고 힘을 쓰지 않음은 유교가 추구한 이상적인 삶의 모습인 것이다. 이와 같은 유교의 대동사회는 구성원들의 철저한 도덕성이 뒷받침되지 않으면 실현이 불가능한 것이었다.

유교는 대동사회를 실현하기 위하여 무엇보다 수기치인(修己治人)을 중시한다. 『대학』은 격물치지(格物致知)에서 평천하(平天下)에 이르는 과정을 통하여, 개인도덕과 사회도덕의 연계와 조화를 추구하였다. "유가에서 인간이 무엇인가라는 탐구는 넓은 의미에서 천과 인간에 대한 논변을 그 배경으로 한다."[1]는 말은 인간을 이해하는 데 있어 초월적 존재인 천(天)을 근거로 하는 유교의 관점을 잘 보여준다. 공자는 "오십에 천명을 알고 … 일흔에 하고자 하는 바를 좇아도 법도에 어긋남이 없었다."[2]고 술회하였다. 그에 있어 최고의 도덕적 경지는 천명을 알고 순리를 지켜 궁극적으로 보편 법칙과 일치되는 단계였다. 이처럼 유교에서 추구한 도덕이란 천명을 근거로 하는 최고의 도덕적 경지로, 사람이면 누구나 그에 도달하기를 원하여야 하는 것이라고 보았다.

한국의 유교도덕은 일반적으로 조선시대 성리학 규범과 동일시되어 사용되었다. 성리학의 학문적 발전과 생활 영역에 끼친 영향은 긍정적 영향도 있지만 부정적 결과도 무시할 수 없다. 전통도덕의 한계는 이러한 성리학적 유교규범에 대한 비판에서 출발하여 찾을 수 있다.

---

1) 황종원 외 역(2006), 楊國榮 지음, 『유교적 사유의 역사』, 성균관대학교출판부, pp.17-18.
2) 『論語』〈爲政〉제4장: "子曰, 吾十有五而志于學, 三十而立, 四十而不惑, 五十而知天命, 六十而耳順, 七十而從心所慾不踰矩."

첫째, 전통도덕이 성리학적 형식을 중시한 것을 강조하여, 예절과 형식에 치중한다고 보는 것이고 그것을 하나의 한계라고 본다. 예절을 중시하는 유교에서 예절의 절차와 형식은 『예기』, 『의례』에 의해 강조되었고, 성리학에서는 『주자가례』에 의한 엄격한 예법의 준수를 무엇보다 중시하였다. 그 결과 유교가 일상생활 속에 수용되는 과정에서도 '형식주의'의 강조와 그로 인한 폐단이 문제되었고, 이러한 인식은 오늘날까지 지속되고 있다.

둘째, 전통도덕이 양반계급이나 식자들을 위한 도덕이라는 인식에서 오는 한계이다. 기본적으로 유교는 경전을 바탕으로 한다. 유교가 추구하는 도덕은 사서오경(四書五經)으로 대표되는 유교경전의 논리와 내용에 의거한다. 유교가 추구한 이상사회는 모든 사람이 근심 걱정 없이 잘 사는 대동사회임에도 불구하고, 실제로 봉건적 계급사회에서 이러한 이상은 그야말로 이상에 불과한 경우가 많았다 해도 과언이 아니다.

셋째, 전통도덕이 현대 민주주의와 자본주의 가치와 괴리되는 측면에서 오는 한계이다. 개인의 자율성과 개성 존중, 여성의 사회진출 확대로 인한 여권 신장 등 민주주의를 기본 이념으로 삼는 현대사회에서 『열녀전』, 『소학』 등에 나오는 남녀칠세부동석 같은 내용은 전통도덕을 거부하게 하는 요인이기도 하다. 또한 이윤을 추구하는 자본주의 논리에서 견리사의(見利思義) 주장은 수용되기 쉽지 않은 측면이 있다.

이러한 한계는 성리학적 통치 이념에 영향을 받은 조선시대 이후의 유교도덕에 드러난 문제점이라고 할 수 있다. 그러나 유교는 봉건사회의 신분적 한계를 지니고는 있지만, 궁극적으로 모든 인간이 잘 사는 사회를 추구한다. 전통도덕의 한계는 자체의 한계라기보다는 급변하는 시대에 대응하지 못한 '변화'의 한계라고 보는 것이 적절할 것이다.

이상을 추구하는 유교도덕의 특성상 사회변화에 대응하지 못한다면 그 자체의 가치에도 불구하고 '박물관의 유물'로 남을 수밖에 없기 때문에 전통도덕은 변화를 모색하지 않을 수 없다. 유교자본주의 담론에서 시작된 유교담론[3]이 끊이지 않는 것은 유교에 대한 희망 때문이다. 그러나 대다수 유교담론은 유교전공자들만의 전문적 논리 속에서 폐쇄성을 띠면서 실제 삶과 교통하는 데는 실패했다. 유교가 새롭게 부활하기 위해서는 유교경전에 드러난 본질을 잃지 않으면서도 현실 변화를 수용할 수 있어야 한다. 궁극적으로 유교도덕의 가능성은 변화의 수용에서 찾아야 하며, 이를 위해 필요한 것은 경전에 드러나는 본질을 현대 사회에 새롭게 되살려내는 일이다.

유교는 "현대 사회의 모순을 해결하고, 인류의 미래를 제시할 답을 가지고 있는가?"를 화두로, 인의예지를 중심으로 인간·경제·관계·공부의 유교적 본질 파악을 시도한 것[4] 등이 이러한 변화의 한 예이다. 한국, 중국, 일본, 베트남, 싱가포르, 타이완 6개국과의 비교를 위해 미국, 영국, 프랑스 독일 등을 찾아다니며 유교 관련 자료

---

[3] 최영진(2003), 『유교사상의 본질과 현재성』, 성균관대학교출판부, pp.159-233.
: 이 책 제3부 "유교, 오늘의 담론"에서 네 가지 주제를 다루고 있는데, '동아시아론과 유교 현대화 문제', '아시아적 가치의 철학적 반성', '한국사회의 유교담론', '탈근대문명과 유교의 종교성'으로, 현재까지 진행된 유교담론을 총괄하고 있다.
[4] KBS 인사이트아시아 유교 제작팀(2007), 『유교 아시아의 힘』, 예담.: 이 책의 차례를 보면, 인의예지를 인간·경제·관계·공부의 길로 파악하여, 사랑의 여정[仁], 빠르고 좁은 길[義], 신비로운 힘[禮], 세상을 위한 수양[智]이란 부제를 붙였는데, 매우 적합하다 하겠다.

를 연구한 다큐멘터리 제작팀은, "어렵고 딱딱하며 추상적인 것으로만 여겨지던 유교가 매우 현실적이고 구체적이며, 우리가 열등감과 패배의식에서 벗어나서 주체적으로 대응한다면 현대문명을 이끌어갈 충분한 힘을 지닌 가치"5)라고 결론내렸다. 이것은 유교가 박물관의 유물이 아니라, 미래사회에 주체적으로 대응할 수 있는 가치임을 입증한 것으로, 깊이 음미해볼 필요가 있다.

"한국 사회 내부를 조화롭게 융화시키면서 인류 보편의 역사를 변화시킬 창의적인 세계화에, 선비 정신에 대한 재해석의 단초가 있을 것"이라며6) 선비 정신을 재해석하고자 하는 시도도 좋은 예이다. 이에 대해 회의적인 사람들은 고리타분한 선비가 어떻게 창의적 세계화를 대비할 것인지 의문을 가질지도 모른다. 그러나 유교에 대해 고민하는 많은 학자들은 유교의 본질을 꿰뚫는 '현대적 선비'가 가능하다고 본다. 그 핵심은 세상과 자신의 욕구를 단절시키는 죽은 선비가 아니라 자신의 욕구를 바탕으로 사회에 봉사하는 살아있는 선비를 길러내는 것이다.

이 글은 전통도덕(유교 : 성리학적 유교규범)의 한계를 성찰하고 이를 바탕으로 창의성과 도덕성의 상생(相生)을 위하여 새로운 도덕성을 탐색하기 위한 하나의 시론(試論)이다. 이를 위해 다음과 같은 점들을 고려하였다.

---

5) 위의 책, p.13.
6) 유석재(2008.10.21), 『조선일보』, "21C 코리아에도 '선비'는 태어난다"(우리 안의 '선비 정신'이 미래 이끌 '희망 정신') : 이 글은 제1회 규장각 한국학 국제심포지엄 "이념과 제도의 교류 : 세계 속의 한국, 한국 속의 세계"(2008.10.16-17 개최)와 남명학연구원 주최 국제학술회의(2008.10.24 개최)의 주제인 '선비와 선비 정신'을 기사화한 것이다.

첫째, 오늘날 사회변화를 이끌어가는 시대정신은 무엇이며, 어떤 가치들이 요구되는가? 둘째, 시대정신의 핵심인 부의 창출에 부응하는 창의성에 더하여 도덕성은 어떤 의미가 있으며, 이 둘의 상생을 위해 어떤 방향으로 나아가야 하는가? 창의성과 도덕성의 상생을 위하여 창의성과 영재교육, 그리고 도덕성, 도덕지능과 창조적 리더십을 논의의 주제로 삼았다. 결론에서는 새로운 도덕성 개념으로 '본질 도덕성'과 '창의 도덕성'의 조화를 추구하는 '중층 도덕성'의 가능성을 타진해보았다.

Ⅱ. 사회변화와 시대정신, 그리고 창의성

성인(聖人) 공자가 오늘날 태어나 살아간다고 가정해 보자. 어떤 삶을 추구할까? 스승으로서 '무엇을', '어떻게' 가르치고자 할까? 공자는 숙고를 거듭할 것이다. 오늘날 시대정신은 무엇이며, 사회가 요구하는 인재는 어떤 사람인가? 그런 인재를 기르기 위해 어떻게 가르칠 것인가? 도덕교육과 관련된 사람들은 한 단계 더 나아갈 것이다. 지적으로 뛰어난 사람이 과연 도덕적일까? 아는 것과 행하는 것은 왜 일치하지 않을까? 도덕적이기 위하여 욕구를 버려야 할까? 행복한 도덕은 불가능할까? 이러한 의문들에서 새로운 도덕 탐색이 시작된다.

공자든지 평범한 윤리학자든지 사회에 대한 성찰을 위해서는 누구나 시대정신을 고찰하지 않을 수 없다. 시대정신[Zeitgeist]이란 '한 시대의 사회 인심(人心)의 대부분을 지배하는 정신이며 그 시대를 특징짓는 정신'으로, 철학에서는 '그 시대의 전 문화(全文化)를 집중·일관하는 지도적인 정신적 경향'을 말한다.7) 이러한 시대정신은 인류 역사 발전 추세에 관한 해석으로, 어떤 특정 시기의 지적 및 사회적 압력들이 발전을 위한 결정적인 계기(전기)를 만들고 사람들로 하여금 그 시대 속에서 그 변화들을 표현하게끔 만든다.8) 따라서 오늘날 도덕의 방향을 찾기 위해서는 시대정신을 정확하게 읽어낼 필요가 있다.

토플러(Alvin Toffler)는 현대 사회의 원동력이 '부(富) 창출'에 있다고 본다.9) 여기서 부(富)는 '갈망을 만족시키는 그 무엇'으로, 토플러는 오늘날 "모든 사회의 지도층은 금욕주의와 이데올로기, 종교, 광고, 다른 수단을 통해서 의식적이든 무의식적이든 사회 전반의 욕망을 관리해왔으며, 그것이 바로 부 창출의 출발점"이라고 하였다.10) 부의 창출은 오늘날 중요한 가치기준으로, 사회체제나 이념의 선택도 그에 의거하여 이루어진다. 심지어 부와 무관하다고 여겨졌던 시간·공간 개념도 지식과 더불어 부 창출의 핵심요소로 인식되고 있다. 부의 창출은 지식기반사회(knowledged-based society)를 바탕으로 하며, 이러한 사회는 끊임없이 미래의 삶에 대비하기 위해 노력한다.11)

---

7) 이희승 편저(1994), 『국어대사전』, 민중서림, p.2257.
8) 김정휘 편저(2003), 『영재학생 그들은 누구인가』, 교육과학사, p.494.
9) 김중웅 역(2006), 앨빈 토플러(Alvin Toffler)·하이디 토플러(Heidi Toffler) 지음, 『부의 미래』(Revolutionary Wealth, 2006)(청림출판)를 참고할 것.
10) 위의 책, p.39.
11) 김은표(008.03.06), 『매일경제신문』 19면, "한국을 먹여 살릴 6대 미래기술": 삼성경제연구소(SERI)의 보고서인 "국가가 주도해야 할 6대 미래기술"을 기사한 것이다. 이 보고서에서는 한국이 주목해야 할 6개 분야 미래기술로 지능형

부 창출은 21세기에 새롭게 출현한 것은 아니다. 인류는 과거로부터 오늘날에 이르기까지 지속적으로 부를 추구했다. 오늘날 '부'가 새롭게 부각되는 이유는 그 개념이 이전과는 달라졌기 때문이다. 산업사회에서는 다른 모든 가치가 경제를 중심으로 결정되었다면, 현재 혹은 미래의 '혁명적 부'는 지식 혹은 다른 이슈들과 상호 작용하면서 이루어진다. 토플러는 "바람직하든, 바람직하지 않던 간에 경제적 가치가 큰 시스템 체계의 일부로 돌아가고 문화, 종교, 도덕적 가치가 다시금 부각된다."고 예측하였다.12) 경제 가치를 무시할 수는 없지만 그것이 다른 가치들과 조화를 이룰 때에만 진정한 가치 획득이 가능하다는 것이다.

미래사회는 큰 변화가 예견된다. 세계가 하나 되는 지구 공화국이며, 교육은 파괴와 지배가 아닌 창조와 공존을 기반으로 창의성과 문화에 집중될 것이고, '재미' 혹은 '흥미'라는 가치가 미래의 직업 선택, 생활 그리고 교육에 있어 필수요소가 될 것이라고 한다. 또 미래 건설을 위해서는 통합적 교육이 필요하며, 미래는 기술에 대처하는 강한 정신력의 '영성(靈性) 경영 시대'라고 예측한다.13) 미래학자 마루야마는 사회가 동질에서 이질로, 표준화에서 비표준화로, 경쟁에서 상호의존으로, 위계에서 상호작용으로, 물질적 만족에서 문화적 만족으로, 그리고 효율성에서 심미와 윤리로 강조점이 이동해가고 있다고 주장하였다.14) 시대정신의 기반인 부는 더 이상 경

인프라, 바이오제약, 청정에너지, 군무인화(軍無人化), 나노소재, 인지과학을 꼽았다고 한다.
12) 김중웅 역(2006), 앞의 책, p.569.
13) 신지은 외(2008), 『세계적 미래학자 10인이 말하는 미래혁명』(일송포켓북)을 참고할 것.

제적 가치만이 아니라 다양한 가치들(공존, 창조, 문화, 교육, 재미, 홍미, 정신 등)을 포함하며, 이는 이전에는 부(富) 창출의 직접적 동인이던 경제와 그다지 깊이 관련된다고 보지 않았던 가치들이다. 미래사회는 지식과 문화가 공유되기를 원하는 사회가 될 것이며, 그에 적합한 교육은 파괴와 지배를 넘어 창조와 공존을 추구하는 교육이어야 한다.

미래사회에 대응하는 것이 교육의 과제라고 볼 때, 교육은 창조와 공존을 위한 교육이 되어야 한다. 부 창출이라는 목표를 위해 세계 대부분 국가들은 창의성 개발을 강조한다. 창의력은 개인의 생산성의 최대화와 국가 경쟁력을 위해 필요할 뿐 아니라 직접적으로 국가발전과도 직결된다.15) 창의적 인재양성에 매진하는 것은 변화하는 사회 속에서 창의성을 지닌 인재들이 변화에 적극적으로 대처하여 새로운 문화를 창조할 수 있을 것이라고 기대하기 때문이다.

한국도 개정교육과정에서 '학습자의 자율성과 창의성을 신장하기 위한 학생 중심의 교육과정'16)을 방향으로, '기초 능력을 토대로 창의적인 능력을 발휘하는 사람', '우리 문화에 대한 이해의 토대 위에 새로운 가치를 창조하는 사람'17)을 추구하고 있다. 세계적 추세에 따라 자율성, 창의성, 가치 창조를 중시하면서, '재능'과 '잠재력' 개념의 영재성18)을 강조하며 미래사회에 대응하고자 노력하고 있다.

---

14) 김영채(2007), 『창의력의 이론과 개발』, 교육과학사, p.14.
15) 위의 책, p.38.
16) 교육인적자원부(2007), 『도덕과 교육과정』, 교육인적자원부 고시 제2007-79호[별책], p.iii.
17) 위의 책, p.2.
18) 강충열(2006), 「자녀를 영재로 키우는 가정교육 '10訓'」, 『아동교육』 16(1), 한

Ⅲ. 창의성과 도덕성의 상생을 위하여

도덕교육에서 창의성을 추구한다면 그것은 어떤 방향이 되어야 하는가? 교육이 추구하는 수월성과 도덕성의 만남, 이 두 가지의 상생을 위하여, 여기서는 창의성에 대해서는 영재교육을, 도덕성에 대해서는 도덕지능을 중심으로 논하였고, 이 둘의 상생을 모색하기 위하여 다중지능을 바탕으로 한 창조적 리더십 개념을 중심으로 삼았다. 궁극적으로 21세기 미래사회 교육은 창조성과 다양성을 핵심으로 삼는다. 특히 특출한 소수의 리더를 중심으로 한 기존의 인식에서 나아가 개개인의 다양한 능력을 창조적으로 개발하고 다양한 리더십을 함양하여 미래사회의 인재를 만드는 데 초점을 두고 있다.

창의성과 다중지능을 염두에 둔 영재교육이 미래교육의 방향이라고 한다면, 도덕지능과 도덕성은 이러한 영재교육과 결합되어야 할 인격적 요소들이며, 창조적 리더십은 교육의 목표로서 중요한 의미를 지닌다. 과거에는 소수의 리더들에 의해 역사가 이루어졌다면, 미래사회는 다양한 개인들이 창조적 능력의 공존을 통하여 역사를 이루어간다. 소수에 대한 천재교육이 아니라, 다양한 창의성을 지닌 다수의 영재들이 도덕성을 바탕으로 공존할 때, 미래사회는 기대할 만할 것이다.

1. 창의성과 영재교육, 그리고 도덕성

오늘날 교육은 부의 창출에 기여하는 창의성에 초점이 있다. 창

국아동교육학회, pp.31-33.

의성 교육은 세계화 시대에 경쟁력 제고를 위한 수월성 교육과도 맞닿아 설득력을 지닌다. 실제로 창의력에 대한 연구는 '천재' 개념과 더불어 시작되었으며, 이는 '어떻게 하면 창의적인 능력을 개발할 수 있는가?'라는 현실적인 요구에 의해 발달하였다.[19] 그것은 천재의 능력 개발과 사회적 기여가 일치되어 부 창출에 기여할 것이라는 기대의 결과이다. 한국은 2000년을 전후로 창의성에 대한 관심이 증대되었고,[20] 2002년 영재교육진흥법 시행령이 통과되면서 현실에 적합한 영재교육 기틀이 마련되었다. 한국이 영재교육에 관심을 갖게 된 것은 1980년대 초반이고, 이후 과학고가 개설되면서 영재교육에 대한 관심이 확대되었고, 1990년대 세계가 아이디어와 정보 기반 경쟁 시대로 돌입하면서 국가 경쟁력 강화를 위해 고급 두뇌의 창의적 지식생산능력 개발에 박차를 가하기 시작하였다.[21] 창의적 인재발굴과 양성이라는 키워드를 갖고 출발한 영재교육은 21세기 교육의 새로운 관심영역으로 부상하고 있고, 막대한 예산이 영재교육 관련사업에 지원되면서 활발하게 진행되고 있다.[22] 영재교육이 창의력에 초점을 두긴 하지만 창의성 개발이 영재교육에만 국한되는 것은 아니다. 그러나 다른 대안이 없는 상황에서 영재교육은 세계화 속에서 새로운 부 창출을 위한 전략적 방법으로 중시되고 있다.

---

19) 김영채(2007), 앞의 책, p.28.
20) 박병기·강현숙(2007), 「한국 창의성 연구의 조망」, 『교육심리연구』 21(1), 한국교육심리학회, p.234.
21) 박성익 외(2006), 『영재교육학원론』, 교육과학사, p.26.
22) 한기순(2005), 「영재와 영재교육에 대한 담론 : 영재교육 그 안이 궁금하다?」, 『영재와 영재교육』 4(2), 한국영재교육학회, p.6.

일반적으로 영재의 지적 특성은 호기심, 언어능력, 창의성, 사고능력, 주의집중력 등인데,[23] 창의성과 관련된 특성은 다음과 같다.

    풍부한 상상력과 창의력을 지니고 있어서 …… 정해진 규칙이나 방법을 변경하거나 새로운 것을 만들어 사용하기를 즐긴다. 창의적인 영재는 예술에 대한 관심이 높다. 여기에 독특한 것을 선호하고 자기만의 방식이나 자기만의 것, 자기 스타일을 만들고자 한다. …… 따라서 반복하거나 반복연습을 싫어하고, 일방적이거나 전통적인 학습방법에 의문을 제기하고 거부하거나 이를 수용하지 않으려 한다. 또한 창의적인 영재는 상상의 친구를 가지고 있으며 사교성은 부족하여, 다른 사람들과 어울려 보조를 맞추기보다는 규칙을 깨뜨리거나 보조를 맞추지 않거나 동조하지 않는 사람으로 인식되기도 한다.[24]

이른바 똑똑한 영재들의 특성이 잘 드러난다. 이러한 창의적 영재들에게 우려되는 것이 '사회적 도덕성' 측면이다. 실제로 창의력에 대한 오해는 창의성 교육에 방해가 된다. 창의력이 선천적이거나 특별한 특성이거나 별난 행동으로 남과 다른 것, 혹은 반대나 반발로 인식되는 것은 오해에 기인한다. 이러한 오해는 천재와 창의성을 동일시하고, 창의성을 천재들의 전유물로 보기 때문에 생겨난 것이다. 진정으로 창의적인 사람은 더불어 작업하고, '더 낫게'하는 데 초점을 두고 나아지기 위한 적극적 탐색과정을 중시한다.[25] 창조적 생각은 '아는' 지식의 단계를 지나, 새롭게 '느끼고' 유익하게 '만드

---

23) 박성익 외(2006), 앞의 책, p.80.
24) 위의 책, p.81.
25) 위의 책, p.46 참고.

는' 단계로 나아가는 것이기 때문에26), 창의성은 인간의 노력에 의해 이룰 수 있는 다양한 능력으로 인식할 필요가 있다.

창의력 수행에서 4P(Person, Process, Product, Press/Place)는 창의적인 성격의 사람이, 창의적인 환경에서, 창의적인 과정(방법)으로, 창의적인 산출을 생성해내는 것을 의미한다.27) 창의성 교육이 창의적 개방성과 개개인의 차이에 근거한 창의적 능력에 초점이 맞춰지지 않으면 개인이 국가 경쟁력을 위한 도구로 전락할 위험이 있다.28) 물론 혼자만의 창의력이 가치를 지닐 수도 있지만, 산출된 가치는 사회적 관계망 속에서 의미를 지닌다. 창의성은 국가 경쟁력만을 위한 것은 아니며 개개인의 자아실현과 행복의 요소이기도 하다. 미래사회가 공존을 추구한다는 점에서 앞으로 독자적 천재보다 협력하는 행복한 영재를 교육해야 할 필요가 있다.29)

영재의 정의적 특성과 행동 특징을 보면,30) 영재아들은 과도한 자기비판으로 이상적 자아와 실제적 자아 사이의 불일치가 높으며, 완벽주의 경향과 자신에 거는 높은 기대를 충족시키지 못하는 자기 자신에 대한 분노와 실망의 표현으로 낮은 자아존중감과 우울증을

---

26) 정진홍(2008), 『인문의 숲에서 경영을 만나다 2』, 21세기북스, p.160.
27) 김영채(2007), 앞의 책, p.105.
28) 김정휘·주영숙(1996), 『영재학생을 위한 교육』, 교육과학사, p.31 참고.
29) 저자는 본고의 연구 과정에서 영재들의 도덕성을 측정한 자료를 찾아보았지만 현재까지는 찾지 못하였다. 차후로 영재반 아동들의 도덕적 측면에 대한 조사 연구가 이루어져야 하고, 영재들에 맞는 도덕교육의 내용과 방법에 대해서도 구체화할 필요가 있다.
30) 박성익 외(2006), p.89 : 이 책에서는 8가지로 요약하고 있는데, ① 정서적 민감성과 열정, ② 완벽주의와 자기비판, ③ 자아개념과 자기통제력, ④ 뛰어난 유머감각, ⑤ 내향성과 독립성, ⑥ 도덕발달과 정의감, ⑦ 도전성과 회피성, ⑧ 다재다능함이다.

앓게 되는 경우도 있다.[31] 영재는 비교적 내향적이어서 사교적이지는 않지만 친구를 사귀고 어울리고 싶어한다. 그러나 지적 수준이나 흥미, 관심이 서로 맞지 않아 친구 사귀기가 어려워 나이 많은 사람이나 어른들을 선호하는 경향이 있으며, 또래가 없으면 책으로 대신하는 경우도 있다.[32]

특이한 것은 '정서를 지식으로 이해하는 경향이 있어 정서에 관한 지식은 많지만 실제 자신의 감정을 잘 느끼거나 타인의 감정을 잘 이해하지는 못하고, 자신의 정서나 타인의 정서와 욕구가 무엇인지 어떤 의미를 지니고 있는지를 단지 지식으로 해석하고 명확하게 알아내려고만 하는 경향이 있다는 것'이다.[33] 이러한 경향은 아마도 비동시적 발달로 인한 영역 간 발달불균형의 문제(asynchronous problem)로서, 정서적 안정기에 들어서기 이전, 지적 영역 발달이 정서와 사회성 영역 능력의 발달을 앞지르는 경우에 나타나는, 머리와 가슴의 불일치 현상으로 파악할 수 있다. 이러한 과정에 대한 이해 없이 이른바 전통도덕의 틀로 평가하게 되면 영재아들은 사회적응의 어려움을 겪기도 한다. 영재아들의 지적·정의적 특성에 대한 이해 없이 고정된 틀로 그들을 규정하여 범할 수 있는 우인 것이다.

피아제(Piaget)의 이론에 의거하여 '도덕발달과 정의감'을 살펴보면, 지적 발달이 빠른 아동일수록 가역적 사고를 통해 자기중심적 사고에서 일찍 벗어난다.

---

31) 위의 책, p.85.
32) 위의 책, p.86.
33) 위의 책, p.84.

영재 청소년들은 높은 도덕발달 수준을 가지고 정의감과 이상주의를 실현하고자 하는 마음으로, 같은 나이 또래들이 별로 관심을 갖지 않는 주제나 경험하지 않는 문제들까지 주변 세계에 관심을 두고 민감하게 반응한다. …… 영재아들은 아동기에서부터 가치 체계의 공정성, 그리고 정의감을 발달시키고 내면화한다. 이렇게 내면화된 가치 체계는 영재로 하여금 태도와 일치하는 일관된 행동을 유도하며, 공평하고 정직하게 행동하여 학교나 또래와의 관계에서 문제 행동을 덜 일으키게 한다.[34]

이러한 긍정적인 도덕성 발달의 경향은 현재 영재교육이 비교적 체계적으로 이루어지고 있는 선진국에 해당되는 내용인 것 같다. 문화 기술적 방법(ethnographic method)으로, 한국의 영재교육원 교수와 학생들을 인터뷰하여 수학·과학 영재 청소년의 의식을 분석한 연구가 있는데, 그 결과를 보면 영재성 진단과 판별에서 가장 중요한 요건으로 부각되는 창의성에 대해 교수들은 회의적이었다.[35] 교육원에서 자신감을 획득하는 장점도 있지만, 내부적으로 영재라는 타이틀에 대한 사회적 고립과 소외, 영재들 속의 개인차로 인한 문제들도 드러났다. 한국은 영재의 정의적 특성, 그에 합당한 교육방법에 대한 교사나 학부모들의 이해가 아직은 충분치 않아 이런 문제들이 영재 스스로 극복해야 하는 개인적 문제로 인식되고 있다.

영재교육진흥법 제2조 1항에서는 "재능이 뛰어난 사람으로서 타고난 잠재력을 발휘하기 위하여 특별한 교육을 필요로 하는 자"를

---

34) 위의 책, p.87.
35) 한기순(2005), 앞의 책, p.13.

영재라고 규정하였고, 최근에는 지능이나 학교 성적 우수자가 아닌 '재능'을 중심으로 영재를 파악하고자 한다.36)

영재교육은 과거의 지능 중심의 교육에서 재능 중심으로 바뀌고 있으며, 대개 평균 이상의 지능이면 모두 잠재적 영재성을 가진 학생이고, 거기에 영역별로 요구되는 지식과 기능, 창의적 인성 요소들이 합해지고, 적절한 환경을 만나게 되면 가시적 영재로 나타나게 되는 것이며, 영재교육은 이 잠재적 영재성과 가시적 영재성이 상호 연결되도록 매개하는 데 관여하는 것이다.37)

이런 경향에 따른다면 잠재력에 초점을 맞추어 영재를 선발하도록 해야 할 것이다. 이와 더불어 중요한 것은 영재아들의 정서적·도덕적 영역에 대한 관심과 그에 대한 교육이다. 영재에 대한 교육에서 도덕교육을 강조한 스타인버그(Sternberg)의 연구는 마음관리, 지혜, 사회적 맥락의 강조와 더불어 성공적인 지능이론에서도 도덕성이 기본이 된다는 사실을 확인시켜준다. 그는 영재의 지적 능력을 분석적 영재성, 종합적 영재성, 실제적 영재성으로 구분하고, 영재성의 핵심은 이 세 가지 능력들이 조화를 이루어 언제 무엇을 사용해야 할지를 스스로 아는 것이라고 하였다. 이러한 그는 세 가지 능력을 골고루 갖춘 훌륭한 '자기 마음의 관리자(mental self-manager)'가 영재라고 보았다.38) 나아가 영재가 그 능력을 발휘할 수 있는 것이

---

36) 강충열(2006), 앞의 책, p.31.
37) 위의 책, p.43.
38) Sternberg, Robert J.(2003), "Giftedness according to the theory of successful intelligence", Colangelo, Nicholas & Davis, Gary A.(Eds), *Handbook on*

바로 지혜이며, 그는 지능의 하위유형에 지혜(wisdom)를 포함시켜서 타인의 요구와 복지에 대한 관심을 영재 요소로 중시하였다. 구체적으로 테레사 수녀, 마르틴 루터 킹 목사, 넬슨 만델라 등을 소개하면서 도덕적 딜레마에서의 그들의 현명한 사고판단, 즉 지혜를 강조한다.39) 나아가 그는 지능이 사회문화적 맥락 속에서 자신의 목표를 성취하는 능력이라고 규정하고, 지능의 성격을 다양한 고려를 통하여 개방적으로 이해하고자 노력한다.40) 이것을 종합하면 창의성은 궁극적으로 협동작업으로 발휘되며, 그것은 결과뿐 아니라 과정에서의 즐거움과 보람이 병행되어야 한다는 것이다.

미래사회 인재는 창의성과 더불어 도덕성을 갖추지 않으면 안 된다. 로퍼(Roeper)는 아이들의 자아는 탁월하지만 전통교육이 자아 발전을 돕는 데는 한계가 있기 때문에, 교육은 직업세계에서의 성공을 준비시키기보다는 오히려 학생들의 정서, 도덕성, 윤리적 발달에 초점을 두어야 한다고 주장한다.41) 렌즐리(Renzulli)는 낙관주의, 도덕적 용기, 인간사에 대한 관심, 운명에 대한 인식을 강조한다. 앞으로의 사회는 이러한 리더를 필요로 하게 될 것이며, 따라서 영재성을 다시 정의해야 할 것이라고 주장한다.42) 지금까지 인지적

 Gifted Education(3rd ed.), Boston : Allyn & Bacon, pp.88-99.
39) Sternberg, Robert J.(2000), "Wisdom as a form of giftedness", *Gifted Child Quarterly*, v44 n4, pp.252-259.
40) Sternberg, Robert J.(2005), "The theory of successful intelligence", Revista Interamericana de Psicologia(Brazil), *Interamerican Journal of Psychology*, v39 n2, pp.189-202.
41) Roeper, Annemarie(1989), *Educating children for life*, New York : Royal Fireworks Press, p.142.
42) Renzulli, Joseph S.(2003), "Conception of giftedness and its relationship

영역에 한정되어 영재를 판별하던 데서 나아가 정의적 영역을 중시하고, 교육에 있어서도 도덕성을 포함시켜야 한다는 것이다.

2. 도덕지능과 창조적 리더십

최근 창의성과 영재교육은 다양한 재능과 잠재력에 대한 인정을 바탕으로 한다. 가드너는 다중지능(Multiple Intelligence) 개념으로 기존의 획일적 지능 패러다임을 변화시켰다. 인지라는 획일적 관점에서 벗어나 다양한 관점에서 인간의 능력을 이해하여, 음악지능, 신체운동지능, 논리수학지능, 언어지능, 공간지능, 인간친화지능, 자기성찰지능, 자연친화지능의 다중지능으로 구분하였다. 그가 후보지능이라 여긴 실존지능은 형이상학적 질문과 관련되는데, 그는 이를 합쳐 모두 8과 1/2지능을 제시하였다. 이러한 다양한 지능이해는 "어린 아이들의 개인차를 인정하고 다양한 학습방식과 평가방식을 제공"하고 "언어와 논리에서 강점을 보이지 않는 어린아이에게도 유용"[43]하다고 하였다.

가드너의 지능 개념은 인지뿐만 아니라 일종의 재능, 개성, 잠재력, 심지어는 도덕성까지도 포함하고 있다. 인지과학자로서 가드너는 인성변화에 중요한 역할을 담당하는 전두엽을 중심으로 자기성찰능력(intrapersonal intelligence)을 이해하였다. 전두엽 부분이 손

---

to the development of social capita", Colangelo, Nicholas & Davis, Gary A.(Eds), *Handbook on Gifted Education*(3rd ed.), Boston : Allyn & Bacon, p.84.

43) 문용린·유경재 옮김(2007), 하워드 가드너(Howard Gardner), 『다중지능』 (*Multiple Intelligence*, 2006), 웅진지식하우스, p.5.

상되면 무관심, 무기력, 둔함, 무감정증을 야기할 가능성이 높으며, 그것이 손상된 사람도 다른 인지기능들은 거의 유지된다는 것이다. 또한 그는 인간친화능력과 자기성찰능력을 인정하면서도, '자아감'은 개인과 개인을 연결시키고 내면의 요소를 서로 결합시키는 개인이 창조해낸 가장 경이로운 '발명품' 중의 하나라고 표현한다.[44] 과학자로서 그는 인간의 정신적 능력에 대해서 과학적 분석을 시도하고 있지만 존재 자체를 부정하지는 못하고 있음을 알 수 있다.

가드너는 도덕지능을 그가 분류한 다중지능에 포함시키지 않았고 감성지수와 사회성지수가 주목받는 것에 비해 도덕지수가 냉대를 받는다는 지적이 있다.[45] 도덕성을 지능이라고 할 수 있는지 논란이 있지만, 일단 도덕이 인간의 고등정신능력과 관련되기 때문에 도덕지능도 성립될 수 있다. 도덕지능이 다중지능에 포함되지 않았다고 하여, 혹은 독립영역으로 실재하지 않는다고 하여, 존재 자체가 부정되거나 중요성이 간과되는 것은 아니기 때문이다. 정의적 도덕성에 포함되는 정서지능(Emotional Intelligence, EI)을 가드너는 '가치와 사회 생활을 하는 방법과 관련된 실체가 없는 영역'으로 대인관계지능과 내성기능의 특수한 결합이라고 하였다. 그러나 많은 연구자들은 EI가 정확히 무엇인가에 대해 의견이 분분하지만 EI가 실제 존재하는 것이고 매우 중요한 것이라고 받아들인다.[46]

창의적 교육은, 단기적으로는 실제적 결과를 추구하지만, 장기적

---

44) 위의 책, pp.37-38.
45) 노희정(2006), 「도덕지능의 초등 도덕교육적 함의」, 『초등도덕교육』 20, 한국초등도덕교육학회, pp.221-223.
46) Gary & Sylvia(2005), pp.30-31.

으로는 무엇을 위해 살 것인가, 행복은 무엇이며, 나의 실존은 무엇인가라는 본질 문제와 관련된다. 교육과정이 개정되고, 영재교육을 중심으로 창의력 교육이 이루어지고 있는 현시점에서 도덕성과 관련하여 진지한 성찰이 필요하다.

창의성과 영재교육의 목표는 궁극적으로 사회를 이끌어갈 리더를 기르기 위함이다. 미래사회에 필요한 창조적 리더십을 위해 교육목표, 내용, 방법 등이 적합하게 구성되어야 한다. 리더란 "사람들의 생각, 태도, 감정 등에 커다란 영향력을 행사했던 인물"을 말하며, 처칠처럼 다양한 청중에게 자신의 이야기를 역설함으로써 큰 영향을 미친 '직접적인 리더'와 아인슈타인처럼 많은 이론과 논문에서 창조적 아이디어를 펼쳐내는 방식으로 영향력을 발휘하는 '간접적 리더'로 나뉠 수 있다.[47] 리더들의 특징은 자신이 전달하는(tell이 아니라 relate) '이야기'를 통해 사람들과 우리 삶에 영향을 미치는데, 그 이야기는 말과 개인적인 모범이기도 하지만 예술, 과학, 수학 등을 포함하여 다양한 의사소통방식을 포함하며, 이것을 전달하기도 하지만 자신이 솔선하여 실천하거나 구체화시키는 모습을 보여주어야 한다.[48]

직접적 리더들이 역사적으로 매우 두드러지고 우상으로 존경을 받았다면, 간접적 리더들은 현재는 물론 미래에 더 부각되는 측면이 많다. 특히 기술정보사회에서 간접적 리더들이 제시하는 '이야기의 독창성'과 '비전'은 세상을 변화시키며 많은 사람들에게 꿈과 영감

---

[47] 송기동 옮김·문용린 감역(2007), 하워드 가드너(Howard Gardner), 『통찰과 포용』(Leading Minds, 1995), 북스넛, pp.38-39.
[48] 위의 책, pp.44-45.

을 부여하는 영향력을 지닐 수 있다는 점에서 주목해야 한다. 직접적 리더들에 있어서 실천하는 삶의 방식이 무엇보다 중요하기 때문에 '위선'은 그들의 이야기를 무용지물로 만들어 버린다. 반면, 간접적 리더들의 개인적 삶은 그들의 영향력과 직접 관련은 없지만, 그래도 그들의 이야기의 '실천' 여부는 매우 중요한 관건이고, 또 도덕성은 리더로서의 위상에 위협을 줄 정도로 핵심적이다.[49] 이처럼 리더들의 영향력에 결정적인 역할을 하는 요소가 '위선'과 '실천'을 포함한 도덕성이라는 점에서, 리더십 교육에서는 창의성과 더불어 도덕성에 초점을 두지 않을 수 없는 것이다.

창의성 교육이 지적 영역에 치우쳐, 정의적 영역과 도덕성 측면이 간과되면 창조적 개방성이 파괴적 폐쇄성으로 흐를 위험이 있다. 인지 혹은 재능을 어떻게 정의하든지 궁극에는 가치와 연계될 수밖에 없기 때문이다. 유별난 창의성을 타고난 천재도 있지만, 창의성은 개발이 가능하고 그것은 창의적 사고의 태도와 밀접히 관련된다는 것이다. 창의성의 여섯 가지 자원요소 중, 지능(지적 능력)과 지식을 제외한 나머지의 전부, 즉 사고 스타일, 성격, 동기 및 문화적 환경 등은 모두 '태도'에 포함된다.[50] 창의성과 관련된 적극적 사고, 새로운 방식을 추구하는 사고, 폭 넓은 사고[51] 등은 도덕성과도 관련되는 측면들이다. 영재를 재능 혹은 잠재력으로 이해하여 '잠재적 영재성'을 키우고자 할 때 필요한 교육방법은 도덕성과 관련하여 의미가 있다.

---

49) 위의 책, p.46.
50) 김영채(2007), 앞의 책, p.49.
51) 위의 책, pp.49-51.

첫째, 영재교육의 근본 목적을 자녀의 자아실현에 둔다. 둘째, 자녀가 어떤 분야에 흥미를 가지고 있는지 파악한다. 셋째, 발달을 촉진시킬 환경을 마련해준다. 넷째, 자녀의 성취에 대해 기대 수준을 높이 갖는다. 다섯째, 창의적 인물들이 지니고 있는 정의적 능력을 습득시켜 준다. 여섯째, 멘토(mentor)를 연계시켜 준다. 일곱째, 정기적으로 대화의 시간을 갖고 상담해 준다. 여덟째, 조화로운 인격 발달에 힘을 쓴다. 아홉째, 생애 설계를 하고 시간을 관리하도록 한다. 열째, 결과보다 과정을 중시한다.[52]

도덕성 발달 이론에 의하면 성인의 도덕성은 어린 아이들의 도덕성보다 높다. 또 인지적 능력이 높은 사람들은 도덕성이 높게 나타나야 한다. 그러나 이러한 이론은 높은 인지적 능력에도 불구하고 낮은 도덕 실천과 행동을 보여주는 현실을 설명하는 데는 한계가 있었다. 이를 설명하기 위해서는 도덕성에 대한 보다 치밀한 파악이 요구된다. '도덕적 인격(moral personhood)'의 새로운 패러다임을 위해서는 콜버그의 도덕적 합리성 모델을 넘어서야 하며, 경험적 집합체인 도덕적 인격, 즉 도덕성에 대한 총체적 이해를 위해서는 새로운 접근법이 요구된다.[53] 이러한 새로운 패러다임의 필요는 도덕적 판단과 도덕적 행위의 불일치 문제를 설명하기 위한 것이기도 하지만[54], 단편화된 도덕성 이해를 다양화하기 위한 것이기도 하다.[55]

---

52) 강충열(2006), 앞의 책, pp.33-43에서 제목 발췌.
53) Jeremy A. Frimer & Lawrence J. Walker(2008), "Towards a new paradigm of moral personhood", *Journal of Moral Education*, v37 n3, Oxford : Routledge, September, pp.333-356.
54) Frimer & Walker(2008), p.334.
55) Frimer & Walker(2008), pp.350-352. : Frimer와 Walker는 이를 위해 네 가지

가드너가 총체적 인간 이해를 위해 제시한 '지능' 개념은 실제로는 도덕성 영역까지 포괄하고 있다. 논리수학지능·언어지능·공간지능은 인지적 도덕성과 연결될 수 있으며, 인간친화지능·자기성찰지능·자연친화지능·실존지능은 정의적 도덕성과 관련된다. 물론 그는 '지능(intelligence)'의 범위 안에서 다양한 '재능' 혹은 '능력'을 정의하고 있지만, 설령 그가 의식하지 못했다 하더라도 그의 다중지능의 토대에는 도덕성에 대한 신념이 깔려 있음은 간과해서는 안 된다. 순차적으로 보면, 그는 인간친화지능, 자기성찰지능, 자연친화지능, 가장 마지막으로 실존지능(1/2지능이라고 하며)을 인정하였는데, 이것들은 도덕성에서 중요한 요소들이다.

가드너는 실존지능의 가능성을 열어 놓고 있지만 지능에 완전히 포함시키지는 않았다. 자연친화지능도 다른 것들보다 나중에 지능 영역에 포함시켰다. 가드너는 인지과학자인 콜버그의 발달심리학을 학문적 기반으로 한다. 다중지능이라는 새로운 관점의 제시에도 불구하고, 그는 과학적 일반화 혹은 설득 가능한 객관적 수량화를 중시하고 있는 듯하다. 그래서 객관적 실체로서 존재하지 않는 실존지능이라는 정신적 영역에 대해서는 완전히 신뢰할 수 없었고, 자연친화지능조차도 다른 영역보다 밀려난다. 만약 네 가지 지능을 위계지

기준을 제시하였다. 도덕적 인격은 ① 개인에 기반하고(person-based), ② 포괄적이며(comprehensive), ③ 간결하고(parsimonious), ④ 예측 가능한(predictive) 것이어야 한다고 제안한다. 사회적 맥락보다는 오히려 개개인이 소유한 특성이 더 의미 있으며, 도덕적 작용을 위한 도덕적 인격은 포괄적으로 평가되어야 하며, 그것은 '오컴의 면도날'처럼 간결하게 설명되어야 하고, 도덕적 행동의 변화가능성을 예측할 수 있어야 한다는 것이다. 그러나 이것도 콜버그에 대한 대안일 뿐 새로운 도덕성의 대안으로는 미흡하다.

어 구분한다면 가장 높은 단계가 실존지능, 다음이 자연친화지능, 인간친화지능, 자기성찰지능이라고 볼 수 있다. 이러한 위계는 도덕 교과의 재개정교육과정 단원 분류에서 그 타당성을 찾을 수 있다.56)

창의성 혹은 영재를 어떻게 정의하든-지능이든 재능이든 잠재력이든- 창조적 리더십 교육은 두 가지 의미를 지닌다. 개인적으로는 개인의 자아실현이 가능해야 하고, 사회적으로는 부의 창출에 기여해야 한다. 그러나 개인의 자아실현과 사회적 부의 창출에 기여하는 창의성도 도덕성이 전제되지 않는다면 파괴적 창의성으로 변할 수 있다. 도덕 판단과 실천의 괴리를 못 느끼는 사람은 가드너의 이른바 인간친화지능, 자기성찰지능, 실존지능이 결여된 사람이다. 유념해 보아야 할 것은, 직업에서 성공한 사람들의 가장 공통된 특징은 모두 '자기성찰능력'을 지니고 있다는 점이다.57) 이런 점에서 창의적 교육에 필요한 도덕의 범위를 '자기성찰지능'으로 제안해 볼 수 있겠다. 여기에 '인간친화지능', '자연친화지능'이 갖추어지면 한 단계 높은 도덕성 단계가 되고, 거기에서 나아가 초월적 존재에 대한 외경심을 느끼는 '실존지능'에 도달한다면 더 높은 도덕성 단계가 될 것이다.

앞으로 세계의 공존을 위한 가치는 마루야마의 지적처럼 문화와 도덕에 초점이 있다. 문화에 대한 인정과 도덕성의 고양이야말로 부 창출 기반으로서 중요한 의미를 지닌다. 따라서 창의적 리더십 교육

---

56) 교육인적자원부 고시 제2007-79호[별책6] 도덕과 교육과정(3-4)에서는, 도덕적 주체를 중심으로 하는 가치 관계의 확장에 따라 네 개의 영역-Ⅰ.도덕적 주체로서의 나, Ⅱ.우리·타인·사회와의 관계, Ⅲ.국가(나라)·민족·지구 공동체와의 관계, Ⅳ.자연·초월적인 존재와의 관계-으로 내용체계를 설정하였다.
57) EBS다큐프라임(2008), 아이의 사생활(제4부 다중지능), 2008.05.19 방영.

에서도 공존과 도덕적 가치에 대한 교육이 이루어져야 하고, 그것이 바로 시대정신에 역행하지 않는 길이다. 창조와 공존을 위한 도덕성은 욕망을 만족시키는 경제 혹은 자본 등 이른바 부와 대립되는 개념이 아니라 그것을 뒷받침하는 개념인 것이다.

Ⅳ. 맺음말 : 창의 도덕성의 가능성 모색

유교규범 중심의 전통도덕이 오늘날 시대정신에 맞는 도덕성을 갖추기에는 일정한 한계가 있다. 최고의 도덕적 경지를 추구하였던 전통도덕과 달리 현대 혹은 미래사회의 도덕은 부 창출이 가능한 창의성을 요구하고 있기 때문이다.

창의성과 영재교육의 목표는 미래세대를 이끌 인재양성이다. 그것은 소수의 천재를 대상으로 했던 데서 나아가 다양한 잠재력과 능력의 계발에 초점을 둔다. 미래 인재양성의 요건인 창조적 리더십은 창의성과 도덕성이 상생될 때 가능해진다. 새로운 도덕성은, 변화하는 사회의 다양한 욕구를 수용하면서 그것들을 조절하여 인간의 정신을 충만하게 하고 부의 창출에 기여할 수 있어야 한다. 창조적 리더십에 요구되는 도덕성은 이상을 추구하되 현실에 기반을 두고, 시대정신을 반영하고 시대변화를 이끌 수 있어야 한다.

가드너의 다중지능에서 얻을 수 있는 시사점은 도덕성도 다양할 수 있다는 점이다. 즉 어떤 사람은 인지적 도덕성이 다른 것에 비해 앞설 수도 있고, 대인관계에서 혹은 자기성찰에서 또는 영적 감수성에서 뛰어난 도덕성을 지닐 수도 있다. 이러한 다양성은 도덕성 개념의 다양성과 함께 도덕적 능력의 다양성도 포함하고 있다. 도덕적 능력이 도덕성의 다양성으로 연결될 수 있는지, 나아가 도덕적 능력이 본질적인지 환경적인지에 대한 논의는 더 필요하다. 중요한 것은 콜버그에 의해 이루어진 인지 도덕성의 단계가 보편적으로 수용되었다면, 앞으로의 논의는 실존 혹은 영적 도덕성까지 포함한 다양한 도덕성 개념들을 포함하여야 할 것이다.

미래사회에서 요구되는 도덕성은 다양한 도덕성 개념을 포함한 살아있는 도덕성이다. 최고단계로서 설정된 규범적 차원의 도덕성과 더불어 실천 가능한 도덕규범이 제시되어야 하고, 그것은 다양한 도덕성 개념 정립이 함께 이루어져야 한다. 현대와 미래사회에 필요한 도덕성, 즉 '새로운 도덕성'은 일률적인 도덕성이 아니라 '중층 도덕성'으로 이해되고 규명되어야 한다. 이 점에서 유교의 인간 이해에 대한 일례(一例)는 '중층 도덕성'의 이해와 규명에 참고가 될 만하다.

유교에서는 전통적으로 성인(聖人), 군자(君子) 혹은 대인(大人), 소인(小人) 등 인간의 됨됨이에 대해 위계를 정해왔다. 그 판단 기준은 물론 도덕성이었다. "성품(性稟)은 서로 비슷하나 습관에 의하여 서로 멀어지게 된다."[58]는 공자의 말은 도덕성을 지키려는 자기관리 노력의 중요성을 말하고 있다. 반면 "태어나면서 아는 자가 상등(上等)이요, 배워서 아는 자가 그 다음이요, 불통(不通)하여 배우는 자가 또 그 다음이니, 불통한데도 배우지 않으면 백성으로서 하등(下等)이 된다."[59]는 데서는 태어나면서 능력에 차이가 있음을 인정

---

58) 『論語』〈陽貨〉 제2장 : "子曰, 性相近也, 習相遠也."
59) 『論語』〈季氏〉 제9장 : "子曰, 生而知之者, 上也, 學而知之者, 次也, 困而學之, 又其次也, 困而不學, 民斯爲下矣."

하고 있으며, 나아가 "오직 지극히 지혜로운 자와 어리석은 자는 변화시킬 수 없다."60)는 술회는 인간의 한계를 지적한 것처럼 보인다. 공자는 '지적 능력'과 '도덕적 능력'을 구분하여 파악한 듯하다. 즉, 지적 능력은 천품(天稟)에 따라 차이가 있지만, 도덕적 능력은 전적으로 노력에 달려있다고 보고 있는 것이다.

전통도덕에서의 의(義)에 기반을 둔 규범과 원칙에 의한 도덕을 이상적 도덕의 단계로서 '본질 도덕성'이라 제안하고, 이(利)를 거부하지 않고 창의적 적용이 필요한 도덕을 현실적으로 요구되는 것으로서 '창의 도덕성'이라 제안해본다. 유교에서 지키고자 노력한 절대적(?)·보편적 도덕성이 바로 '본질 도덕성'에 해당된다고 할 수 있다. 유교에서의 '본질 도덕성'은, 인간에 대한 사랑[仁], 올바른 가치에 대한 존중[義], 모든 존재와 절대적 존재 등 나와의 관계에서 이루어지는 대상에 대한 성실성과 공경[禮], 이 모든 것을 베풀기 위해 끊임없이 배우고 익히는 공부[智]이다. '본질 도덕성'은 인간이면 누구나 지녀야 하고, 도달해야 할 가장 기본적이면서도 가장 최고의 요소들이지만 실천하기 쉽지 않다. 사회가 의(義)보다 이(利)를 중시하는 사회로 변했기 때문이다.

그럼에도 불구하고, 변화하는 사회에서도 '본질 도덕성'을 추구하는 까닭은 '창의 도덕성'으로서는 한계가 있다고 보기 때문이다. 이에 따라 앞으로 '본질 도덕성'과 '창의 도덕성'의 조화를 어떻게 모색할지가 관건이다. 더불어 이론과 실천, 판단과 행위의 괴리를 극복하기 위해 변화하는 사회에 적합한 '도덕적 인격(moral personhood)'

---

60) 『論語』〈陽貨〉제3장 : "子曰, 唯上知與下愚, 不移."

에 대한 정립이 필요하다.

  가드너가 앞에서 제시한 다중지능 중 인간친화지능, 자기성찰지능, 자연친화지능, 실존지능은 도덕지능에 포함될 수 있으며, 또한 이 지능들은 위계적으로 파악될 수 있다. 물론 절대적인 것은 아니지만 사람들을 파악해보면 도덕적 능력에 차이가 있음을 경험적으로 알 수 있다. 보통 사람들 중에서 영적이며 도덕성이 뛰어난 사람이 있는가 하면, 지식인이요 지도자이면서도 범부에 못 미치는 도덕성을 소유하기도 한다. 이들이 지니고 있는 차이는 사회적 영향인지 태생적 특성인지 교육에 의한 것인지 여전히 논란거리이다.

  본 연구는 전통도덕의 변화에 대한 한계를 넘어, 시대정신을 염두에 두고 새로운 도덕성을 탐색하여, 궁극적으로는 한국 도덕교육의 새로운 방향을 모색하기 위한 하나의 시론(試論)으로서 의미를 지닌다. 따라서 시론 연구로서 한계를 지니고 있음을 고백한다. 이러한 한계를 극복하기 위하여 향후 본 연구에서 제기한 논제들에 대한 심층적인 연구들을 진행함으로써, 새로운 도덕의 방향과 도덕성 개념을 구체화하는 것을 과제로 남겨 둔다.

유교에서 배움의 본질과 도덕교육
- 『논어』〈학이〉를 중심으로 -

Ⅰ. 머리말

전통사회에서 신분적 제한으로 소수에게만 허용되었던 배움은 현대사회에 이르러 평등과 교육의 보편화로 일반화되었다. 오늘날은 막대한 지식의 양과 급속한 변화 속도 때문에 배움 없이는 생존이 불가능할 정도이며 평생교육 개념도 익숙해지고 있다. 배움의 장도 사교육기관, 인터넷 등 다양한 매체로 확대되었고, 누구나 원하기만 하면 쉽게 배울 수 있게 되었다. 배움에 대한 필요성은 사람마다 다르다. 선택의 여지없이 배워야 하는 배움이 있는가 하면, 필요에 따른 혹은 자기만족을 위한 배움도 있다. 배움이 보편화된 오늘날 참으로 '배운 사람'을 찾아보기는 쉽지 않다. '배움'이 난무하는데 왜 진정한 배움은 쉽지 않은가?

이 글은 이러한 문제의식에서 출발하여 『논어』에 나타난 '배움[學]'을 중심으로 진정한 배움[學]의 의미를 살펴보고 그것이 도덕교육과 어떤 관련이 있는지 탐색해보았다. 『논어』에 보이는 배움[學]

에 대한 언급들은 배움[學]의 본질을 성찰하는 데 시사점을 준다. 『논어』 제1편 〈학이(學而)〉는 편명 제작 원리에 의거하여 '학이시습지(學而時習之)' 첫 두 글자를 딴 것이다. 〈학이〉가 수편(首篇)인 것은 『논어』에 나타난 공자의 사상에서 배움[學]의 높은 위상을 반증한다. 공자의 '배움[學]'과 관련된 선행연구를 보면, 『논어』 전반에 걸쳐 배움, 교학, 교육에 대하여 접근한 것들이다.[1] 본고에서는, 한국 유학사에 있어서 의미있는 주석서인 주자의 『논어집주(論語集註)』와 다산(茶山) 정약용(丁若鏞, 1762~1836)의 『논어고금주(論語古今註)』를 중심으로, 〈학이〉편을 분석하여 '배움[學]'의 본질, 즉 왜·어떻게·무엇을 배워야 하는지를 찾아보고자 한다. 여기에서 두 주석서는 비교나 대비를 위해서가 아니라 자의적 이해를 피하고 객관성을 확보하기 위한 방편으로 선택된 것이다.

현재 초등학교 도덕교육과정 3학년 내용에 '메타-도덕'이 포함되어 있다. '메타(meta)-도덕'은 "도덕 자체 곧 덕목이나 윤리학적 지식 자체를 직접 다루기보다는 도덕에 '관해서' 다루는 내용을 의미한다. 다시 말하여 도덕의 본질이 무엇인지, 도덕과의 학습은 어떻게 해야 하는지 등이 그것에 해당된다."[2] 즉, 도덕을 배우기 전에 그 근거와 본질에 대하여 다루는 것이다. 그렇다면 '배움'에 대해서

---

1) 다음과 같은 대표적인 선행 연구들이 있다. 신창호(2007), 「동양의 교육 전통에서 '배움'의 의미 : 원시유학의 논의를 중심으로」, 『교육철학』 제33집, 한국교육철학회. ; 김일환(2009), 「유교 교육론의 교학의 상관성」, 『한문고전연구』 제19집, 한국한문고전학회 ; 심승환(2010), 「공자의 교육사상에 나타난 '배움(學)'과 '사고(思)'의 관계에 대한 고찰」, 『교육철학』 제47집, 한국교육철학회.
2) 교육과학기술부(2008a), 『초등학교 교육과정 해설(Ⅲ) : 국어·도덕·사회』, 교육인적자원부 고시 제2007-79호, pp.242-243.

는 어떤가? 태교(胎敎)를 통하여 출생 이전부터 배움과 접하고 평생 배움과 더불어 살면서도 교육과정 속에서 '배움'에 대하여 배워본 적이 있는가? 우리는 왜, 어떻게 배워야 하는지 배움의 본질과 관련된 '메타(meta)-배움'을 배워본 적이 없다. 그것은 '배움' 행위 전에 먼저 접해야 할 근본 문제로, 배움의 과정에서도 반드시 성찰하여야 할 철학적이고 실천적인 문제이다.

우선, 오늘날 배움의 현실에 대한 성찰을 통하여 배움의 본질 이해가 왜 필요한지 논의하고, 유교에서의 배움 개념을 간략히 살펴볼 것이다. 다음으로, 『논어』와 〈학이〉편의 의미, 각 장에 담긴 내용을 바탕으로 배움의 본질을 탐색하고, 결론에서는 도덕교육에서 '메타-배움'의 의의, 그것을 어떻게 포함시켜 다룰지 방향을 제시해보고자 한다.

Ⅱ. 배움[學]에 대한 성찰

1. 배움에 대한 성찰 : '메타(meta) - 배움'을 향하여

먼저, 우리나라 배움의 현주소를 성찰해보자. 대학 진학률(당해 연도 졸업자 중 진학자 비율)은 1990년 33.2%에서 2004년 81.3%에 이른 후 2008년 83.8%로 정점을 이룬 후, 2009년 80.9%, 2010년 79%로3) 낮아지긴 하였지만 유럽 국가들의 30~40%, 미국과 일본이 2년

---

3) http://www.seoul.co.kr/news/newsView.php?id=20110305011018 : 김효섭·최재헌(2011.03.05), "대학진학률 2년 연속 감소세 왜? : 가치관의 변화? 통계의 허구?", 『서울신문』(검색일 : 2011.06.07).

과정을 포함하여 68% 정도인 것에4) 비해 월등하게 높다. 이에 대해 국가경쟁력 측면에서 긍정적이라는 관점과 불필요한 교육으로 대학 인플레를 조장하여 사회적으로 비효율적이라는 관점이 공존하는데, 어떤 측면에서 배움을 이해하느냐에 따라 다른 것이다. 전문가들은 높은 대학진학률에도 불구하고 높은 실업률 문제의 원인이 선진국형 산업구조와 학력인플레라고 분석한다. 한국의 높은 학력과 선진국형 경제 수준에 비할 때, 배움의 결과는 이처럼 수준 미달이다. 그 원인이 '진정한 배움'의 부족 때문은 아닐까? 오늘날 배움을 진정한 배움이라고 할 수 있을까? 만약 진정한 배움이 아니라면 그렇게 된 이유는 어디에 있는가?

첫째, 지식과 학문의 목적이 변하였다. 과거 지식과 학문은 인격완성이라는 목적과 결부되어 있었다. 지식 탐구는 인격완성의 바탕이었으며, 학문의 내용이 실제적인 것이라 해도 가치 지향적 의미를 잃지 않았다. 오늘날 지식과 학문은 실질적 목적을 위한 수단으로 인식되고, 이러한 가치 변화는 배움의 의미를 변화시켰다. 지식과 학문 자체를 즐기는 것이 일종의 사치처럼 느껴지게 된 것이다.

둘째, 이것은 오늘날 문명의 특성과 밀접하게 관련된다. 현대 지식은 유용성을 강조하고 그것으로 가치가 결정된다. 과학기술과 통신수단의 혁신적 발전으로 사람들은 지식 획득의 과정에서 편리성, 효율성을 추구하고, 지식 내용에서도 가시적 결과를 중시하게 되었다. 역사와 문명을 선도하는 학문도 실제적인 것이어야 하고, 멀리

---

4) http://www.seoul.co.kr/news/newsView.php?id=20101018030001 : 이영 (2010.10.18), "우리나라 대학진학률은 너무 높은가?", 『서울신문』(검색일: 2011.06.07).

돌아가야 하거나 가시적 결과를 가져오지 않는 지식은 저평가되고 있다. 유용성과 효율성으로 학문을 평가하고, 탐구와 통찰보다는 손쉬운 정보가 지식의 원천이 되고 있다. 이러한 경향이 물질주의, 합리주의와 결부되면서 인문학과 기초학문은 위기 상황에 이르고 있다.

셋째, 그 결과 사람들의 지식관[학문관]이 변화하였다. 지식을 도구로 인식하고, 학문을 유용성 가치로 평가한 결과, 내적 본질 가치보다 외적 평가 가치를 중시한다. 인간에 대한 평가 기준도 인격 같은 내적 본질이 아니라 외적인 것이 되고 있으며, 지식도 본질 가치보다 장식 가치가 중시되어 인간과 지식[학문]은 합일(合一)되지 못하고 있다. 이러한 도구적 지식관은 최근 자기 계발서 독서 경향에서 잘 드러난다. 사회가 규정한 '표준[혹은 평균]'에 뒤처지지 않기 위해 배움도 수단으로 전락하고 있는 것이다.

진정한 배움을 위해 배움의 결정적 시기인 청소년기에 그 본질을 파악할 수 있는 기회를 제공할 필요가 있다. 오늘날 청소년들은 긴 배움의 기간 동안[5] 많은 내용을 배우면서도 왜 배워야 하는지 궁극적인 의미를 찾지 못하고 있다. 그 결과 성적으로 인한 스트레스와 자살이 사회문제가 되고, 배움은 자아실현과 행복을 위한 것이 아니라 청소년들을 속박하는 것이 되어버렸다. 그렇다면 본래적 배움, 진정한 배움을 회복하여 자아실현과 행복을 위한 것이 되기 위해서

---

5) 배움의 시작을 태교(胎敎)로부터 본다면 출생 이전부터 이미 배움이 시작되는 것이다. 물론 태교를 진정한 배움이라고 볼 수 있는지에 대해서 논의해 보아야 하지만, 태교를 중시하였던 우리 전통교육에 대해 배움의 의미를 찾아보는 것도 중요한 과제일 것이다.

는 어떻게 해야 하는가? 오늘날 지식과 학문은 어느 때보다 방대하고 거대하며 치밀한 체계를 구성하고 있다. 역사적으로 온축된 거대한 지식과 학문의 바다에서 '배움'이 행해지고 있으며, 그에 따라 배움의 대상, 방법, 내용도 급변하고 있다.

'배움' 행위는 개인적 의미를 넘어 사회적·역사적 함의를 지닌다. 인류의 역사 발전은 문화의 존속에 의해 가능했고, 그것은 인간의 배움 행위에 의한 것이다. 배움은 개인적인 것이라 해도 사회적·문화적·역사적 의미를 지니기 때문에 가치 지향적일 수밖에 없다. 배움이 있음은 가르침이 전제되고, 나의 주체적 행위일지라도 대상이 존재하게 마련이다. 배움은 나를 넘어 너, 그리고 우리와 연결되며,6) 주체를 넘어 대상과 관계를 맺게 하며, 객관적 지식임에도 관계 속에서 가치성을 내포하지 않을 수 없다. 배움에 대한 철학적 성찰, '메타(meta)-배움'이 필요한 이유가 바로 여기에 있다. 배움 행위는 단순히 '되풀이해서 익히는' 것을 넘어 '왜·어떻게·무엇을' 배워야 하는지 성찰이 요구된다. 우리는 '진정한 배움이란 무엇인가', 그리고 '현재 역사와 문명은 어떤 배움에 도달하고자 하는가'를 물어야 한다. '진정한 배움'이란 단순한 지식 습득을 넘어 바람직한 가치와 연계됨으로써 보편적 가치를 지니는 의미있는 방향으로 인류의 삶을 이끌 수 있어야 하기 때문이다.

---

6) 신창호(2007), 「동양의 교육 전통에서 '배움'의 의미 : 원시유학의 논의를 중심으로」, 『교육철학』 33, 한국교육철학회, p.153.

2. 유교에서 배움[學]의 의미

일반적인 배움의 개념에서 출발해보자. 배움이란 하나의 행위이다. 물론 정적(靜的)인 배움도 결국 변화(變化)를 수반한다는 점에서 '행위'인 것이다. 배움 행위의 본질은 무엇인가? 배움은 '주체'가 존재하고, '무엇'이라는 대상이 전제된다. 배우는 사람을 학생(學生)이라고 한다면 대상은 지식과 학문, 배울 만한 가치가 있는 그 무엇이다. 주체와 대상을 연결시켜주는 존재가 '교사(教師)'이다. 이처럼 배움의 행위는 궁극적으로 교육 개념과 만나게 된다. 교육 행위가 가르침과 배움의 동시성을 띠는 것은 이 때문이며, 그래서 교수(教授)-학습(學習)은 병용되는 듯하다.

한자의 '학(學)'은 형성(形聲) 글자로 고문(古文)이자 전문(篆文)은 '學攵'이란 글자이다.[7] 갑골문은 臼와 爻가 합해진 글자로, 臼는 양 손으로 끌어올리는 모양을 나타내고, 爻에서 음을 땄는데 '어우러져 사귀다'의 뜻으로, 가르치는 자가 배우는 자를 향상시키는 사귐의 터인 건물, 학교의 뜻을 나타낸다.[8] 이 뜻에는 가르치는 자, 배우는 자, 끌어올림[향상], 장소 등의 네 요소를 포함하고 있다. 교사, 학생, 교육, 학교의 네 요소를 배움 행위의 기본 조건으로 파악하고 있는 것이다. 국어 '배우다'의 의미는 '가르침을 받거나 자꾸 되풀이해서 익히다', '남의 하는 일을 보고 그와 같이 하다', '공부하다, 학문을 닦다', '경험하여 잘 알다'의 의미를 갖고 있다.[9]

『유교대사전』에 의하면, '학(學)'은 '기존의 지식체계를 습득하거

---

7) 段玉裁(注), 許愼(撰)(1997), 『說文解字注』, 上海:上海古籍出版社, p.127.
8) 민중서림편집국 편(1998), 『한한대자전』, 민중서림, p.566.
9) 이희승 편저(1994), 『국어대사전』, 민중서림, p.1495.

나 새롭게 수립하려는 노력, 혹은 그 지식 체계 그 자체를 가리키는 말'로서, "학이라는 글자의 원뜻은 원래 배움·모방을 뜻하는 爻라고 알려져 있는데, 배운다거나 모방하는 대상은 대체로 선인(先人)의 경험 및 지식, 즉 가르침[敎]이며 그 중심적 의미는 도(道)이다."10) 이것은 우리가 알고 있는 배움의 의미와 가까운데, 경전 혹은 성현의 가르침을 바탕으로 '도(道)'를 추구하는 유교 배움의 특징이 잘 나타나 있다.

중국철학에서 도는 사상에 따라 다양한 의미를 지닌다. 유불도(儒佛道)에서 모두 중시하는 도 개념은 넓게는 유사한 것 같지만 구체적인 내용에서는 상이하다. 그래서 "도는 진리를 가리키기도 하고, 진리의 객관적 내용 즉 최고의 원리와 원칙을 가리키기도 한다. 이러한 최고의 원리와 원칙은 '인생(人生)의 도', '자연(自然)의 도', '치지(致知)의 도'로 구분된다."11)고 한 것이다. 그래도 인생의 도를 말하려면 반드시 '사람을 알아야 하며[知人]', 자연의 도를 말하려면 '하늘을 알아야 하고[知天]', 사람을 알고 하늘을 알려면 치지(致知)의 도가 문제로 부각된다는 데서12) 모든 도는 앎[知]과 통함을 알 수 있다. 사람은 어떻게 앎에 도달하는가. 물론 배움에 의해서이다. 유교의 '학(學, 배움)'에 대한 관점을 살펴보자.

공자는 논어를 통해 여러 가지 방법으로 학에 대해 언급하였는데, 그 주된 지향점은 군자라고 불린 귀족의 교양 함양에 있었다. 군자의

---

10) 유교대사전편찬위원회 편(1990), 『유교대사전』, 박영사, p.1669.
11) 김용섭 옮김(1999), 張岱年 主編, 『중국의 지혜 : 孔子에서 范縝까지』(中華的 智慧 : 中國古代哲學思想精粹, 1999), 청계, p.18.
12) 위의 책, p.29.

교양은 구체적으로 군자에게 어울리는 인격적 요소, 군자가 가져야 할 정치적 능력, 군자로서 마땅히 습득해야 할 고전[詩, 書, 易 등]에 관한 지식으로 요약된다. 공자가 인(仁)・효(孝)・제(悌)・충(忠)・신(信) 등 다양한 덕목을 열거하였던 사실에 비추어 보면, 그는 위의 세 가지 가운데서 첫 번째의 인격적 측면을 가장 중시하였음이 드러난다.13)

유교의 배움[學] 내용에는 인격적 요소, 정치적 능력, 고전 지식 등이 포함되지만 가장 중시된 것은 인격 요소이다. 성선설을 바탕으로 구방심(求放心)을 강조한 맹자는 상실된 본성의 회복 방법으로 양기(養氣)・과욕(寡欲)을 들고 있는데 정신적 수양을 배움[學]의 핵심 내용으로 제시하고, 공자를 계승하면서 내적 수양 방향으로 심화시켰다는 평가를 받는다.14) 성악설을 바탕으로 예(禮)를 강조한 순자(荀子)도 제1편을 '권학(勸學)'으로 정하여 배움의 중요성을 역설하였는데, 그의 학문적 지향도 역시 인격적 수양에 있었다. 순자의 학의 논리적 전개는 공맹과는 다를지라도 '배움'을 강조한 점은 공통된다.

유교에서 '배움'은 인간을 어떻게 이해하든 누구나 지녀야 할 '당위(當爲)'로서 중요한 의미를 지닌다. 도덕성과 인격을 핵심으로 삼고 인간의 선한 본성을 회복하기 위해, 악한 본성을 변화시키기 위한 방법으로 '배움'은 가장 중요하고 핵심적인 것이었다. 그런 점에서 '메타-배움'과 관련하여 유교에서는 '왜 배우는가?'보다 '왜 배워야 하는가?'를 묻는 것이 타당할 것이다.

---

13) 유교대사전편찬위원회 편(1990), 앞의 책, p.1669.
14) 위의 책, p.1669.

Ⅲ. 『논어』〈학이〉의 내용 분석

1. 『논어』와 〈학이〉의 구성

『논어』(이하, 『 』를 생략하고 논어로 표기)는 공자의 일상에서의 의식주 생활은 물론 제자들과의 관계와 교육, 다양한 상황에서 드러나는 공자의 가치관과 세계관이 드러난 대화체의 어록(語錄)이다. "자자구구가 정금미옥(精金美玉)으로 참으로 인류의 천고불후의 보전"[15]인 논어는 그 자체로 '배움'의 보고(寶庫)이며, 공자의 전인격을 만날 수 있는 책이다. 형식적으로는 맹자나 순자 책에 비하여 논리적이지 못하지만 내용적으로 삶의 다양한 국면들 속에서 윤리적 시선을 포착한 의미있는 내용들이 많다. "개인의 인격수양에 관계되는 교훈, 사회윤리에 관계되는 교훈, 정치론, 철학론, 제자들과 동시대인들을 상대로 가르침을 달리한(개성 중시) 문답, 문인(門人)·고인(古人)·동시대인들에 대한 비평, 공자 자신의 술회, 공자의 일상생활과 공자의 제자들의 존숭과 찬미 등 제자들의 눈에 비친 공자의 인격"[16]을 다양한 측면에서 기술함으로써 공자의 삶을 통해 우리를 돌아보게 한다. 논어가 이처럼 인생 성찰의 깊은 울림을 주는 것은 '공자여도' 그렇게 했으리라는 '인간적 공감(共感)의 면모'와, '공자이기 때문에' 그렇게 했으리라는 '성인의 외경(畏敬) 면모'가 공존하기 때문이다. 전자로 끝났다면 범인(凡人)과 다르지 않아 오래 남지 못했을 것이고, 후자만 부각되었다면 범접할 수 없는 거리감으

---

15) 이계주 역(1995), 梁啓超 지음, 『중국고전학입문』(國學硏讀法, 중화서국, 1936), 형성사, p.65.
16) 위의 책, p.65.

로 가슴에 파고들지 못하였을 것이다. 인간적 평이함과 성인의 비범함이 공존하는 공자의 모습이 논어의 진가인 것이다.

중국에서 논어17)는 한대 이후 유교가 통치 이념이 되면서 『효경(孝經)』과 더불어 초학자들이 반드시 읽어야 하는 책이었다.18) 전편 20편 중 끝의 5편19)의 일부분의 내용은 고증에 의하면 전국시대에 덧붙여진 것으로 분별하여 읽을 필요가 있다.20) 논어 해석의 방법은 '미언대의(微言大義)'의 의리를 밝히는 것을 중시하는 경향과 훈고 고증을 중시하는 두 가지 경향이 있었는데,21) 논어에 대한 새로운 해석을 시도할 때는 후자의 성과를 참고로 하여 엄밀한 고증작업이 이루어져야 하고, 오늘날 시대적 상황에 맞는 해석의 시도는 전자를 원용하여 현실적 미래지향적 새로운 의미체계를 구축하는 것이 필요하다는 주장은22) 타당하다. 이런 점에서 주자의 『논어집주』와 다산의 『논어고금주』는 이 두 경향을 반영한 해석으로, 그 시대의 의미체계 구축이며 새로운 해석이었다고 평가할 수 있다.

〈학이〉편 제1장은 "배우고 때때로 그것을 익히면 또한 기쁘지 않겠는가."23)로 시작된다. 바로 '학이시습지(學而時習之)' 즉, 학습(學

---

17) 『논어』의 편집자와 연대, 진위, 내용과 가치, 독법, 주석서와 연구서에 대해서는 이계주 역(1995), 앞의 책, pp.60-69를 참고할 것.
18) 이문주(2001), 「『논어』의 성립과정에 대한 주석학적 연구 : 한당대를 중심으로」, 『유교경전 주석의 해석학적 접근』, 성균관대학교 동아시아학술원 유교문화연구소, p.1.
19) 〈계씨〉, 〈양화〉, 〈미자〉, 〈자장〉, 〈요왈〉은 의심스러운 점이 있다고 한다.
20) 이계주 역(1995), 앞의 책, p.65.
21) 한대 금문학자와 송대 성리학자들이 전자에, 후한의 고문학자와 청대 고증학자들이 후자에 속한다. : 이문주(2001), 앞의 글, p.42.
22) 이문주(2001), 위의 글, p.42.

習)이 기쁘다는 말이다. 〈학이〉편을 16장으로 나눈 것은 주자와 다산 모두 동일하다. 주자는 수편(首篇)으로서의 의미를 부각시켜 "기록한 바가 근본을 힘쓰는 뜻이 많으니, 곧 도에 들어가는 문이요 덕을 쌓는 터전이니, 배우는 사람이 먼저 힘써야 될 일이다."24)라고 주석하였다.

먼저 〈학이〉편의 장별 원문과 그 번역, 그리고 주제를 살펴보자. (표에서 '분류' 항목에 있는 ①에서 ⑧까지의 기호는 다음 제2절에서의 논의 순서이며, 이어지는 제4장의 논의를 위해 필자가 임의로 붙인 것임.)

장	분류	원문	번역	주제
제1장	①⑤	○子曰, 學而時習之, 不亦說乎. 有朋, 自遠方來, 不亦樂乎. 人不知而不慍, 不亦君子乎.	공자께서 말씀하셨다. "배우고 그것을 때때로 익히면 기쁘지 않겠는가. 벗이 먼 곳으로부터 찾아온다면 즐겁지 않겠는가. 남이 알아주지 않더라도 성내지[노여움을 품지] 않는다면 군자가 아니겠는가."	學 君子
제2장	⑥	○有子曰, 其爲人也孝弟, 而好犯上者, 鮮矣, 不好犯上, 而好作亂者, 未之有也. 君子, 務本, 本立而道生, 孝弟也者, 其爲仁之本與.	유자가 말하였다. "그 사람됨이 효도하고 공경하면서 윗사람을 범하기를 좋아하는 자가 드무니, 윗사람을 범하기를 좋아하지 않고서 난을 일으키기를 좋아하는 자는 있지 않다. 군자는 근본을 힘쓰니, 근본이 서면 인(仁)의 도(道)가 생겨나니 효와 제는 그 인(仁)을 행하는 근본일 것이다."	爲人
제3장	⑥	○子曰, 巧言令色, 鮮矣仁.	공자께서 말씀하셨다. "말을 듣기 좋게 하고 얼굴빛을 곱게 하는 사람 가운데는 인(仁)한 이가 적다."	爲人

---

23) 『論語』〈學而〉 제1장: "子曰, 學而時習之, 不亦說乎. 有朋, 自遠方來, 不亦樂乎. 人不知而不慍, 不亦君子乎." 이하 원문과 주석에 대한 구분의 편의를 위하여 원문 인용에서는 『論語』로 표기함.

24) 『論語集註』〈學而〉 朱子注: "此, 爲書之首篇. 故所記多務本之意, 乃入道之門, 積德之基, 學者之先務也." 이하 『論語集註』〈學而〉편에 나오는 주석은 편·장명을 생략함. 이하 『論語』와 『論語集註』 번역은 성백효 역주(2008), 『논어집주』(전통문화연구회)를 참조하여 인용 또는 수정하였음.

제4장	⑧	○曾子曰, 吾日三省吾身, 爲人謀而不忠乎, 與朋友交而不信乎, 傳不習乎.	증자가 말씀하셨다. "나는 날마다 세 가지로 나의 몸을 살피나니, 남을 위하여 일을 도모해 줌에 충성스럽지 아니한가, 벗과 더불어 사귐에 성실하지 아니한가, 전수받은 것을 익히지 아니하였는가 이다."	省
제5장	⑦	○子曰, 道千乘之國, 敬事而信, 節用而愛人, 使民以時.	공자께서 말씀하셨다. "천승(千乘)의 나라를 다스리되 일을 공경하고 미덥게 하며, (재물) 쓰기를 절도 있게 하고 사람을 사랑하며, 백성을 부리기를 제때[농한기]에 하여야 한다."	治國
제6장	②	○子曰, 弟子, 入則孝, 出則弟, 謹而信, 汎愛衆, 而親仁, 行有餘力, 則以學文.	공자께서 말씀하셨다. "제자가 들어와서는 효도하고 나가서는 공손하며, (행실을) 삼가고 (말을) 성실하게 하며, 널리 사람들을 사랑하되 인(仁)한 이를 가까이 해야 하니, 이것을 행하고 여력이 있거든 글을 배워야 한다."	學
제7장	③	○子夏曰, 賢賢, 易色, 事父母, 能竭其力, 事君, 能致其身, 與朋友交, 言而有信, 雖曰未學, 吾必謂之學矣.	자하가 말하였다. "어진 이를 어질게 여기되[존경하되], 여색(女色)을 좋아하는 마음과 바꿔서 하며, 부모를 섬기되 능히 그 힘을 다하며, 임금을 섬기되 능히 그 몸을 바치며, 벗과 더불어 사귀되 말함에 성실함이 있으면, 비록 배우지 않았다고 말하더라도 나는 반드시 그를 배웠다고 이르겠다."	學
제8장	⑤	○子曰, 君子, 不重則不威, 學則不固. 主忠信, 無友不如己者, 過則勿憚改.	공자께서 말씀하셨다. "군자가 후중(厚重)하지 않으면 위엄이 없으니, (후중하지 않으면서 배우면) 배움도 견고하지 못하다. 충(忠)과 신(信)을 주장하며, 자기만 못한 자를 벗 삼으려 하지 말고, 허물이 있으면 고치기를 꺼리지 말아야 한다."	君子
제9장	⑧	○曾子曰, 愼終追遠, 民德, 歸厚矣.	증자가 말하였다. "종[終, 初喪]을 삼가서 치르고 멀리 돌아가신 분[祖上]을 추모하면 백성의 덕(德)이 후(厚)한 데로 돌아갈 것이다."	愼終追遠
제10장	⑦	○子禽, 問於子貢曰, 夫子, 至於是邦也, 必聞其政, 求之與, 抑與之與. 子貢曰, 夫子, 溫良恭儉讓以得之, 夫子之求之也, 其諸異乎人之求之與.	자금이 자공에게 물었다. "부자[공자]께서 이 나라에 이르셔서 반드시 그 정사(政事)를 들으시니, (스스로) 구해서 되는 것입니까? 아니면 (임금이) 주어서 되는 것입니까?" 자공이 말하였다. "부자[공자]께서는 온화하고 어질고 공손하고 검소하고 겸양하여 이것을 얻으시는 것이니, 부자[공자]의 구하심은 타인(他人)의 구하는 것과 다를 것이다."	政事
제11장	⑧	○子曰, 父在, 觀其志, 父沒, 觀其行, 三年, 無改於父之道, 可謂孝矣.	공자께서 말씀하셨다. "아버지가 살아 계실 때에는 그 [자식]의 뜻을 관찰하고, 아버지가 돌아가셨을 때에는 그[자식]의 행동을 관찰하는 것이니, 3년 동안 아버지의 도(道)를 고치지 말아야 효(孝)라 이를 수 있다."	孝

제12장	⑧	○有子曰, 禮之用, 和爲貴, 先王之道, 斯爲美, 小大由之. 有所不行, 知和而和, 不以禮節之, 亦不可行也.	유자가 말하였다. "예(禮)의 용(用)은 화(和)가 귀함이 되니, 선왕(先王)의 도(道)는 이것을 아름답게 여겼다. 그리하여 작은 일과 큰 일에 모두 이것을 따른 것이다. (이와 같은데도 다시) 행하지 못할 것이 있으니, 화(和)를 알아서 화(和)만 하고, 예(禮)로써 절제하지 않는다면, 이 또한 행할 수 없는 것이다."	禮
제13장	⑥	○有子曰, 信近於義, 言可復也, 恭近於禮, 遠恥辱也, 因不失其親, 亦可宗也.	유자가 말하였다. "약속이 의리(義理)에 가까우면 그 약속한 말을 실천할 수 있으며, 공손함이 예(禮)에 가까우면 치욕을 멀리할 수 있으며, 주인(主人)을 정할 때에 그 친할만한 사람을 잃지 않으면, 또한 그 사람을 끝까지 종주(宗主)로 삼을 수 있다."	爲人
제14장	④	○子曰, 君子, 食無求飽, 居無求安, 敏於事而愼於言, 就有道而正焉, 可謂好學也已.	공자께서 말씀하셨다. "군자가 먹을 적에 배부름을 구하지 않으며, 거처할 적에 편안함을 구하지 않으며, 일을 민첩히 하고 말을 삼가며, 도(道)가 있는 이에게 찾아가서 질정(質正)한다면 배움을 좋아한다고 이를 만하다."	學
제15장	⑥	○子貢曰, 貧而無諂, 富而無驕, 何如. 子曰, 可也, 未若貧而樂, 富而好禮者也. 子貢曰, 詩云, 如切如磋, 如琢如磨, 其斯之謂與. 子曰, 賜也, 始可與言詩已矣. 告諸往而知來者.	자공이 묻기를 "가난하면서도 아첨함이 없으며 부(富)하면서도 교만함이 없는 것이 어떻습니까?"하자, 공자께서 대답하셨다. "괜찮으나, 가난하면서도 즐거워하며 부(富)하면서도 예(禮)를 좋아하는 자만은 못하다." 자공이 말하였다. 『시경』에 '절단(切斷)해 놓고 다시 그것을 간 듯하며, 쪼아놓고 다시 그것을 간 듯하다.' 하였으니, 이것을 말함일 것입니다." 공자께서 말씀하셨다. "사(賜, 子貢)는 비로소 더불어 시(詩)를 말할 만하구나. 지나간 것[이미 말해 준 것]을 말해주자 올 것[말해주지 않은 것]을 아는구나."	爲人
제16장	⑥	○子曰, 不患人之不己知, 患不知人也.	공자께서 말씀하셨다. "남이 자신을 알아주지 못함을 걱정하지 말고, 내가 남을 알지 못함을 걱정해야 한다."	爲人

〈학이〉편에서 공자의 말[子曰]로만 된 것은 총8장, 공자가 문답한 것은 총1장이다. 그리고 제자들과의 문답, 제자들의 말이나 제자들 간의 문답에는 유자(3회), 증자(2회), 자하(1회), 자금(1회), 자공(2회) 등이 등장한다. 직접적으로 배움[學]에 대하여 거론한 넉 장(제1·6·7·14장)을 포함하여, 구체적 인간상으로서의 군자(제1·8장), 배운

사람이 갖추어야 할 됨됨이[爲人](제2·3·13·15·16장), 치국(제5장)·정사(제10장) 등의 다스림, 성(제4장)·신종추원(제9장)·효(제11장)·예(제12장) 등의 덕목을 다루면서, 배움에 대해 구체적으로 논의하고 있다. 이처럼 총16장으로 구성된 한 편에서 배움[學]의 본질이 잘 드러나고 있다. 물론 맹자와 순자[25]가 한 주제로 논의를 심화한 반면, 논어에서는 학과 관련된 내용들이 전편에 흩어져 있다.[26] 그럼에도 〈학이〉편에 왜·어떻게·무엇을 배워, 어떤 사람으로 어떻게 살아야 하는지 하는 배움의 핵심이 다 들어있는 것을 보면 〈학이〉편이 왜 머리편이 되었는지 알만하다.

2. 〈학이〉의 내용 분석

1) 제1·6·7·14장 : 학습(學習), 행유여력학문(行有餘力學文), 필위지학(必謂之學), 가위호학(可謂好學)

① 학습(學習 : 배움과 익힘)(제1장) : 이 장은 머리편의 수장(首章)으로 학(學)의 기본 개념과 의미에 대해서 다루고 있다. 주자는 '학(學)'을 '본받음[效]'으로 해석하면서, "인성(人性)은 모두 선(善)하나 깨달음에는 선후가 있으니, 뒤에 깨닫는 자는 반드시 선각자(先覺者)의 하는 바를 본받아야[效], 선(善)을 밝게 알아서 그 본성(本性, 其初)을 회복할 수 있는 것이다."라고 말한다.[27] 또한 '습'은 새가 자주 나는

---

25) 순자는 『순자』 제1편 〈권학(勸學)〉에서 학문에 대하여 구체적으로 논의하고 있다.
26) 『논어』 전체에 '학(學)'이라는 글자는 65회 나온다. 배움이라는 명사, 배우다의 동사형, 학자(學者) 등 구절마다 다양하게 사용되고 있다. 직접적으로 학(學)이란 글자는 없을지라도 배움과 관련된 내용이 포함된 경우도 많다.
27) 『論語集註』: "學之爲言效也. 人性皆善, 而覺有先後, 後覺者, 必效先覺之所

것처럼 배우기를 그치지 않는 것이며, 때때로 그것을 익히면 배운 것이 익숙해져서 중심(中心)에 희열을 느껴 그 진전이 자연히 그만둘 수 없는 것이라고 본다.28) 다산은 학(學)은 '스승의 가르침을 받음[受敎]'이며, 습은 학업을 익힘, 시습(時習)은 수시로 익힘, 열(說)은 마음의 기쁨이라고 하였다.29) 다산은, '수시로' 익히는 것이라는 주자의 말을 구체적으로 수용하고 있는데, "혼정신성(昏定晨省)을 배웠다면 곧바로 그때부터 날마다 그것을 익히며, 낮에 부지런히 노력하고[日乾] 저녁에 두려워하며 조심함[夕惕]을 배웠다면 곧바로 그때부터 날마다 그것을 익히고, 제례를 배웠다면 제례를, 향례를 배웠다면 향례를, 음악을 배웠다면 음악을, 글 외는 것을 배웠다면 글 외우는 것을, 활쏘기와 말타기를 배웠다면 활쏘기와 말타기를, 글쓰기와 셈하기를 배웠다면 글쓰기와 셈하는 것을 익히는 것, 그 모두가 학업을 익히는 것이다."30)고 말한다. 즉, 자신이 배운 것을 자기 것으로 만들기 위해 반복하여 익히는 것이라는 해석이다. 이처럼 다산에 있어서 "학이란 지식을 넓혀가는 것이며, 습이란 실행하는 것이다. 그러므로 '학이시습(學而時習)'이란 지행(知行)을 함께 했

爲, 乃可以明善而復其初也."
28) 『論語集註』: "習, 鳥數飛也, 學之不已, 如鳥數飛也. 說, 喜意也, 旣學而又時時習之, 則所學者熟而中心喜說, 其進, 自不能已矣."
29) 『論語古今註』: "補曰, 學, 受敎也. 習, 肄業也. 時習, 以時習之也. 說, 心快也."
30) 『論語古今註』: "時習者, 時時習之也(朱子云). 學晨省昏定, 便自是日習晨省昏定, 學日乾夕惕, 便自是日習日乾夕惕, 學祭禮習祭禮, 學鄕禮習鄕禮(飮射投壺等), 學樂習樂(月令云孟春命樂正入學習舞, 季秋命樂正入學習吹), 學誦習誦, 學射御習射御(月令云孟冬習射御), 學書數習書數, 皆所以肄業也." 이하 ( ) 안의 글은 원전의 소주(小註)임. 이하 『論語古今註』 번역은 전주대학교 호남학연구소 역(1989), 『국역 여유당전서: 《논어고금주》』(2-4)(여강출판사)를 참조하여 인용 또는 수정하였음.

던 것인데 후세의 학문은 배우고 익히지를 않았기 때문에 기쁨을 얻을 수 없었던 것"31)이다. 그리고 외는 것보다는 익히는 것이 더 중요하다고 보았다.32) 주자와 다산 모두 배움과 익힘을 중요시하고 있다.

② 행유여력학문(行有餘力學文 : 행하고 여력이 있거든 글을 배워야 한다)(제6장) : 이 장은 지식을 배우는 것보다 인간의 본바탕에 기초한 일상에서의 기본 실천을 우선시한 부분이다. 주자는 "문(文)이란 시서(詩書)와 육예(六藝)의 문(文)을 이른다."33)고 하였다. 육예는 예·악·사·어·서·수(禮樂射御書數)로 당시 사회 생활에 필요한 가장 기본적이고 실용적이며 핵심적인 내용이다. 또한 주자는 "여력이 없는데 문(文)을 배운다면 문(文)이 그 질(質)을 멸하게 될 것이요, 여력이 있는데도 문(文)을 배우지 않는다면 질(質)에 치우쳐서 비루(鄙陋)해질 것이다."34)라는 홍흥조(洪興祖)의 말을 인용하면서 문과 질의 조화를 강조하였다. 문과 질은 공자의 말, "질(質)이 문(文)을 이기면 촌스럽고 문이 질을 이기면 사(史, 겉치레만 잘함)하니, 문과

---

31) 『論語古今註』 : "學所以知也, 習所以行也, 學而時習者, 知行兼進也, 後世之學, 學而不習, 所以無可悅也."
32) 『論語古今註』 : "王曰, 學者, 以時誦習之. 駁曰, 非也, 誦習而已者, 後世之學也. 禮樂射御, 可習者多, 奚但誦而已."
33) 『論語集註』 : "文, 謂詩書六藝之文.", "詩書六藝之文 : 六藝는 禮·樂·射·御·書·數의 여섯 가지 才藝를 이른다. 그러나 六藝를 詩·書·易·禮·樂·春秋 등의 六經으로 보아 詩·書 등 六藝의 글로 해석하기도 한다." : 성백효 역주 (2008), p.37.
34) 『論語集註』 : "洪氏曰, 未有餘力而學文, 則文滅其質, 有餘力而不學文, 則質勝而野."

질이 적절히 배합된 뒤에야 군자이다."35)에서 나온 말이다. 질은 본바탕을 뜻하고 문은 문식을 의미하는데 공자는 이 둘의 조화를 강조하고 있다. 즉, 인간의 본바탕에 기초한 일상에서의 기본 실천이 질이라면 글을 배우는 것은 문에 해당되는데, 만약 선후를 따지자면 질이 먼저라는 말이다.

다산은 "위의 다섯 가지(효도, 공손, 행실을 삼가고 말을 성실하게 함, 널리 사랑함, 인한 이를 친근히 함)의 일을 행하고 남은 힘이 있으면 문(文)을 배울 수 있다."36)라고 해석하였다. 그리고 행하고 "남은 힘을 모두 다해 문(文)을 배운다면 그 문(文)을 이루 다 쓸 수 없을 것이다. 선유(先儒)는 이 말로 인해 문예(文藝)를 지나치게 배척하였으니 부자[공자]의 본의가 아니다. 그러므로 주자(朱子)는 이를 더욱 깊이 경계하였다."37)고 본다. 이처럼 주자와 다산 모두 일상에서의 실천[行]과 문(文)을 배움[學]이 어느 한 쪽에 치우치지 말고 병행되어야 하는 것으로 보고 있는데, 굳이 선후를 따진다면 일상에서의 실천[行]이 먼저라는 것이다.

③ 필위지학(必謂之學 : 반드시 그를 배웠다고 이르겠다)(제7장) : 자하(子夏)는 "어진 이를 어질게 여기되[존경하되], 여색(女色)을 좋아하는 마음과 바꿔서 하며, 부모를 섬기되 능히 그 힘을 다하며, 임금을 섬기되 능히 그 몸을 바치며, 벗과 더불어 사귀되 말함에 성실함이

---

35) 『論語』〈雍也〉제16장 : "子曰, 質勝文則野, 文勝質則史, 文質彬彬, 然後君子."
36) 『論語古今註』: "上五事行之, 而有餘力, 則可以學文也."
37) 『論語古今註』: "又按, 夫子之言, 雖先行後文, 然上五事, 皆非力役之可充工課者. 行之綽有餘力, 以其餘力, 悉以學文, 則文不可勝用也. 先儒因此過斥文藝, 非夫子之本意也. 故朱子深戒之."

있으면, 비록 배우지 않았다고 말하더라도 나는 반드시 그를 배웠다고 이르겠다."고 하였다. 주자는 "이 네 가지는 모두 인륜의 큰 것이어서 이것을 행함에 반드시 그 정성을 다해야 하니, 학문[學]은 이와 같음을 구할 뿐이다."38)라고 해석하였다. 더불어 "자하는 문학(文學)으로 이름하였는데도 그 말이 이와 같았으니, 그렇다면 옛사람들의 이른바 학문[學]이란 것을 알 수 있다. 그러므로 〈학이〉 한 편은 대저 모두 근본을 힘씀에 있는 것이다."39)라는 유씨(游氏, 游酢)의 말을 인용하여, 〈학이〉편이 배움[學]의 '근본'을 말하고자 하였음을 밝히고 있다.

다산은 "이 장은 태어나면서부터 아는 지혜와 아름다운 행동[生知美行]의 일을 논한 것이다."40)라는 주장에 대해 반박하면서, "자하의 말뜻은 학문[學]이란 이와 같이 행하는 것뿐이라는 말이다. 어찌 생이지지(生而知之)의 성인을 말함이겠는가. 역색(易色)이란 어진 이를 공경하되 성심(誠心)으로 하는 것이며, 갈력(竭力)이란 어버이를 사랑하되 성심으로 하는 것이며, 치신(致身)이란 높은 이를 공경하되 성심으로 하는 것이며, 유신(有信)이란 벗을 사귀되 성심으로 하는 것이니, 이 네 가지는 모두 성심으로 하는 학문(學)이다. 어느 것을 여기에 더할 수 있겠는가?"41)라고 하였다. 배움[學]이란 바로 근

---

38) 『論語集註』: "四者, 皆人倫之大者, 而行之必盡其誠, 學求如是而已."
39) 『論語集註』: "游氏曰, (…) 子夏以文學名, 而其言如此, 則古人之所謂學者, 可知矣. 故學而一篇, 大抵皆在於務本."
40) 『論語古今註』: "邢曰, 此章, 論生知美行之事."
41) 『論語古今註』: "駁曰, 非也. 子夏之意, 蓋云學不過如斯而已, 豈以是爲生知之聖乎. 易色則誠於賢賢矣, 竭力則誠於親親矣, 致身則誠於尊尊矣, 有信則誠於交友矣, 四者皆誠學, 何以加矣."

본에 힘쓰고 성심으로 하는 것이어야 하니, 무엇보다 근본과 노력이 중요함을 강조한 구절이며, 그 해석이다. 배웠다고 하는 것은 지식이나 학문의 많고 적음이 아니라 행동에서 얼마나 성심을 다해 노력하는가에 달렸다는 의미이다.

④ 가위호학(可謂好學 : 배움을 좋아한다고 이를 만하다)(제14장) : 배부름을 구하지 않음, 편안함을 구하지 않음, 일을 민첩히 하고 말을 삼감, 도가 있는 이에게 찾아가서 질정함의 요소로 호학(好學)을 말하고 있는 부분이다. 다산은 "음식과 거처 모두 소체(小體, 육체)를 봉양하는 것이다. 이를 먼저 말한 것은 극기가 앞서야 한다는 점을 밝히려는 것이다."42)라고 말한다. 주자는, "군자의 학문[學]이 이 네 가지에 능하다면 뜻이 독실하고 행실을 힘쓰는 자라고 이를 만하다. 그러나 도(道)가 있는 이에게 질정(質正)을 취하지 않는다면 어그러짐이 있음을 면치 못한다. 예컨대 양주(楊朱)와 묵적(墨翟)이 인의(仁義)를 배우다가 잘못된 자이나 그 흐름의 폐단이 무부(無父)와 무군(無君)에 이르렀으니, 배움[學]을 좋아했다고 말하는 것이 가하겠는가?"43)라는 윤돈(尹焞)의 말을 인용하면서 배움과 관련하여 질정(質正)을 강조하고 있다. 다산에 따르면 "정(正)이란 시비를 묻는 것"을 뜻한다.44) 자신이 배우는 내용에 대하여 객관적 진리 혹은 가치에 대한 시비를 가리는 것은 배움의 태도에서 매우 중요한 점이다. 다

---

42) 『論語古今註』: "孔曰, 有道, 有道德者." / "按, 食與居, 皆所以養小體也. 先言此者, 明克己在先."
43) 『論語集註』: "尹氏曰, 君子之學, 能是四者, 可謂篤志力行者矣. 然不取正於有道, 未免有差. 如楊墨, 學仁義而差者也, 其流至於無父無君, 謂之好學, 可乎."
44) 『論語古今註』: "正, 謂問其是非."

시 말하면 신체적 욕구를 이기는 극기는 배움의 기본이지만 자신의 것을 옳다 여겨 객관적 진실이나 올바른 가치를 추구하지 않는다면 그것은 진정으로 배움을 좋아한다고 할 수 없다는 것이다. 주자가 이 구절의 도(道)를 "사물의 당연한 이치이니, 사람이 누구나 함께 행하여야 할 것"45)으로 본 것은 배움의 가치 지향이 올바르지 않다면 진정한 배움이 될 수 없음을 말한 것이라고 할 수 있다. 보편타당한 진리에 의거한 지식 내용의 점검이 필요함을 강조한 것이다.

2) 제1·8장, 제2·3·13·15·16장 : 군자(君子)와 위인(爲人)

⑤ 군자(제1·8장) : 제1장에서 "남이 알아주지 않더라도 성내지[노여움을 품지] 않는다면 군자가 아니겠는가."라는 구절에 대해, 주자는 "남에게까지 미쳐서 즐거운 것은 순(順)이어서 쉽고, 알아주지 않는데도 성내지[노여움을 품지] 않는 것은 역(逆)이어서 어렵다. 그러므로 오직 덕(德)을 이룬 군자만이 능한 것이다. 그러나 덕이 이루어지는 소이(所以)는 또한 배우기를 올바르게 하고, 익히기를 익숙히 하고, 기뻐하기를 깊이 하여 그치지 않음에 말미암을 뿐이다."46)라고 주석하였다. 다산은, 군자는 덕이 있는 사람을 말하며, 옛날에는 오직 덕이 있는 자만이 벼슬을 할 수 있었기 때문에, 후세에 비록 벼슬이 없는 사람일지라도 덕이 있는 자를 군자라 일컬었다고 하였다.47)

---

45) 『論語集註』: "凡言道者, 皆謂事物當然之理, 人之所共由者也."
46) 『論語集註』: "愚謂, 及人而樂者, 順而易, 不知而不慍者, 逆而難. 故惟成德者能之. 然德之所以成, 亦曰學之正, 習之熟, 說之深, 而不已焉耳."
47) 『論語古今註』: "補曰, 君子, 有德之稱. 鄭玄玉藻注曰, 君子, 大夫士(又云君子, 士已上). 少儀注曰, 君子, 卿大夫(孟子云非野人, 莫養君子). 君子云者, 大君之子也, 猶王者之稱天子也. 古惟有德者, 得在位, 故後世, 雖無位, 凡有德

제8장은 군자가 자신을 닦는 도리를 말한 것인데, 주자는 "군자의 도는 위엄과 후중함을 바탕으로 삼고 배워서 이루어야 할 것이요, 배우는 도(道)는 반드시 충신(忠信)으로써 주장을 삼고 자기보다 나은 자로써 돕게 하여야 할 것이다. 그러나 혹 허물을 고치는 데 인색하면 끝내 덕(德)에 들어갈 수 없어서 현자(賢者)가 반드시 선(善)한 도(道)로써 말해주기를 좋아하지 않을 것이다. 그러므로 허물을 고치기를 꺼리지 말라는 말씀으로써 끝을 맺으신 것이다."48)라는 유씨(游氏, 游酢)의 말을 인용하여 주석하고 있다. 덕을 갖추었기 때문에 남이 알아주지 않더라도 성내지[노여움을 품지] 않을 수 있는 것이며, 그 덕을 갖춘 사람이 바로 군자라고 주자와 다산은 보는 것이다.

⑥ 위인(제2·3·13·15·16장) : 여기서는 배운 사람의 사람됨[됨됨이]에 대하여 논의하고 있다. 제2장은 군자의 됨됨이의 근본이 바로 효제(孝悌)이고 그것은 인(仁)을 행하는 근본이라고 하였다. 제3장은 교언영색(巧言令色)이 인(仁)이 아님을, 제13장은 사람의 언·행(言行)과 교제(交際)가 어떠해야 하는가를, 제15장은 락(樂)과 예(禮)를 연결지어 부(富)와 빈(貧)에 대한 참된 의미를 말하고 있다.

주자는, 인(仁)에 대해 "사랑의 원리이고 마음의 덕이다."49) 해석하고, 효제(孝悌)로 말미암아 인에 이를 수 있다는 의미가 아니라 인을 행하는 것이 효제로부터 시작됨을 말한 것이라고 보면서, 효제는

者稱君子."
48) 『論語集註』: "程子曰, 君子自修之道, 當如是也. 游氏曰, 君子之道, 以威重爲質, 而學以成之, 學之道, 必以忠信爲主, 而以勝己者輔之. 然或吝於改過, 則終無以入德, 而賢者亦未必樂告以善道. 故以過勿憚改, 終焉."
49) 『論語集註』: "仁者, 愛之理, 心之德也."

이 인의 한 가지 일이니 효제를 행하는 근본이라 한다면 가하지만 이것이 인의 근본이라고 하면 불가하다고 말한다.50) "인은 본성이고 효제는 용(用)이다. 성(性) 가운데는 다만 인의예지(仁義禮智) 네 가지가 있을 뿐이니, 어찌 일찍이 효제가 있겠는가. 그러나 인(仁)은 사랑을 주장하고, 사랑은 어버이를 사랑하는 것보다 더 큰 것이 없다. 그러므로 '효제란 그 인을 행하는 근본일 것이다.'라고 말한 것이다."51)라는 것이 주자의 논지이다. 반면, 다산은 "효제 또한 인이며, 인 또한 효제이다. 다만 인은 총명(總名)이므로 사군(事君), 목민(牧民), 휼고(恤孤), 애환(哀鰥)이 모든 것을 포괄하게 되지만, 효제는 전칭(專稱)이므로 오직 어버이를 섬기고 형을 공경해야 비로소 그 실상이 되는 것이므로 유자(有子)는 '모든 인(仁) 가운데 효제가 근본이다'고 말하였던 것이다."52)라고 보았다. 이러한 견해의 차이에도 불구하고, 주자와 다산 모두 배움의 실천에서 효제가 중요한 첫걸음이자 근본이라는 점에서는 일치하고 있다.

3) 제5·10장 : 다스림[치국(治國)·정사(政事)]

⑦ 다스림(제5·10장) : 제5장에는 공자가 말한 나라를 다스리는[治國] 요점 다섯 가지가 보인다. 주자는, 나라를 다스리는 요점 다섯 가지가 치국의 근본이며, 일을 공경하고, 믿게 하고, 쓰기를 절도

---

50) 『論語集註』 : "或問, 孝弟爲仁之本, 此是由孝弟, 可以至仁否. 曰非也, 謂行仁自孝弟始, 孝弟, 是仁之一事, 謂之行仁之本則可, 謂是仁之本則不可."
51) 『論語集註』 : "蓋仁, 是性也, 孝弟, 是用也. 性中, 只有箇仁義禮智四者而已, 曷嘗有孝弟來. 然仁主於愛, 愛莫大於愛親. 故曰孝弟也者, 其爲仁之本與."
52) 『論語古今註』 : "孝弟亦仁, 仁亦孝弟. 但仁是總名, 事君牧民恤孤哀鰥, 無所不包, 孝弟是專稱, 惟事親敬兄, 乃爲其實. 故有子謂, 諸仁之中, 孝弟爲之本."

있게 하고, 백성을 사랑하고, 백성 부리기를 때에 맞게 하는 것들이 반복하여 서로 원인이 되어 각기 차례가 있다고 보면서, 호인(胡寅)의 말을 인용해 그것들이 모두 경(敬)을 중심에 두고 있음을 강조하고 있다.53) 그리고 "경(敬)이란 일(一)을 주장하여 다른 데로 나감이 없는 것[主一無適]을 말한다. 일을 공경하고 미덥게 한다는 것은 그 일을 공경하고 백성에게 믿게 하는 것이다."라고 해석하였다.54) 다산은 '경사(敬事)란 일의 처음과 끝을 생각하여 훗날의 폐단을 헤아리는 것이고, 이와 같이 한 다음에 실행하면 일이 막힌다거나 흔들림이 없으므로 백성이 신임하게 된다'고 보았다.55) 모든 일에 경건한 자세로 최선을 다해야 함을 말하고 있는 것이다. 제10장에서는 공자가 정사(政事)를 듣게 된 이유가 덕스러움 때문에 주어진 것임을 말하고 있다. 주자는 "부자[夫子, 공자]가 일찍이 구하지 않으셨으나 다만 그 덕스러운 모양이 이와 같았기 때문에 당시의 임금이 공경하고 믿어서 스스로 정사를 가지고 찾아와서 물었을 뿐이요, 타인이 반드시 구한 뒤에 얻는 것과는 같지 않은 것이다."56)라고 정사와 덕을 연관 짓고 있는데, 이는 덕을 갖춘 군자가 정사를 들어야 한다는 의미를 내포하고 있는 것으로 보인다.

---

53) 『論語集註』: "胡氏曰, 凡此數者, 又皆以敬爲主. 愚謂, 五者反復相因, 各有次第, 讀者宜細推之."
54) 『論語集註』: "敬者, 主一無適之謂, 敬事而信者, 敬其事而信於民也."
55) 『論語古今註』: "補曰, 敬事, 謂慮其始終, 度其流弊也. 然後行之, 無所沮撓, 則民信之矣."
56) 『論語集註』: "言夫子未嘗求之, 但其德容如是. 故時君敬信, 自以其政就而問之耳, 非若他人必求之而後得也."

4) 제4·9·11·12장 : 덕목[성(省)·신종추원(愼終追遠)·효(孝)·
    예(禮)]

⑧ 덕목(제4·9·11·12장) : 여기에 나온 덕목은 증자의 삼성(三省)과 신종추원(愼終追遠), 삼년 동안 부모의 뜻을 고치지 않는 효도, 화(和)를 중시하는 예의 용(用)을 말하고 있다. 유교에서 중시되는 성찰, 조상숭배, 효도, 예에 대한 내용들이다. 제4장 삼성(三省)에 대해, 주자는 "자기 마음을 다하는 것을 충(忠)이라 이르고, 성실히 하는 것을 신(信)이라 이른다. 전(傳)은 스승에게 전수받은 것이요, 습은 자기 몸에 익숙히 함을 말한다. 증자가 이 세 가지로써 날마다 자신을 반성하여 이런 잘못이 있으면 고치고, 없으면 더욱 힘써서 자신을 다스림에 정성스럽고 간절함이 이와 같으셨으니, 학문하는 [學] 근본을 얻었다고 이를 만하고, 세 가지의 순서는 또 충·신으로써 전습(傳習)하는 근본으로 삼아야 하는 것이다."57)라고 해석하였다. 배움[學]의 근본이 자기 성찰[省]에 있음을 알 수 있다. 다산은 "자신이 익히지 못한 바를 어떻게 전수할 수 있겠는가. 자신이 익히지 않고서 남에게 전수할 수는 없는 것이다."58)라고 하여 익힘을 통한 체화(體化)의 중요성을 강조하고 있다.

제9장의 신종추원(愼終追遠)에 대해, 주자는 "신종(愼終)은 상(喪)에 그 예(禮)를 다하는 것이요, 추원(追遠)은 제사에 그 정성을 다하는 것이다. 백성의 덕(德)이 후(厚)한 데로 돌아간다는 것은 하민(下

---

57) 『論語集註』: "盡己之謂忠, 以實之謂信. 傳, 謂受之於師, 習, 謂熟之於己. 曾子以此三者, 日省其身, 有則改之, 無則加勉, 其自治誠切, 如此, 可謂得爲學之本矣, 而三者之序, 則又以忠信爲傳習之本也."
58) 『論語古今註』: "己所不習, 何以傳授. 不習而傳, 理所無也."

民)들이 교화되어서 그 덕이 또한 후한 데로 돌아감을 말한다. 종(終)은 사람들이 소홀히 하기 쉬운 것인데 이것을 삼가고, 먼 선조는 사람들이 잊기 쉬운 것인데 추모한다면 후하게 하는 방법이다. 그러므로 이것을 자신이 하면 자신의 덕이 후해지고, 아래 백성들이 교화되면 그 덕이 또한 후한 데로 돌아가는 것이다."라고 해석하였다.[59] 다산은 백성이란 사람을 말하는 것으로 천한 백성을 말하는 것이 아니며, 상례와 제례는 상하 모든 사람에게 공통되는 예(禮)이므로 꼭 아래 백성이 감화되는 것이라고만 말할 수는 없다고 보았다.[60] 백성[民] 개념에 대한 이해에 차이가 존재하지만, 주자와 다산은 신종추원(愼終追遠)이 덕(德)을 후하게 하는 것으로 보고 있다.

제11장 효(孝)에 대해, 주자는 "아버지가 살아계실 때에는 자식이 자기 마음대로 할 수 없으나 뜻은 알 수 있고, 아버지가 별세한 뒤에야 그 행실을 볼 수 있다. 그러므로 이것을 관찰하면 충분히 그 사람의 선과 악을 알 수 있는 것이다. 그러나 또한 반드시 3년 동안 아버지의 도(道)를 고치지 말아야 효성스러움을 볼 수 있으니, 그렇지 않다면 행한 것이 비록 선(善)하다 하더라도 또한 효라 할 수 없는 것이다"[61]라고 하면서, "아버지가 하신 것이 만일 그 도리(道理)라면 비록 종신토록 고치지 않더라도 가하거니와, 만일 그 도리(道理)가 아

---

59) 『論語集註』: "愼終者, 喪盡其禮, 追遠者, 祭盡其誠. 民德歸厚, 謂下民化之, 其德亦歸於厚."
60) 『論語古今註』: "民者, 人也. 民鮮能久, 民莫不穀, 豈必下賤者爲民乎. 喪祭之禮, 通於上下, 不必以觀感言也."
61) 『論語集註』: "父在, 子不得自專, 而志則可知, 父沒然後, 其行可見. 故觀此, 足以知其人之善惡. 然又必能三年無改於父之道, 乃見其孝, 不然, 則所行雖善, 亦不得爲孝矣."

니라면 어찌 3년을 기다리겠는가. 그렇다면 3년을 고치지 말라는 것은 효자의 마음에 차마 못하는 바가 있기 때문이다."62)라는 윤돈(尹焞)의 말을 인용하였다. 다산은 "공자가 말하기를 '군자는 그 어버이의 허물은 잊어버리고 그 아름다움만을 존경한다'"63)라는 『예기』의 본문을 인용하고 있다. 주자와 다산이 각각 인용한 윤돈의 말[차마 못하는 바]이나 『예기』의 구절[허물을 잊어버리고 그 아름다움만을 존경]에서 효의 바탕에 덕이 자리하고 있음을 엿볼 수 있다.

제12장 예(禮)에 대해, 주자는 "예(禮)는 천리(天理)의 절문(節文, 品節文章)이요, 인사(人事)의 의칙(儀則)이다. 화(和)는 종용(從容)하여 급박(急迫)하지 않은 뜻이다. 예의 체(體)됨은 비록 엄하나 모두 자연의 이치에서 나왔다. 그러므로 그 용(用)은 반드시 종용하여 급박하지 않아야 귀할 만한 것이 된다."64), "이와 같은데도 다시 행하지 못할 것이 있으니, 다만 화(和)가 귀하다는 것만 알아서 화에 한결같이 하고, 다시 예로써 절제하지 않는다면 또한 다시 예(禮)의 본연(本然)이 아닌 것이다. 이 때문에 흐르고 방탕하여 돌아올 것을 잊어서 또한 행할 수 없는 것이다."65)라고 해석한다. 즉, "엄하면서도 태연하고 화(和)하면서도 절제하는 것은 바로 이치의 자연함이요 예(禮)의 전체(全體)이니, 여기에 털끝만큼이라도 차이가 있으면 그 중정

---

62) 『論語集註』: "尹氏曰, 如其道, 雖終身無改, 可也, 如其非道, 何待三年. 然則三年無改者, 孝子之心, 有所不忍故也."
63) 『論語古今註』: "坊記, 子云, 君子弛其親之過, 而敬其美."
64) 『論語集註』: "禮者, 天理之節文, 人事之儀則也. 和者, 從容不迫之意. 蓋禮之爲體雖嚴, 而皆出於自然之理. 故其爲用, 必從容而不迫, 乃爲可貴."
65) 『論語集註』: "承上文而言, 如此而復有所不行者, 以其徒知和之爲貴, 而一於和, 不復以禮節之, 則亦非復理之本然矣, 所以流蕩忘反, 而亦不可行也."

(中正)을 잃어서 각각 한쪽에 치우칠 것이니, 그 행할 수 없음이 똑같은 것이다."66)라고 보았다. 다산은 "예(禮)란 엄격함을 주(主)로 하나 화(和)로써 행하는 것이다. 이는 마치 악(樂)이 화(和)를 주(主)로 하나 방탕으로 흐르게 될까 하는 점을 경계하는 것과 같다."67)라고 하였다. 주자와 다산은 예(禮)와 화(和)를 통한 조화와 절제를 강조하고 있는 것이다.

Ⅳ. 〈학이〉의 '배움[學]'의 본질과 '메타(meta)-배움'

지금까지 〈학이〉편의 내용을 분석하여 '배움'의 본질을 살펴보았다. '배움'의 본질 이해에서 주자와 다산은 큰 차이가 없어 보인다. '메타-도덕'68)의 내용을 근거로 하여 '메타-배움'을 살펴보면 왜, 어떻게, 무엇을 배우는가가 중요한 관건이 된다. 유교가 배움을 '당위(當爲)'로 여김을 염두에 둔다면, 그것은 왜·어떻게·무엇을 "배워야 하는가?"라고 표현할 수 있다.

1. 왜 배워야 하는가?

이 문제에 대한 구체적인 논의는 〈학이〉편에서 찾아보기 어렵다. 유교는 배움[學]을 사람의 당연한 도리로 파악하였기 때문에 논의의

---

66) 『論語集註』: "愚謂, 嚴而泰, 和而節, 此理之自然, 禮之全體也, 毫釐有差, 則失其中正, 而各倚於一偏, 其不可行, 均矣."
67) 『論語古今註』: "禮主於嚴, 而行之以和, 猶樂主於和, 而戒之在流也."
68) '메타-도덕'의 개념에 대해서는 서론의 내용을 참고할 것.

여지가 없다고 본 듯하다. 배움을 당연한 논리로 수용하는 유교에서 왜 배워야 하는지는 ②의 '행하고 여력이 있거든 글을 배워야 한다' (제6장)에서 그 근거를 찾을 수 있는데, 궁극적으로 '행하기 위해' 배운다. 무엇을 행하는 것인가? ②의 효도, 공손, 행실을 삼가고 말을 성실하게 함, 널리 사랑함, 인한 이를 친근히 함 등 다섯 가지를 예로 들어, 사람으로서 지켜야 할 도리를 제시하고 있다. 그것을 행하고도 여력이 있으면 배우라는 말이니, 결국 그것이 필요조건이 된다는 뜻이다.

그렇다면 배움은 무엇을 목표로 하는가? 유교에서 '군자=인격인'임은 누구나 아는 바이다. 배움은 군자를 목표로 하는데 ⑤의 군자의 덕뿐만 아니라 논어 전체에서 군자의 덕성을 논한 것이 많다. 군자의 됨됨이를 표현한 ⑥에서 인(仁)을 행하는 근본은 바로 효제라고 하였다(제2장). 공자가 드물게 말한 이(利)와 명(命)과 인(仁)에 대하여[69] 정자는 "이(利)를 따지면 의(義)를 해치고 명(命)의 이치(理致)는 은미하고 인(仁)의 도는 크니, 모두 부자[공자]께서 드물게 말씀하신 것이다."[70]라고 해석하였다. 인(仁)이란 공자사상의 덕목들을 포괄하는 포괄적 개념으로, 인을 갖춘 사람이 바로 군자이다. ⑥의 결론(제2장)처럼 모든 덕목 중에서 효제가 배운 것을 실천하는 첫걸음이며, 인을 행하는 근본이라고 본 것은 차별애를 특성으로 하는 유교의 성격을 드러내주는 것이다. 즉 나와 가장 친밀한 사람에 대한 사랑에서 출발하여 다른 사람, 모르는 사람에까지 미치는 것이

---

69) 『論語』〈子罕〉 제1장 : "子, 罕言利與命與仁."
70) 『論語集註』〈子罕〉 제1장 朱子註 : "程子曰, 計利則害義, 命之理微, 仁之道大, 皆夫子所罕言也."

바로 유교적 실천의 특징이다.

　일반인들의 배움이 군자를 목표로 한다면, 군자의 배움은 무엇인가? 이른바 수기(修己)를 어느 정도 이룬 군자는 치인(治人)을 위해 노력하게 된다. "나는 열다섯 살에 배움[學, 학문]에 뜻을 두었다."[71] 에서, 주자는 "여기에서 말한 학(學)은 곧 대학의 도(道)이다."[72]라고 해석하였다. 소학의 쇄소응대(灑掃應對)에서 '수기'를 시작한 후 대학의 가르침인 '치인'에 뜻을 두었다고 본 것이다. ⑦에서 덕을 갖춘 군자는 치자(治者)로서 백성들을 어떻게 다스려야 할 것인지에 대하여 고민하였고, 다양한 배움의 내용을 실천함에 백성과 그와 관계된 일에 대한 경(敬)의 자세를 강조하였다. 배움의 목적은 나 자신만을 위한 것[修己]만이 아니라 너, 그리고 타인을 위한 것이며[治人] 그런 점에서 『예기』에서 제시한 '대동사회(大同社會)'의 추구와 연결되는 것이다.

2. 어떻게 배워야 하는가?

　이것은 방법적 문제이기도 하지만 궁극적으로는 태도라는 점에서 도덕교육과 관련된다. ④에서 배움을 좋아한다고 이를 만한 경우는, 도(道)가 있는 이에게 질정(質正)을 하여 올바른 배움을 구하는 것으로 보았다. 배움의 방법과 태도와 관련하여, 아무리 배움을 좋아하여도 그것이 보편적 진리, 바람직한 가치가 아니라면 진정한 배움이 될 수 없다는 것이다. '어떻게' 배워야 하는가와 관련하여 유교

---

71) 『論語』〈爲政〉제4장 : "子曰, 吾十有五而志于學, 三十而立, 四十而不惑, 五十而知天命, 六十而耳順, 七十而從心所欲, 不踰矩."
72) 『論語集註』〈爲政〉제4장 朱子注 : "此所謂學, 卽大學之道也."

적 배움의 가치지향성은 의미가 깊다.

올바른 배움을 위해서는 사색(思索), 사유(思惟)가 무엇보다 중요하다. "배우기만 하고 생각하지 않으면 얻음이 없고, 생각하기만 하고 배우지 않으면 위태롭다."73)는 공자의 말에 대해, 다산은 "학(學)이란 책을 통하여 증험함이요, 사(思)란 자신의 마음으로 추구(推究)해보는 것이고, 망(罔)은 속임을 받음이요 태(殆)는 위태로움이다. 본말(本末)을 궁구하지 아니하고 가볍게 고서만 믿는다면 속임수에 떨어질 것이고, 옛 선인(先人)을 상고하지 않고 가볍게 자신의 마음만을 믿는다면 아는 바의 것이 위태로울 것이니, 둘 가운데 하나라도 폐해서는 안 된다."74)라고 하였다. 책을 통한 지식적 배움, 생각을 통한 사유와 성찰이 올바른 배움에 필요하다는 것이다. ⑧에서 증자의 삼성(三省)을 학문의 근본으로 보았다(제4장). 즉 학문하는 자세에서 필요한 것은 자신을 돌아볼 수 있는 것이며, 그러한 성찰과 질정은 도인(道人) 혹은 선인(先人)에 의거해야 한다는 것이다. 다산은 학이불사(學而不思)와 사이불학(思而不學) 모두를 경계하였다. 그는 "배우고 사색하지 않으면 어두운 길을 걷는 것과 같고, 사색만 하고 배우지 않으면 현상(玄想)으로 떨어지게 된다."는 허경암(許敬菴)의 말을 인용하면서, 전자는 옛 학자들, 후자는 지금 학자들의 병통이라고 지적하였다.75) 학(學)과 사(思)의 조화, 질정(質正)의 태

---

73) 『論語』〈爲政〉 제15장 : "子曰, 學而不思則罔, 思而不學則殆."
74) 『論語古今註』〈爲政〉 제15장 茶山注 : "補曰, 學謂徵之於載籍(義見下), 思謂研之於自心(推究之), 罔受欺也(孟子云君子難罔以非其道), 殆危也. 不究本末, 輕信古書, 則或墮於誣罔(皇疏云誣罔聖人之道), 不稽古先, 而輕信自心, 則所知者危殆(其邪正是非, 未可定, 故危也), 二者不可偏廢也."
75) 『論語古今註』〈爲政〉 제15장 茶山注 : "許敬菴云, 學而不思, 則有冥行, 思而

도는 오늘날 배움에서도 통용되어야 할 것이다.

①에서 주자는 '배움'을 '선각자를 본받음', 다산은 '스승의 가르침을 받음'으로 파악하였다. 모두 선현(先賢)들이 전수(傳授)한 내용에 대한 수습(修習)을 전제로 한 것이다. 배움은 단순히 수(受)에 머물지 않고 반드시 습(習)을 거쳐야 한다. 습이란 배운 것을 익숙하게 하여 자신의 것으로 만들어 행하는 것이다. 진정한 배움은 '지식, 혹은 앎'을 넘어 익힘, 행함까지 연결되어 삶에서 체화(體化)되는 것이며, 그렇게 될 때 마음의 기쁨[說]의 경지에까지 이르게 된다.

사색, 성찰, 질정과 더불어 ①의 배움[學]의 기쁨[說]은 진정한 배움의 궁극적 태도, 경지와 관련된다. '락(樂)'76)은 '열(說)'에서 더 나아간 단계로, 궁극적으로 배우는 자들이 추구하여야 할 자세이다. 주자는 "안다는 것은 이 도(道)가 있음을 아는 것이요, 좋아한다는 것은 좋아하되 아직 얻지는 못한 것이요, 즐거워한다는 것은 얻음이 있어 즐거워하는 것이다."77)라는 윤돈(尹焞)의 말을 인용하여 주석하고 있고, 다산은 "지(知)는 남에게 듣고서 그 선(善)함을 아는 것이며, 호(好)는 실천[行]하여 그 맛을 즐기는 것이며, 락(樂)은 스스로 얻어 그 충만함을 누리는 것이다."78)라고 하였다. 배움이 '호학(好學)'을 넘어 '낙학(樂學)'으로 연결된다면 배움은 인생의 진정한 가치

不學, 則墮玄想. 案, 上節深中古學之病, 下節深中今學之病."

76) 『論語』〈雍也〉 제18장 : "知之者, 不如好之者, 好之者, 不如樂之者."(공자께서 말씀하셨다. "아는 자가 좋아하는 자만 못하고, 좋아하는 자가 즐거워하는 자만 못하다.")

77) 『論語集註』〈雍也〉 제18장 朱子注 : "尹氏曰, 知之者, 知有此道也, 好之者, 好而未得也, 樂之者, 有所得而樂之也."

78) 『論語古今註』〈雍也〉 제18장 茶山注 : "補曰, 知者, 聞而識其善也, 好者, 行而悅其味也, 樂者, 得而享其充也."

로 자리매김할 수 있을 것이다.

3. 무엇을 배워야 하는가?[79]

배움의 내용과 관련하여 ①에서 다산은 학(學)과 습(習)을 언급하면서 혼정신성, 제례와 향례, 음악, 글 외기, 활쏘기와 말타기, 글쓰기와 셈하기 등 육예를 배우고 익히는 것을 강조하였다. 육예란 『주례(周禮)』에 나온 여섯 가지 기예로, 예(禮), 악(樂), 사(射), 어(御), 서(書), 수(數)이다. 즉 예학(예의범절), 악학(음악), 궁시(활쏘기), 마술(말타기 또는 마차몰기), 서예(붓글씨), 산학(수학)에 해당한다. 이러한 육예는 일상생활과 삶에 필요한 현실적이고 기본적인 것으로, 하학이상달(下學而上達)에서 하학에 해당되는 것들이다.

"도(道)에 뜻을 두며, 덕(德)을 굳게 지키며, 인(仁)에 의지하며[인을 따르며], 예(藝)에 노닐어야 한다."[80]는 공자의 말은 유교의 배움의 방향과 내용을 잘 나타내고 있다. 주자는 "예(藝)는 곧 예(禮)·악(樂)의 문(文)과 사(射)·어(御)·서(書)·수(數)의 법(法)이니, 모두 지

---

79) 『論語』〈先進〉제2장 : "子曰, 從我於陳蔡者, 皆不及門也. 德行, 顏淵閔子騫冉伯牛仲弓, 言語, 宰我子貢, 政事, 冉有季路, 文學, 子游子夏." : 공자의 교육 내용은 사과(四科)와 십철(十哲)을 통하여 엿볼 수 있다. 〈선진〉편에서 공자는 진(陳)과 채(蔡)의 들판에서 위난을 당하였을 때 함께 있던 제자들 10명의 이름을 들었다. 흔히 공문(孔門) 십철(十哲)이라고 하는 이들로서, 덕행(德行)에 뛰어난 제자로 안회(顏淵), 중궁(仲弓), 민자건(閔子騫), 염백우(冉伯牛)를 들었고, 언변(言辯)에 뛰어난 제자로 재아(宰我)와 자공(子貢), 정사(政事)에 뛰어난 제자로 염유(冉有)와 자로(子路)를 들었고, 문학(文學)에 특출한 제자로 자유(子游)와 자하(子夏)를 들었다. 공자의 3,000제자들 가운데 그들이 거론된 것을 보면, 공자가 제자들의 재질(材質)에 따라 가르침을 행하였고, 또이 네 가지의 특성을 고려하였음을 알 수 있다.
80) 『論語集註』〈述而〉제6장 : "子曰, 志於道, 據於德, 依於仁, 遊於藝."

극한 이치가 들어있어서 일상생활에 빼놓을 수 없는 것이다. 아침저녁으로 육예에 노닐어 의리(義理)의 취미(趣味)를 넓힌다면, 사무(事務)를 대응함에 여유가 있고 마음도 방실(放失)되는 바가 없을 것이다."81)라고 하였다. 즉, "학문[學]은 뜻을 세우는 것보다 먼저 할 것이 없으니, 도(道)에 뜻을 두면 마음이 올바름에 있어서 다른 데로 가지 않을 것이요, 덕을 굳게 지키면 도(道)가 마음에 얻어져서 떠나지 않을 것이요, 인(仁)에 의지하면 덕성(德性)이 항상 써져 물욕(物慾)이 행해지지 않을 것이요, 예(藝)에 노닐면 작은 일도 빠뜨리지 동식(動息, 動靜)함에 기름이 있을 것이다."82)라는 말이다. "배우는 자가 여기에 있어 선후(先後)의 순서와 경중(輕重)의 등급을 잃지 않는다면 본말(本末)이 겸비되고 내외(內外, 心身)가 서로 길러져서, 일상생활 하는 사이에 조금의 틈[間斷]도 없어 함영(涵泳)하고 종용(從容)하여, 어느덧 자신이 성현(聖賢)의 경지에 들어감을 스스로 알지 못할 것이다."83) 선후, 경중, 본말, 내외의 조화는 실용 학문과 인격 학문의 조화를 강조한 것으로, 여기서 유교의 배움이 단순히 도덕적 내용을 넘어 폭 넓은 실용 학문까지 포함하고 있음을 알 수 있다.

③에서 '배웠다고 이르겠다'는 표현은, 배움[學]이란 자구의 해석,

---

81) 『論語集註』〈述而〉 제6장 朱子注 : "藝, 則禮樂之文, 射御書數之法, 皆至理所寓而日用之不可闕者也. 朝夕游焉, 以博其義理之趣, 則應務有餘, 而心亦無所放矣."
82) 『論語集註』〈述而〉 제6장 朱子注 : "蓋學, 莫先於立志, 志道則心存於正而不他, 據德則道得於心而不失, 依仁則德性常用而物欲不行, 游藝則小物不遺而動息有養."
83) 『論語集註』〈述而〉 제6장 朱子注 : "學者於此, 有以不失其先後之序, 輕重之倫焉, 則本末兼該, 內外交養, 日用之間, 無少間隙而涵泳從容, 忽不自知其入於聖賢之域矣."

지식 내용보다 인륜의 근본이 중요하다는 의미인데, 도(道)·덕(德)·인(仁)의 공부가 이러한 근본들에 해당된다. 성심(誠心)으로 근본에 힘쓰는 노력의 자세야말로 배움의 근본인 것이다. 이것은 배움의 '내용'에 태도 혹은 자세 등이 포함되어야 한다는 의미이다. 또한 "군자는 그릇처럼 국한되지 않는다."[84)에 대해, 주자는 "그릇[器]은 각각 그 용도에만 적합하여 서로 통용될 수 없는 것이다. 성덕(成德)한 선비는 체(體)가 갖추어지지 않음이 없으므로 용(用)이 두루 하지 않음이 없으니, 다만 한 재주, 한 기예(技藝)일 뿐만이 아니다."[85)라고 하였다. 유교에서 배움의 내용은 어느 한쪽으로 치우쳐서는 안 되고 다양하고 폭 넓은 내용이 포함되어야 한다는 의미이다. ⑧의 덕목들도 배움의 내용에 포함되며 ⑦의 다스림[치국·정사]도 배움의 내용에서 중요한 것들이다.

V. 맺음말 : 도덕교육에서 '메타-배움'의 의의

지금까지 〈학이〉편의 내용을 중심으로 논어에 나타난 배움의 본질을 살펴보았다.

첫째, 왜 배워야 하는가의 문제와 관련하여, 논어에서 제시한 배움의 목표는 군자이다. 군자의 배움은 배우고 익혀서 자신의 것으로 체화하여 삶에서 실천하기 위한 것이다. 수기치인(修己治人)을 이상

---

84) 『論語』〈爲政〉제12장 : "子曰, 君子, 不器."
85) 『論語集註』〈爲政〉제12장 朱子注 : "器者, 各適其用而不能相通. 成德之士, 體無不具, 故用無不周, 非特爲一才一藝而已."

으로 삼는 유교의 배움은 궁극적으로 자신을 넘어 타인에 이르러 실현되어야 하는 것으로서 궁극적으로 공동체적 의미를 지닌다.

둘째, 어떻게 배워야 하는가라는 배움의 방법·태도와 관련하여, 유교에서 객관적 진리의 표준은 선현들의 가르침[道]이다. 그것을 단순히 지식으로만 받아들이지 않고, 옳고 그름을 질정하고 사색하고 성찰함으로써 올바른 지식이 되도록 노력하여야 한다.

셋째, 무엇을 배우는가라는 배움의 내용과 관련하여, 유교는 삶에 필수적인 실용지식으로서의 육예(六藝)와, 궁극적 삶의 지향인 군자에게 필요한 덕목들을 포함한다.

유교는 배움을 '당위(當爲)'로 파악하고 있는데, 그것은 인간이면 누구나 배워야 한다고 보았기 때문이다. 그래서 논어에는 배움과 관련하여 '왜'라는 문제보다 '어떻게'와 '무엇을'에 대한 논의가 많은 것이다.

'메타-배움'의 의미에서 볼 때, 왜 배워야 하는가, 어떻게 배워야 하는가, 무엇을 배워야 하는가, 이 세 가지가 모두 중요하지만, 도덕교육과 관련해서는 '왜'와 '어떻게'의 문제가 핵심이 된다. '무엇'의 문제는 지식의 내용에 해당되는 것으로 학문마다 다를 수 있기 때문이다.

현재 도덕과 교육과정 내용영역 중, 초등학교 3학년 '내용 체계 구성의 기본 방향'에, "3학년의 '도덕적 주체로서의 나' 영역에 도덕과 학습을 안내하는 '메타-도덕'의 내용을 제시하여 도덕과 학습에 대해 안내할 수 있도록 한다."[86]라고 되어 있으며, 이 내용은 도덕

---

86) 교육과학기술부(2008a), p.242.

을 왜, 어떻게 배워야 하는가와 관련된다. 구체적으로 '도덕공부 이렇게 해요', '소중한 나의 삶'으로 구성되어 있는데, '(가)도덕공부 이렇게 해요'의 내용을 보면, "도덕과 교육에 처음 입문하는 학생들이 도덕과의 기초적이고도 일반적인 공부법을 깨우치고, 바람직한 사람으로 자라나기 위해 꾸준히 노력하는 자세를 기르도록 하기 위한 취지에서 설정된 것"[87]이라고 하였다. 중학교 1학년 〈인간과 도덕〉 영역은 도덕적 인간의 바람직한 모습과 도덕적 인간이 되기 위해 우리가 해야 할 것이 무엇인지에 대해 다룸으로써 도덕과 교육의 안내의 성격을 갖고 있다.[88] 그것도 일종의 메타-도덕인데, 구체적 도덕 공부 전에 도덕의 근거와 본질을 탐색하는 것이다.

앞에서 논의된 배움과 관련한 메타-배움의 내용들은 기본적으로는 '메타(meta)-교육'에 포함되어 교육 전반에서 이루어져야 할 것이지만, 궁극적으로는 도덕교육이 담당해야 할 몫이기도 하다. 도덕교육은 개인적·사회적 삶의 제 영역들과 관련된 가치들을 탐구한다. 배움의 목적·의미·내용·가치와 관련된 철학적 성찰은 도덕교육에서 묻고 찾아야 할 것들이다. 인간이 왜, 어떻게, 무엇을 배워야 하는지에 대해 묻고 답을 찾는 과정에서 '배움'의 본질에 접근할 수 있도록 해야 한다. 도덕교육에서 메타-배움이 지니는 의의, 그것을 도덕교육이 어떻게 수용하여야 할지 살펴보자.

첫째, 학문성격상 도덕교육은 메타-배움을 포함하고 있다고 볼 수 있다. 메타-배움은 지식의 내용적 측면보다 메타적 성격, 그 근거와 본질을 다룬다는 점에서 도덕교육과 긴밀하게 관련된다. 도덕

---

[87] 위의 책, pp.248-249.
[88] 교육과학기술부(2008b), p.192.

교육은 인간에 대해서, 인간이 추구하는 다양한 가치, 그리고 그 근거들에 대해 깊이 탐구한다. 배움의 메타적 근거를 제시하는 철학과 윤리학을 바탕으로 하는 도덕교육은 '왜' 혹은 '어떻게' 배워야 하는가와 같은 배움의 메타적 근거를 제시하는 데 중요한 역할을 할 수 있다.

둘째, 메타-배움은 배움 이전에, 배움의 과정에서 필요한 것이다. 도덕교육에서 다루는 메타-도덕과 더불어 이것을 다룬다면 효과적일 것이다. 어린이와 청소년들이 배우면서도 논어에서 말하는 이른바 '열(說)'과 '락(樂)'을 느끼는 배움에 이르지 못하는 이유는 메타-배움에 대해서 알지 못하기 때문이다. 왜, 어떻게 배워야 하는지와 관련된 배움의 본질 문제에 대하여 성찰함으로써 배움의 결과뿐만 아니라 과정도 즐길 수 있도록 해야 할 것이다.

셋째, 메타-도덕에 대한 연구와 함께 메타-배움에 대하여 보다 체계적이고 심화된 연구가 필요하다. 교육에서 메타-도덕, 메타-배움에 대한 논의는 그다지 활발한 편이 아니다. 또한 그것이 교육적 의미에서 다루어져 교육과정에 포함될 수 있어야 한다. 도덕과 교육과정의 어느 내용영역에 포함시킬 것인지, 제1영역 '도덕적 주체로서의 나'인지 제4영역 '자연·초월적 존재와의 관계'인지에 대해서는 논의가 필요하겠지만, 포함시키는 논의는 적극적으로 이뤄질 필요가 있다.

공자는 "유(由, 子路)야, 너에게 참된 앎에 대하여[안다는 것이 무엇인지를] 가르쳐 주겠다. 아는 것을 안다고 하고, 모르는 것을 모른다고 하는 것, 이것이 참된 앎[아는 것]이다."[89]라고 자로에게 말하였다.[90] 배우는 자의 솔직함과 겸손함을 가르치면서 진정한 앎이란 많이 알고 드러나는 것이라기보다는 그 자세와 태도가 어떠한지가 무엇보다 중요하다는 점을 보여주는 것으로, 진정한 앎과 배움에 대해 방향을 제시해주는 말이기도 하다.

이제 배움은 생존을 위해서 뿐만 아니라 인간다운 삶을 살기 위한 필수요소가 되었다. 기계적인 배움, 지식 위주의 배움에서 벗어나 개인의 인격과 공동체의 가치지향을 바탕으로 할 때, 배움의 본질을 통한 배움의 '열(說)'의 경지를 넘어 호학(好學), 낙학(樂學)에 이를 수 있을 것이다.

---

89) 『論語』〈爲政〉제17장: "子曰, 由, 誨女知之乎. 知之爲知之, 不知爲不知, 是知也."
90) 『論語集註』〈爲政〉제17장 朱子注: "子路好勇, 蓋有强其所不知以爲知者. 故夫子告之曰, 我敎女以知之之道乎. 但所知者則以爲知, 所不知者則以爲不知."(자로는 용맹을 좋아하였으니, 아마도 알지 못하는 것을 억지로 우겨서 안다고 하는 일이 있었을 것이다. 그러므로 부자[공자]께서 그에게 고하시기를, "내가 너에게 안다는 것이 무엇인지를 가르쳐 주겠다. 다만 아는 것을 안다고 하고 모르는 것을 모른다고 하라." 하신 것이다.)

---------------- 제3장 ----------------

공자사상에서 정서교육의 해법 찾기

Ⅰ. 머리말 : '인간다움'에 대한 성찰

1. 인간다움, 과학으로 해명할 수 있는가?

　인간을 인간답게 하는 특성은 인간이 지닌 이성과 감정의 정신영역에서 찾을 수 있다. 과학자들은 인지과학의 발달로 심신이원론을 거부하면서 정신영역의 존재와 그 주관성에 회의를 품고 있으며, 심리철학자들은 심신일원론과 물리주의에 근거하여, 인간의 '마음(mind)'도 물질의 한 부분에 불과할 뿐이라고 주장한다. 이러한 주장들은 과학만능주의에 의거하는데, "우리는 과학을 통해 새로운 분야이자, 아마도 마지막으로 기록될 미개척 분야로 나아갈 수 있다. 이를 통해 다른 행성들 속에서 우리의 위치가 어디에 있는지, 다른 종들 사이에서 우리의 위치가 어디에 있는지 뿐만 아니라, 우리 자신의 본성까지도 알아낼 수 있게 될 것"[1]이라는 바나지(Mahzarin R.

---

1) 이영기 옮김(2008), 존 브록만(John Brockman) 엮음, 『위험한 생각들』(*What Is Your Dangerous Idea?*, New York : Edge Foundation Inc., 2006), 갤리온,

Banaji)의 말에서 잘 드러난다.

과학이 인류에게 기여한 공로와 혜택, 미래의 역할을 감안하여도 과학에 의해서만 모든 것, 심지어 인간성마저 해명하고자 하는 과학지상주의에 대한 성찰이 요구되는 시점이다. 과학을 무한히 신뢰하는 일련의 학자들-인지과학자, 심리학자, 생물학자 등-은 인간성의 핵심인 정신도 '뇌' 화학물의 영향이므로 인간의 주체적 능력은 더 이상 의미가 없다고 생각한다. 인간의 정신, 영혼, 도덕, 종교, 미의식 등은 주체적인 자기결정이라기보다는 신경세포의 조작으로 변화 가능한 것이며, 인간의 지각능력과 기억, 판단, 감정, 의식 등은 뇌 속의 전기 화학적 신호가 변환된 신경코드의 작용에 불과하다고 보기 때문이다. 또한 인간게놈프로젝트에 의한 유전자 지식의 발달은 인간의 본질을 새로운 형태로 바꾸어 줄 수 있고, 유전자 코드 해독으로 인간 통제도 가능하다고 본다.[2] 진화생물학자인 리처드 도킨스(Richard Dawkins)는 '범죄자가 아니라, 범죄자의 유전자를 벌하라'고 말한다. 그는 신체의 신경계 연구 결과는 사람들이 말하는 책임이라는 개념이 얼마나 어리석은지를 보여주기 때문에 인간의 자유의지도 허상이라고 본다. 또한 흉악한 범죄자 자신에게 책임이 있는 것이 아니라 범죄자의 생리와 유전, 환경조건을 비난해야 한다고 주장한다.[3]

그럼에도 불구하고, 과학자들의 고민은 '인간이라면 인간으로서의 본성을 유지해야 하지 않을까'라는, 인간의 본질 혹은 그 당위성에

---

p.67.
[2] 위의 책, pp.107-108.
[3] 위의 책, pp.95-96.

있다. 인간의 본성을 과학적으로 해명하여 인간의 영혼이나 정신을 프로그램화 하더라도 물리법칙 외부에 존재하는 독특한 정신영역의 존재 사실을 부정하기 어렵기 때문이다. 인지과학·뇌과학의 성과로 1990년대 인간의 '마음'을 과학적으로 분석하기 시작한 심리철학(philosophy of mind)은 철학적인 인간탐구에 과학적 연구성과를 더하여 인간해명의 새 지평을 열고자 한다. 심리철학의 대상인 'mind'는 정신, 마음, 의식, 심 등 다양한 개념으로 이해된다.[4] 그것은 인간의 신체[身]에 대응되는 마음[心]을 의미하는, 인간이 지닌 고유한 정신성을 말한다. 심리철학은 심신문제(mind-body problem)를 핵심으로 하는데, 정신 인과(mental-causation)의 문제, 즉 물리 세계에서 정신이 어떻게 인과적으로 개입하느냐의 문제, 의식(consciousness) 등 정신적인 것이 물리적인 것과 달리 1인칭적 주관성을 갖는다는 사실[5]을 어떻게 설명할 것인가가 그 중심 과제이다. 이는 인간이 '다른 존재와 마찬가지로 자연의 산물'이라는 것과 '자연 법칙이 명하는 대로 사는 타율적 존재가 아니라, 자신의 마음속에 있는 신념(세계관)과 소망(가치관)에 따른 합리적 행위를 선택하여 살 수 있는 자율적 존재'[6]라는 것이 어떻게 병치되느냐 하는 문제로, 인과법칙에 의해

---

4) 이러한 고민은 김재권의 저서 『심리철학』(Philosophy of Mind, 1996)(하종호·김선희 옮김, 철학과현실사, 2004)에 대한 백도형의 서평 "형이상학으로서의 심리철학(1997)"(『철학과 현실』 통권 제32호, 철학문화연구소, pp.297-298)에 잘 드러난다. 이 책의 번역자들이 '-mental'의 번역을 '심-(심적 혹은 심성)'으로 하고 '정신'을 배제하려고 하는 데 대해 백도형은 '정신-' 개념이 적합하다고 주장한다.

5) 백도형(2008), 「심신 문제(mind-body problem)」, 『철학과 현실』 통권 제76호, 철학문화연구소, pp.109-111.

6) 김광수(2004), 『마음의 철학』, 철학과현실사, p.331.

유지되는 자연계에서 자연계의 한 부분으로서의 인간이, 어떻게 인과법칙에서 벗어나 정신영역의 자율성이 확보될 수 있는가가 해명되어야 한다. 이것은 '자연물로서의 인간 현상'과 '자유인으로서의 인간 현상'을 동시에 설명해내야 하는 과제이다.7)

이 과정에서 기쁨과 고통 등 감각에 의한 주관적 경험마저 신경생물학으로 설명하고자 하는 심리철학이 직면하는 딜레마는 '감각질(Qualia)8)'과 '지향성(Intentionality)' 개념으로, 그것은 의식의 주관성, 정신영역의 특수성을 전제로 한다. '감각질'은 인간의식이 느끼는 주관적 경험의 감각적 특질로서 객관화되기 어려우며, '지향성'은 우리가 생각·욕구·신뢰할 때 어떤 대상을 지향하고 있음을 의미하는 것으로 순수하게 물리적인 존재는 지향성을 지닐 수 없다. 이러한 딜레마 때문에, 심리철학은 정신영역의 독립성을 인정할 수밖에 없었고, 인간성[인간다움]의 본질로서의 정신[마음]은 과학만으로 해명해낼 수는 없는 철학의 영역임을 재확인할 수 있겠다.

2. 감정과 정서 : 인간다움의 본질

감정은 '사물에 느끼어 일어나는 심정, 마음, 기분, 생각'9)으로,

---

7) 이러한 심리철학의 연구 동향은-아직은 도덕교육계에서는 초보단계이긴 하지만-자유의지를 전제하는 윤리학과 도덕교육에서는 앞으로 깊이 탐구해야 할 문제이기도 하다. 이에 대해서는 다음 논문 참고할 것. 한일조(2008), 「도덕성에 대한 뇌과학적 연구성과와 도덕교육」, 『교육철학』 제36집, 한국교육철학회, pp.307-338.

8) 심리철학(Philosophy of Mind)에서 감각질을 나타내는 Qualia란 말은 라틴어로 "그런 것들(such things)"이라는 뜻으로, Qualia는 Quale의 복수형이다. : http://www.aistudy.co.kr/philosophy/qualia.htm(검색일 : 2009.09.17).

9) 이희승 편저(1994), 『국어대사전』, 민중서림, pp.83-84.

철학적으로 보면 "정신 활동의 이른바 지·정·의의 한 측면을 대표하며, 대상 그 자체의 인지 또는 표상에 결부된 주관적인 인상, 심적 상태"이다. 구체적으로 "감정의 문제는, 널리 대상에 대한 주관의 태도에 따른 가치부여의 문제와 연결되어 있으며 철학적 가치론에서는 당연히 그것의 주제가 되지 않으면 안 되는"10) 것이다. 이런 점에서 감정은 단순히 주관적 심적 상태를 넘어 도덕적 가치문제로 대두된다. 정서는 '감정'이나 '정조(情操)'와 비슷하지만, 정조가 작용에 초점을 둔 반면,11) 정서는 매우 종합적인 개념으로, 감정, 기분, 분위기, 상념, 정신 상태, 마음, 정조 등 많은 표현들이 정의에 동원된다.12) 인간의 정서는 대상에 대한 '마음의 작용'으로 나타나는 감정이나 기분들의 분위기나 그 상태로, 정신영역의 이성 측면보다는 감정 측면에 관련된다. 따라서 정서는, 인간의 논리적·합리적 사유인 이성과 달리 대상에 대한 인간의 주관적 감정이나 기분, 느낌을 의미한다.

만물의 영장이란 인간의 이성에 초점을 맞춘 말이다. 진정한 인간다움은 이성보다 오히려 '감정과 정서'에서 찾을 수 있다. 우리는 논리적·합리적 사고와 판단을 하는 사람들에게 간혹 '비인간적'이라는 표현을 쓴다. 이성을 최대한 발휘한 사람을 왜 그렇게 부를까?

---

10) 철학사전편찬회 편(1988), 윤명로 감수, 『최신 철학사전』, 일신사, pp.10-11.
11) "정감이 풍부한 마음, 또 그 작용." 또는 "정서가 더욱 발달되어 지적 작용이 가해진 고차적인 복합 감정. 한층 안정되고 경향이 만성적인데 그 대상의 종류에 따라 미적 정조, 지적 정조, 도덕적 정조, 종교적 정조 등으로 나뉨.": 이희승 편저(1994), 앞의 책, p.3392.
12) 영어에서는 감정(emotion(s) ; feeling(s) ; sentiment) 혹은 분위기(a mood ; an atmosphere) 정도로 해석된다.

이성은 인간만의 것이지만 감각 능력은 동물도 지니고 있다. 그러나 인간은 동물과 달리 감각 능력을 이성과 연결시켜 사고·의지·행위를 할 수 있는 존재이다.13) 이러한 인간의 정신 작용은 감각을 도덕적 감정 내지 정서로 승화시키는데,14) '인간다움'의 본질은 바로 여기에 있다. 참으로 '인간답다' 할 때의 인간다움은 철학적 이성능력보다 도덕적 정서능력을 강조한 것이다. 따라서 동물과 구별되는 인간다움이 이성이라면, 사람들 속에서 차별화되는 인간다움의 본질은 '감정과 정서'인 것이다.

정서는 주로 감정의 공감과 관련되는데, 그 주관성을 염두에 둘 때 절대적으로 타인을 이해하고 공감하는 것이 어느 정도 가능할까? 내가 직접 타인이 되지 않고서, 서양인이 동양인이 되지 않고서는 타인 혹은 타문화에 대한 완벽한 이해와 공감은 인식론적으로 불가능하다. 그러나 그 가능성을 포기하지 않았기 때문에 상호 교류와 소통을 통해 인류가 발전할 수 있었다. 아담 스미스가 『도덕감정론』(The Theory of Moral Sentiments)에서 타인이 느끼는 감각적 느낌을 함께 느끼는 공감(sympathy)을 중시한 것은15) 타인의 체험을

---

13) 철학사전에 의하면, 감각(라틴어의 sensus 혹은 독일어 Sinn)은 "① 동물 특히 인간의 심리적-육체적 체계 속에 바탕하고 있는, 자극을 받아들이는 능력으로서의 감성(외적인 감각 : 시각, 청각 등등)." 또는 "② 스스로의 정신적인 과정 자체를 지각하는 것으로서의 감성(내적인 감각 : 지각)"이다. 또 "③ 인간의 모든 사고·의지·행위를 규정하는 정신적인 중심(性情, 志操)"이다. : 강성위 옮김(1996), 막스 뮐러·알로이스 할더 지음(Max Müller und Alois Halder), 『철학 소사전』(Klines Philosophishes Wörterbuch, 1980), 이문출판사, p.13.
14) 이하 본고에서는 '감정', '감성' 등을 포함한 광의의 개념으로 '정서'를 사용하였지만, 향후 동양사상에서의 적확한 적용을 위하여 엄밀한 개념 정의가 이루어지고 내연과 외연이 설정되어야 할 것이다. 우선 하나의 방편으로 '감정'과 '정서'를 병치하였고 '감정', '감성' 등의 용어는 적절히 혼용하였다.

완벽하게 그대로 느끼지는 못하지만, 타인의 기쁨과 슬픔, 고뇌 등 특정한 정서를 인지하는 공감에서 도덕성의 근거를 찾고자 하였기 때문이다. 여기에서 정서적 공감 능력이 도덕성의 중요한 요소로 대두된다.

3. 정서교육, 인간다움의 교육

도덕교육은 인지·정서·실천 영역의 조화를 통해 바람직한 인격을 기르고자 한다. 그 중 정서는 인지와 뚜렷하게 구별된다기보다 인지를 보완함으로써 올바른 인격을 위한 도덕적 실천의 가교 역할을 한다는 점에서 중요하다. 실천을 동기화하는 촉매 역할을 수행하는데, 이런 이유로 인지보다 덜 중요하다고 여겨지기도 하였다. 도덕에서 정서교육이 중요한 이유는 두 가지이다. 하나는 개인의 욕구·감정·정서가 표현되어 타인에게 영향을 주는 순간 그것은 관계성을 띠면서 도덕적 문제와 연계되기 때문이고, 다른 하나는 인간다움의 본질이 감정·정서에 있다고 볼 때 정서교육을 통한 인간다움 교육은 인지와 행동을 연계하는 것 이상의 의미를 지니기 때문이다. 서양의 도덕교육이론은 인지발달이론을 중심으로 도덕 판단을 위한 합리적 사고력을 중시하였다. 다양한 갈등 상황이 상존하는 현대사회에서 그 중요성을 부인할 수 없지만, 감각·감성에 초점을 둔 문화가 대세인 현실에서, 정서는 이제 도덕교육의 중요한 주제로 대두되었다. 1980년대 이후 덕윤리·배려윤리 등 인격교육의 흐름도 이

---

15) 박세일·민경국 공역(1996), 아담 스미스(Adam Smith), 『도덕감정론』(The Theory of Moral Sentiments, 1790), 비봉출판사, pp.28-32. 참고.

러한 상황과 무관하지 않다. 또한 도덕교육의 관점에서, 아는 것이 도덕적 행동으로 연결되어야 하지만 그렇지 못한 경우가 많아지면서 감정·정서의 중요성에 주목하게 되었다. 이처럼 최근 정서-도덕적 감수성·상상력·공감력-에 대한 강조는 도덕적 실천에 있어서 인지보다 더 중요한 역할을 할 수 있을 것이란 기대의 결과이기도 하다.

도덕적 감정·정서의 강조는 동양의 오랜 전통이다. 서양에서 감정·정서를 분석대상으로 삼아 본격 탐구한 것과 달리, 동양은 인간 이해의 한 부분으로 파악하였다. 유교는 인간의 감정·정서를 도덕성과 연계하여 이해하였다. 공자에게 있어서 도덕적 정서는 교육의 내용이었으며 도덕적 앎과 실천과 분리된 것이 아니었다. 즉, 안다는 것과 실천하는 것은 도덕적 의미를 바탕으로 할 때만 의미가 있었으며, 이에 따라 도덕적 정서를 대표하는 인(仁)은 여타 덕목들에 대해 아는 것과 실천하는 것을 포함하는 총괄적 의미를 지니는 것이었다. 이 글은 공자사상에서 드러나는 감정·정서의 문제를 중심으로 오늘날 정서교육의 해법을 찾아보기 위해 다음과 같이 접근하였다.

우선, 동양사상에서 감정·정서는 어떻게 이해되었는가? 『논어』에서는 감정·정서에 대하여 어떻게 다루고 있으며, 핵심은 무엇인가? 공자사상에서 추출할 수 있는 정서교육의 해법은 무엇인가? 결론에서, 오늘날 도덕교육은 정서교육을 위하여 어떤 노력을 기울여야 하는가?

Ⅱ. 동양사상에서 감정·정서에 대한 관점

동서양에 대한 규정은 학자마다 다양하고, 동서양에 대한 통찰도 관점이 다양하다. 노드롭(F. S. C. Northrop)은 동양의 '직관에 의한 개념(concepts by intuition)'과 서양의 '가정에 의한 개념(concepts by postulation)'을 구분하고 직관과 지성을 어떻게 결합시키는가에 인류의 미래가 달렸다고 보았다.16) 비교철학자 아치 베임(A. Bahm)은 동서양의 이분법적 구분을 넘어, 서양·인도·중국 문화권으로 구분하여 비교하였다.17) 그는 근대 이후 문명적 제반 문제와 위기의 원인을 서양의 의지 충족적이고 실재론적 입장에서 관념화한 이성에서 찾는다.18) 그는 인도와 중국으로 대표되는 동양에 대하여 매우 긍정적인데, 이는 서양학자들의 동양에 대한 대표적인 관점의 하나이다. 이러한 관점은 문명 위기의 원인이 서양문화에 있다고 진단하고, 그 대안으로 동양의 수양론을 제시한다. 그들은 욕구의 제거나 절제, 감정의 조절과 마음의 평정을 높이 평가하며, 서양과 달리 조화의 차원에서 자연과 사물을 파악하는 관점을 높이 평가한다.

동양사상[불교·도가·유교]의 수양론적 특징은 마음[心]을 중심에

---

16) F. S. C. Northrop(1946), *The Meeting of East and West*, New York : Collier Books.
17) 서구·인도·중국 문화를 각각 의지 충족적(willfulness), 의지 부정적(willessness), 의지 수용적(willingness) 특성으로 파악하였다. : 최흥순(1995), 『비교철학연구』, 서광사, p.130.
18) 서구인들은 이성(reason)을, 인도인들은 직관(intuition)을, 중국인들은 이해(apprehension)를 이념화하였고, 서구인들은 실재론적(realistic) 입장을, 인도인들은 주관주의적(subjectivistic) 입장을, 중국인들은 관계주의적(participatory) 입장을 이념화하였다고 보았다. : 위의 책, p.136.

놓고 그것을 어떻게 다룰 것인가를 문제삼는다. 불교의 반야심경은 심(心)을 중심으로 불교의 전체 이론적 체계를 구성하여 해탈의 경지에 도달하는 것을 목표로 삼고, 도가의 좌망(坐忘)이나 심재(心齋)도 무위자연을 위한 마음 수양이 핵심이고, 맹자의 진심(盡心)도 천명을 알기 위한 도덕적 노력이 마음에 있다고 보며, 성리학도 어떻게 마음을 수양하여 천리를 체득할 것인가가 핵심이다. 이처럼 동양의 수양론은 마음의 존재와 그 주관성[주체성]에 대한 확신에서 출발하여 그것을 어떻게 다룰 것인가에 초점이 있다. 그러나 불교·도가·유교의 마음에 대한 관점은 조금 상이하다.

불교와 도가는 기본적으로 개인주의적이며, 현실 초월적이다. 불교에서는 이 세상 모든 존재가 색·수·상·행·식(色受想行識)의 오온(五蘊)으로 구성된다고 본다. 불교에서는 여섯 가지 기관인 육근(六根:眼耳鼻舌身意)과 그 대상인 육경(六境:色聲香味觸法)에 대한 인식작용을 육식(六識:眼識·耳識·鼻識·舌識·身識·意識)이라고 본다. 그러나 대상이 그 실체가 없고, 기관도 그 실체가 없어서 다 공(空)한 것이므로 기관을 근거로 해서 이루어지는 인식도 실체가 없다. '색즉시공, 공즉시색(色卽是空, 空卽是色)'이란 오온, 즉 이 세상 모든 존재가 실체가 없는 공(空)이며, 이렇게 실체가 없기 때문에 오히려 눈으로 볼 수 있는 현상으로 존재한다는 말이다. 결국 온갖 존재의 실체를 부정하고 집착을 버릴 때 진리를 깨달을 수 있으므로, 이런 관점에서 감정·정서라는 것도 실체가 없는 허상임을 알아야 한다는 것이 불교의 관점이다.

도가도 인간의 감각적 인식에 대해서 부정적이다. 미(美)와 추악(醜惡), 선과 불선의 개념도 인식의 가능성에서 출발하는 것이므로 그것을 초월하여야 한다는 것이다. "천하의 모든 사람들이 미를 아름답다고 인식하기 때문에 추악의 관념이 나타난다. 선을 착하다고 인식하기 때문에 불선의 관념이 나타난다."[19] 유무(有無)·난이(難易)·고하(高下)도 상대적인 것이므로 인간이 감각적 인식을 초월한 상태에 도달하여야만 도의 경지에 이를 수 있다고 본다. 무지·무욕의 상태에서 절대적 도(道)의 경지에 이를 수 있기 때문에 인간이 노력하여야 할 것은 이러한 무지의 지, 무욕의 욕의 달성이다. 무지(無知)를 지키는 방법은 감관을 활용하되 여성적인 자세와 수동적이고 정적으로 사방에 통달하는 밝은 예지를 지니는 것이다.[20] 이러한 노력은 형기에 올라타서도 하나의 도를 품고 지킬 수 있어야 하며, 전일한 한 마음으로 정기(精氣)를 지킬 수 있어 유연한 자세를 지켜 어린 아이의 상태를 지킬 수 있어야 하며, 마음에 묻은 지성과 욕구를 없애어 인간이 하자를 지니고 있지 않아야 가능하다는 것이다.[21] 이러한 관점은 기본적으로는 인간이 지니는 감각적 능력의 한계를 수용하고, 그것을 초월해야 도에 이를 수 있다는 노자의 주장에서 나온다. "눈으로 보아도 보이지 않으므로 이(夷)라고 하고, 귀로 들어도 들을 수 없으므로 희(希)라고 하고, 손으로 쳐도 칠 수가 없으므로 미(微)라고 한다."[22] 노자가 추구하는 도의 세계는 감

---

19) 『道德經』 제2장 〈養身〉: "天下, 皆知美之爲美, 斯惡已, 皆知善之爲善, 斯不善已." 이하 원문은 『道德經』(朴世堂, 新註道德經, 國立中央圖書館 所藏)을, 역문과 장명은 장기근·이석호 역(1990), 『老子·莊子』(삼성출판사)를 인용·참고.
20) 『道德經』 제10장 〈能爲〉: "天門開闔, 能爲雌乎. 明白四達, 能無知乎."
21) 『道德經』 제10장 〈能爲〉: "載營魄, 抱一, 能無離乎. 專氣致柔, 能嬰兒乎. 滌除玄覽, 能無疵乎."
22) 『道德經』 제14장 〈贊玄〉: "視之不見, 名曰夷, 聽之不聞, 名曰希, 搏之不得, 名曰微."

관을 초월한 실재의 세계로서 이른바 형상(形狀) 없는 형상, 물체 없는 형상(形象)으로 황홀(恍惚)이라고 하였다.23) 감각적 인지나 물체의 형상에 대한 인지를 초월한 도의 경지에 이를 것을 강조하는 입장에서 인간의 욕구에 대해서 매우 부정적이다. '치허(致虛)'·'수정(守靜)'에서 인간의 심지(心知)의 작용을 허정(虛靜)하게 할 것을 강조한다.24) 기본적으로 초인식론, 반지성주의, 초감각주의, 반욕구주의의 노자 관점에서는 검욕(儉欲)으로 귀결될 수밖에 없다. 시각, 청각, 미각을 상하게 하는 것은 찬란한 오색과 난잡한 오음과 잡다한 음식이다.25) 따라서 외형적 감각 세계보다 내면의 소박한 심정의 경지에서 여유있는 상태를 유지하는 것이야말로 노자가 강조하는 경지이다.

불교가 감정·정서에 대하여 부정적이라면 도가는 소극적이다. 유교의 『중용』에서는 "기뻐하고 노하고 슬퍼하고 즐거워하는 정(情)이 발하지 않은 것을 중(中)이라 하고, 발하여 모두 절도에 맞는 것을 화(和)라고 한다. 중이란 천하의 큰 근본이고, 화란 천하의 공통된 도이다. 중과 화를 지극히 하면 천지가 제자리를 찾고, 만물이 길러진다."26)라고 하였다. 인간의 감정 문제를 중화(中和)로 설명하고, 그것이 제대로 발현될 때 천지가 질서지워지고 모든 생명이 길

---

23) 『道德經』 제14장 〈贊玄〉: "是謂無狀之狀, 無物之象, 是謂惚恍."
24) 『道德經』 제16장 〈歸根〉: "致虛極, 守靜篤."
25) 『道德經』 제12장 〈儉欲〉: "五色令人目盲, 五音令人耳聾, 五味令人口爽."
26) 『中庸』 제1장: "喜怒哀樂之未發, 謂之中, 發而皆中節, 謂之和, 中也者, 天下之大本也, 和也者, 天下之達道也. 致中和, 天地位焉, 萬物育焉." 이하 四書의 원문은 학민문화사 영인본(1990)을, 역문은 성백효 역주본(전통문화연구회, 2008)을 인용·참고.

러진다고 보았다. 즉, 인간의 감정을 어떻게 조절하여 우주만물과 조화할 것인가에 관심을 갖는다.

동양에서는 이성과 감정이 모두 마음(心, mind)의 작용이라고 여겼고, 이 마음은 인간의 신체 부위에서는 머리가 아닌 가슴에 해당된다고 보았다. 동양 의학에서 인간의 신체를 분석한 그림을 볼 때 머리와 사지보다는 몸통, 그것도 오장육부에 집중한 데서 잘 드러난다. 퇴계는 『성학십도』 제6도 「심통성정도(心統性情圖)」에서 "이(理)와 기(氣)를 겸하고 성(性)과 정(情)을 통제하는 것은 마음[兼理氣, 統性情者, 心也.]"이라고 하여 인간의 본질을 마음에서 파악하고 있다.27) 성리학적 인간관에 의하면 인간은 이와 기로 이루어져 있고, 본체로서 이(理)에 해당하는 것은 천명에 의해 부여받은 성(性)이며, 이러한 성이 대상에 대해서 느껴서 드러나는 것이 정(情)이라고 보았다. 이러한 성과 정이 마음[心]에 갖추어져 있어서 그 작용에 의해 드러나는 것이라고 보았다. 성리학의 "존천리 거인욕(存天理, 去人慾)"에 의하면, 인간의 욕구나 감정은 억제 혹은 제거하여야 대상으로 이해되었다. 여기서 인욕이란 바람직하지 않은 감정 혹은 욕구를 말한다. 성리학은 불교와 도가의 영향을 받아 인간의 감정·정서에 대해 부정적 관점이 존재하지만 기본적으로 중용의 중화(中和)개념을 바탕으로 하고 있다. 유교는 현실 속에서 인간이 어떻게 살아야 할 것인가를 추구하는 학문으로, 자연스러운 감정을 인정하되 그것을 어떻게 표현할 것인가에 대하여 관심을 가졌다. 유교에서는 인간의 감정이나 정서에 대해서 불교나 도가와 달리 긍정적으로 파악하

---

27) 이황, 조남국 역(1995), 『聖學十圖』, 교육과학사.

여 도덕적 정서로 승화시키고자 노력하였다. 공자사상에 드러나는 감정·정서에 대한 태도는 긍정적이다.

Ⅲ. 공자사상에서 감정·정서 문제

1. 시(詩)와 악(樂) : 감정·정서의 표현과 조화

『논어』에서 공자는 인간의 감정과 정서를 자연스러운 본성으로 인정하고 어떻게 긍정적으로 표현할 것인가를 문제삼는다. 공자는 가장 사랑했던 제자 안연이 죽었을 때 서럽게 곡하면서 울며 애통해 했다. 종자(從者)가 이를 지나치다고 지적하자, 공자는 "저 사람을 위해 애통해 하지 않으면 누구를 위해 애통해 하겠는가?"[28]라고 답하였다. 죽음을 애통해 함은 당연한 것이며, 애통해야 할 상황이라면 그렇게 하는 것이 자연스럽다고 본 것이다. 인간이 느끼는 희로애락의 감정 표현 그 자체는 자연스러운 것이며, 중요한 것은 상대와 일에 따라 어떻게 적절하게 표현하느냐 하는 것이다. 인간의 자연스러운 감정과 그것의 표현을 인정한 공자는 시(詩)와 악(樂)을 즐겼는데, 『시경』과 음악듣기와 노래하기를 좋아하였다.

> ① 소악(韶樂)을 들으시고 3개월 동안 고기 맛을 모르시며, '음악을 만든 것이 이러한 경지에 이를 줄은 생각하지 못했다.'라고 말씀하셨다.[29]

---

28) 『論語』〈先進〉제9장 : "顏淵死, 子哭之慟, 從者曰, 子慟矣. 曰, 有慟乎. 非夫人之爲慟, 而誰爲."

② 남과 함께 노래를 불러 상대방이 노래를 잘하면, 반드시 다시 부르게 하시고 그 뒤에 따라 부르셨다.30)
③ 『시경』 3백 편의 뜻을 한 마디 말로 대표하면 '생각에 간사함이 없다[思無邪]'이다.31)
④ 『시경』의 〈관저〉는 즐거우면서도 지나치지 않고, 슬프면서도 화(和)를 해치지 않는다.32)

공자는 아름다운 음악을 듣고 그것을 즐길 줄 아는 사람이었다. 순임금의 음악인 소(韶)를 들으며 그것의 아름다움을 즐겼던 공자에게서[①] 예술의 정서적 효과를 생각하지 않을 수 없다. 또한 여러 사람들과 더불어 노래하는 공자의 모습[②]은 오늘날 가무를 즐기는 우리와 다르지 않다. 이처럼 『논어』에서 공자의 모습은 근엄한 도덕군자보다는 시와 음악을 가까이한 감성적·정서적 인간의 모습이다. 자연스러운 감정 표현을 인정한 공자도 그 감정과 정서를 어떻게 적절하게 표현할 것인지를 고민하지 않을 수 없었다. 그것이 지나치면 사람을 상하게 하고, 부족하면 예의에 맞지 않고, 바람직하지 않은 감정과 욕구 또한 제거하거나 조절되어야 하기 때문이다. 공자는 인간의 욕구나 감정을 인정하고서 표현의 적절한 기준을 마련하기 위해 삼경(三經) 산삭(刪削)에 매진하였다. 인간의 성정(性情)을 어떻게 가꾸어갈 것인지 『시경』에서 그 기준을 찾고 있다[③]. 예를 들면, ④의 〈관저〉는 후비(后妃)의 덕이 마땅히 군자에 짝할 만하

---

29) 『論語』〈述而〉제13장 : "子在齊聞韶, 三月不知肉味, 曰, 不圖爲樂之至於斯也."
30) 『論語』〈述而〉제31장 : "子與人歌而善, 必使反之, 而後和之."
31) 『論語』〈爲政〉제2장 : "子曰, 詩三百, 一言以蔽之, 曰思無邪."
32) 『論語』〈八佾〉제20장 : "子曰, 關雎, 樂而不淫, 哀而不傷."

나 구하여 얻지 못하면 자나 깨나 생각하며 몸을 뒤척거리는 근심이 없을 수 없고, 구하여 얻으면 금슬과 종고의 악기로 즐거워함이 마땅하다는 내용이다.33) "그 근심이 비록 깊으나 화를 해치지 않고, 그 즐거움이 비록 성대하나 그 바름을 잃지 않았다. 그러므로 부자(夫子)께서 이와 같이 칭찬하셨다"34)는 주자의 해석은 자연스러운 감정 표현의 적절함을 높이 평가한 것이다. 이처럼 공자는 인간의 순수한 감정은 인간다움의 요소이며, 그것이 적절하게 표현될 때 인간이 인간답게 된다고 본 듯하다.

양계초는 『시경』을 평하기를, "시 3백 편은 중국의 가장 오래된, 그리고 가장 아름다운 문학작품이다. 그 중에서 송(頌)은 대개 전문적인 문학가나 음악가가 제작한 것으로 가장 전중(典重)하고도 풍성한 아름다움을 지니고 있으며, 아(雅)도 부분적으로 전문가가 제작한 것인 듯하나 남(南)과 풍(風)은 순수한 평민문학으로서 전후 수백년 동안의 각 고장과 각 계급의 남녀 양성의 작품이 모두 포함되어 있다. 담겨진 감정도 국가·사회·가정·우인(友人)간의 개인적인 교제, 남녀간의 원한과 사모 등 그 모든 감정을 대표하는 작품이 없는 것이 없다."35)고 하였다. 공자가 『시경』을 중시하였다는 것은 『논어』의 대화에서 파악할 수 있다.

　　(1) "너희들은 어찌하여 시를 배우지 아니하느냐?" "시는 의지[뜻]

---

33) 『論語』〈八佾〉 제20장 朱子註 : "關雎之詩, 言后妃之德, 宜配君子, 求之未得, 則不能無寤寐反側之憂, 求而得之, 則宜其有琴瑟鐘鼓之樂."
34) 『論語』〈八佾〉 제20장 朱子註 : "蓋其憂雖深, 而不害於和, 其樂雖盛, 而不失其正, 故夫子稱之如此"
35) 이계주 역(1995), 앞의 책, p.186.

를 일으킬 수 있으며, 관찰할 수 있으며, 무리지을 수 있으며, 원망할 수 있으며, 가까이는 어버이를 섬길 수 있으며, 멀리는 임금을 섬길 수 있으며, 새와 짐승과 풀과 나무의 이름을 많이 알게 한다"36)

(2) 시에서 흥기시키며, 예에 서며, 악에서 완성한다.37)

(3) 공자께서 아들인 백어(伯魚)에게 이르셨다. "너는 〈주남〉과 〈소남〉을 배웠느냐? 사람으로서 〈주남〉과 〈소남〉을 배우지 않으면 담장을 정면으로 마주하고 서 있는 것과 같을 것이다."38)

(4) 남용(南容)이 백규(白圭)를 읊은 시를 (하루에) 세 번 반복해서 외우니, 공자께서 형님의 딸을 그에게 시집보내셨다.39)

시는 뜻을 일으키며, 다양한 관점을 살필 수 있게 하고, 더불어 할 수 있게 하며, 옳지 못한 것에 대해 원망할 수 있게 하며, 인륜의 도를 배울 수 있게 하며, 다양한 지식을 얻을 수 있게 하기 때문에 [(1)] 공자는 제자들에게 적극 권장하였다. 또한 (2)에서처럼 다양한 문화 요소들, 즉 시·예·악을 통하여 인간의 다양한 측면들이 조화를 이루어 인간다움을 완성할 수 있다고 보았다. 아들인 백어에게 〈주남〉과 〈소남〉을 읽게 한 것[(3)]은 자기 몸을 수양하고 집안을 다스리는 수신의 기본이기 때문에 지극히 가까운 곳에 나가서도 한 물건도 보이는 것이 없고 한 걸음도 나아갈 수 없음을 말한 것이

---

36) 『論語』〈陽貨〉 제9장 : "子曰, 小子, 何莫學夫詩, 詩, 可以興, 可以觀, 可以群, 可以怨, 邇之事父, 遠之事君, 多識於鳥獸草木之名."
37) 『論語』〈泰伯〉 제8장 : "子曰, 興於詩, 立於禮, 成於樂."
38) 『論語』〈陽貨〉 제10장 : "子謂伯魚曰, 女爲周南召南矣乎. 人而不爲周南召南, 其猶正牆面而立也與."
39) 『論語』〈先進〉 제5장 : "南容, 三復白圭, 孔子以其兄之子, 妻之."

다.40) 또한 공자가 남용을 조카사위로 삼은 것[(4)]은 그가 단순히 시를 욀 정도로 문학적이어서가 아니라 그 시의 내용에 담긴 도덕적 정서를 지니고 있을 것이라고 확신했기 때문이다.41)

공자가 시를 강조한 것은 단지 그 시가 인간의 감정을 표현했기 때문만은 아니다. 『시경』의 시들이 다양한 지식과 내용을 포함하고 있을 뿐만 아니라 인간의 감정과 욕구를 자연스럽게 표현하면서도 지나치거나 부족하지 않은 이상적인 정서 상태로 표현되고 있기 때문이다. 인간의 정서는 어떠한 것을 보고 듣고 경험하느냐에 따라 다르게 형성된다는 것을 이해했기 때문에 『시경』을 그 하나의 방법으로 제시하였던 것이다. 공자 당시 인간의 정신과 감정, 정서를 표현한 문화는 바로 예악이다. 공자는 인간의 자연스러운 감정과 정서를 인정하면서도 그 표현에서 어떻게 순화시켜 바람직하게 할 것인가가 고민이었다.

㉮ 질(質)이 문(文)을 이기면 촌스럽고, 문이 질을 이기면 겉만 번지르르 하니, 문과 질이 적절하게 조화되어야 군자이다.42)
㉯ 예(禮)다 예(禮)다 하지만 옥백(玉帛)만 말하는 것이겠는가? 악(樂)이다 악(樂)이다 하지만 종고(鐘鼓)만 말하는 것이겠는가?43)

---

40) 『論語』〈陽貨〉제10장 朱子註 : "所言, 皆修身齊家之事. 正牆面而立, 言卽其至近之地, 而一物無所見, 一步不可行."
41) 白圭는 『詩經』〈大雅, 抑篇〉에 나오는 것으로, "백규(백옥으로 만든 홀)의 흠은 갈면 되지만, 말로 생긴 흠은 갈아 없앨 수 없다."는 내용을 담고 있다.
42) 『論語』〈雍也〉제16장 : "子曰, 質勝文則野, 文勝質則史, 文質彬彬然後君子."
43) 『論語』〈陽貨〉제11장 : "子曰, 禮云禮云, 玉帛云乎哉. 樂云樂云, 鐘鼓云乎哉."

㉰ (지금 사람들이) '선배들은 예악(禮樂)에 있어 촌스러운 사람이고, 후배들은 예악에 있어 군자다.'라고 한다. (그러나) 만일 예악을 쓴다면 나는 선배들을 따르겠다.44)
㉱ 예는 사치하기보다는 차라리 검소해야 하고, 상(喪)은 형식적으로 잘 치르기보다는 차라리 슬퍼해야 한다.45)

공자는 당시 사회의 문화·예술·제도를 구성하였던 예악에 대해 고민하였다. 예악의 본질과 형식, 정신과 표현, 이를 뒷받침하는 정서의 본질[質]과 표현[文]에 대해, 공자는 이 둘의 조화를 강조한다[㉮]. 문화는 인간의 감정·정서에 의해 이루어지는데, 그것은 자연스러운 것이고 표현하지 않으면 알 수 없다. 따라서 감정의 본질과 더불어 그것을 적절히 표현하여 공감을 이끌어내는 것도 중요하다. 당시 예악은 인간의 순수한 감정을 승화시킨 것들이지만 단순한 결과물만은 아니다. ㉯에서처럼 예악을 접하는 사람들은 결과물 혹은 표현에만 머무르지 말고, 그것의 근본과 본질에 대하여 잊지 말아야 한다. 예의 본질은 질서이고 악의 본질은 조화이므로 그 본질을 잊지 않아야 예악(禮樂)이 제자리를 찾게 된다는 것이다. 모든 문화와 예술은 시대에 따라 변화되고 그에 대한 판단도 달라진다. 공자는 과거의 예악은 표현이 소박한 반면 정신에 초점을 둔 것을 높이 사고, 당시 표현이 세련된 반면 그에 비해 정신이 약화된 예악의 현실을 비판하면서 선배들이 본질을 중시하였던 촌스러운 예악을 따르

---

44) 『論語』〈先進〉제1장 : "子曰, 先進, 於禮樂, 野人也, 後進, 於禮樂, 君子也, 如用之則吾從先進."
45) 『論語』〈八佾〉제4장 : "林放, 問禮之本, 子曰, 大哉, 問. 禮, 與其奢也, 寧儉, 喪, 與其易也, 寧戚."

겠다고 하였다[⑭]. 형식보다 인간의 순수한 감정에서 예의 근본을 찾고자 한 것[㉺]도 본질을 중시함으로써 인간의 감정·정서가 도덕적으로 승화되어야 한다는 공자의 당시 문화에 대한 책임감의 결과이다.

2. 인(仁)과 예(禮) : 도덕적 정서와 기준

공자사상을 요약하는 인(仁)은 넓게 "사람을 사랑하는 것"으로 이해된다. 인은 무궁한 의미를 지니고 있어 구체적인 실천 덕목들을 합할 때 전체 모습이 드러난다. 『논어』에서의 도덕적 실천은 도덕적 정서인 인의 표현이다. 공자에서 도덕적 정서로서 인은 인간다움의 본질이고 핵심이다. "사람으로서 인하지 못하면 예를 무엇에 쓰겠으며, 사람으로서 인하지 못하면 악인들 무슨 소용이 있겠는가?"[46)]라고 한 것은 예악 이전에 사람다움의 기준인 인이 우선되어야 한다는 점을 강조한 것이다. 예악의 기준은 인에 적합해야 한다는 것이다.

> ① 봄에는 밝음을 생각하고, 들음에는 귀밝음을 생각하며, 얼굴빛은 온화함을 생각하며, 모습은 공손함을 생각하며, 말에는 충실함을 생각하며, 일에서는 공경함을 생각하며, 의심은 물음을 생각하며, 분함은 어려움을 생각하며, 이득을 보면 의(義)를 생각한다.[47)]
>
> ② 소악(韶樂)을 평하시되 "극진히 아름답고 극진히 좋다(아름다움

---

46) 『論語』〈八佾〉 제3장 : "子曰 人而不仁, 如禮何, 人而不仁, 如樂何."
47) 『論語』〈季氏〉 제10장 : "孔子曰, 君子有九思, 視思明, 聽思聰, 色思溫, 貌思恭, 言思忠, 事思敬, 疑思問, 忿思難, 見得思義."

을 다하였고 또 선을 다하였다)." 하셨으며, 무악(武樂)을 평하시되 "극진히 아름답지만 극진히 좋지는 못하다(아름다움을 다 하였으나 아직 선을 다하지 못하였다)." 하셨다.[48]

①에서 인간이 지니는 감각과 정서를 표현하는 데 있어서 아홉 가지 생각[九思]은 '생각'의 과정을 통하여 도덕적 정서로 승화되어야 한다는 것을 강조한다. 또한 공자는 인간의 감정을 표현한 예술이나 문학작품이 도덕적 정서로 연결되어야 한다는 당위성의 관점에서 출발한다. ②에서 순임금의 음악인 소(韶)와 무왕의 음악인 무(武)에 대한 평가가 다른 것은 순이 요임금을 이어 훌륭한 정치를 이룩한 반면, 무왕은 걸왕(紂王)을 정벌하였다는 점에서 그 음악에 대한 평가를 달리한 것이다.[49] 이것은 인간 정서의 도덕성이 문학작품의 아름다움과 구분하여 평가될 수 있음을 보여주는 것이다. 인간의 감정적 표현이 도덕적 정서와 연결되어 있으며, 그 감정 표현에 대한 평가 기준은 도덕적 정서가 되어야 한다는 것이다.

인의 실천을 강조한 공자에게 있어서 감정이나 정서의 문제는 다른 사람과의 관계에서 그것을 어떻게 표현하느냐가 핵심이다. 구체적인 덕목을 통하여 어떻게 감정과 정서들을 적절하게 표현하여 원만한 도덕생활을 이루어 나갈 것인가를 중시한 것이다. 『논어』에서 강조한 덕목들은 인간이 느끼는 감정들을 어떻게 바람직한 정서로 끌어올려 승화시킬 것인가에 초점을 두고 있다. 그것은 인간이 느끼

---

48) 『論語』〈八佾〉제25장 : "子謂韶, 盡美矣, 又盡善也, 謂武, 盡美矣, 未盡善也."
49) 『論語』〈八佾〉제25장 朱子註 : "舜, 紹堯致治, 武王, 伐紂救民, 其功一也, 故其樂皆盡美. 然舜之德, 性之也, 又以揖遜而有天下, 武王之德, 反之也, 又以征誅而得天下, 故其實有不同者."

는 가장 본질적인 감정들을 소중히 여기고, 그것을 다듬어 표현하는 방법을 모색하는 과정에서 효(孝)라 표현되기도 하고, 신(信)이라 표현되기도 하고, 충(忠)이라 하기도 하고, 경(敬)이라 하기도 하고, 도(道)라 하기도 하고, 예(禮)라 하기도 하였던 것이다. 이것은 인간의 순수한 감정을 도덕적 정서로 승화시켜야 한다는 그의 관점이 반영된 것이다.

(1) 오직 어진 사람이어야(仁者여야) 사람을 능히(제대로) 좋아하며 사람을 능히(제대로) 미워할 수 있는 것이다.[50] / 진실로 仁에 뜻을 두면 악함이 없다.[51]

(2) 한 대그릇의 밥과 한 표주박의 음료로 누추한 시골에 있는 것을 다른 사람들은 그 근심을 견디지 못하지만, 안회는 그 즐거움을 변치 않으니 어질구나, 안회여![52]

(3) 거친 밥을 먹고 물을 마시며 팔을 굽혀 베더라도 즐거움은 또한 이 가운데 있으니, 의롭지 못하고서 부귀함은 나에게 뜬구름과 같다.[53]

(4) 도를 아는 자는 좋아하는 자만 못하고, 좋아하는 자가 즐거워하는 자만 못하다.[54]

(1)에서 보듯이 공자에 있어서 인(仁)은 인간이 추구하여야 할 가

---

50) 『論語』〈里仁〉 제3장 : "子曰, 惟仁者, 能好人, 能惡人."
51) 『論語』〈里仁〉 제4장 : "子曰, 苟志於仁矣, 無惡也."
52) 『論語』〈雍也〉 제9장 : "子曰, 賢哉, 回也. 一簞食, 一瓢飮, 在陋巷, 人不堪其憂, 回也不改其樂, 賢哉, 回也."
53) 『論語』〈述而〉 제15장 : "子曰, 飯疏食飮水, 曲肱而枕之, 樂亦在其中矣, 不義而富且貴, 於我如浮雲."
54) 『論語』〈雍也〉 제18장 : "子曰, 知之者不如好之者, 好之者不如樂之者."

장 궁극적인 도덕적 정서이며, 이러한 정서를 갖추었을 때 인간의 미움, 사랑, 즐거움 등이 타당성을 지니게 된다. 공자가 안연에 대하여 (2)처럼 한 것도 그의 '인함'을 인정하였기 때문에 가능하였던 것이다. "안자의 즐거움은 한 대그릇의 밥과 한 표주박의 음료 및 누추한 시골을 즐거워 한 것이 아니요, 가난으로 그 마음을 얽매어 그 즐거움을 변치 않은 것이다. 그러므로 부자께서 그의 어짊을 칭찬하신 것이다."55)라는 정자의 해석은 바로 이러한 점을 짚어낸 것이다. (3)처럼 가난마저도 포용할 정도의 도덕적 정서를 지니고 있다면, 가난도 수용하여 즐거움으로 승화시킬 수 있지만, 도덕적 정서가 없는 부귀는 뜬구름과 같다는 것이다. 이런 경지가 바로 진정한 즐거움의 경지이다. (4)는 아는 것보다 좋아하는 것이 낫고, 그보다 즐거워하는 것이 낫다는 표현이다. 아는 것이 이른바 지성의 작용이요, 좋아함이 대상에 대한 감정표현이라면, 즐거워함은 그것이 체화되어 한 단계 승화되었음을 말하는 것이다. 이것은 인간의 이성과 감정, 정서의 단계를 표현한 것이다. 이는 인간이 추구하여야 할 만한 가치가 있는 대상에 대하여 자신의 것으로 체화하여, 아는 것, 좋아하는 것, 즐거워하는 것 중에서 궁극적으로 즐거움의 단계까지 이르렀을 때 그것이 자기 것이 됨을 말한다. 특히 도덕적 덕목이나 가치에 대해서도 아는 것[이성], 좋아하는 것[감정]을 넘어 즐거워하는 것[정서]까지 도달할 때 의미가 있다고 할 수 있다. 이처럼 공자는 도덕적 정서는 궁극적으로 인간의 삶에 체화되어 즐길 수 있을 때 의미가 있다고 본 것이다. 공자는 즐거움을 외적인 대상에 대한

---

55) 『論語』〈雍也〉 제9장 朱子註 : "程子曰, 顔子之樂, 非樂簞瓢陋巷也, 不以貧窶累其心而改其所樂也, 故夫子稱其賢."

욕구의 만족의 아니라 내적인 도덕적 정서의 풍요로움에서 찾고자 하였던 것이다.

3. 중용(中庸)과 서(恕) : 감정·정서의 조절과 공감

『중용』에서는 중(中)과 화(和)가 이루어질 때 천지 질서와 생육이 가능하다고 하여 조화의 절도의 극치를 통하여 유교가 추구하는 가치를 잘 드러내준다. 이러한 조화와 절도는 인간의 본능적·감각적 욕구에 중요한 의미를 지닌다. 일상생활에서 욕구, 감정, 정서, 행동의 절제·절도의 표현은 〈향당〉에 잘 드러나는데, 공자는 '고기가 비록 많으나 밥 기운을 이기게 하지 않으시며, 술은 일정한 양이 없으셨으나, 어지러움에 이르지 않게 하셨다.'[56]고 하여 욕구의 지나침을 경계하였다.

공자는, 중용의 덕은 지극한 것인데 이 중용의 덕을 가진 이가 적음이 오래되었다고[57] 한탄하고, '향원'은 덕을 해치는 자라고[58] 하였다. 향원이란 시골사람 중 근후한 자이지만 유속(流俗)을 함께 하고 더러움에 영합하여 세상 사람들에게 잘 보이기 때문에 시골사람들 중에 근후하다고 칭송받는다. 맹자는 향원(鄕原)이 덕(德)과 비슷하지만 덕이 아닌 사이비(似而非)여서 공자가 매우 미워하였다고 밝혔다.[59] 중용의 덕을 지닌 인물을 얻고자 한 공자는 불가능하면 차

---

56) 『論語』〈鄕黨〉 제8장 : "肉雖多, 不使勝食氣, 唯酒無量, 不及亂."
57) 『論語』〈雍也〉 제27장 : "子曰, 中庸之爲德也, 其至矣乎. 民鮮, 久矣."
58) 『論語』〈陽貨〉 제13장 : "子曰, 鄕原, 德之賊也."
59) 『論語』〈陽貨〉 제13장 朱子註 : "鄕原, 鄕人之愿者也, 蓋其同流合汚, 以媚於世, 故在鄕人之中, 獨以愿稱. 夫子以其似德非德而反亂乎德, 故以爲德之賊而深惡之, 詳見孟子末篇."

선으로 광자(狂者)와 견자(獧者)를 구하였다.60) 광자가 행실이 그 말을 덥지 못하는 과격한 사람이라면, 견자는 결백하여 소극적인 사람이지만 그래도 그들이 향원보다는 더 낫다고 보았다. 이것은 중용의 덕을 체득한다는 것이 얼마나 어려운 것인지 잘 보여주는 예이다. 중용을 지닌 사람은 도덕적 정서에서 균형을 잃지 않는 사람이다. 이 도덕적 정서를 덕이라고 한다면, 이런 덕을 갖춘 사람은 도덕적 감수성을 통하여 다른 사람을 공감하게 한다.

① 덕은 외롭지 않아, 반드시 이웃이 있다.61)
② 백우가 병을 앓자, 공자께서 문병하셔서 남쪽 창문으로부터 그의 손을 잡고 말씀하셨다. "이런 병에 걸릴 리가 없는데, 천명인가보다. 이런 사람이 이런 병에 걸리다니! 이런 사람이 이런 병에 걸리다니!"62)
③ 낚시질을 하시되 큰 그물질은 하지 않으시며, 주살질을 하시되 잠자는 새를 쏘아 잡지는 않으셨다.63)
④ 인자(仁者)는 자신이 서고자 함에 남도 서게 하고, 자신이 통달하고자 함에 남도 통달하게 하는 것이다.64)

도덕적 정서는 ①처럼 파급되는 것으로, 덕 있는 자는 동류가 따

---

60) 『孟子』〈盡心下〉 제37장: "孟子曰, 孔子不得中道而與之, 必也狂獧乎. 狂者, 進取, 獧者, 有所不爲也, 孔子豈不欲中道哉, 不可必得, 故思其次也."
61) 『論語』〈里仁〉 제25장: "子曰, 德不孤, 必有隣."
62) 『論語』〈雍也〉 제8장: "伯牛有病, 子問之, 自牖執其手曰亡之, 命矣夫. 斯人也而有斯病也. 斯人也而有斯疾也, 斯人也而有斯疾也."
63) 『論語』〈述而〉 제26장: "子, 釣而不網, 弋不射宿."
64) 『論語』〈雍也〉 제28장: "夫仁者, 己欲立而立人, 己欲達而達人."

르니 주변에 이웃이 있는 것과 같다.65) 이것은 도덕적 공감의 힘으로, 공자의 언행에서 예를 찾을 수 있다. 제자 백우(伯牛)가 걸린 병은 이른바 '문둥병'으로 제자의 병을 애통해하는 공자의 마음이 잘 드러난다[②]. 공자가 성인(聖人)으로 추앙받는 것은 지성보다는 오히려 이와 같은 다른 사람의 고통을 함께하는 도덕적 정서에 기인한다. 이런 공감능력은 사람을 넘어 동물에게까지 확대된다[③]. 낚시와 주살을 불가피하게 하기는 하지만 고기나 새 등 미물들에까지 인의 마음을 확대시킨 것이다. 이것은 자신의 마음에 비추어 다른 사람의 마음을 살피는 역지사지(易地思之)로서[④], 바로 서(恕)이다. 입장을 바꾸어 생각하는 것은 타인의 감정과 정서를 자기 것으로 느끼기 위한 전제로, 관점 바꾸기는 자기중심적 사고에서 벗어나는 첫 단계로, 도덕적 공감의 바탕이 된다.

인간의 자연스러운 감정과 정서를 인정한 공자에 있어 그것은 도덕적 정서로 승화되어야 하며, 그 표현인 예악의 기준은 인이다. 인은 또한 도덕적 정서이며, 도덕적 감수성과 공감을 포함하는 개념이다. 도덕적 감수성과 공감은 도덕적 정서에서 핵심으로, 인간다움은 여기에 있다. 인의 본질은 맹자의 측은지심(惻隱之心)과 통하는데, 다른 사람이나 존재를 불쌍히 여기는 감정이 바로 인의 기본이다. 측은지심이 없는 정치가가 어떻게 덕치(德治)를 할 수 있으며, 측은지심이 없이 어찌 효도를 할 수 있을까? 이런 점에서 측은지심은 인간이 지녀야 할 가장 중요한 감정적 요소이며, 이것이 인으로 구체화되어 인간과 인간의 정서적 공감 상태를 유지하게 하고, 아담

---

65) 『論語』〈里仁〉제25장 朱子註:"有德者, 必有其類從之, 如居之有隣也."

스미스의 이른바 공감을 통한 도덕성을 가능하게 한다.

Ⅳ. 공자사상에서 정서교육을 위한 방향 모색

1. 감정·정서 표현의 사회적 기준 설정

안연이 인을 물었을 때, 공자는 "자기의 사욕(私慾)을 이겨(극복하여) 예(禮)에 돌아가는 것"이라고 하였다.66) 예를 기준으로 자신의 욕구와 감정을 조절함으로써 도덕적 정서인 인에 이를 수 있다는 것으로, "예가 아니면 보지도, 듣지도, 말하지도, 행동하지도 말라"는 말이다. 인간의 감정 표현에 있어 적합한 기준이 없다면 지나치거나 부족하여 본뜻을 잃게 된다. 그래서 "공손하되 예가 없으면 수고롭고, 삼가되 예가 없으면 두렵고, 용맹하되 예가 없으면 난을 일으키고, 강직하되 예가 없으면 너무 급하다."67)고 한 것이다. 도덕적 정서로서의 인, 그 기준으로서의 예는 정서교육에 중요한 의미를 지닌다.

첫째, 정서교육을 위해서는 도덕적 정서의 중요성을 이해하고, 본능적·감각적 욕구를 도덕적 정서로 승화시킬 수 있어야 한다. 오늘날 문화는 인간의 감각·감성·정서에 호소하여 소비를 끌어내고자 하며, 이를 위해 대중매체들은 감각적 욕구를 자극하여 자본주의

---

66) 『論語』〈顔淵〉 제1장 : "顔淵問仁, 子曰, 克己復禮爲仁, 一日克己復禮, 天下歸仁焉, 爲仁由己, 而由人乎哉."
67) 『論語』〈泰伯〉 제2장 : "子曰, 恭而無禮則勞, 愼而無禮則葸, 勇而無禮則亂, 直而無禮則絞."

적 소비와 연계시키고자 한다. 이러한 대중문화 성격은 인격적 미완성체인 아동과 청소년들에게 좋지 못한 영향을 준다. 본능적·감각적 욕구에 치중하다보니 아름다운 감성 혹은 도덕적 정서 측면에서는 취약하다. 『논어』에서 도덕적 정서는 인으로 표현되고, 예는 정서 표현의 기준의 의미를 지니는데, 감각적 욕구를 도덕적 정서로 승화시키는 것과 감정 표현에서의 기준 설정에 대한 시사점을 준다.

둘째, 감정과 정서 표현에 대한 사회적 판단 기준의 필요성이다. 오늘날 문화예술 표현의 자유와 도덕적 정서의 갈등 사례가 많다. 자유로운 감정 표현을 최대한 보장해야 한다는 주장과 한계를 두어 지나친 표현에 이르지 않아야 한다는 두 입장이다. 문화의 다양한 장르에서 이런 갈등이 상존하고 있으며, 표현의 자유에 의거하여 절대적 자유를 보장하는 것이 합당한가? 어느 정도의 규제가 필요한가? 정서교육의 관점에서 피교육자의 감정·정서를 고려한다면, 어린이와 청소년들에 대한 영향을 감안한 표현의 자유 존중이 필요하다. 규제의 기준 설정에서는 신중한 논의와 더불어 정서 발달의 단계를 고려한 설정이 요구된다.[68] 공자는 "정나라 음악을 추방하며, 말재주 있는 사람을 멀리해야 하니, 정나라 음악은 음탕하고, 말 잘하는 사람은 위태롭다."[69], 또 "만일 주공과 같은 아름다운 재주를 가지고 있더라도 교만하고 인색하다면, 그 나머지는 볼 것이 없다."[70]고 하였다. 아무리 감각적으로 좋더라도 정서에 주는 영향에 대한

---

[68] 청소년 추천도서 혹은 공중파 방송에서의 금지 규정 등은 이러한 예라고 할 수 있다.
[69] 『論語』〈衛靈公〉 제10장 : "放鄭聲, 遠佞人, 鄭聲, 淫, 佞人, 殆."
[70] 『論語』〈泰伯〉 제11장 : "子曰, 如有周公之才之美, 使驕且吝, 其餘, 不足觀也已."

반성이 필요하다는 말이다. 정서교육의 관점에서 오늘날 청소년들에게 큰 영향을 미치는 음악 가사나 대중 광고 등이 피교육자들의 감성·정서에 어떤 영향을 주는지 반성할 필요가 있다.

셋째, 감정과 정서는 사회 환경의 반영이므로, 정서교육을 위해서는 사회 전체의 정서적 분위기 형성이 요구된다. 예악은 공자 당시의 문화와 예술을 총칭하였고, 예악이 제대로 잡혀야 백성들의 삶이 평안해진다는 데서 사회질서, 문화예술, 백성들의 정서를 연결시키고 있음을 알 수 있다. "일이 이루어지지지 못하면 예악이 일어나지 못하고, 예악이 일어나지 못하면 형벌이 알맞지 못하고, 형벌이 알맞지 못하면 백성들이 손발을 둘 곳이 없어지게 된다."71) 손발을 둘 곳이 없는 백성들이 어떻게 자연스러운 감정·정서를 지니고 표현할 수 있겠는가? 이처럼 정치 질서, 문화와 예술, 백성들의 정서 안정이 상호 연관되어, 백성들의 감정·정서가 자유롭게 표출되어 그것이 도덕적 정서로서 승화되기 위해서는 정치질서가 안정되어야 하고, 이에 따라 문화와 예술이 풍요로워지고, 결국 백성들의 삶이 정서적으로 안정된다. 따라서 사람들의 감정·정서의 순화와 풍요로움을 위한 바람직한 사회적 교육환경이 선행되어야 한다.

2. 도덕적 앎을 통한 도덕적 정서 함양

도덕교육에서 인지와 정서의 역할에 대한 명확한 구분은 쉽지 않다. 이성과 정서가 서로 보완하여 도덕적 실천 동기화에 기여하기

---

71) 『論語』〈子路〉 제3장 : "事不成, 則禮樂不興, 禮樂不興, 則刑罰不中, 刑罰不中, 則民無所措手足."

때문이다. 정서는 실천 상황에서 정서 상황을 판단하여 동기화하는 역할을 함으로써 실천 이성을 상호 보완한다는 데서 중요한 의미를 지닌다.72) 신경생물학자인 다마지오(Antonio Damasio)는 정서가 도덕적 의사결정에 중요하고도 긍정적 역할을 수행한다고 보며, 마멜리(Matteo Mameli)는 정서가 실천적 합리성에 훨씬 더 중요하다고 주장한다. 이 둘은 정서의 긍정적인 역할을 강조하면서도 신념, 성향, 동기화와 관련하여 정서의 구체적인 역할에 대해서는 다른 관점을 지닌다.73) 이성과 정서가 어떤 관계로 영향을 주는지는 동양사상의 정서 연구와 더불어 앞으로 구체적 논의가 필요하다. 공자에게서 앎은 단순한 지식이 아니라 도덕적 앎이며, 도덕적 앎과 도덕적 정서[仁]가 연계되어 군자[성인]가 되는 것이다. 도덕적 실천은 도덕적 정서[仁]에 의해 앎이 실천으로 연계되는 것으로, 따라서 이성과 감정은 복합적이고, 그것은 광의의 인 개념으로 대별된다. 정서교육에서 앎은 도덕적 정서를 파악하고 그것을 평가하는 의미를 지니며, 나아가 도덕적 감수성으로 타인에 대한 공감으로 연결된다는 점을 염두에 두어야 할 것이다.

첫째, 도덕적 앎과 도덕적 정서의 조화를 추구해야 한다. 피터스(Peters)는 정서의 감정과 인지 영역은 구분되지 않는다고 보아 "정서교육은 인지적 핵심에 대한 합리적 평가에 의해 마음의 변화를 유도하는 것"이고, 정서는 상황적이기 때문에 정서 상황에 대한 정

---

72) Bennett W. Helm, "Emotions and Practical Reason : Rethinking Evaluation and Motivation", *Noûs* 35(2), 2001, p.197.
73) 고대만(2007), 「도덕교육에서 이성과 정서」, 『초등도덕교육』 제24집, 한국초등도덕교육학회, pp.52-53 참고.

확한 분석, 정서 야기 요소의 파악, 그 요소에 대한 평가에 따라 합리적 정서를 계발하도록 해야 한다고 주장한다. 즉, 비합리적 정서를 합리적 사고에 의해 변화시켜야 한다는 것이다.[74] 공자가 도덕적 정서인 인에 더하여 배움을 강조한 것도 이러한 도덕적 앎을 바탕으로 바람직한 정서를 추구하고자 한 것이다.

둘째, 도덕적 앎을 넘어 도덕적 감수성의 향상을 가능케 하는 풍부한 감성 교육이 필요하다. 공자가 예악을 중시하고 『시경』을 강조한 것은 당시 문화와 문학이 정서에 중요하다는 것을 인식하였기 때문이다. 아름다운 예술과 문학작품은 인간의 감성과 정서를 순수하고 풍부하게 해준다. 현대사회의 경쟁과 갈등 구조는 스트레스를 가중시켜 많은 사람들이 정서 불안, 심리적 불안정으로 고통받고 있다. 심리치료에 미술과 음악, 향기가 활용되는 것은 인간의 감정·정서 상태가 표현물에 드러나며, 음악 혹은 미술 행위로 그 치료가 가능하다고 보기 때문이다. 도덕적 감성은 도덕적 감수성, 열정성, 민감성, 상상력 등과 관계된다. 청소년들에게 아름다운 문화예술을 접하게 함으로써 도덕적 정서를 일깨워야 할 것이다.

3. 중용의 체득과 정서 모델링의 설정

현대의 윤리적 문제는 자본주의 특성에 기인하며, 그 생산과 소비 형태와 관련이 있다. 의식주를 비롯한 인간의 소비가 생존에 필요한 적정선을 넘어 과도해지면서 현대 문명은 위기에 처하였다. 인

---

74) 정호표(1995), 「인지로서의 정서와 정서교육의 방향」, 『교육철학』 제13집, 한국교육철학회, pp.275-276.

류를 위협하는 제반 문제들은 이제 윤리적 가치판단을 수반한다. 이러한 문제가 인간의 욕구 조절의 실패에 기인한다고 볼 때, 중용은 우선적으로 필요한 윤리적 가치이다. 교육적 문제와 청소년 문제들도 욕구 조절의 실패에 원인이 있다. 청소년 비만 문제는 식욕의 절제와 절도를 가르치지 못한 결과이며, 폭력과 욕설로 인한 인성 파괴는 감정 조절과 절제를 가르치지 못한 결과이다. 생각과 감정을 배설하듯이 내뱉어버리는 욕설과 언어폭력 문제도 타인 배려와 감정 절제의 부족 때문이다. 중용은 기본적 욕구 뿐만 아니라 정서와 관련하여 생활 전반에 걸쳐 필요한 도덕적 가치이다. 비만은 식욕 조절의 문제이자 '어떻게 먹을 것인가'라는 가치문제로 귀결되는데, 음식윤리는 건강과 환경 등 '어떻게 소비하여야 하는가'와 관련된다. 생존을 위한 식욕은 필수적이고, 먹는 것은 삶의 질과 관련되기도 하지만, 오늘날 먹는 것에 대한 절제 교육과 무엇을 어떻게 먹어야 하는가라는 윤리교육이 병행되어야 한다.

  정서 표현은 언어로 이루어진다는 점에서 정서 언어의 교육과 습득은 정서교육의 바탕이다. 청소년들에게 감정 표현에서 정서 언어의 사용 능력, 감정을 '잘 표현'하는 방법을 가르치는 것이 중요하다. 청소년들의 욕설과 감정 표현은 매스컴의 영향이 절대적이고, 이는 사회전반의 문화 수준과 연계된다. 오늘날 매스컴의 감정 배설적 표현은 청소년들에게 악영향을 주는 비교육적 환경임에도 불구하고 표현의 자유라는 이름으로 '예능'의 하나로 자리매김하고 있으며, 누가 잘 배설하는가가 인기의 척도가 될 정도이다. 이러한 현상은 정서적 언어 표현의 부족에서 온 것으로, 개인의 감정과 느낌을 어떻게 조화롭고 절도있게 표현하고 수용할 것인지의 문제로, 정서

교육은 감정과 욕구의 조절·절제, 중용과 연계된다. 감정을 잘 표현한다는 것은, 다른 사람의 입장을 배려하여 적절한 표현을 통해 '제대로' 표현하는 것이다. 개정 교육과정 초등학교 6학년 도덕에는 '감정'에 대한 내용이 포함되어 있어 감정 조절과 표현에 대한 교육 효과가 기대된다.

"군자의 덕은 바람이요, 소인의 덕은 풀이다. 풀에 바람이 가해지면 풀은 반드시 쓰러진다."[75)라는 구절은 민주사회에 적합하지 않다는 지적도 있지만, 지도자의 도덕적 정서가 국민들에게 영향을 미친다는 점에서 의미 있다. 예를 들면, 오늘날 기부문화의 보급에 정치인·연예인들이 솔선수범함으로써 보통사람들에게 그러한 동기를 유발한다는 점에서, 리더십 교육에 도덕적 정서와 관련된 다양한 프로그램이 포함되어야 할 것이다. 아이들의 모방과 자기화는 긍정적인 것보다 부정적인 데 더 민감하다. 이런 점에서 부모, 교사, 사회의 지도자 혹은 리더, 멘토로서 어른들이 모델링으로서의 제 역할을 하고 있는지 반성해야 한다. 전통적인 태교법에 임산부가 음식, 자리, 보는 것, 듣는 것을 가리는 것은 태아에게 미치는 정서적 영향을 알고 있기 때문이다. 유아, 아동, 청소년들에게 정서적 모델은 삶의 방향을 제시할 수도 있고, 인생의 목표를 정하는 데 결정적 역할을 할 수도 있다. 더불어 인격적 권위가 존중되는 가정, 교실, 학교, 사회가 되어야 한다. 인격적 모델링은 그 역할보다 그 역할을 가치 있게 해주는 사회분위기가 중요하며, 따라서 교사와 학생, 부모와 자녀, 사회에서 어른과 아이의 인격적 위계가 필요하다. 올바

---

75) 『論語』〈顔淵〉 제19장 : "君子之德, 風, 小人之德, 草. 草上之風, 必偃."

른 권위에 의한 지도는 교육에 필수적이며, 정서교육에 있어서 정서적 모델링의 역할은 모방에 의한 교육적 효과를 준다는 점에서 중요하다.

V. 맺음말 : 정서교육을 위한 제언

동양에서는 감정과 정서를 구별하여 논의하거나 그것을 분석대상으로 삼아 논의되지 않았다. 인간을 구성하는 한 요소로서 인간 이해의 선상에서 파악하고자 하였다. 불교나 도가에서는 인간의 감정·정서를 부정적 혹은 소극적으로 바라보는 측면이 있다. 이에 비해, 공자는 자연스러운 정서를 수용하면서 그것을 도덕적으로 승화시켜야 한다고 보았다. 최근 서양의 정서 연구는 정서의 개념에서부터 정서 현상을 과학적으로 분석하고자 한다.[76] 이러한 연구는 이성에 비해 주관적이고 인격의 부분적 의미를 지닌다는 정서의 특성을 염두에 두면서도 객관성과 보편성을 획득하기 위하여 노력한다. 정서교육도 이러한 객관성 추구의 한계-예를 들면, 이성적 판단이 필요한 도덕적 책임 혹은 공정성 등에서 정서와 양립하기 어렵다-에도 불구하고 정서가 도덕성에서 매우 중요하다는 것을 인정하고 있다.[77] 현재 우리 도덕과의 정서교육도 서양의 정서이론을 바탕으로 목표·내용·방법을 찾는 경향이 강하다. 이는 동양의

---

76) 노승영 옮김(2009), 제롬 케이건(Jerome Kagan), 『정서란 무엇인가』(*What is Emotion?*, Yale University Press, 2007), 아카넷.
77) Aaron Ben-Ze'ev(1997), "Emotions and Morality", *Journal of Value Inquiry* 31(2), p.195.

정서에 대한 관점이 수양론적 입장에서 부정적 혹은 소극적이라는 것과 무관하지 않고, 불교와 도가의 영향을 받은 성리학적 수양론에 의해 바람직하지 않은 욕구·감정·정서에 대한 절제를 강조했던 유교 문화의 영향도 크다. 오늘날 정서교육은 현대사회의 특성과 관련하여 강조·요구되고 있다.

현대사회는 문화의 가시적 영역, 즉 인간의 본능적·감각적·물질적 욕구와 그 만족에 의해 운영되고 있다. 현대사회에서 가치판단의 기준이 되는 감정·욕구·정서는 도덕적이기보다는 무도덕적이다. 즉, 자본주의 문화에서 인간의 감정과 정서는 자본의 논리에 의해 평가되고 판단됨으로써 무도덕을 넘어 비도덕에 이르고 있다. 현대사회에 정서교육의 필요성은 이러한 무도덕적 혹은 비도덕적 감정·정서를 도덕적 감정·정서와 만나게 하는 데 있다. 자본의 논리와 도덕적 가치의 만남이 쉽지 않고 심지어 갈등 관계로 파악되는 상황이지만, 그렇기 때문에 오히려 정서교육의 필요성이 대두되는 것이다.

오늘날 정서교육은 두 가지에 초점을 맞추어야 한다. 하나는 무도덕적 정서를 도덕적 정서와 연계시키는 것이며, 다른 하나는 부정적 혹은 비도덕적 정서를 어떻게 긍정적 혹은 도덕적 정서로 변화시킬 것인가의 문제이다. 전자는 인간의 본능적·감각적 영역의 감정과 정서를 도덕적 영역으로 이끌어 이해하도록 하는 것이며, 후자는 도덕적 감수성 혹은 공감능력을 기르는 것과 관련된다. 던롭(Dunlop)은 인간의 정서적 불완전성, 특히 무관심, 자기중심, 비본래적인 감정 등이 개인과 사회를 메마르게 하고 비인간화시키며, 정서교육은 바로 이러한 인간의 불완전성을 어느 정도 보완하는 데 기여할 수 있다고 보았다.78) 이런 측면에서 도덕과에서 정서교육을 담당할 때 앞으로 유념하여야 할 점들은 다음과 같은 네 가지이다.

첫째, 정서의 주관적 성격을 염두에 둘 때, 정서의 객관성과 판단 기준 확보가 선행되어야 한다. 이를 위해서는 인지과학과 인지적 합리성의 도움이 필요하다. 둘째, 정서발달 단계를 구체화하는 작업이 필요하다. 정서의 특성은 인지 발달 단계에 따라 유아, 아동, 청소년, 성인들이 차이가 있으므로, 정서교육도 그러한 발달단계를 구체화하고 그에 따라 적합하게 이루어져야 한다. 셋째, 도덕적 정서 언어 개발과 정밀화 작업이 필요하다. 정서는 언어에 의해 표현된다. 언어 표현 문제가 심각한 오늘날에 있어서 표현 언어의 개발과 활용은 매우 중요하다. 따라서 국어과와의 연계가 필요하다. 넷째, 문화예술을 통한 통합적 정서교육을 위해 예술 교과와의 연계도 필요하다. 인접 학문의 성과와 다양한 교과와의 연계를 종합하고, 동양사상의 정서에 대한 관점을 파악, 그 교육적 시사점을 적극 수용하여, '도덕적 정서' 함양의 목표·내용·방법을 제시하는 것이 도덕교육이 담당해야 할 우선 과제라 하겠다.

---

78) 신득렬(1990), 「정서교육」, 『교육철학』 제8집, 한국교육철학회, p.38.

제4장

남명 조식의 선비정신과 도덕교육

I. 머리말

　유교에서 강조하는 덕목들은 다양하다. 인(仁)·의(義)·예(禮)·지(智)·신(信)을 비롯하여, 성(誠)과 경(敬), 중용(中庸), 효·제·자(孝悌慈) 등 그것의 실천을 통해 유교의 이상(理想)을 실현하고자 한다. 각 덕목들은 본래적 의미[體]가 있고, 현실적 적용[用] 과정을 거쳐 새롭게 해석되기도 한다. 그중 의(義)는 전통적으로 소인들의 이(利)에 대비되어 군자에게 깨달음[喩]을 주는 선비정신의 핵심이었다. 유교의 의(義)는 수오지심(羞惡之心), 즉 옳지 못한 것을 행했을 때 부끄러움을 아는 마음에서 나오는 것으로, 일종의 양심(良心)의 소리이다. 그것을 지키기 쉽지 않은 것은, 영욕(榮辱)의 이(利)에 얽매이지 않고 의(義)를 얻기 위해서는 목숨을 걸어야 될 때가 있기 때문이다. 군자 혹은 선비가 중인(衆人)에 비해 존경받는 이유가 여기에 있다.
　맹자는 의(義)의 단서(端緖)로 수오지심을 제시하고 그 중요성을 강조하였는데, 여기에 주자(朱子)는, "이 장(章)은 수오지심(羞惡之

心)이 사람에게 고유한 것이지만, 혹은 절박한 즈음에 사생(死生)을 결단하면서도 연안(宴安)의 때에 풍약(豊約)을 따짐을 면치 못한다. 이 때문에 군자는 경각(頃刻)이라도 이에 대해 성찰하지 않으면 안 됨을 말씀한 것이다."[1]라고 주석하였다. 사람이라면 누구에게나 수오지심이 있지만 절박한 상황에서는 의(義)를 실천할 수 있으면서 편안하고 즐거울 때 오히려 쉽지 않을 수 있음을 경계한 것이다. 그렇기 때문에 군자·선비들은 끊임없는 성찰과 수양으로 의(義)를 자각하고 실천하려 노력해야 한다는 것이다.

맹자는 "인(仁)은 사람의 마음이요, 의(義)는 사람의 길"이라고 하였다.[2] 인간의 따뜻한 마음을 총체적으로 표현한 것이 인이라면, 의는 사람이 사람답게 살기 위해 마땅히 걸어가야 할 길이라는 의미이다. 주자는 "의(義)는 행사(行事)의 마땅함인데, 이것을 사람의 길이라고 하셨으니, 그렇다면 출입하고 왕래할 때 반드시 행해야 할 길이 되어서 잠시라도 버려서는 안 됨을 볼 수 있다."라고 하였다.[3] 의(義)의 실천이 어려운 이유는, 좋은 상황일 때도 지키기 쉽지 않지만 어려운 상황에서는 더욱 쉽지 않고, 심지어 생사(生死)의 갈림에 놓일 수도 있는 고통스런 고민과 무거운 결단이 요구되기 때문이다.

의(義)의 마땅함은 도학(道學)이 추구하는 정신과 통한다. 원래 도학은 "중국의 북송(北宋) 중엽에서 발생하여 남송(南宋) 시대에 정립되었던 유교이념의 새로운 체계"[4]이다. 그것은 확고한 이념적 체계

---

1) 『孟子』〈告子(上)〉朱子注:"此章, 言羞惡之心, 人所固有, 或能決死生於危迫之際, 而不免計豊約於宴安之時. 是以, 君子不可頃刻而不省察於斯焉."
2) 『孟子』〈告子(上)〉:"孟子曰, 仁, 人心也, 義, 人路也."
3) 『孟子』〈告子(上)〉朱子注:"義者, 行事之宜, 謂之人路, 則可以見其爲出入往來必由之道, 而不可須臾舍矣."

와 강한 신념을 통해 송대 이후와 조선사회에서 사회이념의 주도적 역할을 담당하였다.5) 포은(圃隱) 정몽주(鄭夢周, 1337~1392) 이후 조선 성리학, 즉 도학의 도추(道樞)는 의(義)라고 볼 수 있다. 조선시대 도학적 의리(義理)와 절의(節義)를 존중하는 선비정신의 실현은 엄격한 출처의 의리를 지키는 것이 핵심이었다.6) 그것은 유자(儒者)로서 어떻게 의를 실천하며 사는가가 문제였다.

속도의 경쟁과 이(利)의 창출을 강조하는 현대사회에서 선비정신은 고리타분한 이상(理想)으로 비춰질 수 있다. 그러나 '선비정신(Seonbi Spirit)'은 교육적 측면뿐만 아니라 국가의 상징 이미지로서 한국의 정체성을 드러내준다는 점에서 그 의미를 찾을 수 있다.

> 선비 전통은 현대 국제사회에 딱 들어맞는 모범적인 인물상을 제공할 수 있다. 개인적 또는 국가적 차원에서 적절한 도덕적 행동에 대한 모델을 제공할 수 있다. 지식인들이 소소한 개별 영역에서 조용한 전문가로 살아가는, 그리고 사회 전체에 대한 책임감을 잃고 살아가는 시대에서 선비정신은 절박하게 필요하다. 교육이라고 하는 것이 우리가 살고 있는 세상과는 별도로 존재하는 수단이 돼버린 세상에서 선비정신은 한국의 교육을 재발견할 수 있는 개념이기도 하고, 외국으로 수출할 수 있는 상품도 될 수 있다. 예를 들어 선비정신의 특성 가운데 지행합일(知行合一) 정신은 한국의 교육 특징을 재발견할 수 있고 교육 체계를 재구성하는 것도 가능하게 해줄 것이다.7)

---

4) 유교대사전편찬위원회 편(1990), 『유교대사전』, 박영사, p.356.
5) 위의 책, p.359.
6) 위의 책, p.358.
7) 이만열(2012), "'선비'를 한국의 상징으로 키우자", 『한국경제』, 2012년 4월 21

위 인용문은 미국 출신 학자의 글이다. 한국의 선비 전통은 현대 국제사회에 맞는 모범적인 인물상과 개인적·국가적 차원에서 적절한 도덕적 행동 모델을 제공할 수 있으며, 특히 사회 전체에 대한 책임감과 교육적 재발견의 측면에서 선비정신은 절박하게 필요하다는 것이다. 또 "만약 선비정신이 지금 우리가 사는 시대의 요구에 맞게 수정될 수 있다면 일본의 사무라이와 같은 방식으로 국제사회로 확산될 수 있다."[8]고 말한다. 즉, '선비정신'이야말로 한국의 문화와 정신을 대표하는 정체성이 될 수 있다는 주장이다. 그리고 그는 한 인터뷰에서 "세계 모든 문화를 품으면서 한국의 전통을 발전시키되 민족이란 좁은 개념에서 벗어나야 한다."[9]고 당부하고 있다.

맹자 이후 조선시대의 선비들, 심지어 서양 출신의 학자에게도 의미를 지니는 선비정신의 핵심은 다름 아닌 의(義)이며, 이것은 실

일 A31면.
8) 위의 신문, 같은 곳.
9) 경희대 후마니타스 칼리지(교양전문대학)에서 한국 고전문학을 가르치는 이만열(48) 교수. 1964년 미국 테네시주 내슈빌에서 태어난 미국인이다. 본명은 이매뉴얼 페스트레이시(Emanuel Pastreich). '만열'이라는 이름은 한국인 장인이 원래 이름과 비슷한 발음을 골라 지어준 것. 지금은 다산 정약용의 소설을 번역하고 한국인 아내와 두 자녀까지 두고 있지만 한국과의 인연이 처음부터 각별했던 건 아니었다. 이 교수는 오히려 "불편했다"고 회고했다. 그러나 불편함은 어느새 친숙함으로 바뀌었고, 이제는 조선 실학의 선구자인 정약용과 연암 박지원을 한국 학생들에게 가르치고 선비정신을 회복해야 한다고 주장할 정도로 변했다. 스스로 '미국인이자 한국인'이라고 말하는 그는 "한국이 선비정신을 살리고, '한'이란 이름에 걸맞게 '큰 나라'가 돼야 한다"고 주장한다. 그가 말하는 큰 나라는 영토와 인구가 아니라 세계의 정신문화를 이끌어가는 큰 나라다. 이 교수는 "세계 모든 문화를 품으면서 한국의 전통을 발전시키되 민족이란 좁은 개념에서 벗어나야 한다"고 당부했다. : http://www.segye.com/Articles/NEWS/CULTURE/Article.a.sp?aid=20120318020978&subctg1=&subctg2=(검색일 : 2012.04.29).

천으로 구현될 때에 그 의미를 찾을 수 있다. 선비정신의 통시대적 가치와 의미를 찾기 위해서는, 그 본질에 대한 정확한 이해에 기초하여 한국의 특수한 정신문화로 정착시키고, 나아가 세계인들이 인정하고 감탄할 수 있는 정신세계와 실천태도를 제시하여 보편적 세계정신으로 승화되도록 자리매김할 필요가 있다.

남명(南冥) 조식(曺植, 1501~1572)은 그의 사상을 관통하는 의(義)의 정신과 그에 근거한 실천적 삶의 전형을 보여주었기 때문에 조선시대 선비정신의 대명사로 꼽힌다. 그는 퇴계(退溪) 이황(李滉, 1501~1570), 율곡(栗谷) 이이(李珥, 1536~1584)와 함께 "시대에 대처하여 선비로서 학문과 의리를 밝힌 '도학(道學) 선비'의 전형"10)으로 평가받는다. 퇴계는 '수양(修養)' 중심, 율곡은 '행도(行道)' 중심, 남명은 '의리(義理)' 중심의 선비의 길을 갔다.11) 그들의 사상과 실천은 이러한 차이점에도 불구하고 도학 선비로서의 공통점이 존재하고, 공통된 이념 속에서도 각자의 특성과 차이점이 존재한다.12) 따라서

---

10) 금장태(2000), 「퇴계·남명·율곡과 선비의식의 세 유형」, 『퇴계학보』 제105집, 퇴계학연구원, p.9. : 금장태 교수는 이 셋이 서로 배타적인 가치가 아니라 서로 침투 결합하여 상호 연관성 속에서 대표적 도학자들의 각각에 의해 어느 요소가 강조되면서 특징으로 드러난다고 보았다(p.33).

11) 위의 책, pp.10-11.

12) 남명과 퇴계, 율곡은 평생 한 번도 만나본 적은 없었다. 남명과 퇴계는 같은 세대이며 멀지 않은 지역에 거주하면서 두세 차례 서신 왕복은 있었지만, 평생 서로 만나지는 못하였다. 남명은 퇴계에게 쓴 편지에서, "평생 마음으로만 사귀면서 지금까지 한 번도 만나질 못했습니다. …… 인간의 세상사에 좋지 않은 일도 많지만, 어느 것 하나 마음에 걸릴 것이 없는데, 유독 이 점이 제일 한스러운 일입니다."[百年神交, 直今違面. …… 人間無限不好事, 不足介懷, 獨此第一舍恨事也.]라고 아쉬움을 전하였다. : 『南冥集』卷之四〈補遺, 與退溪書〉(《韓國文集叢刊》 제31집 553쪽). 이하 번역은 『남명집』(경상대학교 남명학연구소 역, 한길사, 2001)을 기본으로 하였음.

이들을 비교하여 상대적으로 평가하는 것은 무의미하다.
  남명은 이론보다 실천을 강조하였고, 학문성격상 저술을 많이 남기지 않았다.[13] 그러한 점을 감안하더라도 남명이 역사적 조명과 평가를 제대로 받지 못한 이유는 무엇일까? 김충렬 교수는 네 가지로 분석한다. 첫째, 남명에 대한 당시의 역사적 저평가가 후대 역사에 영향을 미쳤고, 둘째, 정인홍이 폐모살제(廢母殺弟)라는 강상의 죄를 뒤집어쓰고 참형당하는 바람에 남명 문인들이 폄하당하여 벼슬길과 학문활동이 위축되었으며,[14] 셋째, 임란 때 남명 문하의 의병활동으로 인해 남명이 의병의 아버지라는 존숭을 받은 것이, 이후 일제강점기 역사와 학술이 총독부에 의해 이루어지면서 남명정신에 대한 경계심으로 이어졌고, 넷째, 남명학파 사람들이 남명의 저술을 고침으로써 그의 본래사상을 제대로 파악해내기 어렵게 되었다는 것이다.[15] 이와 같은 사상사적·정치사적 맥락 속에서 남명은 역

---

13) "남명의 저술은 크게 시문집(詩文集)과 『학기유편(學記類編)』으로 나누어 볼 수 있다. 시문집은 남명이 지은 시(詩)와 문(文)을 모아 편찬한 것이고, 『학기유편』은 남명이 독서 과정에서 학문에 절실한 문구들을 기록한 것을 정인홍이 유별(類別)로 모아 편찬한 일종의 독서기(讀書記)이다. 시문집은 후대로 내려올수록 심하게 변개(變改)되어 본래의 모습을 잃은 경우가 상당 부분 있는데, 이는 정인홍 관계 문자의 삭제와 정통 성리학에서 벗어난 내용이거나 선생의 학덕에 해가 될 만한 문자를 고치는 차원에서 진행되었는데, 결과적으로 선생의 참모습을 변질시키고 말았다." : 경상대학교 남명학연구소 역(2001), 『남명집』, 한길사, p.43.
14) 남명의 고제(高弟)인 내암(來庵) 정인홍(鄭仁弘, 1535~1623)이 대북(大北)인데 몰락함으로써 남은 대북세력은 초야로 숨어버리거나 남인 혹은 노론으로 정치적 이적(移籍)을 하면서 쇠멸해가고, 이에 따라 남명학파는 학파로서의 기능이 거의 상실된다. : 정우락(2008), 『남명과 퇴계 사이』, 경인문화사, p.215.
15) 김충렬(2006), 『남명 조식의 학문과 선비정신 : 다시 울린 千石鐘』, 예문서원, pp.26-28.

사적 조명과 평가를 제대로 받지 못한 것이다. 남명(南冥)이 역사에서 살아나는 과정을 보면,16) 한 인물에 대한 공정한 포폄(褒貶)이 얼마나 어려운지 알 수 있다.

1980년대 이후, 남명과 남명학파에 대한 활발한 연구는 한국의 정체성으로 선비정신의 본질을 파악하는 데 있어 의미가 있다. 남명이 남긴 저술이 많지 않음에도 불구하고 관련 연구는 거시적 안목에서 상당한 성과를 이루었고, 저술도 다양한 주제와 관점에서 이루어졌다.17) 앞으로의 과제는 지금까지의 연구 성과를 미시적 분석으로 뒷받침하면서 어떻게 사회나 교육에 적용, 즉 보편화시킬 것인가에 있다. 이에 본고에서는 인간이 어떻게 살아야 하는지를 몸소 실천한 남명의 사상을, '선비정신'에 초점을 두고 의(義)를 중심으로 분석·정리하고, 향후 도덕교육과정 구성과 교과서 집필시 어떤 내용들을 포함시킬지 방향성을 도덕교육 관점에서 제시해 보고자 한다.

Ⅱ. 의(義)의 본질은 무엇인가?

남명사상은 한마디로 경의(敬義)사상이다. 남명은 "안으로 마음을 밝히는 것은 경(敬)이요, 밖으로 행동을 결단하는 것은 의(義)이다."18)라는 〈패검명(佩劍銘)〉을 짓고 실천을 위해 노력하였다. 경

---

16) 위의 책, pp.11-52.
17) "참고문헌"을 참고할 것. 최근 경상대학교 남명학연구소에서는 일반인들을 대상으로 한 남명학교양총서 시리즈물(경인문화사 간행)을 내고 있다.
18) 『南冥集』卷之一 〈銘, 佩釼銘〉(《韓國文集叢刊》 제31집 480쪽) : "內明者敬, 外斷者義."

(敬)은 유교의 수양방법으로서 조선 유학자들이 중시한 실천 덕목이다. 퇴계는 경(敬)의 철학이라고 할 정도로 경(敬)을 강조하였고, 경(敬)을 강조하지 않은 유학자가 없을 정도로 경을 모든 이에게 마음수양에서 기본이 되는 개념이자 방법이다. 따라서 경(敬)은 남명에 있어서만 특별한 수양 덕목이기보다 선비들의 보편적인 수양 덕목이었다. 남명이 다른 선비들과 차별화되는 실천학의 핵심은 '의(義)'이다. 그가 선비정신의 대명사로 일컬어지는 것은 바로 의(義)의 정신과 실천 때문이다.

의(義)의 개념을 간략히 살펴보면, "유교의 도덕 범주 가운데 하나로, 국가나 집단의 구성원으로서의 인간이 공통 규범에 합치하는 행동을 스스로 취하는 것을 말하며, 간단하게는 행동의 올바름이라고 할 수 있다."[19] 시대와 상황에 따라 일정한 것은 아니지만, 세부적으로 의(義)는 첫째, 적의(適宜)를 의미하고, 둘째, 유가(儒家)의 도(道)와 이(理)에 합치되는 것으로 이때는 이(利)와 상대되어 언급되며, 셋째, 도덕규범으로 인(仁)과 연용되어 종형(從兄)·경장(敬長)·존현(尊賢)의 의미를 지닌다.[20] 이 세 가지 의미는 이렇게 편의상 구분되긴 하지만 서로 다른 것이 아니라 유기적으로 보완되면서 유교의 의(義) 개념을 분명하게 드러내준다. 이를 살펴보자.

첫째, 적의(適宜)란 '마땅함'이란 뜻이다. 『중용』에서 "인(仁)은 사람의 몸이니, 어버이를 친히함이 중요하고, 의(義)란 마땅함이니, 어진 이를 존경하는 것이 중요하고, 친척을 친히함의 강등(降等)과 어진이를 높임의 등급이 예(禮)가 생겨난 이유입니다."[21]라고 하였

---

19) 유교대사전편찬위원회 편(1990), 앞의 책, p.1160.
20) 위의 책, p.1160.

다. 여기서는 의(義)만 다루지 않고 인(仁)과 예(禮)와 관련시켜 설명하고 있으며, 인간관계에서 가장 핵심적이고 중요한 것이 인과 의라고 보았다. 주자는 "의(宜)는 사리를 분별하여 각기 마땅한 바가 있게 하는 것이니, 예는 이 두 가지를 절문(節文)할 뿐이다."22)라고 하였다. 여기서 의(義)=의(宜)이며 이것은 일의 이치를 분별하여 그것이 각각의 본질에 맞게 마땅하게 대우하는 것이며, 그것을 형식으로 드러낸 것이 예가 된다는 의미이다. 인간이 인간으로서 마땅히 지켜야 할 덕목임을 강조한 것이다.

둘째, 도(道)와 이(理), 즉 '도리(道理)'에 합치되는 것으로서의 의미이다. 『논어』에 "군자는 의(義)에 깨닫고 소인은 이(利)에 깨닫는다."23)에서 보듯이 이(利)와 대비된다. 의(義)는 천리(天理)의 마땅함이요, 이(利)는 인정(人情)이 하고자 하는 바다.24) 천도(天道)에 부합하기 위해서 의를 실천해야 한다. 정자(程子)는 "군자(君子)가 의에 있어서는 소인이 이익(利益)에 있어서와 같으니, 오직 깊이 깨닫기 때문에 독실하게 좋아하는 것이다."25)라고 이 둘을 비교하였다. 양시(楊時)는 "군자는 생명을 버리고 의를 취하는 자가 있으니, 이익을 가지고 말한다면 사람의 하고자 함이 삶보다 더 심한 것이 없고, 싫어함이 죽음보다 심한 것이 없으니, 누가 기꺼이 생명을 버리고 의

---

21) 『中庸』제20장 : "仁者人也, 親親爲大, 義者宜也, 尊賢爲大, 親親之殺, 尊賢之等, 禮所生也."
22) 『中庸』제20장 朱子注 : "宜者, 分別事理, 各有所宜也. 禮則節文斯二者而已."
23) 『論語』〈里人〉: "子曰, 君子, 喩於義, 小人, 喩於利."
24) 『論語』〈里人〉朱子注 : "義者, 天理之所宜, 利者, 人情之所欲."
25) 『論語』〈里人〉朱子注 : "程子曰, 君子之於義, 猶小人之於利也. 唯其深喩, 是以篤好."

를 취하겠는가? 그 깨닫고 있는 것이 의(義)일 뿐이요, 이(利)가 이익이 됨을 알지 못하기 때문이다. 소인은 이와 반대이다."26)라고 하였다. 생명을 버리면서도 의를 취하는 것은, 소인은 당장의 이익에 집착하지만, 군자는 의의 가치와 소중함을 깨닫고 있기 때문이다. 의가 장기적인 안목에서 보면 인간에게 더 큰 이로움을 준다는 '윤리적 이기주의' 관점과 상통하는 대목이다.

셋째, 인(仁)과 더불어 사용되는 의는 '올바름'의 의미로 『맹자』에 나온다. 공자사상의 핵심인 인에 맹자는 의를 더하여 강조하였다. "인의 실제는 어버이를 섬기는 것이요, 의의 실제는 형에게 순종하는 것이다."27)라고 하였다. 주자는 이 두 가지를 알고 버리지 않음은 보기를 분명히 하고 지키기를 굳게 하는 것이라고 하였는데,28) 이것은 인의(仁義)는 올바름의 기본이고, 그것을 지키는 것이 중요하다는 것을 말한 것이다. 모든 인간이 지니고 있는 수오지심(羞惡之心)은 의(義)의 단서[端]이기도 하다.

선비정신에서의 의(義)는 이 세 가지를 종합해야 그 본질에 접근할 수 있다. 즉, 수오지심은 양심(良心)과 관련되는 '마땅함'·'올바름'이며, 당장의 이(利)보다 궁극적 이로움을 추구하는 '도리(道理)'로서의 의인 것이다. 양혜왕이 "장차 내 나라를 이롭게 함이 있겠습니까?"라고 묻자, 맹자는 "왕께서는 하필 이(利)를 말씀하십니까?

---

26) 『論語』〈里人〉朱子注 : "楊氏曰, 君子有舍生而取義者, 以利言之, 則人之所欲無甚於生, 所惡無甚於死, 孰肯舍生而取義哉. 其所喻者義而已, 不知利之爲利故也. 小人反是."
27) 『孟子』〈離婁(上)〉: "孟子曰, 仁之實, 事親是也, 義之實, 從兄是也."
28) 『孟子』〈離婁(上)〉朱子注 : "斯二者, 指事親從兄而言, 知而弗去, 則見之明而守之固矣."

또한 인의(仁義)가 있을 뿐입니다."29)라고 답하였다. 그가 주유천하 (周遊天下)하며 인의의 왕도정치를 주장한 것은 그것이 유교 이상사회의 관건이라고 보았기 때문이다. 이를 위해 왕도정치의 근거로 성선의 논리를 제시하고, 궁극적으로 바른 정치의 추뉴(樞紐)로 삼고자 한 것이다.

『논어』와 『순자』의 수편(首篇)은 〈학이(學而)〉와 〈권학(勸學)〉이다. 인간됨을 위한 배움, 즉 학문에 초점이 있다. 『맹자』의 수편(首篇)인 〈양혜왕(梁惠王)〉은 이(利)와 인의(仁義)의 대립 논리로 문두가 시작된다.30) 이 차이는 맹자가 혼란한 전국시대에 제후들의 이익 추구 논리에서 의를 화두로 삼고자 하였기 때문이다. 맹자 이후 의는 이(利)와 대비되어 이(利)로 인한 난(亂)에 대처하는 중요한 개념으로 자리한다. 주자는 〈양혜왕〉편 주석에, "아! 이(利)는 진실로 난(亂)의 시초이다. 부자께서 이를 드물게 말씀하시어 항상 그 난의 근원을 막으셨다. 그러므로 말씀하시기를 '이(利)에 따라 행동하면 원망이 많다.'하셨으니, 천자로부터 서인에 이르기까지 이(利)를 좋아하는 폐단이 어찌 다르겠는가?"31)라는 태사공(太史公)의 말을 인

---

29) 『孟子』〈梁惠王(上)〉: "孟子, 見梁惠王, 王曰, 叟, 不遠千里而來, 亦將有以利吾國乎. 孟子對曰, 王, 何必曰利. 亦有仁義而已矣. 王曰, 何以利吾國, 大夫曰, 何以利吾家, 士庶人曰, 何以利吾身, 上下交征利而國危矣. 萬乘之國, 弑其君者, 必千乘之家, 千乘之國, 弑其君者, 必百乘之家. 萬取千焉, 千取百焉, 不爲不多矣. 苟爲後義而先利, 不奪不饜. 未有仁而遺其親者也, 未有義而後其君者也. 王亦曰仁義而已矣, 何必曰利."
30) 그렇다고 맹자가 교육을 소홀히 한 것은 결코 아니다. 그는 사단(四端)의 확충을 위한 구방심(求放心), 호연지기(浩然之氣), 진심(盡心)과 지천(知天)의 방법 등 수양을 위한 학문과 공부의 방법을 제시하고 있다. : 『孟子』〈告子(上)〉 : "仁人心也, 義人路也. 舍其路而弗由, 放其心而不知求, 哀哉. 人有雞犬放, 則知求之, 有放心, 而不知求, 學問之道, 無他, 求其放心而已矣."

용하고 있다.

　맹자는 수오지심(羞惡之心)은 의(義)의 단서(端緖)이며, 이것은 인(仁)·예(禮)·지(智)와 마찬가지로 모든 사람들이 지니고 있지만 생각하지 못할 뿐이라고 보았다. '구하면 얻고, 버리면 잃는다.'고 하였으니 선악(善惡)의 거리가 서로 배(倍)가 되기도 하고 다섯 배가 되어 계산할 수 없는 것은 그 재질을 다하지 못했기 때문이라는 것이다.32) 맹자는 "삶[生]도 내가 원하는 바요, 의(義)도 내가 원하는 바이지만, 이 두 가지를 겸하여 얻을 수 없다면 삶을 버리고 의를 취하겠다. 삶도 내가 원하는 바이지만, 원하는 바가 삶보다 더 간절한 것이 있다. 그러므로 삶을 구차히 얻으려고 하지 않는 것이다."33) "이 때문에 살[生] 수 있는데도 쓰지 않음이 있으며, 이 때문에 화(禍)를 피할 수 있는데도 하지 않음이 있는 것"34)이니, 무엇 때문인가? 그것은 반드시 병이(秉彝)의 양심(良心)이 있기 때문에 능히 삶[生]을 버리고 의(義)를 취하는 것이다.35) 왜냐하면 "수오지심은 사람마다 다 가지고 있되, 다만 중인(衆人)들은 이욕(利慾)에 빠져서 이것을 잊고 오직 현자(賢者)만이 보존해서 잃지 않을 뿐인 것이다.36) 당장의 이익을

---

31) 『孟子』〈梁惠王(上)〉朱子注:"曰嗟乎. 利, 誠亂之始也. 夫子罕言利, 常防其源也. 故曰, 放於利而行, 多怨, 自天子以至於庶人, 好利之弊, 何以異哉."
32) 『孟子』〈告子(上)〉:"惻隱之心, 人皆有之, 羞惡之心, 人皆有之, 恭敬之心, 人皆有之, 是非之心, 人皆有之. 惻隱之心, 仁也, 羞惡之心, 義也, 恭敬之心, 禮也, 是非之心, 智也. 仁義禮智, 非由外鑠我也, 我固有之也, 弗思耳矣. 故曰, 求則得之, 舍則失之. 或相倍蓰而無算者, 不能盡其才者也."
33) 『孟子』〈告子(上)〉:"生亦我所欲也, 義亦我所欲也, 二者不可得兼, 舍生而取義者也. 生亦我所欲, 所欲有甚於生者. 故不爲苟得也."
34) 『孟子』〈告子(上)〉:"由是, 則生而有不用也, 由是, 則可以辟患而有不爲也."
35) 『孟子』〈告子(上)〉朱子注:"由其必有秉彝之良心, 是以其能舍生取義如此."
36) 『孟子』〈告子(上)〉朱子注:"羞惡之心, 人皆有之, 但衆人汨於利欲而忘之, 惟

좇지 않고 인간의 양심(良心)을 따르는 것이 쉽지 않지만, 그것을 지키는 것이 쉽지 않기에 의미 있고 가치 있는 것이다.

Ⅲ. 남명사상의 형성과 특징

1. 시대적 배경과 생애

한 인물의 사상과 삶을 파악하기 위해서는 그의 생애와 그가 살았던 시대적 배경을 알지 않으면 안 된다. 그의 삶과 사상은 그가 처한 개인적·사회적·시대적 환경에 대한 반응[대응]의 결과이기 때문이다. 칼 만하임(Karl Mannheim)의 이른바 '사회적 존재 구속성(Social Sein Gebundenheit)'을 벗어날 수는 없는 것이다. 어떤 삶도 역사의 흐름 속에서 혼자 갈 수 없다는 점에서 남명사상의 이해는 그의 타고난 기질,[37] 삶의 경험, 가계(家系)와 학문(學問) 성격은 물론 시대적 배경을 파악하지 않을 수 없고, 그럴 때에만 그의 정치적 입장과 결단, 처사로서의 선택을 이해할 수 있다.

역사를 '인류 사회의 발전과 관련된 의미 있는 과거 사실들에 대한 인식 또는 그 기록'이라고 할 때, 사실 인식과 관점 차이를 본다면 과연 사회적 존재 구속성을 떠나 객관적 기술이 가능한가 회의하

賢者能存之而不喪耳."
[37] 유호진(2005),「남명 시에 나타난 '上達'의 精神境界에 대하여」,『한국한문학연구』제36집, 한국한문학회, pp.202-203. : 유호진 교수는, 남명은 외재적 지식보다 내향적 체험을 중시하는 학문태도로 敬공부에서 未發時 涵養과 已發時 省察로 天理를 체인하는 主靜的 수양법을 핵심으로 한다고 보고 있다(pp.202-203).

지 않을 수 없다. 남명의 살았던 16세기는 사림·사화·붕당의 시대
이다.38) '사화의 시대'인 16세기에 사관(史官)은 나름대로 당(黨)이
나 학파의 이해(利害)를 벗어나 객관적 관점 확보를 위해 노력했을
거라는 점에서, 실록(實錄)의 기록은 문집 같은 개인의 기록들보다
신뢰도가 높다고 할 수 있겠다. 다음은 실록에 실려 있는 남명의 졸
기(卒記) 일부분이다.

> 중종조(中宗朝)에 천거로 헌릉참봉(獻陵參奉)에 제수되었으나 나
> 아가지 않았고, 명종조(明宗朝)에 이르러 유일(遺逸)로 천거되어 여
> 러 번 6품관에 올랐으나 모두 나아가지 않았다. 다시 상서원 판관으
> 로 불러들여 대전(大殿)에서 상(上)을 대하였는데, 상(上)이 치란의
> 도와 학문하는 방법을 물으니, 응대하기를 '군신간은 정의(情義)가
> 서로 믿게 된 연후에야 선치(善治)를 할 수 있고, 인주(人主)의 학문
> 은 반드시 자득(自得)을 해야 하는 것으로 남의 말만 들으면 무익합
> 니다.' 하고 드디어 고향으로 돌아갔다. 금상(今上)이 보위를 이음에
> 교서(敎書)로 불렀으나 노병(老病)으로 사양하였고, 계속하여 부르는
> 명이 내리자 상소를 올려 사양하면서 '구급(救急)'이라는 두 글자를
> 올려 자기의 몸을 대신할 것을 청하고 인하여 시폐(時弊) 열 가지를
> 낱낱이 열거하였다. 그 뒤 또 교지를 내려 불렀으나 사양하고 봉사(封
> 事)를 올렸으며, 다시 종친부 전첨(宗親府典籤)을 제수하였으나 끝내
> 나아가지 않았다. 신미년에 흉년이 크게 들어 상이 곡식을 하사하자
> 사례하고 상소를 올렸는데 언사가 매우 간절하였다.39)

---

38) 한영우(1999),『다시 찾는 우리역사』, 경세원, p.291.
39)『朝鮮王朝實錄』宣祖 6卷 〈5年(壬申) 2月 8日(乙未)〉: "在中廟朝, 以薦獻陵參
   奉不起. 至明廟朝, 又以遺逸, 屢遷六品官, 皆不就. 復以尙瑞院判官徵入, 引
   對前殿, 上問治亂之道, 爲學之方, 對曰, 君臣情義相孚, 然後可以爲治. 人主

이 부분은 남명의 관직과 출처(出處)의 기록이다. 남명을 총체적으로 알기 위해서는 처사(處士)의 길을 택하게 된 당시의 시대적 배경 이해가 선행되어야 한다. 16세기의 정치적·경제적·사상적 상황을 살펴보자.

먼저, 16세기에는 성리학 통치 이념의 조선왕조가 안정기에 들어서면서 부국강병의 현실주의 노선에서 기득권을 지키려는 훈신(勳臣)과 척신(戚臣)에 대항하여, 사림(士林)들은 이상적인 도덕정치와 개혁을 요구하던 시대였다. "사림의 등장은 국가발전을 중요시하는 창업(創業)의 시대에서 지방사회의 안정을 추구하는 수성(守成)의 시대로 넘어가는 역사적 전환기의 새로운 흐름"40)으로, 안정기에 접어들면서 정치적 변화를 수반하였다. 훈척과 사림의 갈등이 무오사화(戊午士禍), 갑자사화(甲子士禍), 기묘사화(己卯士禍), 을사사화(乙巳士禍)에 이르는 사화의 역사로 드러났으며, "기성관료와 신진관료의 이해와 충돌, 학파의 지연의 차이, 그리고 척신 정치에 대한 강·온의 태도 차이"41)가 붕당(朋黨)의 배경이 되었다. 남명은 그의 나이 19세에 기묘사화(己卯士禍, 중종 14년, 1519)로 조광조(趙光祖)의 죽음과 숙부인 조언경(曹彦卿)의 멸문을 보았고, 을사사화(乙巳士禍) 때는 절친한 벗들이 화를 당하였는데, 그 경험으로 정치에 회의를 품게 된다.

之學, 必須自得, 徒聽人言無益. 遂歸故山. 今上嗣服, 以敎書召之, 辭以老病. 繼有徵命, 又辭奏疏, 請獻救急二字, 以代獻身, 因歷擧時弊十事. 其後又下旨趣召, 辭上封事, 轉授宗親府典籤, 終不赴. 辛未大饑, 上賜之粟, 因陳謝獻疏, 辭甚剴切."

40) 한영우(1999), 앞의 책, p.292.
41) 위의 책, p.297.

경제적 상황으로는 공전제도(公田制度)가 무너지면서 토지겸병으로 분배정의는 후퇴하였으나 지주제하에서도 농업생산력은 높아졌고, 겸병현상은 민전(民田) 뿐만 아니라 관둔전(官屯田)에서도 나타나고 산림·어장에서도 진행되었으며, 농민의 계급분화가 촉진되었고, 토지를 잃은 농민들은 상업으로 직업을 바꾸기도 하였다. 지주제와 상업의 발달은 농민뿐만 아니라 중소지주까지 파산시키는 경우가 많았고 중소지주 출신의 사림은 권신과 척신들의 대토지겸병에 대항하여 천방(川防)과 보(洑, 방죽)의 축조를 통해 관개 농업을 발전시켜 생산력을 높여갔다. 전세·공납·군역의 세 가지 부담으로 농민들은 세금부담이 가중되었는데 사치와 방탕을 일삼은 연산군 때부터 크게 문제가 된 공납(貢納)은 제 고장에서 나지 않은 물건을 내게 하거나 '인납(引納)'이라고 하여 1~2년의 공납물을 한꺼번에 앞당겨 내기도 하고, 또 방납(防納)이라 하여 서리가 상인과 결탁하여 공납물을 미리 국가에 바치고 그 값을 비싸게 책정하여 농민에게 받아냈다.[42] 우암(尤庵) 송시열(宋時烈, 1607~1689)이 "남명(南冥)과 율곡(栗谷)이 '우리나라는 서리(胥吏) 때문에 망한다.'고 한 것은 참으로 알고 하신 말씀이다."[43]라고 평가하기도 한, 남명의 서리망국론(胥吏亡國論)은 이러한 16세기 경제적 배경에서 나온 것이다.

조선시대 유자(儒者)들의 학문과정은 큰 차이가 없다. 양반 가문에서 태어나 어린 시절 부모나 근친으로부터 유학의 기초를 배우고, 성장하여 사승 혹은 교우 관계를 맺으며 과거공부를 하고, 이후 관

---

42) 위의 책, pp.287-289 참고.
43) 『宋子大全』卷一百二十七〈書, 寄疇錫(丙寅十二月)〉(《韓國文集叢刊》 제112집 362쪽) : "南冥栗老, 所謂我國亡於胥吏者, 眞知言哉."

직생활 혹은 학문과 교육에 종사하는 것으로 이어진다. 유학자(儒學者)로서 유교경전을 읽고 유교이상을 추구한다는 점에서는 공통된다. 그 과정에서 개인적 기질과 경험, 환경과 학맥의 영향으로 각자의 인품과 독특한 학문 세계[경향]를 형성한다.44) 남명의 생애와 학문에 영향을 준 의미 있는 사건들을 정리하면 다음과 같다.45)

첫째, 남명 4세 때 갑자사화(甲子士禍)가 일어나 김굉필 등이 화를 입었는데, 남명 조모의 동생이었던 조지서(趙之瑞, 1454~1504)도 화를 당하였다. 19세에 기묘사화(己卯士禍)가 일어나 조광조(趙光祖), 김정(金淨), 김식(金湜) 등이 화를 입었는데, 남명의 숙부인 조언경(曺彦卿)이 희생되고 아버지 조언형(曺彦亨)도 파직되었다. 21세 때 출사에 회의를 품고 사마시를 포기하고, 25세에는 위기지학(爲己之學)에 뜻을 두게 되며, 37세에는 어머니에게 청하여 과거에 응시하지 않을 것을 허락받고 제자들을 기르기 시작하였다. 45세 때 을사사화가 일어나 사림들이 희생되었는데, 남명의 절친한 벗인 이림(李霖), 곽순(郭珣), 성우(成遇) 등이 화를 당하게 되며, 이러한 사화들을 겪으며 출사에 대한 생각을 굳히고 재야사림으로 남게 된다.

둘째, 30세에 서울생활을 청산하고 김해로 이주하여 산해정(山海亭)을 짓고 강학하면서 남명(南冥)이라는 호를 사용하게 된다. 48세에 계부당(鷄伏堂)과 뇌룡사(雷龍舍)를 짓고 강학하며 제자들을 키우는 교육에 전념하였다. 남명(南冥)은 『장자(莊子)』에 나오는 남쪽 바다로 성리학뿐만 아니라 노장의 학문을 폭 넓게 수용한 것을 알 수

---

44) 조준하 외(1996), 『한국인물유학사 2』, 한길사, pp.587-588.
45) 정우락(2008), 앞의 책, pp.7-242. ; 김경수(2009b), 「남명과 율곡의 道佛觀」, 『율곡사상연구』 제19집, 율곡학회.

있다. 그의 학문은 성리학에만 머물지 않고 노장과 불교, 병법에 이르기까지 폭넓었고, 이는 율곡이 젊은 시절 불교를 접하였던 것과 비견되는데, 이 때문에 남명과 율곡 모두 문묘종사(文廟宗祀)에 문제가 되었던 것이다.46)

셋째, 38세에 이언적(李彦迪)의 천거로 헌릉(獻陵)참봉(參奉)에 제수되었으나 나아가지 않았고, 43세에는 이언적이 경상도 감사가 되어 만나기를 청하지만 거절하였다. 48세에 전생서(典牲暑) 주부(主簿)에 제수되었으나 사양하고, 51세에는 종부시(宗簿寺) 주부(主簿)에 제수되었으나 나아가지 않았고, 53세에는 전생서(典牲暑) 주부(主簿)를 사양하였고, 55세에 단성현감에 제수되었으나 나아가지 않았고, 59세에는 조지서(造紙署) 사지(司紙)에 제수되었으나 나아가지 않았다. 68세에 소명이 있었으나 나아가지 않고 무진봉사(戊辰封事)를 올렸다. 69세에는 종친부(宗親府) 전첨(典籤)에 제수되나 나아가지 않았다.

이처럼 남명은 사림의 시대, 사화의 시대를 살면서 선비로서 어떻게 살아야 할지 고뇌하였고 재야선비로서 실천적 삶을 사는 길을 택하였다. 정치현실에 직접 참여하지 않아 정치적 격랑에 직접 휩쓸리지는 않았지만 혼란한 시대 정세를 고민하고 선비로서의 삶을 살았다 할 수 있겠다. 이와 함께 그의 기질적 특성이 학문적 경향에도 영향을 미쳤을 것이다.

---

46) "서인과 남인의 대립과정에서 율곡의 문묘종사가 문제되어 정권이 바뀔 때마다 승무와 출척이 되풀이 되었고, 남명이 문묘에 종사되지 못한 이유는 도가적 학문 색체 때문이다.": 김경수(2009b), 위의 글, pp.80-81.

2. 인간 남명에 대한 이해

다음은 남명의 졸기(卒記) 일부분으로, 그의 외모와 태도[인품]에 대한 평가이다.

> 조식은 도량이 청고(淸高)하고 두 눈에서는 빛이 나 바라보면 세속 사람이 아님을 알 수 있었다. 언론(言論)은 재기(才氣)가 번뜩여 뇌풍(雷風)이 일어나듯 하여 다른 사람으로 하여금 자기도 모르게 이욕(利慾)의 마음이 사라지도록 하였다. 평상시에는 종일토록 단정히 앉아 게으른 용모를 하지 않았는데 나이가 칠십이 넘도록 언제나 한결같았다.[47]

남명을 이해하기 위해서는 동시대를 살며 그와 사림의 양대산맥을 이루었던 퇴계와의 관계를 언급하지 않을 수 없다. 금장태 교수는 퇴계와 남명의 인품을 비교하여, "퇴계는 그 기상이 춘풍(春風)처럼 온화하여 어질고 포용력을 지닌 성품을 지녔다면, 남명은 의리(義理)에 엄중하여 그 맑은 기상(氣像)이 절벽처럼 우뚝하였고, 학풍을 보면 퇴계는 성리설과 수양론을 정밀하게 천착하고 이론적으로 체계화하였다면, 남명은 평생 산림에서 학문과 심성(心性) 수양에 전념하여 출처(出處)의 의리를 엄격하게 지녔다."[48]고 평하였다. 고봉(高峰) 기대승(奇大升, 1527~1572)은 "이황의 논의를 보건대 지위가

---

47) 『朝鮮王朝實錄』 宣祖 6卷 〈5年(壬申) 2月 8日(乙未)〉: "植氣宇淸高, 兩目炯燿, 望之, 知非塵世間人. 言論英發, 雷厲風起, 使人不自覺其潛消利慾之心也. 燕居, 終日危坐, 未嘗有惰容, 年踰七旬, 常如一日."
48) 금장태(2002), 「퇴계와 남명의 학풍과 학문체계」, 『남명학연구』 제13집, 경상대학교 남명학연구소, pp.2-3.

매우 높고 정주(程朱)를 본받았기 때문에 저술한 바가 정주와 유사하고, 조식은 기질이 상쾌하고 벽립천인(壁立千仞)이기 때문에 둔한 사람을 격동시키고 나약한 사람을 바로 세울 만하지만, 학문은 규범을 따르지 않는 병통이 있다."49)라고 하였다. 이는 '남명 도학의 호탕함은 그의 도학이 주돈이(周敦頤) · 정호(程顥) · 사량좌(謝良佐)의 계열을 잇고 여기에 유협 정신과 노장 취향을 결합시킨 독립(獨立) · 자존(自尊)의 정신경지'라고 본 것과50) 통한다.

그는 불교에 대해서는 철저히 성리학자로서의 입장을 견지하면서도 개인적으로 승려들과 상당한 교류를 가지고 있었다. 서산대사의 『청허당집(淸虛堂集)』「상남명처사서(上南冥處士書)」에는 남명이 그에게 글과 시를 지어준 사연과 서산의 남명에 대한 존경이 드러나 있음을 알 수 있다.51) 또한 '경온 스님과 이별하면서[別敬溫師]'52)라는 시를 보거나, 산해정에 있을 때 어떤 스님이 와서 머물다 가기를 사흘을 하고 떠나면서 시축(詩軸)을 내밀며 절구를 청하자 지어준53)

---

49) 『高峯集』高峯先生論思錄(卷之上)〈十七日〉(《韓國文集叢刊》 제40집 147쪽) : "觀李滉議論, 則地位甚高, 祖述程朱, 故其所著述, 與程朱相近, 我國近來, 則如此之人稀罕矣. 其性恬退, 自少不樂仕宦, 其居鄕最爲艱苦云. …… 曺植氣節磊落, 可謂壁立千仞, 可以激頑立懦, 而學問則有不循規模之病矣."
50) 유호진(2005), 앞의 글, p.204.
51) 김경수(2009b), 앞의 글, p.96.
52) 『南冥集』卷之一〈五言絕句, 別敬溫師〉(《韓國文集叢刊》 제31집 463쪽) : "僧同雲入嶺, 客向塵歸兮, 送爾兼山別, 奈如山日西."(스님은 구름과 함께 산속으로 들어가고/ 나그네는 티끌 세상 행해 돌아간다네/ 그대 보내면서 산마저 이별했으니/ 서쪽으로 지는 산에 걸린 해 어찌하랴?)
53) 『南冥集』卷之一〈五言絕句, 贈行脚僧〉(《韓國文集叢刊》 제31집 465쪽) : "先生在山海亭, 有僧來謁, 問其所自. 曰, 自三角山來. 留坐終日, 辭去, 明早又來, 如此三日. 早辭曰, 小僧還向故山. 進詩軸, 請一絕, 先生早年, 遊三角山, 聞僧言, 感舊, 作此絕句."

"떠돌아다니는 승(僧)에게 준다[贈行脚僧]"54)를 보면 스님들과 기탄 없이 교류하고 호탕한 인간관계를 형성하였음을 알 수 있다.

퇴계의 관점에서 남명의 주경과의(主敬果義)는 존경의 대상이자 한편으로는 비판의 대상이기도 하였다. 남명에 대한 퇴계의 비판은, 학문이 양명학과 노장학에 가깝다는 점, 남명이 음부사건에 연루된 일의 부당함, 상소문의 언사가 격렬하여 도를 지나친 면이 있다는 점, 그리고 남명의 문장이 당시의 금문이 아니라 고문체를 썼다는 점 등에 초점이 있다.55) 도학자로서 의리의 실천에 대해서는 높이 평가하지만, 학문적 측면에서는 퇴계는 남명에 대해 비판적이었고, 남명 또한 퇴계의 이론적 학문 탐구에 대해 비판한다.

(1) 요즘 공부하는 자들을 보건대, 손으로 물 뿌리고 비질하는 절도도 모르면서 ⓐ입으로는 천리(天理)를 담론하여 헛된 이름이나 훔쳐서 남들을 속이려 하고 있습니다. 그러나 도리어 남에게 상처를 입게 되고, 그 피해가 다른 사람에게까지 미치니, 아마도 선생 같은 장로(長老)께서 꾸짖어 그만두게 하지 않기 때문일 것입니다.56)

(1)의 ⓐ는 퇴계의 학문에 대한 남명의 기본적인 관점으로, 당시 이론적 탐구 경향이 현실에서의 실천을 가벼이 본다는 것이 핵심이

---

54) 『南冥集』 卷之一 〈五言絶句, 贈行脚僧〉 (《韓國文集叢刊》 제31집 465쪽) : "巢在漢陽西, 朅來三角山, 丁寧還寄語, 立脚尙今安." (나도 한양 서쪽에 살면서/ 삼각산을 오갔었지/ 정녕 한 말씀 드리니/ 이제 편안히 다리 붙여야지.)
55) 김경수(2009b), 앞의 글, pp.83-86 참고.
56) 『南冥集』 卷之四 〈補遺, 與退溪書〉 (《韓國文集叢刊》 제31집 553쪽) : "近見學者, 手不知洒掃之節, 而口談天理, 計欲盜名, 而用以欺人, 反爲人所中傷, 害及他人, 豈先生長老無有以呵止之故耶."

다. 실학자 순암(順菴) 안정복(安鼎福)은, 구이지학(口耳之學)의 폐단을 지적하면서, 남명이 퇴계를 비판했던 이 내용이 금일에는 약석(藥石)이 된다고 평가하였다.57)

(2) 근자에 조남명(曺南冥)의 편지를 받아 보니, "요즘 공부하는 자들을 보건대, 손으로 물 뿌리고 비질하는 절도도 모르면서 입으로는 천리(天理)를 담론하여 헛된 이름이나 훔쳐서 남들을 속이려 하고 있습니다. 그러나 도리어 남에게 상처를 입게 되고, 그 피해가 다른 사람에게까지 미치니, 아마도 선생 같은 장로(長老)께서 꾸짖어 그만두게 하지 않기 때문일 것입니다. 십분 억제하고 경계하기를 바랍니다."라고 하였습니다. ⓑ이 말이 흠이 있기는 하지만[此說雖有病] 우리들이 이에 대해 깊이 스스로 경계하고 조심하지 않을 수 없기 때문에 삼가 알려 드립니다.58)

(3) 남명(南冥)과 일재(一齋)59)는 ⓒ그 사람됨을 한마디로 단정하

---

57) 『順菴集』 卷之三 〈書, 與邵南尹丈書(庚寅)〉(《韓國文集叢刊》 제229집 399쪽) : "工夫之知行交修, 人皆知之, 但眞知實難, 實行不易, 此終無以成德矣. 孟子以後千五百年, 此學寥寥者, 兩漢之際, 士務篤行而知解分數不足. 是以多陷溺于異端而不自拔, 幸有兩程出而有格致之學, 朱子申明之. 於是窮理之學滿天下, 而異端不能容, 然而其弊多流於口耳之學, 或多爲鳥言倡禮之歸. 南冥之譏退溪, 在當時未必然, 而在今日實藥石, 爲學必知其弊之所存而救正之, 則自修敎人, 無異道矣. 但實然用力而無虛矯之習, 誠難矣."
58) 『退溪集』 卷之三十五 〈書, 答李宏仲(別紙)〉(《韓國文集叢刊》 제30집 302쪽) : "近得曺南冥書云, 近見學者, 手不知灑掃之節, 而口談天理, 計欲盜名, 而用以欺人, 反爲人所中傷, 而害及他人, 豈非先生長者無以訶止之故耶, 請十分抑規之. 此說雖有病, 吾輩於此, 不可不痛自警飭, 故奉告之耳."
59) 李恒(1499-1576). 기대승(奇大升)과 함께 호남을 대표하는 5학(五學)의 한 사람으로 이기일원론(理氣一元論)을 주장했다. 천인(天人)이 일리(一理)이니 사람의 지각운동(知覺運動)·강약청탁(强弱淸濁)의 기(氣)가 일신(一身)에 충만한 것은 음양의 기이고, 인의예지(仁義禮智)가 기 안에 갖추어진 것이 태극의

기는 어렵습니다[未易以一語斷了]. 예로부터 처사(處士)가 세상에 나가면 으레 말들이 많은 것이니, 지금 분분하게 떠드는 것이야 어찌 괴이하게 여길 것이 있겠습니까. 그러나 또한 각자 스스로가 그러한 말을 듣게 한 것이니, 참으로 경계하고 조심할 일입니다.60)

(4) 도산정사(陶山精舍) 밑에 어량(魚梁)이 있었는데 관가에서 고기잡는 것을 엄금하였기 때문에 아무도 사사로이 잡지 못했다. 선생은 여름만 되면 반드시 계사(溪舍)에서 지냈으나 한 번도 그 곳에 간 적이 없었다. 조남명(曺南冥)이 이 말을 듣고 비웃기를, ⓓ"<u>어찌 그리 소심한가. 내 스스로 하지 않는다면 아무리 관가에서 금한다고 한들 무엇을 혐의쩍게 피할 것이 있겠는가?</u>" 하였다. 선생이 이 말을 듣고 이르기를, ⓔ"<u>조남명이라면 그렇게 하겠지만, 나는 이렇게 할 것이다. 나의 불가(不可)함으로써 유하혜(柳下惠)의 가(可)할 것을 배우는 것이 또한 마땅하지 않은가?</u>"(김성일)61)

위의 인용문 (2)에서 알 수 있듯이, 남명은 천리(天理) 혹은 궁리(窮理)보다는 인사(人事)의 실천에 학문의 목표를 두었다. 그는 〈좌

이(理)인 것과 같이 이와 기는 마땅히 일신 안에 있으므로 이물(二物)이 아니라고 했다. 이황(李滉)은 이러한 주장에 대해 이와 기의 관계를 하나로 본다면 도(道)와 기(器)의 한계가 없어 결국 '도즉기'(道則器)·'기즉도'(器則道)라고 보는 편견에 빠질 것이라고 비판했다. : http://100.daum.net/encyclopedia/view.do?docid=b18a0739a(검색일 : 2012.04.11).

60) 『退溪集』卷之三十六〈書, 答琴聞遠〉(《韓國文集叢刊》제30집 327쪽) : "南冥一齋爲人, 未易以一語斷了. 自古處士出世, 例多議論, 今之紛紛, 亦何足怪哉. 然亦各其人有以取之, 眞可戒懼耳."

61) 『退溪先生言行錄』卷三〈類編, 處鄕〉三六面 : "陶山精舍下有魚梁, 官禁甚嚴, 人不得私漁. 先生每當暑月則必居溪舍, 未嘗一到于此. 曺南冥聞之, 笑曰, 何屑屑也, 我自不爲, 雖有官梁, 何嫌何避. 先生曰, 在南冥則當如彼, 在我則亦當如是, 以吾之不可, 學柳下惠之可, 不亦宜乎.(金誠一)."

우명(座右銘)〉, 〈패검명(佩劍銘)〉, 〈혁대명(革帶銘)〉, 〈신명사명(神明舍銘)〉, 〈신언명(愼言銘)〉 등 많은 명을 지어62) 실천을 강조하였다. 그는 기본적으로 유자(儒者)로서 성리학을 바탕으로 하지만, 위의 인용문 ⓓ·ⓒ·ⓔ에서 남명의 기질적 호탕함이 드러난다. 남명의 이러한 경향은 그의 천성적 기질과 노장학(老莊學)의 영향이 큰 듯하다.63) 남명은 성리학자를 넘어 폭넓은 학문 세계를 추구한 학자로 평가할 수 있다.64) 그러나 그의 『학기유편(學記類編)』65)에서 주자(朱子)와 정자(程子)의 말이 전체의 3분의 2를 차지하는 것을 보면 그의 주된 관심이 기본적으로 유학의 학문방법에 있음을 알 수 있다.66) 남명이 성리학의 이론 탐구를 꺼린 것은 당시 이론 탐구 경향이 실천에 미치지 못할 것을 우려했기 때문이다. 이러한 학문 경향은 "사후에 그에 대한 평가는 학문적 탁월성이 아니라 '벽립천인(壁立千仞)'과 같은 기질의 탁월성으로 칭해진 것이 보다 보편적"67)이라는 논의에서도 알 수 있듯이 실천을 중심에 두는 그의 기질이나 태도에 기인한 것으로 보인다.

정우락 교수는 남명의 「강정우음(江亭偶吟)」과 퇴계의 「야지(野池)」

---

62) 『南冥集』 卷之一 〈銘〉(《韓國文集叢刊》 제31집 479-480쪽)을 참고할 것.
63) 그러나 퇴계의 관점에서 천리(天理)의 담론이 결코 실천을 외면하는 것은 아니었으며, 유학의 실천은 사물에 대한 궁리를 바탕으로 한다는 점에서 사물의 이치에 대한 탐구는 학문에서 선행되어야 할 과제로 인식된다.
64) 김경수 교수는, 남명이 제자백가서를 비롯한 다양한 분야의 독서를 통해서 공부와 실생활에 도움이 되는 것을 얻으려고 했지, 성리학만을 존숭하여 그것들을 비판하기 위해 본 것은 아니라고 본다. : 김경수(2009b), 앞의 글, p.94.
65) 위의 주 13)을 참고할 것.
66) 경상대학교 남명학연구소 역주(2002), 『사람의 길 배움의 길 : 學記類編』, 경상대학교 남명학연구소, p.13 참고
67) 김경수(2009b), 앞의 글, p.103.

를 비교·분석하여 두 학자의 동질성과 이질성을 포착하고 있는데, 매우 흥미롭다.

강정우음(江亭偶吟)68)	야지(野池)69)
높다란 다락에 병들어 누워 낮 꿈이 번거로 운데, 몇 겹의 구름과 나무가 도화원 격리시켰나? 새로운 물은 푸른 구슬보다 맑은데, 나는 제비가 물결 차 생긴 흔적 싫기만하네.	이슬 머금은 풀이 무성하게 푸른 언덕을 둘러 있고, 작은 못은 맑고 깨끗해 티끌 한 점 없구나. 구름 날고 새 지나감은 본디 상관되지만, 다만 때때로 제비가 수면을 차는 것을 두려 워하네.

갈암(葛庵) 이현일(李玄逸, 1627~1704)은, 모두 천연자득(天然自得)의 정취가 있지만, 남명이 불교에서 지향하는 공적(空寂)을 주장하는 반면, 퇴계는 정시(靜時)에는 존양을, 동시(動時)에는 성찰(省察)을 나타내고 있으며, 지향하는 세계도 남명은 '무물(無物)의 의사'를 구하고 퇴계는 '순응의 기상'이 있다고 본다.70) 정우락 교수는, 남명의 시 "강정우음"에는 부단한 현실세계의 간섭이 있고, 퇴계의 시 "야지"에는 현실세계가 차단되어 있으며, 남명이 끊임없는 현실세계의 관심과 갈등을 통해 부조리한 현실을 극복하는 방향으로 상상력을 펼쳤다면, 퇴계는 심성의 근원인 원두를 통해 인간본성의 회복

---

68) 『南冥集』 卷之一 〈七言絕句, 江亭偶吟〉(《韓國文集叢刊》 제31집 468쪽) : "臥疾高齋晝夢煩, 幾重雲樹隔桃源, 新水淨於靑玉面, 爲憎飛燕蹴生痕."
69) 『退溪集』 外集卷之一 〈詩, 野池〉(《韓國文集叢刊》 제31집 56쪽) : "露草夭夭 繞碧坡, 小塘淸活淨無沙, 雲飛鳥過元相管, 只恐時時燕蹴波."
70) 정우락(2008), 앞의 책, p.53. 이에 대해, 정우락 교수는 "갈암은 퇴계학파의 적통답게 성리학의 순수성에 입각하여 퇴계를 높이고자 했기 때문에 이 같은 판단을 할 수 있었다(p.3)."고 본다.

에 작가의 역량을 쏟았다고 분석한다.71) 또한 제비를 인욕(人慾)이라고 한다면, 남명은 '싫음'으로 퇴계는 '두려움'으로 표현하고 있고, '싫은 것'이 인욕이 들어오는 것에 대한 싫어함이니 밖을 제어하는 것이라면, '두려운 것'은 천리를 보존하지 못할까 두려워하는 것이니 안을 지키는 것이라고 파악하면서, 전자가 알인욕(遏人慾)의 영역으로 이발시(已發時)의 극치(克治)에 해당한다면, 후자는 존천리(存天理)의 영역으로 미발시(未發時)의 계구(戒懼)에 해당한다고 본다.72) 이어 '싫음'과 '두려움'에서, 남명은 존양과 함께 '의(義)'에 입각한 성찰 역시 부단히 강조하고 있다면, 퇴계는 '경(敬)'을 중심으로 존심양성에 더욱 치중하고 있었다는 것을 알 수 있다고 파악하면서, 두 사람의 시적 상상력이 모두 마음[心學]에 근거를 두고 있다고 본다.73) 반면 다르다는 것은 그들의 사물접근법의 차이에 있으며, 이는 남명의 '관물찰세(觀物察世)'와 퇴계의 '관물찰리(觀物察理)'로 요약할 수 있는데, 남명은 사물과 관련된 사람 혹은 세상을 살피고자 했고, 퇴계는 개개의 사물 속에 내재하고 있는 이치를 궁구하고자 하였다는 것이다.74) 이러한 차이는 학문과 수양, 실천적 삶의 양상과도 무관하지 않은 것으로 보인다.

3. 의(義)에 근거한 처사(處士)의 길

다음은 남명의 졸기(卒記) 중 남명의 학문과 수양에 대한 내용이다.

---

71) 위의 책, p.75.
72) 위의 책, p.77.
73) 위의 책, pp.82-83.
74) 위의 책, pp.84-85.

'경의(敬義)' 두 자를 벽 위에 크게 써 붙여놓고 말하기를 "우리 집에 이 두 자가 있으니, 하늘의 해와 달이 만고(萬古)를 밝혀 변하지 않는 것과 같다. 성현의 천만 가지 말이 그 귀취(歸趣)를 요약하면 이 두 자 밖에 벗어나지 않는다." 하였다. 일찍이 문인들에게 말하기를 "학문을 함은 어버이를 섬기고 형을 공경하는 예(禮)에서 벗어나지 않으니 만일 여기에 힘쓰지 않고 갑자기 성리(性理)의 오묘함을 궁리하려 한다면 이는 인사(人事)에서 천리(天理)를 구하는 것이 아니어서 결국 마음에는 아무런 실지 소득이 없을 것이니 깊이 경계하여야 한다."라고 하였다.[75]

남명에게 있어 '경(敬)'은 인간의 마음을 다스리는 핵심으로, 그는 〈신명사명(神明舍銘)〉에 들어있는 '신명사도(神明舍圖)' 중심에 '경(敬)'자(字)를 넣고 그 밑에 성성(惺惺)을 넣었다.

사악한 마음을 막아 정성을 보존하며/ 언어의 표현을 다듬어 정성스런 마음을 세우라/ 정밀하고 한결같은 경지를 추구하려거든/ 경(敬)을 통하여 들어가라[閉邪存, 修辭立, 求精一, 由敬入].[76]

그에게 '경(敬)'은 자신을 수양하는 핵심 개념이지만, 그것에서 그치는 것이 아니라 '의(義)'와 연결되어 실천으로 화할 때 의미를 지

---

75) 『朝鮮王朝實錄』 宣祖 6卷 〈5年(壬申) 2月 8日(乙未)〉: "大書敬義二字於窓壁間曰, 吾家有此兩箇字, 如天之有日月, 洞萬古而不易, 聖賢千言萬語, 要其歸, 都不出二字外也. 嘗語門人曰, 爲學, 禮不出事親, 敬兄之間. 如或不勉於此, 而遽欲窮探性理之奧, 是不於人事上求天理, 終無實得於心, 宜深戒之."
76) 『남명집』의 판본은 모두 17판본이나 된다. 이 내용은 병오본(丙午本)에만 있는 부주(附註)에 나오는 것이다. : 경상대학교 남명학연구소 역(2001), 앞의 책, p.45 참고할 것.

닌다. 그는 항상 경(敬)을 말하고 의(義)를 말한다. 경(敬)과 의(義)가 표리(表裏)의 관계라는 것이다. 경(敬)은 마음을 가다듬고 몸을 바르게 하는, 선비들의 성리학적 수양의 핵심이다. 남명에게 있어서 경(敬)과 의(義)는 내외(內外) 관계이다. 그는 수신(修身)에서 이 둘을 강조하였지만, 굳이 나눈다면 수기(修己)에 경(敬), 치인(治人)에 의(義)라고 할 수 있다.

유교의 수기(修己)와 치인(治人), 이 둘은 삶에서는 유기적으로 연계되고 병행되어야 하지만, 개념적으로는 논리의 선후관계가 성립한다. 『대학』에서 본말(本末)과 시종(始終)을 말하여,77) 삼강령(三綱領)에서 명덕(明德)과 신민(新民)을 본말(本末)로 보고, 지지(知止)와 능득(能得)을 시종(始終)으로 보아 선후관계를 언급한 것에서 알 수 있다. 치인(治人)은 궁극적으로 정치에 참여하여 백성들의 삶을 발전시키고자 하는 유(儒)의 본래적 의미와 상통하는 것이다. 그래서 조선 유학자들은 자기 수양과 더불어 현실 참여를 중시하였고, 그것은 비록 재야의 사림(士林)이라 하더라도 피할 수 없는 과제요 의무였다.

남명의 경우 수기와 치인 중 과연 어디에 초점을 두었는가를 보면, 경(敬)으로 수신(修身)하고, 의(義)로서 치인(治人)하고자 노력하였다. 재야사림으로서의 그는 치인(治人)보다 수신(修身)에 초점을 둔 것으로 여겨질 수 있지만, 실제 그의 삶은 어느 한 쪽에 치우치지 않았다. 그는 경(敬)의 수신과 의(義)의 치인을 유기적으로 연관시켜 구체적 실천에 중심을 두었다는 점에서 오히려 경(敬)보다 의(義)에 방점을 찍을 수 있겠다.

---

77) 『大學』 제1장 : "物有本末, 事有終始, 知所先後, 則近道矣."

(1) 나라에 도가 행해질 때는 자신이 지키던 지조가 변화지 않고 행하던 바가 막히지 않는다. 나라에 도가 행해지지 않을 때는 죽음에 이르더라도 지조를 바꾸지 않는다.[78]

(2) 장자(張子)가 말하였다. "살게 되면 살고 죽게 되면 죽는다. 오늘 만종의 벼슬을 받다가 내일 굶주리더라도 근심하지 않고 오직 의(義)에 따를 뿐이다."[79]

(1)은 『중용(中庸)』, (2)는 『성리대전(性理大全)』의 구절인데, 어떻게 의(義)의 마땅함에 처하여 살아야 하는지 나타나 있다. 조선시대 선비에게 출처(出處)는 중요한 문제였고, 남명도 평생 출처를 가장 중시하여 문인들에게 늘 '군자의 절의는 출처에 있음'을 강조하였고, 고금의 인물을 평할 때에도 반드시 그 사람의 출처를 먼저 살펴보았다. 남명은 대곡(大谷) 성운(成運, 1497~1579)과 교유하면서 청송(聽松) 성수침(成守琛)[80]의 출처에 영향을 받았다. 우계(牛溪) 성혼(成渾)은 당숙(堂叔)인 성운의 출사 거부를 높이 평가하였는데,[81] 세

---

78) 『學記類編』〈出處〉 3.5. : "國有道, 不變塞焉, 國無道, 至死不變." 이하 번역과 원전(분류 기호 포함)은 『사람의 길 배움의 길 : 學記類編』(경상대학교 남명학연구소 역주, 한길사, 2002)을 기본으로 하였음.
79) 『學記類編』〈出處〉 9.1. : "張子曰, 當生則生, 當死卽死. 今日萬鍾, 明日饑餓, 亦不恤, 惟義所在."
80) 호(號)는 청송(聽松)으로 아우 수종(守琮)과 함께 조광조의 문하에서 수학했다. 1519년(중종14) 현량과에 천거되었으나, 곧 기묘사화가 일어나 스승 조광조가 처형되고 그를 추종하던 많은 유학자들이 유배당하자 벼슬을 단념하고 두문불출했다. 그의 문하에서 아들 혼(渾)을 비롯해서 많은 유학자들이 배출되었다. 글씨에도 뛰어나 일가를 이루었다.[http://100.daum.net/encyclopedia/view.do?docid=b12s0826a(검색일 : 2012.04.11)]
81) 『牛溪集』 卷之六 〈雜著, 堂叔大谷先生墓碣記〉(《韓國文集叢刊》 제43집 144쪽)를 참고할 것.

상의 평가에는 아랑곳 않고 자신의 의지대로 산림에서 자적하며 사는 그의 삶을 높이 칭송하여 "나의 처지에서 공을 보면 공은 어찌 일찍이 한 사람이라도 공을 비난하는 사람이 있었겠습니까? 공께서 한 번도 견책을 받은 적이 없었던 것은 또한 어떻게 처신하셨기 때문입니까?"라고 하였다.82)

남명은 72년 평생 동안 일곱 번의 관직 제수를 사양했다. 38세(중종 33년, 1538) 때 헌릉참봉 제수는 회재(晦齋) 이언적(李彦迪)의 추천에 의한 것이었으나 사양하였다. 45세(명종 1년, 1545) 때는 을사사화(乙巳士禍)로 지인(知人)들이 화를 입은 후 현실적 정치에 대한 회의가 더 깊어졌다. 48세(명종 3년, 1548) 때 김해에서 고향으로 돌아가 계부당(鷄伏堂)과 뇌룡사(雷龍舍)를 짓고 교육과 학문에 전념하기 시작한 이후, 59세(명종 14년, 1559)까지 전생서 주부(典牲署主簿), 단성현감·조지서 사지(造紙署司紙) 등 여러 관직에 제수 되었으나 모두 사양하였다.

남명이 출사(出仕)하지 않고 처사(處士)로서의 삶을 산 것은 의(義)를 지키고자 함이었지만, 현실 문제에 무관심하지 않았고 언제나 백성들의 삶을 걱정하였다. 세상을 잊지 못하여 나라를 근심하고 백성을 불쌍히 여겼으며, 때문에 홀로 있을 적엔 눈물을 흘리기도 하였다. "달려드는 허연 머리에 근심이 뒤얽히고, 슬피 우는 백성들 풍년에도 더 굶주리네. 배에 가득 답답한 생각 적을 수 없지만, 우직한 황황 노인 그대는 응당 알리라."라는 시에서, 황강(黃江) 이희안(李希顔, 1504~1559)이 백성을 걱정하는 답답한 자신의 마음을 알아주리

---

82) 강정화(2007), 『남명과 그의 벗들』, 경인문화사, pp.60-61.

라고 믿었다.83) 이러한 실천윤리는 그의 상소(上疏)에서 잘 드러난다. 남명이 올린 상소로는 이른바 단성소인 '을묘년에 사직하는 상소문[乙卯辭職疏]',84) '정묘년에 사직하면서 승정원에 올린 상소문[丁卯辭職呈承政院狀]', '무진년에 올리는 봉사[戊辰封事]', '음식을 내려주신 은혜에 감사드리는 상소문[謝宣賜食物疏]' 등이 있다.

1568년(선조 1년) 17세의 나이로 등극(登極)한 선조는 68세의 원로인 재야의 남명과 조정의 퇴계에게 고언을 구한다. 이에 남명은 '무진봉사(戊辰封事)'를, 퇴계는 '무진육조소(戊辰六條疏)'를 올리게 된다. 남명은, 정치 현실은 개혁되어 마땅하고 특히 온갖 비리를 저지르는 서리부터 그렇게 해야 한다고 직설적인 언어로 강력히 주장한다.

> ① 전하의 나라일이 이미 그릇되었고 나라의 근본이 이미 망했으며 하늘의 뜻은 이미 떠나버렸고 민심도 이미 이반되었습니다. 비유하자면, 백 년 동안 벌레가 그 속을 갉아먹어 진액이 이미 말라버린 큰 나무가 있는데, 회오리 바람과 사나운 비가 어느 때에 닥쳐올지 전혀 알지 못하는 것과 같으니, 이 지경에 이른 지가 오랩니다.85)

---

83) 강정화(2007), 위의 책, p.128.
84) 퇴계가 남명에 대해 "함께 유학의 도를 지향하는 동료라고 느끼기보다는 노장학을 숭상하는 고상한 학자로 이해하게 되는" 계기가 된 것이 '을묘사직소'이다.[이광호(2002a), 「남명과 퇴계의 상호비판과 응답」, 『남명학보』 창간호, 남명학회, pp.327-328.] 퇴계는 이 상소의 표현에 대한 비판과 더불어, 이후 남명의 노장적 경향에 대하여 비판하게 되는데 남명의 대표격인 〈신명사명(神明舍銘)〉에 대한 비판도 노장적 경향에 관한 것이다.(같은 글, p.331.)
85) 『南冥集』卷之二. 〈疏類, 乙卯辭職疏〉(《韓國文集叢刊》제31집 519쪽): "抑殿下之國事已非, 邦本已亡, 天意已去, 人心已離. 比如大木, 百年蟲心, 膏液已枯, 茫然不知飄風暴雨何時而至者, 久矣."

② 자전(慈殿)께서 생각이 깊으시기는 하나 깊숙한 궁중의 한 과부에 지나지 않고, 전하께서는 어리시어 다만 선왕의 한 외로운 아드님이실 뿐이니, 천 가지 백 가지의 천재(天災)와 억만 갈래의 민심을 어떻게 감당해내며 어떻게 수습하시겠습니까?86)

이에 비해 퇴계는 부드럽고 완곡한 표현으로 제가(齊家)와 성학(聖學)을 역설하고 있다. 퇴계가 진언한 여섯 가지는 첫째, 왕통을 중시하여 인애(仁愛)와 효도를 다할 것, 둘째, 참소를 막아 선조궁과 명종궁을 친밀하게 할 것, 셋째, 성학을 돈독히 하여 정치의 근본을 세울 것, 넷째, 도학을 밝혀 인심을 바로 잡을 것, 다섯째, 대신을 믿고 대간(臺諫)의 말에 귀를 기울일 것, 여섯째, 몸닦기를 정성스럽게 하여 하늘의 사랑을 이어받을 것 등이다.87)

이상에서 보듯이, 남명은 모든 일에서 의(義)에 근거한 처사(處士)의 길을 걸었다. 심지어, 남명이 나이를 초월하여 사귐을 가졌고 진정한 선비로 허여하였던 삼족당(三足堂) 김대유(金大有, 1479~1551)88)가 죽으면서 남명의 가난을 염려하여 아들에게 해마다 곡식을 보내주라고 하였으나, 남명은 '삼족당이 유언으로 해마다 보내주라 한 곡식을

---

86) 『南冥集』 卷之二 〈疏類, 乙卯辭職疏〉 (《韓國文集叢刊》 제31집 519쪽) : "慈殿塞淵, 不過深宮之一寡婦, 殿下幼冲, 只是先王之一孤嗣. 天災之百千, 人心之億萬, 何以當之, 何以收之耶."
87) 『退溪集』 卷之六 〈疏, 戊辰六條疏〉 (《韓國文集叢刊》 제29집 183쪽) : "其一曰, 重繼統, 以全仁孝. …… 其二曰, 杜讒間, 以親兩宮. …… 其三曰, 敦聖學, 以立治本. …… 其四曰, 明道術, 以正人心. …… 其五曰, 推腹心, 以通耳目, …… 其六曰, 誠修省, 以承天愛."
88) 삼족(三足)은 수족(壽足)·영족(榮足)·식족(食足)의 뜻을 취한 것이다. : 강정화(2007), 앞의 책, p.38.

사양하며[辭三足堂遺命歲遺之粟]'라는 시를 지어 벗의 마음만 받고 곡식은 받지 않았다.[89] 이와 같은 대쪽 같은 성품과 실천적 삶의 태도는 그의 제자들에게 이어져 임진왜란 때 곽재우 등 의병활동의 실천적 행동으로 이어지는 디딤돌이 되었던 것이다.

Ⅳ. 남명 선비정신의 도덕교육적 의미

위에서 살펴본 바와 같이, 남명이 선비정신의 대명사로 일컬어지는 것은 의(義)의 실천적 노력 때문이다. 그의 선비정신에서 찾을 수 있는 도덕교육적 의미는 다음과 같다.

첫째, 출처(出處)를 거부하고 처사로 평생을 일관한 자세이다. 그것은 당시 어지러운 정황(政況)이 출사하여 자신의 뜻을 펼 수 있는 때가 아니라고 판단하였기 때문이다. 그렇다고 그가 노장이나 불교처럼 현실을 등지거나 탈속한 삶을 산 것은 아니다. 그는 백성들의 삶과 현실정치에 관심을 놓지 않았고, 의(義)에 근거하여 날카로운 비판의식을 견지하고자 노력하였으며, 그것을 상소(上疏)로 구체화하였는데, 이와 같은 그의 현실비판의식과 의(義)의 실천정신은 상소문에 잘 드러나고 있다.

둘째, 자신의 학문과 삶의 일치를 위해 노력하였다는 점이다. 남명은 성리학을 기반으로 하면서도 당시에 볼 수 없었던 폭넓은 학문

---

89)『南冥集』卷之一〈五言絕句, 三足堂送麥不受〉(《韓國文集叢刊》제31집 464쪽) : "於光亦不受, 此人劉道源, 所以胡康候, 至死貧不言."(사마광(司馬光)한 테서도 받지 않았나니/ 그 사람은 바로 유도원(劉道源)이라네/ 그런 까닭으로 화강후(胡康候)는/ 죽을 때까지 가난을 말하지 않았다네.)

세계를 구축하고 있다. 물론 그 때문에 주자학 위주의 조선시대에 문묘종사를 거부당하기도 하였지만 오늘날 그의 이러한 학문세계는 다른 학자들과 차별화되어 그만의 실천 영역을 확보하는 바탕이 된 듯하다. 그의 교우관계나 삶의 실천에서 드러나는 평가들은 강직함과 올바름 때문에 비판의 대상이 되기도 하였지만 오늘날에는 오히려 대쪽 같은 선비정신의 의미로 승화되고 있다.

셋째, 남명의 의(義)에 근거한 실천 정신은 문인들에게 수용되어 후에 남명학파의 의병활동을 통해 드러나고 있다. 현실 혹은 영리(榮利)에 쉽게 타협하거나 권력을 추구하며 정치를 어지럽게 하는 당시 상황에서 그는 단순히 학문과 사상의 차원에서 머물지 않고 영리(榮利)를 초월한 처사(處士)로 살면서 꺾이지 않는 절개와 비판 정신으로 자신이 추구한 사상을 구체적으로 실천하였다. 그 정신은 제자들에게 전승되어 우리 민족의 정체성으로 선비정신의 기폭제가 되었다는 점에서 그 의미를 찾을 수 있다.

아울러 도덕 교과에서 남명의 선비정신 관련 내용을 집필하고자 할 때 다음과 같은 점들을 염두에 둔다면, 한국의 정체성으로서의 선비정신을 보편화하는 데 도움이 될 것이다.

첫째, 남명과 퇴계의 교류에 대하여 초점을 맞추어 기질과 인격, 학문과 사상, 비판과 대응을 다루게 된다면 선비정신의 양면을 파악하는 데 도움이 될 것이다.

둘째, 남명의 기질과 함께 시대적 배경과 정치적 환경을 함께 다룸으로써, 그가 처사(處士)로 머물면서도 저술보다 왜 실천에 치중하였는지를 파악할 수 있게 한다면, 그의 경의(敬義)사상에 실질적으로 접근할 수 있을 것이다.

셋째, 남명이 다양한 인간관계 속에서 실천한 일관된 의(義)의 정신을 보여준다면, 이(利)를 거부하고 올바름[義]을 추구한 도학적 선비정신의 핵심을 파악하는 데 도움이 될 것이다.

넷째, 남명의 저술, 특히 상소문에 대한 내용은 애민사상과 현실인식, 비판정신을 함양하도록 하는 데 도움이 될 것이다.

다섯째, 남명에 대한 역사적 평가와 늦은 조명은, 역사의 흐름과 한 인간의 삶에 대한 평가에 대해 성찰해보는 기회가 될 수 있을 것이다.

여섯째, 남명학파의 의병활동을 다룸으로써, 훌륭한 인물[선비]의 역사적 영향력을 이해하고 파악하게 한다면, 스스로 모델링이 되고자 노력하는 데 도움이 될 수 있을 것이다.

V. 맺음말 : 도덕과교육에의 수용 방안

남명이 살았던 16세기 혼란스러운 정치적 상황은 남명의 생애와 사후에 결정적 영향을 주었다. 하나는 출사(出仕)를 포기한 것이며, 다른 하나는 남명(南冥)의 제자 정인홍을 비롯한 북인들이 인조반정 때 역적으로 몰려 제거 당하자 남명이 평가 절하됨은 물론『남명집』도 본래 모습을 잃고 정통 성리학에서 벗어난 내용이거나 학덕에 해가 될 만한 문자를 고치는 차원에서 진행되면서[90] 참모습이 변질된 것이다. 사림(士林)의 시대, 사화(士禍)의 시대에서 그는 선비로서 어떻게 살지를 고뇌하였고, 재야 선비로서 실천적 삶을 사는 길

---

90) 경상대학교 남명학연구소 역(2001), 앞의 책, p.43.

을 택하였다. 또한 처사(處士)로서의 삶을 살았지만 결코 현실문제에 무관심하지 않았고, 세상을 잊지 못하여 나라를 근심하고 백성을 불쌍히 여겼으며, 때문에 홀로 있을 적엔 눈물을 흘리기도 하였다.

남명사상의 핵심은 '경의(敬義)'다. 여기서 경(敬)은 의(義)와 유기적 관계를 맺으면서 의의 바탕을 마련해 준다. 그러나 그의 실천적 삶에서 보다 중요하게 부각되는 것은 의이다. 그는 성리학에 대한 학문적 이해가 깊었음에도 불구하고 인간 본성에 대한 이론적 탐구보다 실천을 더 중시하였다. 상달(上達) 이전에 하학(下學)을 먼저 추구해야 함과 행사(行事)로서의 실천을 강조한 것은 그의 학문이 실천학임을 알 수 있는 대목이다. 그러한 하학과 행사(行事)의 기준이 바로 의였다. 또한 그는 출처, 인물 평가, 인간관계에 있어서도 철저히 의에 근거하였다. 남명이 선비정신의 대명사로 일컬어지는 이유는 이러한 의의 실천에 있었던 것이다.

남명은 퇴계나 율곡에 비해 도덕교육에서 상대적으로 주목받지 못하였다. 예를 들면, '한국의 유교사상'을 다루면서 퇴계와 율곡의 성리학 이론을 다루고,[91] 나아가 퇴계와 성학십도를 별도로 다루고 있지만[92] 남명에 대한 언급은 없다. 기존 '중학교 도덕 1'에서도 퇴계 이황은 '인물학습'에서 다루고[93], 동서양 고전탐구에서 율곡의 『격몽요결(擊蒙要訣)』[94]과 그의 일화를 사례로 들고 있지만[95] 남명

---

91) 박효종 외(2011), 『윤리와 사상』, 교학사, pp.61-62. ; 박찬구 외(2011), 『윤리와 사상』, 천재교육, pp.67-68.
92) 박찬구 외(2011), 위의 책, p.51.
93) 교육인적자원부a(2007), 『중학교 도덕 1』, pp.217-219.
94) 위의 책, p.166.
95) 위의 책, p.202.

에 대한 언급은 없다. '중학교 도덕 2'에서는 전통도덕을 소개하는 쪽 사진으로 이황, 신사임당, 이이, 이순신의 영정을 제시하고 있으며,96) '우리 민족의 얼과 유산'의 내용에서 평화 애호사상·선비사상·장인정신을 다루면서97) 선비정신에 대해 다음과 같이 기술하고 있다.

우리 민족은 일상생활에서 사람의 도리에 맞게 살고자 하였으며, 의리와 지조를 중히 여겨 물질적인 이익이나 신체적 위협 앞에서도 자신의 뜻을 굽히지 않았다. 특히 선비들은 "가난하고 미천(微賤)한 것을 부끄러운 일이 아니요, 도(道)를 배우고 실천하지 않는 것이 부끄러울 따름이다."라는 가르침을 소중히 여기고 인격 수양에 힘썼다.98)

도리, 의리와 지조 등은 선비정신의 핵심이며, 궁극적인 것은 그것의 실천이다. '윤리와 사상' 교과의 학습[공부]의 목적이 "일관되게 도덕적 행위를 할 수 있도록"99)하고, "인간에 대한 더욱 깊이 있는 이해와 도덕의 실천을 이끄는 토대"100)에 있다고 한다면, 도학적 의리(義理)에 근거한 지행합일(知行合一)의 실천은 무엇보다 중요한 내용 요소임에 틀림없다.

남명의 생애와 시대적 배경에서 드러나는 학문과 출처관, 경의(敬義)사상을 바탕으로 한 실천, 상소문에 드러나는 애민사상과 비판정

---

96) 교육인적자원부b(2007), 『중학교 도덕 2』, p.15.
97) 위의 책, pp.162-163.
98) 위의 책, p.164.
99) 박효종 외(2011), 앞의 책, p.17.
100)박찬구 외(2011), 앞의 책, p.45.

신 등은 그의 선비정신을 구성하는 내용들로서, 의리에 근거한 지행합일의 실천적 모범이라 할 수 있다. 이러한 남명의 선비정신은 최소도덕의 원리에 의해 운영되는 현대의 자본주의 사회에서 의리(義理)를 바탕으로 어떻게 살아가야 하는지에 대한 삶의 철학으로서 의미를 지닌다. 따라서 조선시대 대표적 선비였던 남명의 선비정신은 향후 도덕교육과정 체제 구성과 교과서 집필시 다루어져야 할 것으로 보인다. 특히, 교과서 집필자들에게는 위의 본론에서 다룬 내용들을 참고로, 도덕성 발달 단계와 초중고 교육과정의 내용에 맞게, '체용(體用)의 원리'101)를 적용한 선택과 집중 등의 노력이 요구된다. 도덕교육을 통해 남명의 선비정신이 한국의 정체성으로 거듭나는 계기가 되어 실천적 선비정신이 구체화되기를 기대한다.

---

101) 장승희(2010), 「도덕과 "동양윤리" 영역 교과지식의 재구조화 원리」, 『도덕윤리과교육』 제30호, 한국도덕윤리과교육학회.

제5장

다산 정약용의 성(誠) 수양과 도덕교육

Ⅰ. 머리말 : 개념을 넘어서는 동양의 수양

　우리는 상황에 맞지 않는 언행을 하는 사람을 '개념 없다'고 한다. 이는 문제 사태의 핵심을 잘 파악하지 못하여 적절한 해결책을 찾지 못함을 의미한다. 그래서 사람들은 개념 없는 사람이 되고 싶어 하지 않는다. 학문에서도 '개념'[혹은 정의(定義)]은 무엇보다 중요하다. 명확한 개념규정 없는 글은 논지 파악을 방해하고, 개념규정 없이 진행되는 논의는 핵심을 잃고 표류하기 십상이며, 주관적 개념에 근거한 토론은 보편적 합의를 이끌어내기 어렵다. 이처럼 개념규정은 현실에서 뿐만 아니라 학문공동체에서도 중요한 관건이지만, 그 한계를 인식하지 못하면 오히려 진리에서 멀어지는 요인이 되기도 한다. 개념적 인식은 대상의 실제[본질] 혹은 전체 파악을 방해할 수도 있기 때문이다. 그래서 동양의 선인(先人)들은 '명가명 비상명(名可名 非常名)', '언불진의(言不盡意)'라고 하였다.
　근대 이후 개념화의 결과는 두 가지 양상으로 드러난다. 하나는,

학문에서 절대적 진리에 대한 믿음의 약화로 상대주의가 확대되었고 그로 인해 진리의 다양성이 확보된 것이다. 다양한 학문의 출현, 문화 상대주의, 절대적 진리에 대한 회의 등, 진리는 더 이상 하나가 아니라 관점에 따라 다양할 수 있다고 인식하게 되었다. 다른 하나는, 인류 문명이 점점 인간중심으로 변한 것이다. 인간 이성에 대한 확신, 자본주의의 보편화, 과학주의와 물질주의로, 사람들은 어느 시대보다 큰 풍요로움을 경험하였고, 발전에 대한 기대감으로 점점 인간중심적으로 되었다. 여기서의 인간중심주의는 긍정적 의미가 아닌, 도구이성의 파괴적 속성을 띤 부정적인 의미이다. 개념화가 자본주의·세계화와 연계되면서 사람들은 진리의 다양성 확대에도 불구하고 현실에서는 소외와 결핍을 경험하곤 한다.

개념화의 파괴적 속성의 하나가 '평균'[1] 개념이다. 수학에서 평균(平均)은 '어떤 집합의 구성원 값들 사이의 중간 값을 나타내는 양'[2]이다. 통계에서 '평균'은 매우 유용한 개념이지만, 현실에서는 평균 몸무게, 평균 키, 평균 연봉, 평균 점수 등 판단하고 평가하는 척도가 되어 낮은 평가를 받은 사람들은 결핍과 소외를 경험한다.[3] 물

---

1) 국어사전에는, "(1)여러 사물의 각각 다른 질이나 양을 고르게 한 것. (2)[수학] 여러 수치나 양의 중간값을 갖는 수. 산술 평균, 상승 평균, 조화 평균 등이 있는데 보통 산술 평균을 말한다. (3)균형이 잡혀 있음."이라고 정의되어 있다.
: http://dic.daum.net/word/view.do?wordid=kkw000277215&q=%ED%8F%89%EA%B7%A0(검색일 : 2012.03.06).
2) http://100.daum.net/encyclopedia/view.do?docid=b23p2621a(검색일 : 2012.03.06).
3) 매스컴을 떠들썩하게 했던 '루저 논란'이 그 한 예이다. 방송에서 한 여대생이 남성의 키가 180cm이하이면 루저(loser), 즉 실패자라고 말한 것이 발단이 된 사건이다. 이후 분노한 남성들에 의해 여대생의 신상이 공개되고, 이 문제가 토론의 주제까지 될 정도로 사회적 이슈였다.

론 이에 개의치 않는 주체적인 사람들도 있지만 공동체 일원인 이상 '평균' 개념을 무시할 수만은 없다. 개념은 선입견[편견]과 연계되고 궁극에는 대상의 본질 인식을 방해하기 때문에, 우리는 개념화에 비판적으로 접근하지 않을 수 없다. 교육에서 개념화는 유용하기도 하지만, 부정적 측면도 존재한다. '문제아' 개념은 인성교육을 배제하고 효율성 측면에서만 보면 위험하다. 이른바 '문제아'란 말이 당연한 듯 받아들여지지만 주관적 판단인 경우 이른바 '낙인 효과'로 교육은 더 어려워질 수 있다. 교육에서 '등급'에 의한 평가도 그렇다. 등급이 없을 수 없지만 오늘날처럼 성적이 주 평가 기준이 되는 상황에서 교육 본래의 의미를 찾기란 쉽지 않다. 교육에서 개념화에 대해 비판적으로 접근해야 하는 이유이다.

교사의 교육과 학생의 학습을 '평가'에만 연계시킨다면 경쟁과 갈등은 끝나지 않는다. 교육에서 경쟁은 불가피하다. 그럼에도 불구하고, 경쟁의 형태가 달라져야 한다고 보는 것은 교육의 '본질'을 염두에 두는 사람들의 공통된 시각이다. 경쟁의 기능은 갈등이 아니라 조화와 상생을 위한 것이어야 하며, 이를 위해 도덕교육이 중요한 역할을 담당하지 않을 수 없다. 우리 전통도덕교육에 대해 살펴보면, 그 중요성이 강조되고 관련 학문 연구도 축적되었지만 시대적 적용을 위한 노력이 부족하여 현장에서는 단절된 것처럼 보인다. 이를 극복하기 위해서는 전통도덕의 본질을 재해석하고, 그 구체적 방법을 개발하여 교육에 적용할 수 있어야 한다.

서양학문은 개념에서 출발하여 개념을 증명하고 명확히 하는 데서 끝난다. 동양학문은 개념의 한계를 인식하고 개념을 내려놓는[벗어나는] 것을 목표로 한다. 개념을 내려놓는 노력이 바로 수양(修養)

이다. 수양론(修養論)은 동양학문이 서양학문과 구별되는 큰 특징이다. 그것은 "내면적 품성이나 지혜·도덕을 함양하는 것을 목적으로 하여 그것을 성취하기 위한 방법을 제시하는 것과 관련된다."4) 동양의 수양은, 인간 본성을 다룬다는 점에서는 서양 심리학과 유사하지만, 심리학이 왜곡된 심리의 치유를 목적으로 하는 반면 수양은 타고난 심성의 함양에 초점이 있다. 동양 사유에서 인간은 그 자체가 선(善)이며 보살(菩薩)이며 자연(自然)이었다. 장자(莊子)는 제물론(齊物論)에서 모든 것은 상대적이므로 모든 것의 가치는 평등하다고 보았다. 아름다운 미인의 대명사인 서시를 보고도 물고기들은 도망치고, 길고 짧은 것 역시 다 상대적이라고 말한다. 그것은 선입견과 편견을 배제하고자 하는 노력이다.

이처럼 동양은 개념에 구속되기보다 개념을 넘어서고자 한다. 그런데 유교는 도불(道佛)에 비해 개념화에 가깝다. 인의예지(仁義禮智)의 덕목을 설정하고 그 덕목을 체화하여 현실에서 어떻게 실천할지가 유교 수양의 관건이다. 불교에서 참선(參禪)을 통한 해탈의 추구, 도가에서 좌망(坐忘)이나 심재(心齋)를 통한 탈아(脫我)의 추구와는 달리 유교에서는 자신을 찾기 위해 자신을 구체화하여야 한다. 이 점에서 유교는 개념규정의 철학이며, 그 수양도 하나의 개념을 설정하고 그에 도달하기 위한 노력으로 이루어진다. 인(仁)·성(誠)·경(敬) 등 유교에서 중시하는 덕목과 관련하여 유가(儒家)들은 항상 그것이 도대체 무엇을 의미하는지 묻곤 하였다. 공자의 제자들은 무엇을 인(仁)이라 하는지, 무엇을 예(禮)라 하는지 끊임없이 물었

---

4) 유교대사전편찬위원회 편(1990), 『유교대사전』, 박영사, p.800.

고, 공자는 다양한 방법으로 의미를 확실하게 답변하기 위해 노력하였다. 개념을 규정하고자 하는 노력은 어쩌면 인간의 피할 수 없는 진리 탐구의 표현일 것이다. 도가에서 '명가명 비상명(名可名 非常名)'이라고 하면서도 도(道)의 실체를 표현하기 위해 무(無)와 유(有), 자연(自然) 개념을 끌어온 것도 불가피한 선택이었다. 불교에서 분별망상이나 집착으로부터 벗어나야 함을 표현하기 위해 공(空) 개념을 사용하는 것도 마찬가지이다. 결국 인간 세상에서 살아가는 이상 개념화에서 벗어날 수 없는 것이 인간의 운명이다.

그러나 동양의 수양은 개념을 세우긴 하지만 그 개념 자체에 빠지지 않고 그것을 초월 혹은 극복하고자 하는 노력을 수반하는 특징이 있다. 유교도 마찬가지이다. 인(仁), 성(誠), 경(敬)의 개념을 명확히 하고자 노력하지만, 궁극적으로 추구한 것은 개념을 넘어선 어떤 경지이다. 앞에서 살펴본 것처럼 '평균'의 잣대에 스스로를 얽어매고 살면 인간은 결핍과 소외를 벗어날 수 없다. 교육에서 '평균', '평가' 그리고 '경쟁'의 굴레를 벗어나는 순간 아이들은 행복에 가까워질 수 있다. 동양은 개념의 틀을 벗어나 개념으로는 파악하지 못하는 사물의 '본질'에 접근하여 '궁극'에 도달하고자 한다. '수양(修養)'은 개념으로 형성된 편견과 선입견의 껍데기를 버리고, 타고난 선(善)한 본성[性]을 길러 진리에 접근하도록 한다는 점에서, 교육의 주체와 대상에게 모두 필요하다.

이 글은 이러한 두 가지 문제의식-개념화의 한계를 넘어 본질 직관을 위한 수양의 중요성, 도덕교육에서 전통교육의 현대적 적용-에서 출발하여, 유교의 성(誠)의 본질에서 어떻게 청소년들의 마음과 정신을 회복시킬 수 있을지에 대해 탐색한 것이다. 성(誠)

은 유교의 철학과 윤리학의 중요개념으로 성실(誠實)·진실무망(眞實無妄)·정성(精誠) 등의 의미를 지닌다.5) 성(誠)은 형성(形聲) 글자로, 언(言)+성(成)인데 '성(成)'은 완성되어 안정감 있다는 뜻으로, 안정감이 있는 말, '진심'의 뜻을 나타낸다.6) 다시 말하면, 자신이 한 말이 안정감 있도록 진심을 다하여 행동해야 한다는 뜻이다. 일반적으로 성실(誠實)이라는 뜻으로 이해되고, 사전적으로는 태도나 말과 행동이 착하고 거짓이 없음, 혹은 '정성스럽고 참됨'이지만,7) 그 의미를 넘어 한 인간의 총체적 인격을 드러내는 수양법의 핵심이기도 하다. 성실이란 덕목은 누구나가 익히 알고 있으며 많은 사람들이 가훈이나 좌우명으로 삼기도 한다. 그럼에도 불구하고, 성실이 무엇을 의미하는지 명확하게 설명할 수 있는 사람은 드물다. 열심히 최선을 다해 마음을 기울여 정성껏 하는 것이라 생각하는 정도이다.

성(誠)을 중시한 학자가 많지만, 다산(茶山) 정약용(丁若鏞, 1762~1836, 영조38~헌종2)이 대표적이며, 그는 실학의 집대성자로서, 그의 학문은 성리학을 비판적으로 수용하였고, 천주교와 과학을 중심으로 한 서양학문을 받아들였으며, 원시유학의 본질로 회귀하고자 하였다. 이러한 학문 특성상, 그의 성(誠) 이해는 다른 유학자들보다 다양하고 종합적이다. 다산의 성(誠)도 하나의 개념이기 때문에 개념화를 벗어날 수 없지만, 성(誠)을 다양한 각도에서 해석하고 폭넓

---

5) 위의 책, p.702. : 본고에서는, 논의 전개의 경우 이러한 함축적 의미를 그대로 살리기 위한 하나의 방편으로 대부분 '성(誠)'자를 풀어쓰지 않았으며, 원전 번역의 경우 문맥에 따라 '성(誠)'·'성실(誠實)'·'정성(精誠)' 등을 혼용하였음.
6) 민중서림편집국 편(1998), 『한한대자전』, 민중서림, p.1917.
7) 국립국어연구원 편(1999), 『표준국어대사전』, 두산동아, p.3458.

은 개념으로 확대시켜 수양(修養)과 연계시키고 있다. 우리는 그 내용 속에서 도구이성의 파괴적 개념화를 넘어서는 초월적 의미를 찾을 수 있다. 교육에서 유교의 성(誠)의 중요성은 잘 알고 있지만 그 본질을 학교 현장에 어떻게 적용할 지에 대한 연구는 활발하지 못하다. 그것은 유교의 성(誠)을 현대교육과 연계시켜 심화시키지 못하였고, 현실교육과 연계된 방법적 탐색이 부족한 데 원인이 있다. 다산 정약용의 성(誠) 개념에서 수양(修養) 내용을 파악하여 도덕교육적 시사점을 찾기 위해, 다음의 내용을 살펴보자. 첫째, 유교경전의 성(誠)을 수양적 측면에서 어떻게 해석하였는가? 둘째, 성(誠) 수양의 핵심은 무엇이고, 도덕교육에 어떻게 적용할 것인가? 결론에서는 현대사회에서 성(誠) 수양의 의미를 찾아보았다.

II. 다산의 성(誠)에 대한 수양적 해석

성(誠)은 유교경전에서 강조될 뿐 아니라[8] 많은 유학자들이 성(誠)으로 인격수양을 위해 노력하였다. 율곡은 퇴계의 경(敬)에 대비하여 성(誠)을 강조하여 그의 학문은 성의 철학이라고 해도 과언이 아니다. 율곡에 의하면 성(誠)은 실리(實理)와 실심(實心)으로 나누어지는데, 천도(天道)는 실리로서 화육(化育)의 공효를 나타내고, 인도

---

[8] 춘추시대 이전에도 이미 '성(誠)'자가 나오지만 당시엔 조사나 접속사로 사용되었고, 사람의 품덕(品德)을 형용하는 형용사나 품덕의 명사 등과 같은 도덕 의의(意義)를 구유(具有)하게 된 것은 맹자, 장자, 순자에 이르러서이다. 철학사에서 성을 계통적으로 발전시킨 것은 『중용』이다. : 유교대사전편찬위원회 편 (1990), 앞의 책, p.702.

(人道)는 실심으로서 감통(感通)의 공효를 드러낸다. 성(誠)이란 곧 진실무망(眞實無妄)인데, 천도의 성(誠)인 실리(實理)는 동시에 성인(聖人)의 성(誠)이고, 인도(人道)의 성(誠)인 실심(實心)은 수행하는 사람들의 것이다.9) 율곡의 성(誠)은 주자의 설을 따르면서도 그의 이통기국설(理通氣局說)과 연계되고 있다. 그는 "군자의 배움은 성(誠)을 독실하게 하는 것뿐이다.", "성(誠)이 아니면 천리의 본연을 보존할 수 없다.", "뜻에 성(誠)이 없으면 서지 못하고, 기질에 성(誠)이 없으면 변화할 수 없다."고 하였다. 그에게 성(誠)은 주체적 인간의 성실성의 확립이다.10) 율곡은 성리학의 성(誠)을 바탕으로 이해한다는 점에서 주자와 큰 차이가 없다. 다산은 주자나 율곡의 성(誠)을 전적으로 부정하지는 않지만 자신만의 성론(誠論)을 정립한다. 다산은 이기론 중심의 성리학이 유학의 실천성에서 멀어졌다고 보고 원시유교로 회귀할 것을 주장하면서 '행사(行事)', 즉 실천을 강조한다. 이 점은 '상제천(上帝天) 개념'과 '인의예지에 있어서 실천의 강조'에서 잘 알 수 있다. 이러한 그의 학문적 성격은 『대학』과 『중용』의 성(誠) 해석에서 드러난다.

1. 신독(愼獨) : 자아성찰과 실천

『대학』의 8조목11)을 본말(本末)로 나눌 때, 격물(格物)·치지(致

---

9) 김형효(2000), 『원효에서 다산까지 : 한국 사상의 비교철학적 해석』, 청계, pp.484-485.
10) 유교대사전편찬위원회 편(1990), 앞의 책, p.703.
11) 『大學』〈經文〉 : "物格而后, 知至, 知至而后, 意誠, 意誠而后, 心正, 心正而后, 身修, 身修而后, 家齊, 家齊而后, 國治, 國治而后, 天下平."

知)·성의(誠意)·정심(正心)은 본(本), 수신(修身)·제가(齊家)·치국(治國)·평천하(平天下)는 말(末)에 해당된다. 그중 성의(誠意)의 내용이 성(誠)과 직결된다.

> 이른바 '그 뜻을 성실히 한다'는 것은 스스로 속이지 않는 것이니, (악을 미워하기를) 악취(惡臭)를 미워하는 것과 같이 하며, (선을 좋아하기를) 색(色)을 좋아하는 것과 같이 하여야 하니, 이것을 자겸(自謙)이라 이른다. 그러므로 군자는 반드시 그 홀로 (있을 때)를 삼가는 것이다.[12]

『대학』에서 성의(誠意)는 '스스로 속이지 않는 것'이며, 이는 자겸(自謙=自慊)을 바탕으로 한 신독(愼獨)과 연결된다. 주자는, "그 뜻을 성실히 하는 것은 스스로 닦는 첫머리"[13]이며, "스스로 닦고자 하는 자가 선을 하고 악을 제거해야 함을 알았으면, 마땅히 실제로 그 힘을 써서 자기(自欺)함을 금지하여, 가령 악을 미워함에는 악취를 미워하는 것과 같이 하고, 선을 좋아함에는 색을 좋아하는 것과 같이 하여, 모두 힘써 결단하여 버리고 구함에 반드시 얻어서 스스로 자신에게 만족하게 할 것이요, 한갓 구차히 외면을 따라 남을 위해서는 안 되는 것이다. 그러나 그 성실하고 성실하지 못함은 남은 미처 알지 못하고, 자기만이 홀로 아는 데 있다. 그러므로 반드시 이것(홀로)을 삼가 그 기미를 살펴야 함을 말씀하신 것이다."[14]라고 하였

---

12) 『大學』〈제6장〉: "所謂誠其意者, 毋自欺也, 如惡惡臭, 如好好色, 此之謂自謙, 故, 君子, 必愼其獨也." 이하『大學』·『中庸』 번역문은 『大學·中庸集註』(성백효 역주, 전통문화연구회, 2008)를 참고하여 인용·수정함.
13) 『大學』〈제6장〉朱子注: "誠其意者, 自修之首也."

다. 여기서 우리는 주자가 성(誠)을 '선을 택하여 스스로 만족할 수 있는 자기수양'으로 보고 있음을 알 수 있다. 홀로 있을 때에도 삼가는 신독(愼獨)은, 스스로 선을 좋아하는 마음과 같은 자율적 의지에 의한 자기만족이어야 하며 내면적 성찰을 위해 그 기미를 잘 살펴야 하는 것이다. 기미를 살핀다는 것은 혼자 있을 때 어떤 상황이 되는지 잘 살펴서 악에 빠지지 않도록 경계하는 것을 의미한다.

① 소인이 한가로이 (홀로) 거처할 때에 불선한 짓을 하되 이르지 못하는 바가(짓이) 없다가 군자를 본 뒤에 겸연쩍게 그 불선함을 가리고 선함을 드러내나니, 남들이 자기를 보기를 자신의 폐부(肺腑)를 보듯이 할 것이니, 그렇다면 무슨 유익함이 있겠는가. 이것을 일러 '중심(中心)에 성실하면 외면에 나타난다'고 하는 것이다. 그러므로 군자는 반드시 그 홀로 (있을 때)를 삼가는 것이다. 증자께서 말씀하셨다. "열 눈이 보는 바이며, 열 손가락이 가리키는 바이니, 두려울만하구나!"15)

② 부(富)는 집을 윤택하게 하고, 덕(德)은 몸을 윤택하게 하니, (선이 있으면) 마음이 넓어지고(여유롭고) 몸이 펴진다. 고로 군자는 반드시 그 뜻을 성실히 하는 것이다.16)

---

14) 『大學』〈제6장〉朱子注:"言欲自修者, 知爲善以去其惡, 則當實用其力, 而禁止其自欺, 使其惡惡則如惡惡臭, 好善則如好好色, 皆務決去而求必得之, 以自快足於己, 不可徒苟且以徇外而爲人也, 然, 其實與不實, 蓋有他人所不及知而己獨知之者. 故, 必謹之於此, 以審其幾焉."
15) 『大學』〈제6장〉:"小人閒居, 爲不善, 無所不至, 見君子而后, 厭然揜其不善, 而著其善, 人之視己, 如見其肺肝然, 則何益矣. 此謂, 誠於中, 形於外. 故, 君子必愼其獨也. 曾子曰, 十目所視, 十手所指, 其嚴乎."
16) 『大學』〈제6장〉:"富潤屋, 德潤身, 心廣體胖, 故, 君子必誠其意."

①은 성의(誠意)의 본질인 신독을 해야 하는 이유를, ②는 그 효과를 말하고 있다. 소인들은 남들이 보지 않는 데서는 불선한 짓을 하다가 군자를 보고서 겸연쩍게 그 불선함을 가리고 선함을 드러내고자 하지만, 사실 그것을 숨기기란 불가능하다. 행동이란 마음의 표현이기 때문에 아무리 타인 앞에서 조심한다 해도 스스로의 불선은 드러나지 않을 수 없다. 그래서 군자는 한가로이 혼자 있을 때조차도 자신의 생각이 악으로 가지 않도록 하고, 행동도 삼가는 것이다. 마음에 성(誠)이 있으면 행동으로 드러나는 것이므로, 언제나 성심(誠心)을 보존해야 한다. 주자는 "비록 조용하게 홀로 있음의 가운데라도 그 선악을 가릴 수 없음이 이와 같으니, 두려울 만함이 심함을 말씀한 것이다."17)라고 해석하였다.

여기서 주목할 것은 '두려울 만함이 심함(可畏之甚也)'이란 표현이다. 주자가 말한 '두려움[畏]'의 대상이 과연 무엇일까. 타인의 이목보다는 자율적 도덕성에 의하겠지만 주자의 철학구조에서 볼 때 이는 천리(天理)라고 할 수 있다. 궁극적 본체로서 천리(天理)는 순선무악한 본질이기 때문에 그 천리(天理)는 외경(畏敬)의 대상이 되기도 한다. 반면, 다산에 있어 두려움의 대상은 천지귀신(天地鬼神)이다. 증자의 십목십수(十目十手)에 대해, "오계자(吾季子)만은 '어두운 내실 옥루(屋漏) 속 으슥한 깊은 방에서 일어나는 그 생각을, 타인으로서 그 어느 누가 이를 알 수 있겠는가? 군자는 여기에서 참으로 천지귀신이 밝게 퍼져 있고 촘촘히 널려 있어 위에서 굽어보고 옆에서 질정하는 것을 보는 것이다'라고 하였으니, 증자의 뜻은 진실로 여

---

17) 『大學』〈제6장〉朱子注 : "言雖幽獨之中, 而其善惡之不可揜, 如此, 可畏之甚也."

기에 있는 것이다."18)라고 하였다. 천지귀신이 사방에서 굽어 살피고 있으니 두려운 것이다. 그렇다면 천지귀신은 무엇인가. 바로 천(天)이다. 다산에게 있어서 성(誠)은 신독(愼獨)이며, 그것은 천(天)에 대한 외경(畏敬)의 마음을 토대로 선악의 흔들림 속에서 선으로 가게 하는 성찰을 포함한다.

다산은 내적 성찰이 마음속에만 있어서는 안 되며 외면적 덕(德)으로 드러나야 된다고 하였다. ②에 대해 주자는 "(잘못한 일이 없어) 마음에 부끄러움이 없으면 광대(廣大)하고 관평(寬平)하여 몸이 항상 펴지고 편안하니, 덕(德)이 몸을 윤택하게 함이 그러함을 말한 것이다. 선(善)이 중심(中心)에 성실하여 외면에 나타남이 이와 같다"19)고 하였다. 반면, 다산은 "진실한 마음으로 악을 버리고 진실한 마음으로 선을 행하면 악을 버리고 선을 행함이 있는 그것 때문에 몸이 윤택해지고 덕을 얻을 수 있다. 만일 공적(空寂)한 경지로 마음을 치달려 가게 되면 덕을 지닐 수 있는 인연이 없게 된다. 일을 실행한 연후에야 덕이라는 명칭이 성립된다."20)고 하였다. 다산은 단순히 마음 다스림, 자아성찰에서 나아가 성(誠)은 진심을 다해 실천해야

---

18) 《與猶堂全書》 제2집, 경집 제1권 『大學公議』: "惟吳季子之言云, 暗室屋漏之中, 幽深隱奧, 一念將動, 人孰知之. 君子於此, 眞見夫天地鬼神昭布森列, 臨之在上, 質之在傍, 曾子之意, 亶在是矣." 이하, 《與猶堂全書》 번역문은 『國譯 與猶堂全書』(전주대호남학연구소 역, 여강출판사, 1989-1995)를 참고하여 인용·수정함.
19) 『大學』 〈제6장〉: "故, 心無愧怍, 則廣大寬平, 而體常舒泰, 德之潤身者然也. 蓋善之實於中而形於外者, 如此."
20) 《與猶堂全書》 제2집, 경집 제1권 『大學公議』: "實心去惡, 實心爲善, 以其去惡爲善之故, 得有潤身之德. 若馳心於空寂之地, 則無緣有德, 行事而后, 德之名立焉."

한다고 강조한다.

성의·정심이 비록 배우는 사람들의 지극한 공부이기는 하지만, 매양 일로 인하여 성의를 다하고 일로 인하여 정심하는 것이지, 선가(禪家)처럼 벽을 마주보고 앉아서 마음을 들여다보며 스스로 허령된 본체를 검사하고 담연(湛然)히 허공처럼 밝아 티끌 하나 섞이지 않는 것, 이것이 성의정심이다 하는 사람은 없을 것이다. 제 아비에게 효도하고자 하는 사람은, 한 번 방안이 따뜻한가를 살피더라도 반드시 정성을 다하고, 한 번 시원한가를 살피더라도 반드시 정성을 다하고, 한 가지 맛있는 음식을 갖추어 드리더라도 반드시 정성을 다하고, 한 가지 의복을 세탁해 드리더라도 반드시 정성을 다하고, 술과 고기로 손님을 대접하더라도 반드시 정성을 다하고, 조심조심 부모의 잘못을 말씀드려서 그런 일이 없도록 해드리더라도 정성을 다하게 되니, 이것을 일러 성의라고 하는 것이다. 웃어른을 공경하고자 하는 사람은, 한 번 부름에 나가더라도 반드시 정성을 다하고, 한 번 물음에 답하더라도 반드시 정성을 다하고, 한 번 수고로움에 응하더라도 반드시 정성을 다하고, 한 번 앉은 자리나 짚는 단장을 받들어 드리더라도 반드시 정성을 다하고, 술과 음식을 차려드리더라도 반드시 정성을 다하고, 학업을 닦더라도 반드시 정성을 다하게 되니, 이것을 일러 성의라고 하는 것이다. 이로써 임금을 섬기고, 이로써 벗을 사귀고, 이로써 백성을 다스리는 것이니, 그가 성의를 다하는 이유는 일을 실행하자는 데 있는 것이다. 단지 뜻만 갖고 있는 것은 정성이라 할 수 없고 다만 마음만 가지고 있는 것은 바르다고 할 수 없는 것이다.[21]

---

21) 《與猶堂全書》 제2집, 경집 제1권 『大學公議』: "誠意正心, 雖是學者之極工, 每因事而誠之, 因事而正之, 未有向壁觀心, 自檢其虛靈之體, 使湛然空明, 一塵不染, 曰此誠意正心者. 欲孝於其父者, 察一溫必誠, 察一淸必誠, 具一甘旨必誠, 濯一衣裳必誠, 酒肉以養賓必誠, 幾諫使無過必誠, 斯之謂誠意也. 欲弟

"요즘 사람들은 마음 다스리는 것을 성의(誠意)로 여겨, 단지 허령불매한 본체를 잡아가지고 배 속에다 넣어둔 채, 그것의 진실하고 망령됨이 없는 이치를 돌이켜 살펴보려고만 한다. 이처럼 평생토록 정좌한 채 묵묵히 자기 내면을 바라보면서 바야흐로 가경(佳境)이 있기를 바라니 좌선(坐禪)이 아니고 무엇이겠는가?"[22]

위의 해석에서는 다산의 실학적 학문 성격이 잘 드러난다. 성리학에서 허령불매한 본체를 중심으로 한 마음공부에만 그치는 것은 참된 성(誠)이 아니고, 모름지기 정성을 다해 사회적 관계에서 구체적으로 실천할 때라야 성의(誠意)의 본뜻이 드러난다는 것이다. 사람의 덕이 드러나는 것은 마음속에 성(誠)이 있을 때인데, 그 덕은 그저 공허하게 존재하는 것이 아니라 선을 택해 행하여야 이루어지는 것이니, 궁극적으로 마음속의 성(誠)을 실천하지 않는다면 그것은 진실한 성(誠)이라고 할 수 없다. 다산에게 성(誠)이란, 선(善)의 경향성이며 선(善)을 택하여 실천할 때에 드러나는 것임을 알 수 있다.

2. 성(誠) : 천도(天道)와 인도(人道)의 매개

중국철학사상에서 유교의 성(誠)은 크게 세 가지-덕목으로서의 성, 천도로서의 성, 인성으로서의 성으로 분류되어 논의된다.[23] 덕

於其長者, 趨一召必誠, 對一問必誠, 服一勞役必誠, 奉一几杖必誠, 有酒食饌之必誠, 受學業修之必誠, 斯之謂誠意也. 以之事君, 以之交友, 以之牧民, 其所以誠其意者, 皆在行事, 徒意不可以言誠, 徒心不可以言正."
22) ≪與猶堂全書≫ 제2집, 경집 제1권『大學公議』: "今人以治心爲誠意, 直欲把虛靈不昧之體, 捉住在腔子內, 以反觀其眞實无妄之理. 此須終身靜坐, 默然內觀, 方有佳境, 非坐禪而何."

목으로서의 성은 주자가 '성(誠)이란 진실무망(眞實無妄)을 말한다'고 한 것이나 『예기』〈악기(樂記)〉의 "성실함을 나타내고 욕심으로 일어나는 허위를 제거하는 것이 예의 경상이다(著誠去僞, 禮之經也)."에 대하여 공영달(孔穎達)이 "성(誠)이란 성신(誠信)을 말한 것이며, 위(僞)란 허사(虛詐)를 말한 것"이라 한 것, 『주역』〈문언전〉의 "사악함을 막고 그 성실함을 보존한다(閑邪存其誠)."라고 한 것에서 볼 수 있다. 인성으로서의 성(誠)은 중용의 성과 다른 관점인데, 이고(李皐)나 주돈이(周敦頤)에서 드러나는 관점으로 진성(盡性) 혹은 복성(復性)으로 성(誠)을 삼거나 성(誠)으로써 본연지성을 삼고 있는데, 중용의 성에 대한 학설을 발전시킨 것[24]이라 할 수 있다.

  천도(天道)와 인도(人道)로서의 성(誠)은 『중용』에 잘 드러나는데, 중용은 성(誠)을 위한 것이라고 해도 과언이 아닐 정도로 성으로 일관되어 있다.[25] 정조가, 성지(誠之)란 『중용』 한 편의 추뉴(樞紐)인데 수장(首章)에서 제15장까지 성(誠)을 전혀 언급하지 않다가 〈귀신장(鬼神章, 제16장)〉에서 처음 나오고, 제17장부터 없다가 제20장에

---

23) 유교대사전편찬위원회 편(1990), 앞의 책, pp.702-703.
24) 위의 책, p.703.
25) 『유교대사전』에서는 『중용』의 성을 일곱 가지로 구분하고 있다. ① 성실한 것은 하늘의 도이다. ② 성실하려고 하는 것은 사람의 도이다. ③ 성실한 사람은 힘쓰지 않고서도 사리에 맞고, 생각하지 않아도 터득하고, 거동이 정도(正道)에 맞으니 성인(聖人)이다. ④ 성실하려고 하는 사람은 선한 것을 택하여 그것을 고집하는 사람이다. ⑤ 성실함이란 스스로 인격을 완성하는 요건이다. ⑥ 성실함이란 만물의 처음이자 끝이다. ⑦ 성실함이란 스스로 자기를 이룩하게 할 뿐만 아니라 만물을 이룩하게 하는 소이이다. 주자는 이를 ①③⑤⑥은 천도(天道)를, ③④⑦은 인도(人道)를 가리켜 말한 것이라고 보았지만, 실제적으로 성(誠)은 천도와 인도에 공통적인 것이며, 그것들을 관통하여 찬인합일을 가능하게 한다. : 위의 책, p.702.

서 언급하고, 〈귀신장〉에서는 한 번 성(誠)을 언급하고는 제20장에서 여러 번 중복하여 말하는 이유를 묻자,26) 다산은 다음과 같이 답하였다.

> 수장(首章)에서는 비록 '성(誠)'자를 말하지 않았지만 신독이 곧 성(誠)이니 성(誠)을 언급하지 않은 것이라고는 말할 수 없습니다. 회야장(回也章, 제8장)의 "하나의 선을 얻으면 이를 가슴에 새긴다."라는 말 또한 성(誠)이며, 소위장(素位章, 제14장)의 "정곡(正鵠)을 잃고서는 그 자신을 돌이켜 본다."라는 말 또한 성(誠)이며, 애공문정(哀公問政, 제20장)의 아래 문장에 "사람을 알려고 한다면 하늘을 알지 않을 수 없다."라는 말 또한 성(誠)이니, 어찌 성(誠)을 언급하지 않았다고 말할 수 있겠습니까?27)

이어서 다산은, "'오달도(五達道)를 행할 수 있는 방법은 하나이다.', '삼달덕(三達德)을 행할 수 있는 방법은 하나이다.', '삼지(三知)[生知・學知・困知]는 같지 않으나 앎에 미쳐서는 하나이다.', '삼행(三行)[安行・利行・勉强行]이 같지 않으나 성공에 미쳐서는 하나이다.', '구경(九經)이란 드넓으나 이를 행하는 방법은 하나이다.' 등, 여기서 나온 '하나'의 방법이 모두 성(誠)입니다. 어찌 성을 말하지

---

26) 《與猶堂全書》 제2집, 경집 제4권 『中庸講義補』: "御問曰, 誠之爲一篇樞紐, 或問已備言之, 而自首章至十五章不言誠, 而鬼神章始言之, 自十七章至前章不言誠, 而此章又言之者, 何也. 且鬼神章, 只言一誠字, 此章則重言而復言之者, 何也."

27) 《與猶堂全書》 제2집, 경집 제4권 『中庸講義補』: "臣對曰, 首章雖無誠字, 愼獨卽誠, 不可曰不言誠也. 回也章曰, 得一善則拳拳服膺, 此亦誠也, 素位章曰, 失諸正鵠, 反求諸其身, 此亦誠也, 哀公問之下曰, 思知人不可以不知天, 此亦誠也, 何得曰不言誠乎."

않았다고 이를 수 있겠습니까?"라고 답하고,28) 맨 마지막으로 "그러므로 천도(天道)와 인도(人道)가 하나의 성이라는 글자를 벗어날 수 있겠습니까?"29)라고 끝을 맺는다. 즉, 성을 직접 드러내어 말하지 않았지만 수장(首章)에서부터 성을 언급하고 있으며, 무엇보다 천도(天道)와 인도(人道)가 모두 성으로 매개된다고 보는 것이다.

또한 다산은 위의 인용문에서 보는 바와 같이 '성(誠)=신독(愼獨)'이라 보았는데, "신독의 공부란 특별히 미세한 마음이 뚜렷이 나타남[微之顯]을 아는 데 있다. 미세한 마음이 뚜렷이 나타나는 것을 안다면 신(神)이 여기에 강림하는 것이다. 그러므로 〈귀신장〉에서 하나의 성(誠)자를 삽입하여 한 편(篇)의 추뉴(樞紐)를 삼은 것이다."30)라며 〈귀신장〉에서 성(誠) 한 글자를 삽입해서 추뉴로 삼은 이유를 신독에 대한 해석에서 찾고 있다. 『중용』〈귀신장〉을 보자.

> 공자께서 말씀하셨다. "귀신의 덕이 지극하다. 보아도 보이지 않으며 들어도 들리지 않으나 사물의 체(근간)가 되어 빠뜨릴 수 없다. 천하의 사람들로 하여금 재계하고 깨끗이 하며 의복을 성대히 하여 제사를 받들게 하고는 양양(洋洋)하게 그 위에 있는 듯하며 좌우에 있는 듯하다. 『시경』에 이르기를, '신의 이르름을 예측할 수 없으니,

---

28) 《與猶堂全書》 제2집, 경집 제4권 『中庸講義補』: "五達道所以行之者一也, 一者誠也, 三達德所以行之者一也, 一者誠也, 知不同及其知之一也, 一者誠也, 三行不同及其成功一也, 一者誠也, 九經浩汗所以行之者一也, 一者誠也, 何得曰不言誠乎."
29) 《與猶堂全書》 제2집, 경집 제4권 『中庸講義補』: "天道人道, 其有外於一誠字乎."
30) 《與猶堂全書》 제2집, 경집 제4권 『中庸講義補』: "特以愼獨之工, 在於知微之顯. 知微之顯則神斯格矣. 故, 於鬼神章插一誠字, 爲一篇之樞紐."

하물며 신을 싫어할 수 있겠는가.' 하였으니, 은미한 것이 드러나니, 성(誠)의 가릴 수 없음이 이와 같구나."31)

시·서(詩書)를 보면, 고대사회에서 제사는 매우 중요한 행사로, 현실에서 신(神)의 존재는 도덕적 준거로서 의미가 있었다. 성(誠)도 제사(祭祀)의 대상인 귀신(鬼神)의 덕과 연계시켜 논의된다. 이에 대해 주자는 해석하기를, "성(誠)은 진실하고 망령됨이 없음[眞實無妄]을 이른다. 음양의 합하고 흩어짐이 진실 아님이 없다. 그러므로 그 발현되어 가릴 수 없음이 이와 같은 것이다."32)라고 하였다. 주자는 귀신의 성격을 은비(隱費)로 설명한다. "보이지 않고 들리지 않음은 은(隱)이요, 사물의 체(體)가 되어 존재하는 것 같음은 또한 비(費)이다."33) 성리학자들은 귀신을 '천지의 공용(功用)으로서 조화의 자취', '이기(二氣)의 양능(良能)'이라고 해석하였는데,34) 다산은 귀신을 '천신(天神), 지기(地示=地祇), 인귀(人鬼)로 나누고서, 지기(地示=地祇)는 원래 인귀에 속하기 때문에 궁극적으로 천신과 인귀만이 존재하며, 인귀는 사람이 죽은 귀신이고, 천신은 본래 형질이 없는 것으로서 상제를 보좌하는 신하로서 빛나게 나열되어 각기 그 호칭과 지위가 있다'고 본다.35) 다산의 관점에서, 귀신이란 바로 천(天)이

---

31) 『中庸』〈제16장〉: "子曰, 鬼神之爲德, 其盛矣乎. 視之而弗見, 聽之而弗聞, 體物而不可遺. 使天下之人, 齊明盛服, 以承祭祀, 洋洋乎如在其上, 如在其左右. 詩曰, 神之格思, 不可度思, 矧可射思, 夫微之顯, 誠之不可揜, 如此夫."
32) 『中庸』〈제16장〉朱子注: "誠者, 眞實無妄之謂. 陰陽合散, 無非實者. 故, 其發見之不可揜, 如此."
33) 『中庸』〈제16장〉朱子注: "不見不聞, 隱也, 體物如在, 則亦費矣."
34) 《與猶堂全書》제2집, 경집 제4권 『中庸講義補』: "程子曰, 鬼神天地之功用而造化之跡. 張子曰, 鬼神者二氣之良能."

며36), 신독은 신(神)을 섬기면서 홀로 있으면서 삼가고 경계하여 간절한 마음으로 독실하여 천덕(天德)에 이르는 방법이다.37) 결국 신독(愼獨)의 공부는 자아성찰로, 미세한 마음이 뚜렷이 나타남을 아는 데 있다. 이것이 이루어지면 그 순간에 신(神)의 존재를 알게 되니, 초월적 존재의 힘을 느끼게 되는 것이다. 그렇게 되면 그 존재에 대해 존중이 생기고, 겸손해지며 모든 것에 더욱 조심하게 되는 것이다. 이것이 바로 신독 공부이다.

3. 지천(知天) : 성(誠)의 궁극 목적

『중용』〈제20장〉은 노나라 애공이 정치를 묻는 데서 시작된다. 공자는, 문왕·무왕 같은 사람이 정사를 하는 것이며, 정사의 효험은 그 신속함이 빨리 자라는 갈대와 같으니, 그것을 맡을 사람은 도(道)로 몸을 닦고, 인(仁)으로 도를 닦아야 한다는 논리로 대답하였다.38)

---

35) 《與猶堂全書》 제2집, 경집 제4권 『中庸講義補』: "社稷五祀, 是祭是祀, 則地示之本人鬼可知也. 天以天神, 各司水火金木土穀山川林澤, 人主亦使人臣分掌是事, 及其後世, 乃以人臣之有功者, 配於天神. 以祭社稷, 以祭五祀, 以祭山川, 則名雖地示, 其實皆天神人鬼也. 人鬼者, 人死之鬼, 天地功用, 二氣良能, 非所論語人鬼也. 天神者, 本無形質, 爲上帝之臣佐, 昭布森列, 有號有位."
36) 《與猶堂全書》 제2집, 경집 제4권 『中庸講義補』: "聖人旣人則鬼神非天乎."
37) 《與猶堂全書》 제2집, 경집 제4권 『中庸講義補』: "故其戒愼恐懼愼獨之切眞切篤, 實以達天德."
38) 『中庸』〈제20장〉: "哀公, 問政, 子曰, 文武之政, 布在方策, 其人存則其政擧, 其人亡,則其政息. 人道, 敏政, 地道, 敏樹, 夫政也者, 蒲盧也. 故, 爲政, 在人, 取人以身, 修身以道, 修道以仁."

그러므로 군자는 몸을 닦지 않을 수 없으니, 몸을 닦을 것을 생각할진댄 어버이를 섬기지 않을 수 없고, 어버이를 섬길 것을 생각할진댄 사람을 알지 않을 수 없고, 사람을 알 것을 생각할진댄 하늘의 이치를 알지 않을 수 없습니다.[39]

정치란 이와 같이 수신(修身)에서 시작하여 지천(知天)에 이르러야 하는 것이니, 군자는 이를 알아야 한다. 사람을 아는 데 있어 군신, 부자, 부부, 형제, 붕우간의 지켜야 할 오달도(五達道)가 있으며, 그 관계에서 행해야 할 지・인・용(智仁勇)의 삼달덕(三達德)이 있는데, 그 행하는 원리는 하나이다.[40] 그것이 바로 성(誠)이다. 이처럼 성(誠)은 인간에 있어서 가장 기본이 되는 것이다. 구경(九經)이란, 몸을 닦음과 어진 이를 높임, 친척을 친히 함, 대신을 공경함, 여러 신하들의 마음을 체찰함, 여러 백성들을 자식처럼 사랑함과 백공(百工)들을 오게 함, 먼 지방 사람을 회유함과 제후들을 은혜롭게 하는 것이다.[41] 정치를 하는 사람들이 명심하여 행해야 할 구체적인 내용이다. 천하와 국가를 다스림이 여기에 있으니, 이것을 행하는 원리도 하나이다.[42] 그것은 바로 성(誠)이니 한 가지라도 성실하지 못함이 있으면 이 구경(九經)이 모두 빈 글이 된다.[43] 그렇다면 오달

---

39) 『中庸』〈제20장〉: "故, 君子, 不可以不修身, 思修身, 不可以不事親, 思事親, 不可以不知人, 思知人, 不可以不知天."
40) 『中庸』〈제20장〉: "天下之達道五, 所以行之者三, 曰君臣也, 父子也, 夫婦也, 昆弟也, 朋友之交也五者, 天下之達道也, 知仁勇三者, 天下之達德也, 所以行之者, 一也."
41) 『中庸』〈제20장〉: "凡爲天下國家, 有九經, 曰, 修身也, 尊賢也, 親親也, 敬大臣也, 體群臣也, 子庶民也, 來百工也, 柔遠人也, 懷諸侯也."
42) 『中庸』〈제20장〉: "凡爲天下國家, 有九經, 所以行之者, 一也."

도, 삼달덕, 구경에 이르기 위해 성실히 하는 방법은 무엇인가?

❶ 성실한[誠] 것은 하늘의 도[天道]요, 성실히 하려는[誠之] 것은 사람의 도[人道]이니, 성실한[誠] 것은 힘쓰지 않고도 도(道)에 맞으며 생각하지 않고도 알아서 종용히 도(道)에 맞으니, 성인의 경지요, 성실히 하려는[誠之] 것은 선(善)을 택하여 굳게 잡는 것이다.44)

❷ 성(誠)으로 말미암아 밝아짐을 성(性)이라 이르고, 명(明)으로 말미암아 성실해짐을 교(敎)라 이르니, 성실하면 밝아지고, 밝아지면 성실해진다.45)

❶은 성(誠)과 성지(誠之)로 천도(天道)와 인도(人道)를 구분하고 있는데, 택선(擇善)하여 고집(固執)하는 것이 성실히 하는 방법이라고 하였다. 그것의 구체적인 방법이 바로 신독(愼獨)이다. 『대학』을 해석하면서, 다산이 성(誠)=신독(愼獨)으로 본 것은 인도(人道)로서의 수양법을 말한 것이다. 성인이 도(道)에 맞아 성(誠)인 것은 그 자체로 지천(知天)을 할 수 있기 때문이다. 그러나 보통사람은 신독의 방법으로 노력하여 지천(知天)하도록 해야 한다. ❷를 해석하여 다산은 다음과 같이 말하였다. "성(誠)으로 말미암아 밝아지는 이[自誠明]는 성인[聖人 : 천도(天道)]이며, 명(明)으로 말미암아 성실해 지는 자[自明誠]는 선을 택한 자[擇善者 : 인도(人道)]이다. 성(性)은 천도(天道)요 교(敎)는 인도(人道)이다."46)

---

43) 『中庸』〈제20장〉 朱子注 : "一者, 誠也, 一有不誠, 則是九者, 皆爲虛文矣."
44) 『中庸』〈제20장〉 : "誠者, 天之道也, 誠之者, 人之道也, 誠者, 不勉而中, 不思而得, 從容中道, 聖人也. 誠之者, 擇善而固執之者也."
45) 『中庸』〈제21장〉 : "自誠明, 謂之性, 自明誠, 謂之敎, 誠則明矣, 明則誠矣."

오직 천하에 지극히 성실한 분이어야[天下至誠] 능히 그 성(性)을 다할 수 있으니, 그 성(性)을 다하면 능히 사람의 성(性)을 다할 것이요, 사람의 성(性)을 다하면 능히 물건의 성(性)을 다할 것이요, 물건의 성(性)을 다하면 천지(天地)의 화육(化育)을 도울 것이요, 천지의 화육을 도우면 천지와 더불어 참여하게 될 것이다.47)

위의 인용문에서 '천명지위성(天命之謂性)'을 바탕으로 하는 유교의 형이상학 체계를 볼 수 있다. 여기서 가장 궁극적 지점에 존재하는 것이 천(天)이다. 유학자들이 천(天)을 어떻게 이해하는가에 차이가 있음에도 불구하고 천(天)을 궁극으로 보는 점은 공통적이다. 다산의 경우 천도(天道)로서의 성(誠)과 인도(人道)로서의 성(誠)을 연계시켜 신독(愼獨)으로 종합하고 있다. 신독을 통하여 천도와 인도가 만나며 그것은 성(誠)의 태도로 가능한 것이다. 천도로서의 천(天)의 은미함과 덕이 바로 성(誠)이고, 인간이 재계하여 밝은 마음으로 그 존재를 인식하는 것도 바로 성(誠)에 의한 것이다.

보아도 보이지 않고 들어도 들리지 않는 것은 천하에 지극히 은미한 것으로 귀신만한 게 없다. 그러나 천도는 지성(至誠)으로서 만물의 체가 되어 빠뜨림 없이 일월의 운행, 사계절의 변화, 조화발육에 제각기 성명(性命)을 바르게 하니, 그 덕이 지극히 뚜렷하여 천하의 사람들로 하여금 모두 재계하고 깨끗이 하며 밝은 마음으로 섬기게

---

46) 《與猶堂全書》 제2집, 경집 제4권 『中庸講義補』: "況自誠明者聖人也[天之道], 自明誠者擇善者也[人之道]. 性者天之道也, 敎者人之道也."
47) 『中庸』〈제22장〉: "惟天下至誠, 爲能盡其性, 能盡其性, 則能盡人之性, 能盡人之性, 則能盡物之性, 能盡物之性, 則可以贊天地之化育, 可以贊天地之化育, 則可以與天地參矣."

하고는 그 위에 계신 듯 하는 것은 그 무슨 까닭인가. 이는 지성(至誠)이란 가릴 수 없기 때문이다. 천도(天道)는 형체가 없으나 성(誠)은 반드시 나타나는 것이다. 더구나 형체가 있는 사람이야 어떠하겠는가? 이 때문에 군자는 홀로 (있을 때)를 삼가는 것이다.[48]

다산은 『대학』과 『중용』을 연계시켜서 성(誠)을 논하고 있으며, 이 두 경전의 핵심을 성(誠)에서 찾고 있다. 또한 성(誠)을 단순히 개념화시키는 것이 아니라 그것을 수양 방법으로 승화시키고 있다. "귀신이란 이기(理氣)로 말할 수 없는 것이다. 나의 생각은 다음과 같다. 천지귀신이란 밝게 펴져 있고 촘촘히 널려 있는데 그 중에서도 지극히 높고 지극히 큰 것이 상제(上帝)이시다. 문왕의 조심조심 하는 마음으로 밝게 상제를 섬겼던 일과 중용에서의 계신공구(戒愼恐懼)가 어찌 밝은 마음으로 상제를 섬기는 학문이 아니겠는가?"[49] "중용의 덕(德)은 신독(愼獨)이 아니면 성취할 수 없으며 신독의 공부는 귀신이 아니면 두려운 마음을 지닐 수 없다. 그러므로 귀신의 덕(德)은 바로 우리 도(道)의 근본이 되는 것이다."[50] 다산에 있어 신독이 가능한 것도 신(神)이 존재하기 때문이며, 인간(人間)이 성

---

48) 《與猶堂全書》 제2집, 경집 제4권 『中庸講義補』: "視之而弗見, 聽之而弗聞, 則天下之至隱至微者, 莫鬼神若也. 然天道至誠, 體物不遺, 日月運行, 四時錯行, 造化發育, 各正性命, 其德至著至顯, 使天下之人, 皆齊明昭事, 如在其上, 斯何故也. 至誠不可掩也. 天道無形, 而誠則必顯, 況於有形之人乎. 此君子所以愼獨也."

49) 《與猶堂全書》 제2집, 경집 제4권 『中庸講義補』: "鬼神不可以理氣言也. 臣謂, 天地鬼神, 昭布森列, 而其至尊至大者, 上帝是已. 文王小心翼翼, 昭事上帝, 中庸之戒愼恐懼, 豈非昭事之學乎."

50) 《與猶堂全書》 제2집, 경집 제4권 『中庸講義補』: "臣對曰, 中庸之德, 非愼獨不能成, 愼獨之功, 非鬼神無所畏, 則鬼神之德, 卽吾道之所本也."

(誠)으로 노력하여 수신(修身)하면 천도(天道)인 성(誠)에 도달하게 된다. 성(誠)은 '뜻을 성실하게 하는 것'이니 바로 마음 다스림이 핵심이다. 여기에 심(心)이 중심이 된다. 이처럼 천(天)·인(人)·심(心) 세 요소는, 다산의 윤리사상에서 독자적인 의미와 구조를 갖고 있으면서 '윤리적 정합성'을 이루고 있다.51) 다산에 있어서 초월적 존재에 대한 믿음과 현실을 강조한 실학의 특성은 단순히 보면 모순처럼 보인다. 현실을 추구하지만 그것을 초월하고자 하고, 상제천(上帝天)에서 도덕적 근거를 찾지만 현실을 외면하지 않는다. 그 점에 다산사상의 매력이 있다.

Ⅲ. 다산 성(誠) 수양의 도덕교육적 적용

유교의 수양은 천인합일(天人合一)에 근거하고 있다. 즉 인도의 실현을 통해 천도와의 합일을 추구하며, 그것은 이른바 유학의 좌파인 순자(荀子)를 빼고는 거의 공통적이다. 다산은 『대학』의 성의(誠意)를 해석하면서 신독(愼獨)과 등치시키고 있다. 또 『중용』의 핵심은 성(誠)이고, 궁극적 목적은 지천(知天)이며, 지천의 방법이 신독(愼獨)이라고 보았다. 다산의 성(誠) 수양은 두 가지로 요약할 수 있다.
첫째, 다산은 수양으로서 성(誠) 개념을 기존 성리학적 틀에서 벗어나 새롭게 정립하여 본질에 접근하고자 하였다. 그것은 인(仁), 덕(德) 해석과 마찬가지로 공맹(孔孟)의 원시유학의 본질을 찾고자 하는 노력의 결과이다. 그것은 현실을 강조하는 실학, 초월적 존재로

---

51) 장승희(2005), 『다산 윤리사상 연구』, 경인문화사, p.189.

서 상제천의 상정이라는 모순논리로 드러난다. 이것은 그가 현실을 긍정하고, 또 그것을 넘어 초월을 추구하고자 한 시도로 다른 실학자들과 차이점이 드러나는 부분이다.

둘째, 다산은 성(誠)을 『대학』·『중용』의 핵심으로 파악하여 유교 수양방법의 중심에 놓고 신독(愼獨)과 동일시하고 있다. 그는 신독(愼獨) 개념을 개인 수양 차원을 넘어 관계성과 초월성으로 확대시키고 있다. 신독의 외경 대상이 초월적 존재인 천(天)이라는 점에서 초월성이 드러난다. 또한 홀로 있을 때 삼간다는 점에서는 자아성찰이지만, 그것이 두 사람을 의미하는 인(仁), 구체적 실천을 통한 덕(德)이라는 점-관계성에서의 구체적 행동을 강조한다는 점-에서는 관계성이 부각된다. 그의 성(誠)은 상제(上帝)로서의 천(天)에 대한 외경성(畏敬性)을 포함하고 있는 것이다. 이것을 그림으로 살펴보면 다음과 같다.

〈다산 성(誠) 수양의 핵심 개념과 내용〉

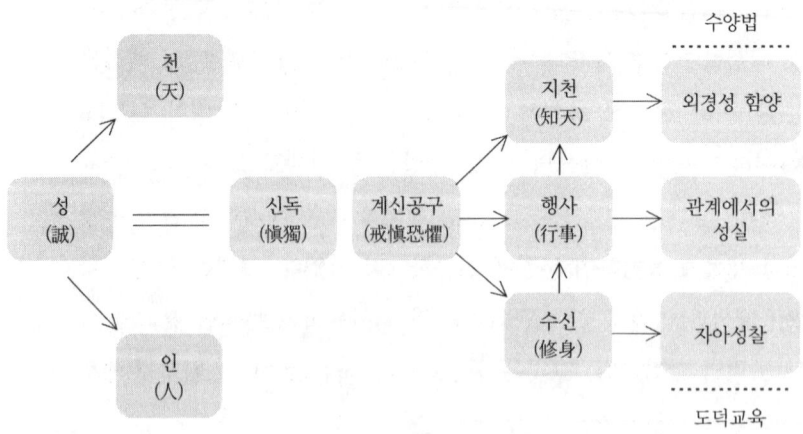

위의 내용을 설명하면 세 가지로 정리할 수 있다. 첫째, 다산에 있어 성(誠)은 천도이자, 또한 인도이다. 인간의 길로서 성(誠)은 '신독(愼獨)'을 통하여 천도에 이르게 된다. 그에게 성(誠)은 신독(愼獨)이며, 그것은 인간이 천도에 이르는 중요한 수양 방법이다. 신독은 홀로 있을 때에도 삼가고 조심하는 태도와 방법인데, 진실무망(眞實無妄)한 마음을 지니는 것이며, 이는 초월적 존재인 천(天)에 대한 외경(畏敬)에 근거하고 있다. 둘째, 인간의 본성으로서 천명을 인식하기 위해 필요한 방법이 신독(愼獨) 공부이다. 외경(畏敬)의 근거는 〈귀신장〉에 나타난 것처럼 귀신(鬼神)이다. 성리학에서 귀신(鬼神)은 천리의 공용·조화의 자취로, 천리(天理)의 본체와 관련된다. 증자가 십목십수(十目十手)의 근거를 타인의 이목이라고 파악하였다면, 다산은 귀신이라고 보았다. 그것은 천(天)이며, 절대적·초월적 신(神)으로 인간의 도덕적 행동을 굽어 살피고 있기 때문에, 인간은 성(誠)의 마음으로 신독(愼獨) 공부를 하지 않을 수 없다고 파악하였다. 셋째, 다산은 천도로서 성(誠)은 그 자체가 명(明)이지만 인도로서 성(誠)은 끊임없이 노력하여 이루어야 하는 것이라고 본다. 그리고 마음에 있는 성(誠)이 드러나기 위해서는 내적 성찰은 물론 그것을 넘어 구체적 실천으로 이어져야 한다고 보았다. 이는 실학적 행사(行事), 즉 실천 개념이 투영된 것으로 그의 학문적 특성과 연계된다.

다산은 신독으로 『대학』과 『중용』의 성(誠)을 하나로 연결시키고 있다. 다산의 성(誠) 수양은 구체적으로 신독(愼獨)이며, 그것은 계신공구(戒愼恐懼)의 공부인데, 구체적으로 세 가지 내용을 포함한다. '개인의 정신 수양의 측면', '관계망에서의 실천 측면', '초월적 존재와의 관계에서 외경성의 함양'이다. 이러한 내용의 성(誠) 수양을 학교 도덕교육에서 어떻게 구체적인 방법으로 활용할 수 있는지 살펴보자.

첫째, 수신(修身)으로서 신독은 자아성찰에 초점을 둔 것이다. 학교 현장에서 학생들의 자아성찰을 위한 방법으로 명상이 있다. 최근 명상(瞑想, meditation)은 잡다한 일상생활에서 자기의 마음과 몸을 성찰하여 새롭게 하고자 하는 방법으로 강조된다. 명상을 하는 것은 "호기심과 따뜻한 마음으로 자신의 삶을 들여다보고 어떻게 하면 깨어 있으면서 자유로울 수 있는지 알아내는 것"[52]이다.[53] 그러나 명상의 방법은 다양하기 때문에 자신에게 맞는 올바른 명상법을 선택하는 것이 무엇보다 중요하다. 특히 학교 현장의 명상은 교육적 차원에서 보편성을 가지고 이루어져야 하기 때문에, 교사는 먼저 이에 맞는 올바른 명상법을 숙지해야 할 것이다.

필자는 수업 전 3분 명상을 강의시간에 적용하여 기대 이상의 효과를 본 적이 있다. 다음은 수업 전 3분 명상에 대한 학생들의 소감 일부이다.

> "오늘도 어김없이 명상으로 수업을 시작하여 마음을 가다듬고 수업에 잘 임할 수 있었다. 다시 한 번 명상은 생각을 가다듬고 내안에서 나를 혼란스럽게 하는 잡생각을 정리해주는 데 큰 도움을 주는 것 같다고 생각했다." 〈영어교육전공 한○○〉

---

52) 추선희 역(2011), 잭 콘필드(Jack Kornfield), 『처음 만나는 명상 레슨』(Meditation For Beginners, 2004), 불광출판사, p.14.
53) 위의 책, 목차 참고. 잭 콘필드는 초보자들을 위한 명상 방법으로 호흡과 하나되기, 몸의 느낌과 함께 하기, 감정과 함께 하기, 생각 바라보기, 용서의 명상, 사랑의 명상, 먹기 명상, 걷기 명상 등을 제시하고 있다.

"오늘도 역시 명상으로 수업을 시작했다. 항상 느끼는 거지만, 명상은 마음을 차분하게 해주는 신기한 힘이 있는 것 같다. 명상을 통해서 수업에 더 충실히 임하게 되는 느낌이 든다."
〈실과교육전공 박○○〉

"항상 말하지만 3분 명상은 정말 좋은 것 같다. 허겁지겁 뛰어 들어와서 의자에 앉으면 솔직히 집중이 잘 되지 않는데 이 과정을 거침으로써 강의에 집중할 준비가 되는 것 같다."
〈음악교육전공 김○○〉

"동양사상과 현대 시간은 역시나 명상으로 시작하는데 이 명상을 하는 게 참 좋은 것 같습니다. 생각할 일이 있을 때 명상을 하며 생각을 하니 훨씬 침착하게 생각할 수 있었습니다."
〈윤리교육전공 김○○〉

"오늘은 아침부터 날씨가 우중충해서 그런지 심란한 마음을 가지고 강의에 참여하게 되었습니다. 언제나 그렇듯 교수님의 수업은 짧은 [명상의 시간]으로 시작합니다. 나에게 집중하는 [명상의 시간]을 끝내고 나면 나도 모르게 마음이 편안해지고 언제 그랬냐는 듯 행복해집니다."
〈국어교육전공 김○○〉

"오늘도 역시 저번 시간과 마찬가지로 강의의 시작은 3분 명상이었다. 자신의 감정과 기분 등등에 집중을 하니 내 자신이 차분해지고 생각이 정리되는 느낌을 받았다."
〈미술교육전공 좌○○〉

직접 초등학생들에게 아침 명상을 지도한 교사로부터, 감정과 마음을 안정시켜 자신의 내면을 성찰할 수 있도록 아침 명상의 시간을 가지면, 하루 수업 시간에 학생들의 집중도가 높아진다는 경험을 듣기도 하였다. 내면에 대한 성찰의 방법으로 성찰일기 쓰기, 자서전

쓰기, 유언 쓰기 등도 나는 누구인가를 돌아보게 함으로써 삶에서 철학적 성찰의 계기를 줄 수 있다. 강의시간에 적용한 경험과 명상 관련 책54)을 참조하여 이른바 '신독명상을 통한 자아성찰'의 예시 (안)를 참고로 제시해 보았다.

〈신독명상을 통한 자아성찰 예시(안)〉

순서	내용	방법	참고
1	자세 바루기	가슴과 허리를 펴고, 다리를 자연스럽게 하고 손을 가볍게 무릎에 올린다.	각자의 현재 환경에 맞게 자세를 바르게 하도록 지도
2	조용히 눈감기	그 상태에서 조용히 눈을 감는다.	차분한 분위기를 만들어줌
3	호흡 바라보기	자신의 호흡에 집중하고 숨을 고른다.	들숨과 날숨을 따라 호흡 집중
4	감정 바라보기	자신의 감정 상태가 어떤지 집중하여 느낀다.	현재의 감정 상태 확인 집중
5	마음 바라보기	감정 너머 마음의 상태가 어떤지 느껴본다.	감정을 극복하고 마음에 집중
6	생각 바라보기	머리에서 일어나는 생각들에 집중해본다.	자신의 머릿속 생각에 집중
7	행동 바라보기	자신의 하루 행동들에 대해 생각해본다.	자신의 오늘 행동 생각하기
8	성찰하기	마음과 행동이 부끄러움이 없는지 반성한다.	행동에 대한 반성과 성찰 시간
9	다짐하기	어떻게 해야 할지 스스로 다짐한다.	하루, 일주일을 다짐하는 시간

---

54) 추선희 역(2011), 잭 콘필드(Jack Kornfield), 『처음 만나는 명상 레슨』(Meditation For Beginners, 2004), 불광출판사 ; 장현갑 외 역(2005), 존 카밧친(John Kabat-Zinn), 『마음챙김 명상과 자기치유』(上·下)(Full Catastrophe Living, 1990), 학지사 ; 정태혁(2004), 『명상의 세계』, 정신세계사 ; 지운 외 (2009), 『영성과 명상의 세계』, 전남대학교출판부 등

둘째, 관계적 실천은 신독을 덕화(德化)시키는 방법인데, 자아성찰을 넘어 관계성으로 나아가 삶에서 배려와 존중을 실천하는 것이다. 배려와 존중은 지식보다는 도덕적 감수성[도덕적 민감성]과 관련된다는 점에서 훌륭한 인물들의 예화를 통해 감수성을 기르도록 하는 것이 필요하다. 나아가 칭찬하기, 마니또 활동, 편지쓰기 등 관계성 확립을 위한 방법들도 실천에 도움이 된다. 구체적으로 학급의 '띠앗활동'55)을 제시할 수 있다. 띠앗은 "형제나 자매 사이에, 서로 사랑하고 위하는 마음"56)인데, 학급에서 운영할 때는 "비밀리에 행하는 봉사활동은 물론 반 친구들을 돕고 배려하는 모든 활동"을 말한다. 초등학교 고학년임에도 불구하고, 자신이 이 일로 인해 얻을 이득은 무엇이며 손해는 무엇인지만을 생각하고, 그로 인해 상대방이 느낄 상처나 아픔 같은 것들은 고려를 하지 않는 문제를 해결하기 위하여 초등학교 현장에서 실시하였던 방법이다. 그 내용을 간략하게 정리하면 다음과 같다.

띠앗활동의 내용과 결과		
	활동의 내용	활동의 과정과 결과
띠앗 활동	• 남녀 팀으로 나누어 각각 띠앗을 정함 (교사). • 각 띠앗은 자신이 할 나눔 활동 내역을 정함(교사에게 제출). • 다른 팀이 모르게 띠앗 활동을 함. • 자기 팀 띠앗이 들키지 않도록 띠앗의 친구들도 함께 활동.	● 처음에는 눈에 보이는 가시적 활동에 치중하게 되나 교사의 지도로 관계에 초점을 두어 배려활동을 하게 됨. ● 소극적인 아이에게 접근하여 친구간의 관계를 개선하기 위해 노력함.

---

55) EBS 다큐프라임, "초등생활보고서", 제3부 〈나눔〉, 2008.07.09 방영.
56) http://dic.daum.net/search.do?q=%EB%9D%A0%EC%95%97(검색일 : 2012. 03.13).

	• 상대 팀 띠앗이 누구인지 맞추는 팀이 승리.	• 누군가에게 인정받기 위한 띠앗 활동에서 친구간의 관계로 변화. • 서로 도와주고 칭찬을 많이 해줘서 고마움 느낌.
띠앗 쪽지	• 아이들이 띠앗으로 생각되는 아이 이름과 이유를 쪽지에 적어 게시판에 붙이도록 함. • 교사는 아이들의 띠앗 활동을 독려함. • 띠앗을 찾기 위해 친구들을 더욱 유심히 관찰하게 되고 자신의 나눔 활동을 조절하는 기준이 됨. • 띠앗 쪽지를 통해 상대편 띠앗이 누구인지 추리가 시작됨. • 아이들은 게시판에 자신이 이름이 있다는 것만으로도 뿌듯해 함.	• 서로 관심을 가질 수 없어서 서먹했지만 서로 다가가자 조금씩 마음이 열림. ◉ 2주간의 띠앗 활동으로 띠앗 활동이 자연스럽게 생활화 되어 나타남. • 처음엔 상대편에 들킬까 봐 조심스러워 했던 아이들이 다른 아이들을 의식하지 않고 나눔 활동을 함.
친구 완전 정복	• 반 아이들이 각자 임의로 한 명을 정해 그 아이에 대한 기사를 씀(띠앗 신문). • 아이들은 취재 대상이 된 친구를 1:1로 만나 인터뷰 실시. • 가족, 취미 등 세세한 것 조사하게 됨. • 반 전체가 작성한 띠앗 신문을 보고 누구인지 친구를 알아냄.	• 봉사 활동들이 생활화 됨(자연스럽게 하게 됨). • 주변에서 친구들이 하는 것을 보니깐 나도 해야지 라고 생각. • 자신 스스로 띠앗활동을 해보니 자신에 대한 행복, 자신감, 뿌듯함이 생김.

셋째, 외경성의 함양은 신독의 대상에 대한 초월성 인식과 그 대상에 대한 외경심을 바탕으로 한다. 도덕과 교육과정에서, 제4단원 초월적 존재를 강조한 것은, 도구이성으로서 인간의 오만함을 버리고 외경을 통한 겸손을 배우게 하기 위한 것이다. 궁극적으로 이것은 공경과 존중의 마음을 지니게 하는 '권위'에 대한 인정을 포함한다. 그 '권위'에 대한 인정은 '권위주의'에 대한 복종과는 다르고 '인격' 혹은 '존재' 그 자체에 대한 공경과 존중에서 나온 것으로, 오늘날 자기중심적·이기적 인간성의 회복을 위해 필요한 방법이다. 이를 위해 식사 전 음식에 대한 감사, 부모와 교사에 대한 공경, 학교·사회·국가에 대한 존중의 시간을 갖는 것도 중요하다.

Ⅳ. 맺음말 : 현대사회에서 성(誠) 수양의 의미

　최근 수양법에 대한 관심의 증가는 두 가지 측면에서 설명할 수 있다. 하나는 현대 문명의 위기가 서양 도구이성의 파괴적 속성에 기인한 것으로 보고, 동양의 정신에 대한 관심의 표명이다. 다른 하나는 경쟁심과 소비 등 본능적 욕구에 초점을 둔 자본주의와 물질주의의 부작용으로 드러난 인간성의 파괴 현상을 극복하기 위한 방향 모색이다. 이것은 삶의 질, 즉 행복 추구의 경향과 더불어 교육에서도 보편화되고 있다. 그것이 구체화되어 다양성의 인정, 공존과 배려, 나눔에 대한 교육으로 나타나고 있다.

　서양에서도 명상에 대한 관심이 높다. 처음에는 동양의 수행이나 수양에 대해 신비주의적 관점에서 처음 접근했으나, 근래에는 인간의 의식 수준을 과학적 수치로 제시하면서 '의식연구의 과학화'를 추구한다.[57] '마음' 혹은 '정신'·'영적 세계'라는 것을 의식수준으로 삼아 1부터 1000까지의 척도로 수치화한 지표인 '의식지도'로 구체화하고 있다.[58] 단계화된 그 내용들을 보면 동양의 수행·수양과 유

---

[57] 문진희·김명권 역(2009), David R. Hawkins(2006), 『의식 수준을 넘어서』(*Transcending the Levels of Consciousness : The Stairway to Enlightenment*, Arisona : Veritas Publishing), 판미동, p.34. : 의식지도에서 숫자는 상용로그의 지수를 나타내며, 또한 의식의 에너지 장의 힘의 세기를 가리킨다. 예를 들어, 의식 수준 150으로 측정되는 것의 힘의 세기는 10을 150번 곱한 것과 같다. 의식지도상에서 숫자의 작은 차이에 불과한 것이 힘의 세기에서는 큰 차이를 나타낸다.

[58] 백영미 역(2011), 데이비드 호킨스(David R. Hawkins), 『의식혁명 : 인간행동의 숨은 결정자』(*POWER VS. FORCE : The Hidden Determinants of Human Behavior*, Arisona : Veritas Publishing, 1995), 판미동, pp.82-83. : 데이비드 호킨스(David R. Hawkins)는 1973년 노벨상 수상자 라이너스 폴링과 함께

사함을 알 수 있다. 구체적인 측정 결과 200이하는 에고의 수준으로 수치심(절망), 죄책감과 보복적 증오, 무감정, 슬픔, 두려움, 욕망, 분노, 자부심에 해당되고, 200~499까지의 선형적 마음은 용기, 중립, 자발성, 수용, 이성이며, 500~599까지의 영적 실상은 사랑, 무조건적 사랑(기쁨·황홀경), 600이상은 깨달은 상태들로 평화(지복·빛 비춤), 참나 각성, 완전한 깨달음이라는 단계이다.[59]

의식의 특성과 진화에 대해, "의식은 '세계의 빛'인데, 그것은 나타나지 않은 것(Unmanifest)으로부터 나타난 것(Manifest)을 향해, 비선형적 잠재성으로부터 창조(Creation)의 펼쳐짐으로서의 그것의 선형적 표현(테두리를 갖는, 지각된 물리적 영역)을 향해 방사되기 때문이다."[60], "나타나지 않은 것으로부터 나타난 것을 향해 의식 에너지 자체가 물질과 상호 작용했으며, 신성(Divinity)의 한 표현으로서 그러한 상호작용을 통해 생명이 일어났다."[61]고 설명하고 있는데, 이것은 『태극도설』의 우주론·생성론과 유사하다. 서양에서의 명상은 이처럼 과학적 연구와 더불어 진행되면서 설득력을 지니고 있다는 점이 장점이다. 이러한 관심이 확대되면서 명상이 일상생활에 보급되어 보편화되면 삶의 질 측면에서 의미를 지닐 수 있을 것

『분자교정 정신의학』 이후, 『나의 눈』, 『호모 스피리투스』, 『진실 대 거짓』, 『내 안의 참나를 만나다』, 『의식 수준을 넘어서』를 출간하면서 서양 정신의학에서 의미 있는 연구를 하고 있는데, 그가 말하는 의식 수준이 지향하는 바를 살펴보면 동양 수양론의 이른바 깨달음의 단계임을 알 수 있다. 그는 의식지도를 통하여 의식의 특정과정, 즉 감정, 지각, 태도, 세계관, 영적 신념들을 측정할 수 있고 그것이 인간 행동의 전 분야에 확대할 수 있다고 보고 있다.
59) 문진희·김명권 역(2009), 앞의 책, 목차, p.23 참고.
60) 위의 책, p.19.
61) 위의 책, p.27.

이다. 명상은 자신이 지니고 있는 기존의 개념 틀을 벗어나 자기 성찰을 통해 새로운 나를 만들어가는 방법이기도 하다.

학문에서 개념 파악은 무엇보다 중요하다. 교육에서도 현실적으로 개념화를 벗어나기는 어렵다. 그러나 도덕교육에서는 개념화와 이를 넘어서는 두 가지 방향을 추구해야 한다. 이는 도덕적 개념을 단순히 이해하고 수용하는 차원을 넘어 그것의 본질을 추구하여 더 큰 단계로 나아가야 함을 의미한다. 도덕교육에서 수양 방법은 나를 찾기 위한 방법이자 바르게 살기 위한 것이며, 또 도덕적 지식과 감성을 실천하기 위한 것이기도 하다. 그런 점에서 도덕교육에서 수양은, 인격 수양을 의미하면서 나아가 전존재적 이해를 지향하며, 궁극적으로 도덕과 교육과정에 수용된 초월적 존재와의 관계를 염두에 두어야 한다.

다산 성(誠) 수양의 핵심은 신독(愼獨)이며, 이것은 결국 의식의 변화를 목적으로 한다. 그 의식의 변화는 서양에서 관심을 갖는 명상과 통하는 측면이 많다. 도덕교육에서 성(誠) 수양 방법을 활용하기 위해서는 먼저 이와 관련된 방법들에 대한 연구가 선행되어야 하고, 교사교육을 통해 방법을 전파하면서 구체적으로 방법을 체험해보게 할 필요가 있다. 교사들이 그 효과를 인정하여 수용하게 되면 수업에 적용하게 되고, 학생들의 몸과 마음이 정화되면서 수업과 생활면에서도 변화가 생길 것이기 때문이다. 근대 이성은 인간에게 무소불위(無所不爲)의 존재라는 착각을 불러일으켰고, 인간은 불인인지심(不忍人之心)을 잃고 차마 하지 못할 짓이 없는 지경에까지 이르렀다. 최근의 학교폭력이나 사회의 부도덕적 문제들은 이러한 근대이성의 파괴적 결과들이다. 동양이든 서양이든 인간다움의 본질은 정신과 마음, 의식의 깨어있음에 있다. 다산의 신독(愼獨) 공부는, '나 자신'과 '다른 사람들'과 '초월적 존재'에 대해 '깨어있음'을 통하여, 나 이외의 존재에 대해 존중의 마음과 배려의 마음을 지니게 하고, 궁극적으로 이 거대한 우주 속에서 나의 위치를 자각하여 외경심, 나아가 겸손과 공경을 지니게 하는 것이다.

    오늘날 사회가 강조하는 개념들은 인간을 옥죄고 경쟁구도로 내모는 그런 것들이다. 이는 교육에서도 마찬가지이다. 이제 근대이성의 파괴적 속성을 벗어나기 위해서는 그 개념들을 공존을 위한 방향으로 재해석해야 할 필요가 있다. 이를 위해 '성(誠)=신독(愼獨)' 수양으로 나, 타인, 궁극적 존재를 인식하고 기존 개념들을 새롭게 구성하여 유용한 개념으로 변화시켜야 할 것이다.

【제2부】

유교의 도덕교육적 위상과 통섭

───────── 제1장 ─────────

"동양윤리" 영역
교과지식의 재구조화 원리

Ⅰ. 머리말 : 도덕과의 성격과 동양윤리

    20세기 학문은 독립된 분과 학문 영역을 그 특징으로 한다. 분과 학문의 발전은 긍정적으로는 분과의 심층연구로 나아간 반면, 지나친 분과주의는 학문간 경계를 심화시켜 폐쇄적으로 흐르기도 하였다. 그 결과 동일한 대상에 대해 분과 학문마다 상이한 해석을 낳기도 하였으며, 이런 다양성으로 인한 혼란 때문에 분과 학문들은 융합을 모색하게 되었다. 21세기 학문의 특성은 각각의 경계를 유지하면서도 학문들과의 협조를 통하여 새로운 발전을 모색한다는 점이다. 인류를 위협하는 제반 문제의 심각성과 복잡한 사회현상으로 인한 위기의식은 이러한 융합 경향을 심화시켰다. 다양한 학문의 '헤쳐 모여'는 오늘날 역사와 사회의 요구에 의한 결과로, 점점 복잡해지는 인간과 사회의 다면성을 이해하기 위한 노력이기도 하다.
    도덕과의 제 학문적 성격은 복잡한 도덕문제 해결을 위해 매우 긍정적이다. 도덕과는 도덕·윤리교육학을 기본바탕으로, 철학[윤리학]과 정치학, 심리학, 사회학, 인류학 등 다양한 학문 영역을 포괄하고 있다. 철학에는 서양철학[서양윤리]·동양철학[동양윤리]이, 정치학에는 정치철학·정치사회학·한국정치상황[통일 분야] 등이 포함된다. 다양한 학문 영역은 지식내용을 풍부하게 하지만 그것들이 연계되어 통일성을 이루지 못하면 각 학문 내용의 조합에 불과할 수도 있다. 도덕과는 30여 년 넘는 학문적 정체성 형성 과정을 통해 각 영역들이 연계성과 통일성을 이루고는 있지만 그것이 보다 정치(精緻)하게 구조화될 시점에 이르렀고, 이 연구는 그 노력의 일환으로 '동양윤리' 영역을 중심으로 한 것이다. 도덕과에서 동양윤리는 다른 학문과의 연계에 따라 다양한 이름을 갖는다. 시민윤리와의 관계에서는 전통윤리, 서양윤리와의 관계에서는 동양윤리, 서양철학과의 관계에서는 동양철학, 좁은 의미에서 '한국학'이라고 지칭되기도 한다. 이처럼 동양윤리 영역은 근대 이후 서양사상에 대비되는 전통사상, 서양의 시민윤리와 대비되는 전통윤리, 서양철학과 대비되는 동양철학을 포함하는 매우 광범위한 의미로 사용된다. 실제 도덕과에서 동양윤리는 '동양+윤리'라는 '표현'의 협의적 의미를 넘어선다. 그것은 동양철학, 넓게 동양사상을 포괄할 뿐만 아니라 한국의 전통철학, 넓게 전통사상을 포함하고 있다.

　본격적인 논의를 위해 '동양윤리' 개념에 대한 검토가 선행되어야 한다. 기존 교육과정에서는 '동양윤리'·'한국윤리'·'전통윤리'가 명확한 기준이나 분명한 개념규정 없이 혼란스럽게 사용되고 있다. 광의적인 의미의 동양윤리에 한국윤리와 전통윤리가 포함되므로 동양윤리라는 말로 세 가지를 모두 포함하는가 하면,[1] '전통윤리'라고 할 때는 한국윤리와 전통사상을 포함하고 있으며, '윤리와 사상'에서는 '동양윤리'와 '한국윤리'가 대등한 개념으로 사용되기도 한다. 우선, 이 세 가지 개념에 대한 명확한 구분, 한국윤리와 전통윤리의 개념과 그것들의 관계가 명확하게 밝혀져야 한다. '전통윤리'는 동양철학계에서 일반적인 용어는 아니지만 도덕교육학계에서는 '서구윤리', '현대윤리', '시민윤리'와 대비하여 '전통' 개념을 강조하여 사용해왔다. 윤리가 철학의 한 부분이라는 점에서 동양윤리는 동양철학의 한 부분이긴 하지만, 도덕과에서 다루는 동양윤리는 훨씬 넓은 스펙트럼을 지닌다. 윤리라는 개념 자체만 강조하면 철학에 포함되어야 하지만, 도덕과에서 다루는 윤리는 개념만 아니라 윤리 현상, 그와 관련된 제반 문제들을 폭넓게 다루기 때문이다. 따라서 동양윤리라고 할 때 그것은 개념으로서의 동양윤리를 넘어 동양윤리를 형성하게 한 문화, 동양윤리의 특성을 지닌 동양인들의 삶 등 관련된 제반영역을 다 포함하게 된다.

　도덕과 동양윤리의 학문지식의 바탕은 동양철학이라고 할 수 있다. 동양철학은 말 그대로 동양에서 다루어진 다양한 철학을 대상으로 한다. 인도철학과 중국철학 두 가지를 동양철학으로 규정하는가 하면,[2] 희랍을 서양철학의 시발로 보고 동양철학은 중국을 주로 한다고도 보고,[3] 동양철학이란 말 대신 '동양학(East Asian Studies)'이

---

[1] 이 글도 일단 이러한 광의적 의미의 '동양윤리' 개념으로 논의가 이루어지고 있다.
[2] 배종호(1986), 「동양 본체론 서설」, 한국동양철학회 편, 『동양철학의 본체론과 인성론』, 연세대학교출판부, p.3.
[3] 김충렬(1986), 「동양 인성론 서설」, 한국동양철학회 편, 『동양철학의 본체론과 인성론』, 연세대학교출판부, p.169.

라 하여 중국·한국·일본 삼국(三國)의 한자로 된 학문체계라고 보는 경우도 있다.4) 이처럼 학자에 따라 그 범위가 다르게 규정된다는 점에서 '이것'이라고 단언하기 쉽지 않지만, 서양철학에 대비하여 동양에서 이루어진 철학적 논의와 탐구를 포함하는 것이라고 볼 수 있다. 서양철학과 다른 동양철학의 특징은 '당혹감과 절박감'이야말로 그 추진력이고, 그 속에서 길[道]를 찾는 학문이라고 동양철학을 규정한 것은5) 동양철학의 현실주의적·도덕주의적 성격을 강조한 것이다. 한국윤리 영역의 학문지식을 한국철학이라고 할 경우에도 학자마다 다양한 의미를 지닌다. 한국철학을 '한국 사람이 한국에서 통용되는 언어로 한국 사회 문화 제 영역의 최고 원리와 제 영역의 통합 원리를 반성적으로 탐구하는 지적 활동 또는 그 결실'이라고 규정하기도 하고,6) '한국 전통철학'과 '현대철학'을 구분하여 논의하기도 한다.7) 이승환 교수는 '서구적 시각의 내재화, 자기 비하의 현실 인식, 전통문화에 대한 혐오, 친미적 사대주의와 같은 종속적 패턴'이 전통철학과 현대철학의 단절을 가져왔다고 파악하였다.8) 철학계에서는 동양철학, 한국철학, 전통철학이라는 용어를 사용하고 있는데, 이런 관점을 반영하여 윤리교육계에서도 동양윤리, 한국윤리, 전통윤리로 영역을 나누고, 구체적으로 '한국윤리'와

---

4) 김용옥(1991), 『동양학, 어떻게 할 것인가』, 통나무, p.113.
5) 윤용남(2006), 「도덕윤리 교육의 방향에 관한 제언」, 『동양철학연구』 제47집, 동양철학연구회, p.12.
6) 백종현(2000), 「'한국철학'이란 무엇인가?」, 한국철학회 편, 『한국철학의 쟁점』, 철학과현실사, p.64.
7) 이승환(2000), 「한국 전통 철학과 현대 철학의 연속성과 단절」, 한국철학회 편, 『한국철학의 쟁점』, 철학과현실사, pp.79-102.
8) 위의 글, p.83.

'전통윤리'를 합하여 '한국전통윤리'라고 규정하고 '한국현대윤리'와 구분하는 것을 제안해본다.

　동양윤리 학문지식의 바탕으로서 동양철학은 다른 표현으로 동양사상이라고도 할 수 있는데, 도덕과 동양윤리 학문지식을 구성하고자 할 때 크게 두 영역-동양사상과 한국사상-으로 구분할 수 있다.9) 동양사상은 동아시아에 영향을 주었던 유교, 불교, 도가 등 고대로부터 오늘날까지 동아시아 역사와 문명에 영향을 주어, 사람들의 문화와 가치관 형성에 영향을 주었던 사상들로, 오늘날 여전히 내재적 영향력을 지닌다. 한국사상은 동양사상 안에 포함되지만 그것이 사회문화적 변용을 통하여 한국화한 사상이라는 점에서 특수성을 지닌다고 볼 수 있다. 따라서 동양사상이 일반적 동양의 사상으로서 보편성을 띤다고 할 때, 중국, 인도, 일본, 한국, 베트남 등 동양 각국의 사상적 특수성을 인정하고, 이러한 특수성을 지닌 한국사상을 다른 표현으로 전통사상이라고도 한다. 한국사상은 특수성으로서의 한국사상을 인정하면서 동양사상의 보편성 안에 포함되는 것을 강조하는 반면, 전통사상은 한국의 전통에 초점을 맞춘다는 점에서 '역사적 연계성'과 '한국적 특수성'을 더 강조한다. 그래서 전통사상이라고 하면 한국만이 지니는 고유한 신화, 민간신앙과 재야사상을 포함하고, 유교, 불교, 도가 등에 있어서도 우리나라 백성들의 삶의 특수성을 형성하였던 측면에 초점을 두고 있는 것으로 보인다. 교육과정에서 전통윤리의 모학문을 '한국학'

---

9) 송항룡(1987), 『동양철학의 문제들』, 여강출판사, pp.5-11 참고. : 송항룡 교수는 '동양철학의 문제들'이란 제목 하에 유교사상, 도가사상, 도가철학, 중국사상, 한국사상의 주제들에 대하여 논의하고 있다.

이라고 한 것은 한국사상과 전통사상을 아우르기 위한 방편이라고 볼 수 있다. 따라서 동양윤리와 한국윤리, 전통윤리는 동양의 보편성, 보편성 안의 특수성, 한국만의 특수성이라는 특성에서 이루어진 윤리라고 요약할 수 있겠다. 한국윤리 개념을 일반화된 '한국의 윤리'라고 본다면, 이에 대비하여 '한국전통윤리'라고 함으로써 역사적 연계성과 한국적 특수성을 강조해야 하지 않을까 한다.

이 글은 도덕과 교과지식의 재구조화를 위한 기초연구로, '동양윤리' 영역의 학문지식을 어떻게 교과지식으로 구성할 것인지 다음과 같은 주제를 중심으로 다루고자 한다. 동양윤리의 학문적 특성과 최근의 경향은 무엇인가? 기존 교육과정에서 동양윤리 지식(성격·내용)[10]의 특성은 무엇인가? 동양윤리가 교과지식으로 전환될 때 필요한 원리는 무엇인가? 도덕교육에서 '동양윤리' 영역의 의미는 무엇인가? 학문지식과 교과지식의 연계에 초점을 맞춘 관계로 고등학교 선택과목을 분석대상으로 삼았음을 밝혀둔다.

Ⅱ. 동양윤리 학문지식의 특성과 경향

한국전통철학[한국학]이 동양철학에 포함된다고 볼 때, 동양철학의 학문지식을 이론적으로 보면 크게 본체론과 인성론으로 구분할 수 있지만[11] 이를 확대시켜 정리하면 우주자연론, 사회정치론, 인성수양론으로 구분할 수 있다. 우주자연론이란 우주·자연의 본체

---

10) 성문화된 교육과정에서 교과지식은 '성격'으로 학교지식은 '내용'으로 제시된다.
11) 한국동양철학회 편(1986), 『동양철학의 본체론과 인성론』, 연세대학교출판부.

에 대한 인식이 주된 내용으로, 유학의 상천(上天), 태극(太極)과 이(理), 도가의 도(道)와 무위(無爲), 불교의 공(空) 개념 등 초월적 존재 혹은 우주만물의 궁극적 원리에 대한 인간의 인식이 드러난 것이다. 우주본체론에 대한 인식은 사회정치론 혹은 인성수양론과 직간접적으로 관련을 맺고 있다는 점에서 중요한 의미를 지닌다. 사회정치론은 구체적 삶 속에서 우주자연론에서 말한 본체가 어떻게 구현되고 실현되어야 하는지의 이상사회론, 구체적 정치철학 및 이념이 그 내용이다. 불교의 초사회적, 도가의 초윤리적 사유의 특성은 사회정치론에서 소극적인 경향이 있지만, 그럼에도 불구하고 사상 저변에는 공동체적 삶의 원리에 대한 기본인식이 존재한다. 인성수양론은 동양철학의 중요한 특징인데 이상적 인간상을 제시하고 이에 도달하기 위한 수양 혹은 수행 방법을 구체화한다는 점에서 서양윤리와 두드러지게 대비된다.

서양의 도덕철학에서도 서양의 전통윤리학에 대한 주제를 바탕으로 한다. 그러나 지향하는 도덕성은 최대도덕성이 아닌 최소도덕성 개념(the minimum conception of morality)이다. 즉 그 도덕성은 "적어도 이성에 의한 행동을 이끌어주는 노력이며, 그것은 행위를 위한 최선의 이유들이 무엇이 있는지 밝히는 것인 반면, 사람들의 행위에 영향을 받을 개개인들의 이해관계가 같아지도록 하는 것"[12]이다. 여기서의 양심은 개개인의 이해관계(interests)를 침해하지 않는 롤즈식 공정성과 이성(理性)에 초점이 맞추어져 있다. 서구 도덕철학은 이러한 원칙에서 도덕적 동기를 끌어내고자 하며, 대다수 서

---

12) James Rachels & Stuart Rachels(2007), *The Elements of Moral Philosophy*, New York : The McGraw-Hill Companies, p.14.

구 철학자들은 이 최소도덕성 개념을 받아들이지 않더라도 그것을 거부하지는 않으며, 그것이 어떻게 다수가 만족하게 수용되도록 확대시킬 것인지에 관심을 갖는다.13) 서양의 이성 중심, 공정성·합리성으로서의 도덕성 지향과 달리, 동양은 이성과 감정을 포함한 총체적인 의미로서의 인성을 지향하며, 어떻게 사람들이 이상적 인간이 되어 이상사회를 구현할 것인가 하는 최대도덕성 개념(the maximum concept of morality)에 초점이 맞추어져 있다. 최대도덕성의 지향은 윤리관과 무관하게 동양사상을 관통하는 특성이다. 예를 들면, 초윤리적 사유를 바탕으로 하는 장자사상도 결국 이상적 인간인 지인(至人)의 경지에 이르러 '스스로 그러함[自然]'을 인정하고 긍정하는 사회를 추구하고 있는 것이다.

동양철학[한국전통철학]의 최근 경향은 크게 세 가지로 파악할 수 있다. 우선 하나는 '동아시아 담론' 혹은 '아시아적 가치'에 대한 주목에서 드러나는 것처럼, 1970년대, 1990년대 근대화와 자본주의, 민주주의의 긍정적·부정적 기제로서의 '동아시아적 가치', 즉 '유교자본주의'와 '유교민주주의'에 초점을 맞추어 긍정적 요소를 추출해 내는 경향이다. 이러한 연구는 기존 근대화 과정에서 부정적 요소로 인식되었던 '전통' 혹은 '유교'를 재해석하여 긍정적 인식을 고취시켰다는 점에서 의미가 있지만, 유교 이외의 다른 사상들에 주목하지 못함으로써 '동아시아 가치=유교'라는 또 다른 오해의 여지를 남기기도 하였다. 이러한 경향은 최근 유교 이외의 다양한 사상에 대해 주목하면서 동아시아적 가치를 확대시키는 데 기여하고 있다.

---

13) James Rachels & Stuart Rachels(2007), p.15.

둘째는 서양현대윤리학의 과제에 대하여 동양윤리학이 새로운 대안으로 구체화되고 있다는 점이다. 이것은 현대문명의 제반 문제들에 대한 철학적 대안으로 동서철학자들의 공통된 관심주제이기도 하다. 환경문제, 과학기술의 폐해, 인간가치의 경시 등 현대 문명의 위기에 대응하기 위하여 동양윤리는 이제 다양한 관점에서 새로운 변화를 모색하고 있다. 이전의 경전 중심의 폐쇄적 연구에서 나아가 경전에 대한 다양한 해석은 물론, 현대사회 문제를 해결하기 위한 적극적 논의에 나서기 시작한 것이다. 서양윤리학이, 메타윤리학과 논리실증주의의 결과를 통해 윤리적 회의주의로 귀결된 후, '규범윤리학의 복귀'와 '응용윤리학의 대두'라는 두 가지 특징을 보이는 경향에서, 동양철학에서는 유학의 심성론·이기론이 현대철학적 주제로 부상할 수 있다고 주장한다.[14] 세계사적 흐름을 따르면서 동시에 한국사회에 구체적으로 기여한 것은 무엇인가를 고민하는 한국철학의 입장에서도[15] 결국 '전통철학사유와 현대철학사유의 만남'으로 응답하고자 한다. 환경문제에 대한 유교적 접근, 현대물리학과 불교의 만남, 무위자연의 교육,[16] 유교와 페미니즘의 만남 등 이

---

14) 유인희(2002), 「동양 윤리사상의 비교철학적 연구 : 서양현대윤리학의 과제에 대한 동양 신유학의 대응」, 『동양철학』 제16집, 한국동양철학회, p.144. : 유인희 교수는 서양철학의 이성과 감정의 분리에 대해 성리학으로 불리는 신유학이 이성과 감정의 통합을 대안으로 제시하였고, 서양의 도구이성의 문제에 대해 수양론의 중요성을 제시하고 있으며, 서구의 이성주의에 대한 대안으로 대산(大山) 이상정(李象靖)의 체천(體天) 사상을 중심으로 한 신이성주의, 롤즈의 공정성으로서의 정의 대신 '마땅함으로서의 정의'를 제시하고 있다.
15) 정대현(2000), 「실학적 방향 : 한국철학의 쟁점과 과제」, 한국철학회 편, 『한국철학의 쟁점』, 철학과현실사, p.31.
16) 이순연(2007), 「노자의 자연사상에 입각한 인성교육」, 『인문과학연구』 제8집, 대구가톨릭대학교 인문과학연구소.

전과 다른 동양과 서양, 전통과 현대의 만남은 동양사상이 본래 가치를 넘어 인류행복을 위해 어떻게 노력해야 하는지 구체적으로 고민하기 시작하였음을 보여주며, 특징은 내적 탐구와 논의를 넘어 다양한 학문적 연계와 융합으로 관심영역을 확대시키고 있는 것이다.

셋째는 수양과 수행에 대한 관심의 증폭이다. '동양의 장점으로서 세계화의 절대 우위적 이론은 바로 수양론'이고, '성리학의 수양의 경우 서양의 합리적 이성주의를 배제하지 않는다는 점에서 동양의 그 어떤 사상보다도 서양과 만날 수 있는 철학'[17]이라는 주장은 성리학 수양론의 긍정적 측면을 강조한 것이다. 이상적 인간을 설정하고 그에 도달하기 위한 개개인의 노력을 중시한 동양사상에서, 이상적 인간의 다양성으로 수양 혹은 수행 방법의 차이가 있긴 하지만 그 방향에서는 유사하다. 유인희 교수는 수양을 중시한 이유를 다음과 같이 파악한다.[18]

> 왜 한국을 포함하는 동아시아 윤리학과 나아가서 그 철학에서는 이른바 '수양(修養)'을 매우 중요한 철학의 주제로 삼았는지는 바로 이 점 즉 인심을 도심으로 나아가게 하거나 도심을 계속 유지하는 데 도구 이성의 힘만으로는 이루어지지 않는다는 점을 간파했기 때문이다. 서양윤리학식으로 욕구가 충돌할 때 도구이성에 의해서는 합리적으로 조정되리라는 것도 하나의 이상일 뿐 실제로는 강자의 논리와 그 지속적 유지 차원에서 방편의 형식으로 아량의 수단이 지배한다는 것이 보다 사실에 가까운 설명일 것이다. 이것은 역사가 증명하는 바

---

17) 유인희(2002), 앞의 글, p.159.
18) 위의 글, p.156.

이기도 하다. 이성적 사유도 학습과 훈련과 연습을 통해서 길러지는 것이지 저절로 되는 것이 아닐 것이다. 그런 의미에서 이성적 사유의 학습과 훈련도 일종의 수양이라고 말할 수 있다.

서양철학[서양윤리학]의 장점은 사실의 논리에 충실한 도구적 이성 정신에 있는데, 사실 측면에만 치중할 뿐 인간의 중요한 특성인 당위를 요구하고 이를 달성하려는 문화창조의 능력을 소홀히 한 면이 있으며, 사칠논쟁(四七論爭)과 인심도심(人心道心)은 사실적 논의이면서 당위의 사실이 적극적으로 논의되고 있다는 주장은[19] 한국의 성리학에 한정되긴 하지만 그 비교 우위를 엿볼 수 있다. 유교에서 인간의 이성과 감정을 통합하여 정(情)으로 파악하고, 공자가 도덕적 정서를 인(仁)으로 규정하여 인간의 지성과 감정이 모두 그에 포함된다고 본 것은, 이성과 감정을 분리시키고 이성의 감정에 대한 통제를 강조하면서 감정을 이성에 비해 열등하거나 사적인 측면으로 파악한 서양윤리학의 대안으로 제시될 수도 있다. 유학에서 최근 『심경(心經)』에 대한 연구[20]와 '수양 방법'에 관한 연구[21]의 증가는

---

19) 위의 글, p.156.
20) 대표적인 예를 들면 다음과 같다. 한형조·권오영·최진덕 외(2009), 『심경 : 주자학의 마음 훈련 매뉴얼』, 한국학중앙연구원. ; 홍원식 외(2007), 『조선시대 심경부주 주석서 해제』, 예문서원. ; 김종석(2008), 「조선유학 이해를 위한 또 하나의 방법론, 『심경부주』」, 『오늘의 동양사상』 제19호, 예문동양사상연구원, pp.271-277. ; 김기주(2008), 「퇴계학파와 『심경부주』, 시기별 문제의식과 특징」, 『동양철학연구』 제52집, 동양철학연구회, pp.167-192. ; 황금중(2008), 「『심경부주』를 통해 본 주자학적 배움의 성격」, 『교육철학』 제43권, 교육철학회, pp.191-216. ; 이기훈(2008), 「중기 기호학파의 『심경부주』 이해」, 『철학연구』 제106집, 대한철학회, pp.187-207. ; 정일균(2007), 「다산 정약용의 『심경』론」, 『사회와역사』 통권 제73집, 한국사회사학회, pp.337-384. ; 이상호

오늘날 삶의 질과 가치를 추구하는 경향과 맞닿아 있다. 철학 개념 혹은 이론 연구에서도 수양론에 대한 관심이 없었던 것은 아니지만 최근에 더욱 부각되고 있는 것이다. 서구에서는 불교의 다양한 수행법과 요가, 명상 등 인도의 마음수련 방법들에 대한 관심이 확대되고 있는데 이런 경향은 우리나라에까지 파급되고 있다.

  수양론을 중심으로 한 연구들은 한국전통철학에서는 유교와 불교를 중심으로 이루어져 왔는데, 그 이유는 이전 시대에 유교와 불교가 국가이념으로 채택되어 막대한 영향력을 지니면서 학문적 내연과 외연이 심화된 데 따른 것이다. 그러나 최근 지금까지 강단철

(2007), 「『心經附註』 해석사에서 바라본 정제두의 『心經集議』」, 『양명학』 제19호, 한국양명학회, pp.357-388. ; 엄연석(2007), 「『心經集義』를 통해 본 정제두 심성수양론의 특징」, 『양명학』 제19호, 한국양명학회, pp.109-141. ; 유권종(2006), 「구성적 실재론의 관점에 입각한 『心經』의 유교 도덕심성 구성원리 고찰」, 『철학탐구』 제20집, 중앙대학교중앙철학연구소, pp.301-334.
21) 대표적인 예를 들면 다음과 같다. 이연도(2010), 「유가 공부론과 명상 : 퇴계 『활인심방(活人心方)』을 응용한 수양치료 모형」, 『한국철학논집』 제29권, 한국철학사연구회, pp.363-386. ; 이천승(2009), 「율곡 학맥의 수양론에 관한 연구 : 율곡·외암·남당을 중심으로」, 『유교사상연구』 제35집, 한국유교학회, pp.31-52. ; 돈 베이커(Don Baker)(2009), 「실천 윤리학과 실학 : 도덕수양에 대한 다산의 접근」, 『한국실학연구』 제18집, 한국실학학회, pp.171-217. ; 김형찬(2009), 「기질변화, 욕망의 정화를 위한 성리학적 기획 : 율곡 이이의 심성수양론을 중심으로」, 『철학연구』 제38집, 고려대학교철학연구소, pp.189-211. ; 이승환(2009), 「程門의 미발설과 求中공부 : 蘇季明과 呂與叔에 대한 伊川의 비판을 중심으로」, 『철학연구』 제38집, 고려대학교철학연구소, pp.1-54. ; 이천승(2009), 「道南學의 미발설과 天理體認의 수양론」, 『철학연구』 제38집, 고려대학교철학연구소, pp.55-79. ; 전병욱(2009), 「주자의 미발설과 居敬格物의 수양론」, 『철학연구』 제38집, 고려대학교철학연구소, pp.81-124. ; 주광호(2009), 「유즙산의 미발설과 誠意의 수양론」, 『철학연구』 제38집, 고려대학교철학연구소, pp.159-188. ; 정인재(2009), 「왕양명의 양지체용에 의한 미발론」, 『철학연구』 제38집, 고려대학교철학연구소, pp.125-158.

학에서 소외되거나 미신으로 치부되었던 풍수사상·무속신앙에 대한 학문적 접근이 활발해지고 있다. 또한 사상 전면에 등장하지 못했던 재야학자 혹은 개화기 이후 사상에 대한 연구도 점차 늘고 있다는 점은 한국전통철학 학문지식의 범위가 확대되고 있음을 보여준다. 더불어 염두에 둘 것은 지금까지 강조해온 단일민족 개념에 대한 새로운 접근이다. 이는 2007년 8월 유엔 인종차별철폐위원회(CERD)의 권고안[22]과 한국이 다문화사회로 진입한 현실[23]을 교육에 반영해야 함을 의미한다. 이제 유교에서 다문화교육의 원리를 찾는 것은 유교의 본질 연구와 더불어 당연한 것으로 인식되고 있다.[24] 이런 점에서 한국사상의 측면에서 고민해야 할 것은, 교육과정 총론에 나온 '한국 정체성 교육'과 다문화 사회라는 현실에서 요구하는 다문화의 다양성을, 본질과 형식을 중심으로 어떻게 조화시켜 나갈 것인가 하는 문제이다.

---

[22] "위원회는 우리 사회가 '단일 민족 국가' 이미지를 극복하고 다민족적 성격을 인정하고, 서로 다른 민족·국가 그룹들의 역사와 문화에 관한 정보들을 초·중등학교의 교과목에 포함시킬 것을 한국 정부에 권고하였다.": 이유(2007), "유엔, 한국 '단일 민족국가' 이미지 극복 권고", http://www.hani.co.kr/arti/society/society_general/229825.html(기사등록일 : 2007.08.19)(검색일 : 2010.04.22)를 참고할 것.

[23] "2008년 현재 불법 체류자를 포함해 외국인 노동자는 모두 33만 여명으로 경제활동 인구의 2%를 넘어섰다. 이러한 분위기를 반영하여 지난해부터 공문서에 '혼혈인'이란 표현을 '다문화결혼자녀'로, 또 교과서는 한국을 '단일민족 구성 국가'에서 '다민족 다문화 사회 구성 국가'로 표현하기 시작했다.": 김원배(2008), "[창간특집-글로벌플레이어] 다문화 시대", http://www.etnews.co.kr/news/detail.html?id=200809180054(기사등록일 : 2008.09.24)(검색일 : 2010.04.22)를 참고할 것.

[24] 장승희(2009a), 「유교에서 본 다문화교육 시론」, 『유교사상연구』 제34집, 한국유교학회, pp.114-120.

Ⅲ. 교육과정에서 동양윤리의 지식내용 분석

1. 교육과정에서 동양윤리의 위상

도덕과에서 동양윤리 교과지식의 위상은 교육과정의 변화에 따라 달라져왔다. '국민윤리학(國民倫理學)'의 정립을 위해 노력하던 도덕과 정립 초기에는 인접학문으로 철학·윤리학, 사회학·정치학·경제학·인류학, 역사학, 심리학·교육학을 바탕으로 한 협동과학·종합과학으로서의 성격을 강조하였다.25) 당시만 해도 동양윤리나 한국전통윤리에 대한 구체적인 언급이 나타나 있지 않다. 국민윤리학의 실제에서 '가정윤리', '사회·문화윤리', '정치·경제윤리', '국제윤리'를 다루고는 있지만 전통윤리 혹은 동양윤리와 관련된 내용은 239쪽에서 325쪽에 걸친 96쪽 중 가정윤리 분야 중 '가족 간의 윤리'에 해당되는 6쪽 분량 정도이고, 그 중 '숭조(崇祖)·친족(親族) 간의 윤리' 2쪽을 제외한 부부, 부모, 자녀, 형제의 윤리는 서양윤리 관점에서 기술되고 있다. 동양윤리 영역이 미미한 이유는 그것을 간과 혹은 무시하였다기보다는 학문정립시기에 고군분투했던 제1세대들이 미처 고려하지 못하였거나 혹은 너무나 당연하게 여겨 제외되었던 것이 아닌가 여겨진다.

도덕교육 제2세대는 도덕·윤리 교과교육학 정립 노력의 시기로,

---

25) 한국국민윤리학회 편(1987), 『국민윤리학개론』, 형설출판사, p.36. : 필진은 박용헌, 박인희, 이용필, 박충석, 김영국, 박순영, 구범모, 정세구, 유준수, 지교헌, 진교훈, 배한식, 이기원 등이다. 박용헌 교수는 "새로이 출범하게 될 국민윤리학은 자체 이론적 체계화를 위해서나 다른 학문들의 발전에 기여하기 위해서도 좁은 영역에 집착하거나 배타적이어서는 안 되며, 개방적이며 수용적이어야 한다."고 강조하고 있다.

관련 학문 분야를 '한국학', '윤리학', '정치학·경제학', '심리학·교육학', '통일교육'으로 구분한다.26) 이 시기는 도덕교과 정립에 노력을 집중하여 지식내용보다 교육과정과 교과연구방법에 중점을 두던 시기였다. 동양윤리와 관련하여 고(故) 조남국 교수의 '도덕윤리과의 한국학적 접근론'27)에서는 '한국학'이라는 명칭으로 한국전통윤리를 다루었고, 제6차 교육과정 초중고등학교 도덕과에서 전통윤리 내용체계를 제시하면서28) 당시 예정된 제7차 교육과정에서의 '전통윤리'에 대한 기대를 드러내고 있다. 제6차 교육과정 고등학교 '윤리'에서는 4단원 '윤리사상의 흐름과 특징'에서 '서양의 윤리사상'과 함께, '동양의 윤리사상'과 '한국의 윤리사상'을 다루면서 구체적으로 동양윤리 내용을 포함하였고, 유·불·도(儒佛道)를 중심으로 한 동양사상과 '우리 겨레의 윤리적 전통에 흐르는 기본 정신'을 내용으로 다루고 있다.29) 그러나 나머지 장-'인간과 윤리', '사회와 윤리', '국가와 윤리', '통일의 과제와 전망'-에 비하면 미미한 분량이다. 이 단계에서는 동양윤리[한국전통윤리]에 대한 관심이 부각되기는 하였지만, 그것이 구체적인 학문적 바탕이나 다른 영역과의 조화를 통하여 내용이 유기적으로 구성되고 있지는 않다.

동양윤리가 구체적인 교과내용지식으로 파악되는 것은 제5차와 제6차 교육과정 고등학교 '국민윤리'와 '윤리'-'윤리사상의 흐름' 내용영역에서 '서양윤리'와 함께 다루어진 '동양윤리'와 '한국윤리' 내

---

26) 한국도덕윤리과교육학회 엮음(1998), 『도덕·윤리 교과교육학 개론』, 교육과학사, pp.111-203.
27) 위의 책, pp.113-131.
28) 위의 책, pp.127-129.
29) 서울대학교 사범대학 1종도서 『도덕·윤리』 연구개발위원회(1996), p.16.

용 부분-에서이다. 제5차와 제6차 교육과정 중등 '도덕' 교과는 '국민윤리학'을 학문적 토대로 한 사회·국가생활 영역이 중심내용이었으므로 동양윤리는 그다지 중시되지 않았다. 서양윤리도 서양철학 중심이었으며, 학문지식의 변화에 의해 본격적으로 응용윤리가 등장한 것은 제7차 교육과정이다. 2007 개정 교육과정은 제7차의 연장으로 보아도 무방하며, 2009 개정 교육과정은 교육과정 내용보다 학교교육과정의 운영에 초점이 있다. 2009 개정 교육과정(초·중등학교 교육과정) 총론 신구대조표를 보면, 중학교 교육목표에서 2007 개정 교육과정에서는 '라. 우리의 전통과 문화에 대한 자긍심을 지니고 이에 발전시키려는 태도를 가진다.'라는 내용이 2009 개정 교육과정에서는 '(4) 다양한 소통능력을 기르고 민주시민으로서의 자질과 태도를 갖춘다.'로 변경되었다. 그리고 고등학교 교육목표에서는 '라. 우리의 전통과 문화를 세계 속에서 발전시키려는 태도를 가진다.'라는 내용이 2009 개정 교육과정에서는 '(4) 국가 공동체의 발전을 위해 노력하며, 세계 시민으로서의 자질과 태도를 기른다.'로 변경되었다. 또한 2009 개정 교육과정(4. 학교급별 공통 사항 / 가. 편성·운영)에서는 '한국 정체성 교육'이 '한국 문화사 교육', '한자 교육', '녹색 교육'과 함께 포함되어 강조되고 있다.[30] 2009 개정 교육과정에서 동양윤리와 관련하여 '전통윤리' 과목의 폐지가 눈에 띈다. 제7차 교육과정 도덕과에서 특징적인 과목은 고등학교 선택 교과인 '전통윤리'로, 이전에 없던 과목의 신설로 변화하는 시대요구에 부응한 일종의 모험적 시도였다. 모험은 2007 개정 교육과정

---

30) 국가교육과정정보센터(2009a) 참고.

에서 '전통윤리'가 남았다는 점에서 일견 성공으로 보였지만, 교과목으로서 목표 달성에 대해서는 회의적인 평가가 많았고, 그 결과 2009 개정 교육과정에서는 '생활과 윤리'에 흡수되고 말았다.

제7차 교육과정에서 '전통윤리'는 동양사상에 대한 관심을 반영했다는 점, 과목의 신설로 관련학과와 학회의 관심을 촉발시켜 본격적으로 도덕과 내용영역의 중심의 하나로 부각되기 시작하였다는 데 의미가 있다. 서양철학계가 도덕교육에 대해 비판 위주의 관심을 보여준 것과는 달리, 동양철학계는 애정과 긍정의 시각에서 도덕교육에 관심을 가지고 그들의 학문지식을 바탕으로 교과지식의 내용 성찰과 검토에 기여하였다.[31] 도덕교육계에서도 2007 개정 교육과정을 앞두고 '동양윤리교육학회'를 창립하였고, 도덕교육 관련학회와 동양윤리 관련학회가 연합하여 '동양윤리교육'의 심화를 위해 노력했으며, 이러한 노력은 현재진행형이다. 2007 개정 교육과정에서 제7차 교육과정과의 차별성은 시수와 고등학교 과목명에서 찾을 수 있는데, 구체적인 교과지식 내용으로는 '현대생활과 윤리' 과목에서 서양윤리 교과지식으로 응용윤리가 부각되고 있다는 점이다. 2009 개정 교육과정(미래형 교육과정)을 거치면서 도덕과로서는 시련도 있었지만, 30여 년의 역사로 형성된 학문적·교육적 정체성 확인의 기회이기도 하였다.

현재, '현대생활과 윤리'가 '생활과 윤리'로 명칭이 변경되면서 '전통윤리' 내용을 흡수하여, 고등학교 도덕과는 필수인 '도덕', 선

---

[31] 2006년에 동양철학연구회, 한국동양철학회, 한국교육과정평가원이 공동 주최한 춘계학술대회는 '초등학교·중학교·고등학교 도덕윤리교육과 동양윤리'를 주제로 다루었다.

택인 '생활과 윤리', '윤리와 사상' 과목으로 구성되었다. 동양윤리 내용영역을 중심으로 보면, '생활과 윤리'는 전통윤리, 즉 전통문화와 전통적 삶의 형태를 바탕으로 한 내용들을 포함하고 있는 반면, '윤리와 사상'은 유·불·도를 중심으로 한 동양사상과 한국사상을 주 내용으로 하여 철학적·윤리적 측면에서 접근하고 있다. 이제 도덕윤리교육 전공학자들이 동양윤리 학문 영역으로 진입하여 이 두 학문의 결합 과정을 거쳐, 도덕교육 제3세대에서는 도덕과에서의 동양윤리교육이 더욱 의미 있게 정착되기를 기대해본다. 여기에서는 2007 개정 교육과정의 '전통윤리', 2009 개정 교육과정의 '생활과 윤리'·'윤리와 사상'의 성격과 내용체계, 영역별 내용을 중심으로 동양윤리 분야의 교과지식과 학교지식을 분석해 보았다.

2. '전통윤리' 분석

2009 개정 교육과정에서 사라지기는 했지만 '전통윤리' 교과의 신설은 동양윤리 영역에서 매우 중요한 의미를 지닌다. 2007 개정 교육과정에서는 '전통윤리'의 성격을 다음과 같이 규정하였다.[32]

> 고등학교 도덕과 선택 과목인 '전통 윤리'는 학생들로 하여금 (가) <u>우리 조상들의 윤리적 삶</u>을 (나)<u>현대적 시각</u>에서 재음미하여 (다)<u>한국인으로서 지녀야 할 바람직한 윤리적 인식과 자세를 보다 확고히 정립하는 과목</u>이다. 따라서, '전통 윤리'는 학생들로 하여금 우리 조상들이 지켜 온 전통 윤리의 기본 정신과 내용, 그리고 그 현대적 의미와

---

[32] 교육인적자원부(2007), 『도덕과 교육과정』, 교육인적자원부 고시 제2007-79호[별책], p.59.

중요성을 올바르게 인식하여 자신과 가족에게 가치 있는 삶, 친족·이웃·교우관계에서의 바람직한 삶, 사회와 국가에 능동적으로 이바지하고 자연을 아끼는 삶의 자세를 기르게 하는 데 목적이 있다. '전통 윤리'는 도덕과 교육에서 중요하게 다루고 있는 (라) <u>인성 교육과 예절 교육, 그리고 민족 정체성 교육</u>을 다루고 있다. 따라서, '전통 윤리'는 학생들이 우리 민족의 유구한 윤리적 전통을 현대적으로 계승하여 (마) <u>민족 주체성을 지닌 미래 지향의 도덕적이고 창조적인 한국인</u>으로 성장할 수 있게 하기 위한 과목이다. (바) <u>'전통 윤리'의 학문적 배경은 우리 민족의 전통 윤리 사상 등을 탐구하는 넓은 의미의 다학문적인 한국학에 기반</u>을 두고 있다. 그 주요 내용은 우리 조상들이 (사) <u>자기 자신, 가족과 친족, 교우, 이웃, 사회, 국가와의 관계에서 실천했던 핵심적인 가치와 규범</u>들로 구성되어 있다. '전통 윤리'는 학생들로 하여금 국민 공통 기본 교육과정의 '도덕'에서 배운 기초적인 전통 윤리 내용을 토대로 하여, 전통 윤리의 기본 정신과 규범에 대한 근원적인 인식을 심화시킴으로써 바람직한 전통 윤리를 실천하도록 하는 데 강조점을 둔다.

위에서 드러나는 내용지식의 대상[(가)], 지식파악의 관점[(나)], 과목의 목적[(다)], 교육의 내용[(라)], 이상적 인간상[(마)], 모학문 분야[(바)], 가치규범의 범위[(사)]는 전통윤리가 무엇을 지식내용으로 해야 하는지를 분명하게 드러내주고 있다. 전통윤리의 학문지식과 관련하여 위의 (가)~(바)의 규정들이 모두 중요한 의미를 지니지만, 그 중 (바)는 학문적 배경을 언급하며 전통윤리의 모학문으로 '한국학'을 제시하고 있다. 여기서 말하는 '다학문적인 한국학'이란 인문학으로서 문·사·철(文史哲)을 포함하는 동양윤리 중 전통사상과 전통철학의 윤리적 의미를 내포하는 것 같다. 즉, 넓은 의미의 동양윤리 가운데 한국 전통사상과 철학의 윤리규범과 가치를 부각시킴으로써 민족정체성과 연계시키고 있다는 점에서 전통윤리의 학문적 배경을 '한국학'으로 규정한 의미를 파악할 수 있겠다. 그러나 '한국학'이란 개념은 90년대 초반에도 보편적으로 사용되지 않았던 개념이다.33) 한국학(韓國學, koreanology)은 한국에 관한 인문·사회·자연 과학 분야의 통합적 연구로 '한국 및 한국문화'의 성격을 규명함을 목적으로 하는 학문으로 "한국학에 대한 정의는 학문적으로 명확하게 정립되어 있지 않은 실정"이지만, '한국에 관한 모든 사상(事象)을 연구대상으로 하여 한국의 성격을 밝혀내는 학문'이라고 정의할 수 있다고 보고 있다.34) 2009 개정 교육과정 '생활과 윤리'의 성격에 나온 "(바)전통 윤리(한국학)"란 표기를 볼 때,35) 한국학을 전통윤리와 연계시켜 파악하고 있음을 알 수 있다. 그러나 전통윤리가 한국학과 깊이 관련되는 것은 부정할 수 없지만, 한국학이

---

33) 다음 백과사전, 출처 : 브리태니커. : 『한국민족문화대백과사전』(한국민족문화대백과사전편찬부 편, 한국정신문화연구원, 1991)이나 『국어대사전』(이희승 편저, 민중서림, 1994)에도 '한국학' 항목은 나와 있지 않다.
34) 이러한 개념 정의와 함께 다음 백과사전에 기술된 내용은 다음과 같다. "한국학의 발상으로 볼만한 내용은 〈독립신문〉 1896년 5월 30일 논설에 "조선 사람들이 자기 나라 일부터 먼저 알 도리를 하는 것이 마땅한지라"고 씌어 있는 것이 처음이며, 〈황성신문〉 1899년 1월 9일 논설에 외국학에 반대되는 '본국학'이라는 용어가 사용되었다. 1930년대 한국학과 유사한 개념으로 조선학이란 용어가 사용되었는데 그 정의는 다양하다. 넓은 의미로는 '온갖 방면으로 조선을 연구·탐색하는 것'(안재홍·문일평)이고, 좁은 의미로는 '조선에 고유한 것, 조선문화의 특색, 조선의 독자적인 전통을 천명하여 학문적으로 체계화하자는 것'(문일평)이라고 했다. 따라서 오늘날의 한국학과 조선학은 반드시 같다고 할 수 없지만 그렇다고 서로 다르게 구별되는 것도 아니다."
35) 국가교육과정정보센터(2009b) 참고.

전통윤리의 모학문으로 어떤 내용을 포함하고 있는지에 대한 논의
는 필요한 것 같다.

〈표 1〉 2007 개정 교육과정의 '전통윤리' 내용 체계와 영역별 내용

영역	내용 요소	영역별 내용
전통 윤리의 의의와 기본 정신	전통 윤리의 의미와 중요성	① 전통 윤리의 의미 ② 전통 윤리를 강조하는 세계적 흐름 ③ 청소년기의 삶에 있어서 전통 윤리의 중요성
	전통 윤리의 본질과 기본 이론	① 전통 윤리의 사상적 배경(원시 신앙, 유·불·도) ② 우주와 생명에 대한 전통 윤리 이론 ③ 인간 본성과 인간관계에 대한 전통 윤리 이론
	전통 윤리의 현대적 계승	① 현대 사회에서의 전통 윤리의 위상 ② 전통 윤리의 보편성 ③ 전통 윤리의 바람직한 계승과 현대적 적용
개인과 가족의 가치 있는 삶	인격 도야와 수신	① 천지의 도(道)와 인간의 덕(德) ② 자아 성찰과 수행(修行) ③ 극기복례(克己復禮)를 통한 인격 수양
	부모·조상 공경과 효친	① 효의 기본 정신 ② 효의 실천 자세 ③ 조상 섬김의 전통과 그 현대적 의미
	부부·형제자매 관계와 사랑	① 음양(陰陽) 원리와 이성(異姓) ② 부부 관계와 사랑 ③ 형제자매 관계와 우애
친족·이웃·교우 관계와 바람직한 삶	친족·이웃 관계와 화목	① 친족 간의 예절 ② 어른과 노인 공경 전통 ③ 이웃 생활에서 경애(敬愛)와 자비(慈悲)
	교우 관계와 신의	① 친구 간의 믿음 ② 친구 간의 의리(義理)와 권면(勸勉) ③ 바람직한 남녀 관계
	관혼상제와 예절	① 관례, 혼례 ② 상례, 제례 ③ 일상생활 예절(인사, 의·식·주 예절)

	국가 생활과 국민의 도리	① 민본 사상과 위민 정신(爲民精神) ② 충성과 호국 정신 ③ 봉공(奉公)과 청백리 정신(淸白吏精神)
국가, 사회에 이바지하고 자연을 아끼는 삶	사회 생활과 정명 정신	① 의리, 검약과 선비 정신 ② 근로와 장인 정신(匠人精神) ③ 공동체 의식과 협동 정신
	전통적 자연관과 자연 친화	① 전통적 자연관과 기본 정신 ② 서구적 자연관과 환경 문제 ③ 자연과 인간의 조화

자료 : 교육인적자원부(2007), 『도덕과 교육과정【별책6】』, 교육인적자원부 고시 제2007-79호, pp.60-64.

'전통윤리'는 절반의 성공이라고 볼 수 있는데, 그것은 현대사회적 변화와 요구를 수용하여 근대성의 문제해결을 위해 전통적 가치를 새롭게 조명했다는 점이다. 이후 학계와 교육계에서는 '전통윤리'의 내용과 관련된 논의가 활발해졌고, 그 과정에서 내용에 대한 비판과 성찰을 거치면서 정련화의 과정을 겪게 되었다. 비록 '생활과 윤리'에 흡수되기는 하였지만 그것은 교과지식의 세련화라고 볼 수 있다는 점에서 부정적인 것만은 아니다. 반면, 절반의 실패 원인은 다양한 측면에서 찾을 수 있는데 크게 세 가지로 분석될 수 있다. 첫째, '전통윤리' 교과지식(subject knowledge)의 바탕이 되는 학문지식(disciplinary knowledge)에 대한 합의에 앞서 교과지식이 먼저 구성되었다는 점이다. 정확한 모학문 영역을 정하지 않고 다양한 학문지식을 포괄함으로써 학문지식과 교과지식의 연계가 분명하지 않아 교과지식 정체성 확보가 쉽지 않았다. 그 결과 내용요소의 위계가 탄탄하지 못한 측면이 있고, 내용체계 속에 동양윤리, 한국사상, 전통문화 등 다양한 요소들이 포함되어 구조화되지 못한 측면이 있다.

둘째, '전통윤리' 교과 준비 과정이 짧았다는 점이다. 하나의 과목이 정립되려면 충분한 준비, 검토, 성찰을 통해 완성되어야 하는데, 충분하지 못한 기간에 교육과정과 교과서가 구성되면서 내실을 기하지 못하였다는 점은 앞으로 동양윤리 내용영역 구성에 많은 시사점을 준다. 셋째, 이 글 Ⅵ장에서 구체적으로 다룰 '체용(體用)의 원리'와 '문질(文質)의 원리'에 비추어 볼 때, 지나치게 체(體)와 문(文)에 치중한 것이 아닌가 하는 점이다.

3. '생활과 윤리' 분석

2007 개정 교육과정에서 '현대생활과 윤리'는 2009 개정 교육과정에서 '생활과 윤리'라는 이름으로 변하면서 '전통윤리'의 내용을 흡수하고 있다. '생활과 윤리'의 교과목의 성격은 '전통윤리와 현대윤리의 조화'라고 표명할 수 있다. 이는 아래의 '생활과 윤리'의 성격 규정에서 잘 드러난다.[36] (가), (나), (라), (마), (사)는 '전통윤리'의 내용을 포함시키며 새롭게 구성된 것이고, (다)의 '민족 정체성 교육'은 2009 개정 교육과정 총론의 '한국 정체성 교육'과 관련된다.[37]

> 고등학교 도덕과 선택 과목인 '생활과 윤리'는 (가)<u>우리 조상들의 윤리적 삶을 현대적 시각에서 재음미</u>하고, 현대 생활의 제 영역에서 발생하는 윤리적 문제들의 성격을 바르게 이해하여 이를 바람직하면

---

36) 국가교육과정정보센터(2009b) 참고.
37) 교육과정 총론(국가교육과정정보센터, 2009a)에서는 '한국 정체성 교육'이라고 표현하였는데, 왜 '생활과 윤리'에서는 '민족 정체성 교육'이라고 표현하였는지 의미를 확인할 필요가 있을 것 같다.

서도 합리적으로 해결할 수 있는 능력과 태도, 윤리적 인식과 자세를 기르기 위한 과목이다. / '생활과 윤리'는 (나) <u>전통 생활에서 중시된 윤리의 기본 정신과 규범</u> 및 오늘날 우리 생활에서 제기되는 구체적인 윤리 문제를 탐구 대상으로 하여 이러한 문제들에 대한 다양한 논의들을 이해하고 바람직하면서도 합리적인 해결 방안을 모색한다. 이를 위해 도덕과 교육에서 중요하게 다루고 있는 (다) <u>인성 교육과 예절 교육, 민족 정체성 교육을 현대 생활의 제반 영역의 윤리적 쟁점들과 관련하여 다루도록 한다.</u> 즉, 생명·성·가족 윤리, 과학·생태·정보 윤리, 사회 정의와 직업 윤리, 문화와 청소년의 윤리, 평화 윤리 등과 연관된 주제들을 (라) <u>전통</u> 및 현대 윤리의 관점에서 체계적으로 성찰할 수 있도록 다양한 학습 내용을 포함하고 있다. / '생활과 윤리'는 학생들이 (마) <u>우리 민족의 유구한 윤리적 전통을 현대적으로 계승</u>하고 현대 생활에서 발생하는 제반 윤리적 문제에 대한 올바른 이해와 깊이 있는 성찰을 위해 (바)<u>전통 윤리(한국학)</u> 및 응용 윤리학적 접근을 중심으로 하면서 동시에 이와 연관된 다양한 학문적 관점과 접근 방법을 적극 활용하여 지도하도록 한다. / '생활과 윤리'는 공통 교육과정의 (사) <u>'도덕'</u>에서 <u>학습한 기초적인 전통 윤리 내용과 도덕적 판단 및 실천 능력을 토대로 전통 윤리의 기본정신과 규범에 대한 인식을 심화시켜 실천하도록 힘쓰고,</u> 응용 윤리의 관점에서 현대 생활에서 제기되는 다양한 윤리적 문제들을 바르게 이해하고 해결할 수 있는 자세를 확립하도록 한다.

〈표 2〉 2009 개정 교육과정의 '생활과 윤리' 내용 체계와 영역별 내용[38]

영역	내용 요소	영역별 내용	비고
생활과 윤리의 의의	• 현대 생활과 응용 윤리		전통과 현대 생활의 윤리
	• 현대 생활과 전통 윤리	① 전통 윤리의 의미와 중요성 ② 전통 윤리의 본질과 기본 이론 ③ 전통윤리의 현대적 계승	
	• 윤리 문제의 탐구와 실천	① 윤리적 탐구와 윤리적 사고 ② 성찰과 토론의 중요성 ③ 인격 도야와 수신	
생명·성·가족 윤리	• 출생과 윤리	① 출생의 윤리적 의미와 효도 ② 생명의 출생과 관련된 생명 윤리의 방향 ③ 낙태와 생명복제에 대한 윤리적 관점	생명·성윤리
	• 청소년기와 윤리	① 청소년 문화에 대한 관점 ② 청소년 문제(대중·외래·전통문화와 청소년문화) ③ 친구간의 믿음·권면, 바람직한 남녀 관계 ④ 청소년기의 정체성 위기	가족 윤리
	• 부모·조상 공경과 효친	① 효의 기본 정신 ② 효의 실천 자세 ③ 조상 섬김의 전통과 그 현대적 의미	
	• 신체와 윤리		
	• 성과 사랑의 윤리		
	• 결혼과 가족의 윤리	① 결혼의 윤리적 의미와 부부간의 윤리 ② 가족의 가치와 부모됨의 윤리 ③ 형제자매 관계와 우애	
	• 친족·이웃 관계와 윤리	① 친족 간의 예절 ② 어른과 노인 공경 전통 ③ 이웃 생활에서 경애(敬愛)와 자비(慈悲)	
	• 죽음과 윤리	① 죽음의 윤리적 의미(상례·제례) ② 사형 제도의 윤리적 문제 ③ 안락사와 뇌사의 윤리적 문제	

---

[38] 교육과정정보센터(2009b), http://ncic.kice.re.kr/nation.kri.org.inventoryList.do.

과학·생태·정보 윤리	• 과학 탐구와 윤리		과학 윤리
	• 전통적 자연관과 자연 친화	① 전통적 자연관과 기본 정신 (동양의 자연관 포함) ② 서구적 자연관과 환경 문제 ③ 자연과 인간의 조화	생태 윤리
	• 인간중심주의와 생태중심주의		정보 윤리
	• 정보 통신 기술과 윤리		
	• 사이버 공간과 인간의 자아 정체성		
사회 정의와 직업 윤리	• 사회 생활과 정명 정신	① 의리, 검약과 선비 정신 ② 근로와 장인정신(匠人精神) ③ 공동체 의식과 협동 정신	사회 정의
	• 사회 부패 현상과 윤리		
	• 사회 복지 문제와 윤리		
	• 직업생활과 윤리		직업 윤리
	• 기업가·근로자 윤리		
	• 전문직·공직자 윤리		
문화와 윤리	• 예술과 윤리		예술 윤리 종교 윤리 매체 윤리 스포츠 윤리
	• 종교생활과 윤리		
	• 매체와 윤리		
	• 스포츠와 윤리	① 유희적 존재로서의 인간과 스포츠 (우리 조상들의 전통 무예관) ② 페어플레이 정신, 공정성, 규칙준수, 정의 등 스포츠에서 강조되어야 할 기본가치 (우리 조상들의 스포츠맨 쉽을 포함) ③ 스포츠 활동 및 관전 과정에서 나타나는 윤리적 문제와 윤리 의식에 미치는 영향 ④ 스포츠의 상품화와 그것의 부정적 영향	

평화와 윤리	• 민족 통합의 윤리적 과제		민족 윤리
	• 국가 생활과 윤리	① 민본 사상과 위민 정신(爲民精神) ② 충성과 호국 정신 ③ 봉공(奉公)과 청백리 정신(淸白吏精神)	국가 윤리
	• 지구촌의 윤리적 상황과 과제		지구촌 윤리
	• 전쟁과 평화		

위 〈표 2〉에서 음영으로 처리된 부분은 '전통윤리' 내용을 직접 반영한 것이고, 색이 진하면서 기울인 글자[③인격 도야와 수신 / ①출생의 윤리적 의미와 효도 / ①죽음의 윤리적 의미(상례·제례) / ①유희적 존재로서의 인간과 스포츠(우리 조상들의 전통 무예관) / ②페어플레이 정신, 공정성, 규칙준수, 정의 등 스포츠에서 강조되어야 할 기본가치 (우리 조상들의 스포츠맨 쉽을 포함)]는 서양윤리의 내용요소에 '전통윤리'의 내용을 부가한 것이다. 아래의 '생활과 윤리'의 목표를 보면[39], 전통윤리와 현대윤리의 조화를 통해 현대사회문제의 윤리적 해결을 모색하고자 한 내용구성임을 확인할 수 있다.

[I]조상들이 실천했던 윤리적 삶의 기본 정신과 지혜를 바르게 이해하고 재음미하며, 현대 생활의 제 영역에서 발생하는 윤리적 문제들의 성격을 바르게 이해하여 다양한 윤리적 문제들을 바람직하고 합리적으로 해결할 수 있는 능력과 태도를 지닌다.
  가. 현대 한국 사회의 전통 윤리의 본질과 기본 정신을 이해하고, 현대 생활에서 제기되는 다양한 윤리적 문제들을 다양한 윤리적 관점에서 바람직하고 합리적으로 해결할 수 있는 능력과 태도를 지닌다.

---

39) 국가교육과정정보센터(2009b) 참고.

/ 나. <u>생명 · 성 · 가족과 관련된 전통 생활 윤리 규범을 이해</u>하고, 현대 생활에서 제기되는 다양한 윤리적 문제들을 바람직하고 합리적으로 해결할 수 있는 능력과 태도를 지닌다. / 다. <u>과학 · 생태 · 정보 윤리 등과 관련된 전통 윤리 내용을 올바로 이해</u>하고, 현대 생활에서 제기되는 다양한 윤리적 문제들을 바람직하고 합리적으로 해결할 수 있는 능력과 태도를 지닌다. / 라. <u>사회 정의와 직업 윤리와 관련된 전통 생활 윤리를 이해</u>하고, 현대 생활에서 제기되는 다양한 윤리적 문제들을 바람직하고 합리적으로 해결할 수 있는 능력과 태도를 지닌다. / 마. <u>예술 및 종교, 매체와 스포츠 등 문화와 관련된 전통 윤리를 이해</u>하고, 현대 생활에서 제기되는 다양한 윤리적 문제들을 바람직하고 합리적으로 해결할 수 있는 능력과 태도를 지닌다. / 바. <u>민족 통합 및 국가 생활, 세계 평화와 관련된 전통 윤리를 이해</u>하고, 현대 생활에서 제기되는 다양한 윤리적 문제들을 바람직하고 합리적으로 해결할 수 있는 능력과 태도를 지닌다.

[Ⅰ]에서 제시한 것처럼 '생활과 윤리'는 가~바(진한 글씨로 밑줄 표시된 부분들)처럼 전통윤리의 본질과 기본정신과 윤리규범을 이해하고, 각 내용요소와 관련된 전통윤리 내용을 이해함으로써 현대생활의 윤리문제 해결을 위한 바람직하고 합리적인 능력과 태도 함양을 목표로 하고 있다. 2009 개정 교육과정에서 '전통윤리' 과목이 형태로는 사라지기는 했지만, '생활과 윤리'의 목표를 분석해보면, 현대윤리와 조화되어 새로운 형태로 '부활'한 것으로 평가할 수도 있다. 과목의 폐지나 전체적인 분량에서는 축소된 것이지만 교과지식의 구조화라는 면에서는 긍정적으로도 판단할 수 있기 때문이다.

4. '윤리와 사상' 분석

2009 개정 교육과정의 '윤리와 사상'의 성격은 다음과 같은데,[40] 2007 개정 교육과정에서도 동일하다.

> 고등학교 도덕과 선택 과목인 '윤리와 사상'은 학생들이 한국을 비롯한 동서양의 주요 윤리 사상과 사회사상에 대한 **체계적인 학습**을 통해 윤리적 사고의 기반을 형성하며, 오늘의 삶을 영위하는 데 필요한 자율적 도덕적 판단 능력과 실천 의지를 함양하도록 도와주는 과목이다. '<u>윤리와 사상'은 유교, 불교, 도가·도교의 윤리 사상, 한국의 고유 윤리 사상,</u> 서양의 윤리 사상, 동·서양의 사회사상 등을 포함하고 있다. '<u>윤리와 사상'은 동서고금의 윤리 사상과 사회 사상에 대한 고전의 내용을 고교생의 수준에 알맞게 다루되,</u> 윤리 및 사회사상에 대한 근본적인 문제들을 윤리학적 시각에서 인식할 수 있도록 지도해야 한다. 이와 연관된 다양한 학문적 관점과 접근 방법을 적극 활용하여 학생들이 국민공통기본 교육과정의 '도덕'에서 배운 도덕적 판단과 실천 능력을 토대로 보다 바람직한 윤리관과 사회사상적 시각을 정립하여 바람직한 삶을 살아갈 수 있는 능력을 기르도록 한다.

'윤리와 사상'은 제5차 교육과정 '국민윤리'와 제6차 교육과정 '윤리'와 연계되는 과목이다. 서양철학과 서양윤리, 동양철학과 동양윤리, 정치철학과 정치윤리를 주 내용으로 하고, 교과의 바탕이 되는 학문지식을 최대한 반영하여 심화된 지식내용으로 구성되어 있다. '윤리와 사상'은 심화선택의 위상에 걸맞은 심층내용으로 이루어져

---

40) 국가교육과정정보센터(2009c) 참고.

있는데, 동양윤리와 관련하여 유교, 불교, 도가·도교, 한국고유사상을 중심내용으로 하되, '고전'을 중심으로, 고교생의 '수준'에 맞게 체계적인 학습을 해야 한다고 명시하고 있다. 이러한 교과지식의 특성은 학문지식을 어떤 원리에 의거하여 학교지식으로 변환시키는지와 관련하여 중요한 대목이라고 볼 수 있다.

〈표 3〉 2009 개정 교육과정의 '윤리와 사상' 내용 체계와 영역별 내용[41]

영역	내용 요소	영역별 내용	비고
윤리 사상과 사회 사상의 의의	• 인간의 삶과 윤리 사상 • 이상 사회의 구현과 사회 사상 • 윤리와 사상에 대한 탐구		인간의 삶과 윤리 및 사회 사상
동양과 한국의 윤리 사상	• 동양사상의 특징	① 농경문화와 동양사상의 관계 ② 유기체적 세계관 ③ 동양의 인간관, 자연관, 생사관, 사회관(가족과 사회)	동양과 한국 윤리 사상의 흐름
	• 한국 사상의 특징	① 한국 사상의 의미 ② 한국 사상의 특성 ③ 한국 사상을 공부하는 의미	
	• 동양과 한국 사상의 현대적 의의	① 전통 사상의 의미 ② 전통 사상의 비판적 계승을 위한 기준과 우리의 자세 ③ 전통 사상의 현대적 의의	
	• 유교 사상의 연원과 전개	① 공자, 맹자, 순자를 중심으로 한 선진 유교 사상 ② 한대부터 청대까지의 시대별 전개와 특징 ③ 한·중·일 삼국에서의 지역적 전개와 특징	유교 윤리 사상

---

41) 국가교육과정정보센터(2009c), http://ncic.kice.re.kr/nation.kri.org.inventoryList.do.

영역	내용 요소	영역별 내용	비고
동양과 한국의 윤리 사상	• 동아시아의 유가 사상	① 인본주의 ② 도덕 지향 ③ 강한 사회성	유교 윤리 사상
	• 한국의 유교 사상	① 도덕적 인간관(성리학, 퇴계와 율곡) ② 실천적 인간관(실학) ③ 근대적 인간관(위정척사, 의병운동, 애국계몽운동, 강화학파 등)	
	• 불교 사상의 연원과 전개	① 불교의 성립 ② 인도, 중국, 한국, 일본 불교의 특징 ③ 동아시아 불교가 사회에 끼친 영향	불교 윤리 사상
	• 동양의 불교 사상	① 연기적 세계관 ② 주체적 인간관 ③ 평등적 세계관	
	• 한국의 불교 사상	① 교종의 인간관과 해탈 ② 선종의 인간관과 해탈 ③ 한국 불교와 현대 사회	
	• 도가·도교 사상의 연원과 전개	① 도가 사상의 연원과 전개 ② 도교 사상의 연원과 전개 ③ 도가·도교 사상이 사회에 끼친 영향	도가·도교 윤리 사상
	• 동아시아의 도가·도교 사상	① 상대주의적 세계관(인본주의 부정, 도덕 지향 부정) ② 평등적 세계관 ③ 개인주의와 신비주의 ④ 예술 정신	
	• 한국의 도가·도교 사상	① 민족주의 색채(천제) ② 도가와 과학(천문학, 의학, 수련도교) ③ 민속과의 융합(풍수지리)	
	• 한국 고유 사상의 연원과 전개	① 신화(단군신화, 주몽신화, 박혁거세신화)에 나타난 고유 사상 ② 화랑도 ③ 무속신앙 ④ 근대의 신흥 종교 사상	한국의 고유 윤리 사상
	• 한국 고유 사상과 현대적 의의	① 평화애호의 인본주의(단군, 홍익인간) ② 현대 생활과 무속 신앙 ③ 고유 사상과 민족주의 ④ 고유 사상과 현대의 만남	

영역	내용 요소	영역별 내용	비고
서양 윤리 사상	• 서양 윤리 사상의 특징과 흐름		서양 윤리 사상의 흐름
	• 목적론적 윤리와 의무론적 윤리의 연원 • 쾌락주의와 금욕주의 • 경험주의와 이성주의 • 공리주의와 관념론		목적론적 윤리와 의무론적 윤리
	• 고대의 덕 윤리 • 현대의 덕 윤리		덕 윤리
	• 그리스도교 윤리의 연원 • 교부 철학과 스콜라 철학 • 프로테스탄티즘과 신토마스주의		그리스도교 윤리 사상
	• 생철학과 실존주의 윤리 • 실용주의 윤리와 계약론적 윤리, 담론윤리 • 생명존중 사상과 책임윤리 • 여성주의 윤리와 배려 윤리		다양한 윤리 사상
사회 사상	• 자율과 책임 • 다원주의와 관용 • 공동체와 연대		자유주의와 공동체주의
	• 민본주의와 위민	① 민본주의의 일반적 특성(도덕성, 인륜성, 호혜성, 참정 및 저항의 가능성) ② 국가가 민본주의를 바르게 실행하는 경우와 그렇지 않은 경우 ③ 민본주의가 오늘날의 민주주의에 주는 윤리적 시사점	민본주의와 민주주의
	• 민주주의와 참여		
	• 자본주의의 출현과 변화 • 사회주의의 출현과 변화 • 자유와 평등의 조화		자본주의와 사회주의

영역	내용 요소	영역별 내용	비고
사회 사상	• 민족과 국가	① 민족과 나라를 위한 희생과 헌신의 숭고함과 필요성 ② 나라 사랑·민족 사랑 정신이 다수의 시민에게 부족했을 때의 부정적 결과 ③ 자민족 중심주의와 자국가 중심주의로 인한 부정적 결과	민족주의와 세계주의
	• 세계주의와 세계 시민		

'윤리와 사상'의 내용요소인 '동양과 한국의 윤리사상'에서는 유교, 불교, 도가·도교를 중심으로 한 동아시아 사상과 그것의 한국적 적용, 그리고 한국고유사상의 특성을 다루고, '사회사상'에서는 이를 바탕으로 동양윤리 요소들을 다루고 있다. 제7차 교육과정의 내용요소 '윤리사상과 흐름'에서는 동양윤리, 서양윤리, 한국윤리로 나누었는데, 2007·2009 개정 교육과정은 동양윤리와 한국윤리를 묶어 '동양과 한국의 윤리사상'으로 다루며 제7차와 2007 개정 교육과정 '전통윤리'에서 다루었던 한국고유사상을 포함하고 있다는 점이 특징이다. 제7차 고등학교 도덕과 교육과정에 대한 비판 중 하나는 '윤리와 사상'의 한국윤리내용과 '전통윤리'의 내용이 중첩된다는데 있었다. '전통윤리'가 '생활과 윤리'에 흡수되어 현대윤리와 조화를 이루게 된 것은 이러한 비판을 수용한 결과라고 볼 수도 있겠다.

Ⅵ. 학문지식에서 교과지식으로 : 지식변환의 원리

교육과정의 설계는 외적·내적 요구에 부응할 수 있어야 한다. 외적인 기준은 지식구조 외적인 사회적 요구 혹은 수요자의 필요 등이라면, 내적 요구는 학문구조의 특성과 변화이다. 학문지식이 교과지식으로, 교과지식이 학교지식으로 전환되어 교육적 의미를 지니게 될 때, 그 지식을 '왜 가르치고 배우는가?'에 대한 궁극적인 질문을 던져보아야 한다. 현대 교육과정 논의를 촉발한 스펜서(Herbert Spencer)는 20세기 교육과정의 기본 질문이 된 '어떤 지식이 가장 가치 있는 지식인가'를 다루면서, 교육의 목적을 '어떻게 살 것인가' 하는 실제적인 물음에 답하는 것에서 찾고 있다. 그는 어떻게 하면 우리의 온 재능을 자신과 타인의 최대의 이익이 되도록 활용할 것인가, 어떻게 하면 개인과 사회의 행복을 위한 준비 곧 완전한 생활(complete living)을 누리도록 준비시킬 수 있는가에 교육의 목적을 두어야 한다고 주장한다.42) 스펜서의 관점을 포함하여 교과지식의 성격에 대한 세 가지 관점-즉 실용주의적 관점, 교육과정 사회학의 관점, 심성함양의 관점-43)은 모두 의미가 있다. 그 가운데 도덕교

---

42) Herbert Spencer(1861), *Education : intellectual, moral and physical*, New York : A. L. Burt Company, p.24.
43) 신춘호(2007), 「교과는 왜 가르치고 배우는가? : 교과지식의 성격에 관한 세 가지 관점」, 『중등 우리교육』, 우리교육(중등), p.57. : 실용주의적 관점은 교과의 내재적·본래적 가치보다는 외재적 가치를 중시한다. 교과를 수단으로 달성하고자 하는 목적에 관심을 두는 것으로, 오늘날 신자유주의 논리와 지식 정보화 시대의 요구에 의해 더욱 강조되고 있으며, 경쟁과 효율, 실용에 초점을 둠으로써 도구적 지식을 강조한다. 교육과정 사회학의 관점은 지식의 생산과 소통 과정에 주목하는데 교육의 이데올로기적 기능을 비판하는 관점이다. 이것은 지식의 사회적 성격에 주목하지만 지식 자체의 진리성 기준을 도외시 하고 모든 지식을 이데올로기로 파악한다는 점에서 지식의 내재적 가치보다는 외재적 가치에 초점을 두고 있으며, 이들의 관점 자체가 하나의 이데올로기라고 비판받을 수 있다.

육과 관련하여 심성함양의 관점은 중요한 의미가 있다.

> 교과지식은 도구도 아니요, 이데올로기도 아니다. 그것은 인류가 이때까지 계승·발전시켜온 문명의 유산으로서 교과지식을 배운다는 것은 곧 이 문명에 입문한다는 것을 뜻한다. 학생들이 학문(언어, 수학, 과학, 사회)과 예술(문학, 음악, 미술)과 도덕을 배움으로써 거기에 표현되어 있는 진선미(眞善美)의 가치를 깨닫게 되며 그러한 가치를 향유하고 소중히 여기게 되는 마음 즉 인간다운 심성을 획득하게 되는 것이다.[44]

이는 동서양의 전통적 교육관과 통하는 것으로, "교육의 핵심이 심성함양에 있으며, 필요를 직접적으로 충족시키는 데 있지 않다."는 표현처럼[45] 교과지식의 수단적 가치보다 본질적 가치에, 외재적 가치보다 내재적 가치에 주목하는 입장이다. '도덕 교과를 왜 가르치고 배우는가?'에 대한 성찰은 여기서 출발하여야 한다. 다른 교과들이 수단적·외재적 가치를 통하여 본질적·내재적 가치를 지향하는 반면, 도덕과는 본질적·내재적 가치를 통하여 수단적·외재적 가치와의 조화를 추구한다. 인간의 본질 탐구와 성찰을 통해 오늘날 도덕문제 해결과 조화로운 사회 생활의 영위 방법을 모색한다. 본질적 가치를 중시하는 도덕과는 이 점에서 다른 교과와 차별화되고, 다른 교과의 내재적·외재적 가치 실현을 위한 토대지식으로서 의미가 있다. 따라서 도덕과 교과지식은 본질적 지식 중에서도 더 본

---

44) 위의 글, pp.60-61.
45) 유한구(1998), 「교육 내용 선정의 두 기준 : 교육 내용 선정의 문제와 발전과제」, 『교육과정연구』 제16권 1호, 한국교육과정학회, p.61.

질적 가치를 지니는 '본질 중의 본질'이며, 동양윤리 교과지식도 이를 염두에 두고 구성되어야 한다.

학문지식을 바탕으로 교과지식[교과의 성격]이 구성되고, 교과지식을 바탕으로 학교지식[교과의 내용]이 구성된다. 교과지식은 학교지식의 실태를 진단하고 학문지식의 변화를 고려하여 재구성될 필요가 있다. 학문지식, 교과지식, 학교지식의 연계선상에서 가장 기본이 되는 것은 학문지식이지만 교과지식으로 승화될 때 모든 지식의 내용과 형태를 그대로 다 수용할 수 없다. 이에 어떻게 지식을 구체적인 내용으로 전환할 것인가 하는 '원리'가 핵심으로 대두된다.

1. 중용(中庸)의 원리 : 제 영역과의 관계

교과지식 변환의 원리에서 중용은 세 가지 차원에서 적용 가능하다. 하나는 학문지식에서 교과지식을 선정하는 '과정'에서, 또 하나는 교과지식을 선정할 때 다른 학문 영역들과의 '관계'에서, 마지막으로는 다른 원리들의 적용 과정에서 '기본 원리'로서 필요하다.

우선, 교과지식을 선정할 때는 두 가지 기준, 즉 외적 기준과 내적 기준 사이에서 중용의 원리가 요구된다. 학문중심 교육과정에서는 학문 내적 기준이 우선되지만, 교육과정 개정은 학문지식의 구조에 의한 요구도 있지만 외적인 사회변화의 요구와 필요에 의한 경우가 많다. 교과지식의 내적 가치의 중요성을 감안하더라도, 외적 가치로서 급변하는 사회의 요구를 무시할 수 없을 뿐만 아니라 학문 변화도 사회적 요구에 의한 변화에 의한다고 본다면 그것의 불가피성은 논의의 여지없이 중요하다. 사회의 변화와 요구, 수요자의 필요성에 의한 외적 가치와 심성함양 중심의 교과지식의 내적 가치는 분리하기보다 이 둘을 조화시키는 중용의 원리가 필요하다.
 둘째, 도덕과의 학문지식을 교과지식으로 변환할 때 각 영역들과의 관계에서 필요한 중용의 원리이다. 도덕과는 윤리교육학, 서양윤리, 동양윤리, 정치윤리, 통일영역 등 크게 다섯 영역으로 구분되는데, 각 영역들은 독립적이면서도 상호 갈등관계, 혹은 상호 보완관계를 형성하기도 한다. 예를 들면, 보완이 잘되는 영역은 윤리교육학과 서양윤리·정치윤리의 관계로 교과 정립 초기부터 핵심내용이 되어 왔으며, 이 영역들은 현대사회의 도덕문제 접근에서 보완관계를 유지하고 있다. 반면, 동양윤리와 통일영역은 학문적 특수성과 현실적 민감성 때문에 다른 영역들과 갈등 관계를 유지하기도 하였다. 이 두 영역은 정체성과 관련하여 다른 영역들과의 관계에서 긍정·부정 관점이 공존한다. 도덕과 정체성을 동양사상에서 찾아야 한다는 주장이 있는가 하면, 통일영역이 도덕과의 영역이 될 수 있는지 회의적인 관점도 존재한다. 그러나 도덕교육 역사에서 통일영역은 다른 교과에서 범접하기 어려울 정도로 학문적으로 탄탄한 이론과 방법론을 형성하였고, 동양윤리는 더 이상 정체성을 논할 필요가 없을 정도로 그 위상을 확고히 하였다. 이제는 각 영역들이 도덕교육을 위해 어떻게 조화할 것인지를 모색해야 하며, 이 과정에서 중용의 원리가 필요하다.
 동양윤리의 입장에서 각 영역과 조화하기 위한 방법을 살펴보자. 우선, 동양윤리는 표면상 서양윤리와 대치되는 듯 보이지만 각 학문지식을 교과지식으로 변환할 때는 주제에 따라 관점을 제시하면서 그 공통점과 합의점을 도출해낼 필요가 있다. 서양윤리는 이성과 합리성을 바탕으로 하며, 동양윤리는 도덕적 정서를 바탕에 깔고 있다. 따라서 서양윤리의 중요한 개념과 원리에 동양적 정서와 의식을 가미시킬 수 있다면, 합리성과 정서의 조화를 꾀할 수 있을 것이다. 정치 공동체의 관점에서 시민윤리와 전통윤리의 조화는 합리성과 공정성을 강조하는 시민사회의 특성과 가족주의와 온정주의를 우선시하는 전통윤리와 어떻게 조화할 것인가의 문제이다. 이것은 정치 윤리와 관련되는데, 서구의 시민사회와는 다른 한국형 시민사회를 형성하기 위해서는 전통윤리 가치의 장점, 상부상조와 협동 등 지역 공동체 협력을 끌어내면서 시민사회의 공정성과 합리성을 조화시킬 수 있어야 할 것이다. 서구 시민사회의 형태를 띠더라도 운영원리에 있어서는 동양의 정치 전통의 긍정적 측면과 서구 민주주의의 접합점을 찾아낼 수 있어야 할 것이다. 통일 영역은 통일의 당위성과 더불어 통일의 역사 과정을 통하여 조상들의 통일에 대한 노력을 살펴보는 방법, 남북한에서 찾을 수 있는 전통가치의 요소들에 대한 공감의 기회를 제공하는 것도 필요하다. 이를 위해서는 오늘날 시대적 요구와 도덕교육의 궁극적 목표를 조화시킬 수 있어야 하고, 그 과정에서 관련학회와 학자들 간의 합의와 조정이 필요하며, 이를 통해 각 영역의 정체성이 확고해질 수 있다.

셋째, 중용의 원리는 다음에 나오는 체용(體用)의 원리, 문질(文質)의 원리를 지탱하는 '기본 원리'로서 중요하다. 즉 학문지식이 교과지식으로 선택될 때, 본질과 적용(변화), 현실과 이상[생멸(生滅)과 진여(眞如)], 내용과 형식 등 양 측면 사이의 균형과 조화를 이루어주는 원리로 필요하다. 도덕교육에서 교과지식의 본질적(내재적) 의미와 함께 외재적 기준도 염두에 두어야 하며, 학문지식의 본질을 유지하면서도 현대사회적 요구에 적용할 수 있어야 하고, 이상을 추구하면서도 현실문제에 대한 냉철한 인식을 바탕으로 교과지식의 내용을 선택해야 하며, 교과지식의 내용은 바탕을 유지하면서도 형식과 문식을 과소평가하지 말아야 한다는 것이 그것이다.

공자는 중용(中庸)을 가장 바람직한 덕으로 인정하고, 맹자는 권형(權衡)의 개념을 제시하고 있다. 중용이 일반적인 상황에서의 가장 바람직한 예(禮)라면 권형은 특수한 상황에서의 윤리를 말한다. 중용의 시중(時中)은 무과불급(無過不及)을 넘어 보다 적극적 의미의 균형감각을 의미한다. 교육과정 개편, 내용 조직 선정의 과정에서 중요한 것은 시대적 요구에 부응하는 도덕교육의 방향이다. 각 학문영역이 타당성을 존중하면서도 영역간의 균형과 조화를 유지하는 것은 도덕교육의 이상 실현을 위한 중요한 전제이다. 그 과정에 역사적·시대적·사회적 요구와 필요성을 파악하여 학문영역의 변화를 반영하되 각 영역들이 공조하는 자세가 필요하며, 이것은 도덕교육이 정체성 형성과정에서 제 학문 영역의 갈등과 조화를 조절하면서 오늘에 이르렀다는 점에서 긍정적으로 전망해볼 수 있겠다.

2. 체용(體用)의 원리 : 본질과 변화

동양사상에서 체용(體用)의 문제는 본질과 적용의 문제이다. 노자의 『도덕경(道德經)』은 상편(上篇)인 도경(道經)과 하편(下篇)인 덕경(德經)으로 구성되어 있다. 상편의 제1장 도체(道體)와 하편의 제38장 논덕(論德)은 체용관계로 파악될 수 있는데, 무위자연의 본질인 도(道)의 체(體)를 상편에서 논한다면, 그것의 현실적 적용을 추구하는 것이 하편이다. 하편에서 말하는 덕(德)이란 바로 무위자연의 도를 현실에 어떻게 적용하여 구현할 것인지의 구상이다. 이것은 동양윤리 학문지식을 교과지식으로 변환할 때 중요한 원리가 된다. 동양윤리 학문지식의 본질적 내용을 유지하면서 현대사회의 변화에 적용 가능한 교과지식으로 어떻게 구성할 것인가가 핵심이기 때문이다.

　체용의 원리는 본질은 유지하되 오늘날 시대정신을 반영하여 변화시킬 수 있어야 한다는 것으로 '온고이지신(溫故而知新)'과 통한다. 동양철학의 학문지식은 여전히 가치를 지니지만 '술이부작(述而不作)'이란 말처럼 경전(經典) 중심의 지식으로 시공간적 한계를 지닌다. 따라서 지역적·문화적 한계[동아시아 중심]와 시대적 한계[과거 지향]를 극복할 수 있어야 한다. 동서양 문화가 하나로 수렴된다 하더라도 완벽한 수렴이 어려운 것은 사유구조의 특성 때문이며, 그 결과 학문지식도 하나로 수렴되기 쉽지 않다. 정보통신기술의 발달로 경전 해석 및 보급이 용이해지고, 동서양 학문의 교류가 원활해지면서 그런 한계가 점차 극복되고 있다. 동양철학이 현대사회에서 새롭게 조명되는 상황에서, 동양윤리 교과지식은 이러한 학문지식의 체(體)를 잃지 않으면서 용(用)에도 무게를 둘 필요가 있다. 이것은 '온고(溫故)'와 '지신(知新)'의 연결에서 '이(而)'의 과정을 놓치지 않음으로써 연결고리를 찾는 것이다.

　'전통윤리' 과목의 실패 이유 중 하나는 지신(知新)보다 온고(溫故)에 치중하여 오늘날에 맞게 체(體)를 적용[用]하지 못한 데 있다. 한국전통윤리의 시대적·문화적 한계를 극복하지 못한 데 기인하는데, 구체적인 내용으로 개인의 수양[수신(修身)]과 국가사회생활에서의 도리[치인(治人)]를 다루면서 현대사회의 다양한 양상에 어떻게 적용, 실천할 것인지 구체화하지 못하였다. 관혼상제(冠婚喪祭)의 내용도 오늘날 형식의 변화를 적극 반영하지 못함으로써 그 체(體)

가 설득력을 갖지 못하였고, 그 결과 '전통윤리'는 선택교과로서의 경쟁력이 약화된 것이다. 그런 점에서 전통윤리와 현대윤리[응용윤리]를 조화시킨 '생활과 윤리'의 교과지식은 체용의 원리 관점에서는 긍정적으로 평가할 수 있겠다. 그러나 전통윤리와 현대윤리가 지식내용에 포함되긴 하였으나 Ⅲ장 〈표 2〉의 '생활과 윤리' 내용에서 보는 것처럼 체와 용이 적절한 조화를 이룬 예는 '스포츠와 윤리'의 몇 부분에서다. 또한 Ⅲ장 〈표 3〉에서 보는 바와 같이 '윤리와 사상'의 교과지식 중 동양윤리를 다루면서 주로 체(體)에 치중하고 있다는 점에서, 체(體)를 잃지 않되 현대사회에 맞게 녹여 적용시키는 것이 쉽지 않은 작업임을 알 수 있다. 방편(方便)의 차원에서 동양윤리의 체(體)의 측면은 '윤리와 사상'에서, 용(用)의 측면은 '생활과 윤리'에서 강조하는 것도 가능할 것이다.

체용의 원리는 다른 표현으로 기신론적(起信論的) 사유(思惟)에서 '생멸(生滅)' 차원의 인식과 '진여(眞如)' 차원의 인식 조화, 즉 현실과 이상의 조화를 위한 노력이다.46) 도덕교육은 실존적 삶에 근거하며, 개인과 공동체는 현실의 실존 문제 해결 과정에서 가치와 당위로 고민하는데, 그 과정에서 생멸 차원의 삶과 진여 차원의 의미는 갈등, 충돌한다. 현실 극복의 힘이 체(體)이고 진여(眞如)이지만 그것이 실존적 삶과 조화되지 않는다면 체와 진여는 그 자체로의 의미만 지니게 된다. 따라서 체와 용, 생멸과 진여의 연결고리를 찾는 과정이 절실하며, 그것은 교과지식으로 변환될 때 각각의 주제에 따라 집중과 선택의 원리로 구체화될 수 있어야 할 것이다.

---

46) 박병기(2009), 「도덕과 교육의 내실화를 위한 동양 도덕교육론적 대안」, 한국윤리교육학회·동양윤리교육학회 공동 학술대회 자료집, pp.80-83.

이러한 체용의 원리, 생멸·진여의 인식원리는 초등학교, 중학교 교과지식의 구성에서도 필요한 원리이다. 현재 초등학교는 18개의 가치 덕목을 중심으로 내용이 구성되고 있다. 이 18개의 가치 덕목 선정 기준과 방법이 무엇인지 명확히 나타나고 있지 않고, 동양윤리 영역은 포함되어 있는지 가치 덕목만으로는 파악하기 힘들다. 따라서 한국의 전통윤리와 근대 이후의 서양윤리, 개인적 가치와 사회적 가치 등 가치 선정 기준 설정이 선행되고 난 후 가치 선택에 대해 합의가 이루어져야 할 것이다. 가치 덕목 위주로 교과지식을 구성할 때도 체용의 원리에 의해 구체화되어야 한다. 중학교 교과지식에도 동양윤리 영역은 인물 혹은 사례제시 등의 단편적 제시에 그칠 뿐 교과지식 내용 구성에 한국의 전통윤리가 어떤 기준에 의해, 얼마만큼의 분량으로, 어떻게 포함되어야 할지에 대한 구체적으로 명시된 기준이나 방법 모색의 과정이 부족하였다. 따라서 교과지식의 재구조화 과정에서 초·중학교 교과지식을 각 영역에 따라 어떤 기준과 방법에 의거하여 구성할지 논의가 선행되어야 할 것이다.

3. 문질(文質)의 원리 : 내용과 형식

아무리 맛있는 음식이라도 어떤 그릇에 담아내느냐에 따라 맛이 달라 보이는 것이 인지상정(人之常情)이다. 교과지식을 구성할 때 체용(體用)의 원리와 더불어 필요한 것이 문질(文質)의 원리이다. 이것은 음식에 비유하면, 다양하고 맛있는 음식[학문지식]을 어떻게 그릇에 맛있어 보이고 먹기 좋게 담을 것인가[교과지식]의 문제이다. '전통윤리'가 교과에서 사라지고 '생활과 윤리'에 흡수된 것은 학문지식이 부족해서가 아니다. 학문지식을 교사와 학생들이 흡수할 수 있게 변환하는 데 실패했기 때문이다. 전통윤리 학문지식을 수요자들의 요구에 적합하게 현대식으로 과감하게 가감하여 표현하지 못함으로써 결과적으로 전통윤리는 어렵고 시대에 뒤쳐졌다는 평가가 뒤따랐던 것이다.

공자는 "본바탕[질(質)]이 아름다운 외관[文]을 이기면 촌스럽고, 문(文)이 질(質)을 이기면 겉치레만 요란하니[사(史)],47) 문과 질이 적당히 배합된 뒤에야 군자이다."48)라고 하여, 바탕과 외면이 적합하게 조화를 이루는 이른바 '문질빈빈(文質彬彬)'을 강조하였다. 성리학적 해석은, "문과 질이 서로 이겨서는 안 된다. 그러나 질이 문을 이김은 오히려 단맛이 조미(調味)를 받을 수 있고, 흰색이 채색(采色)을 받을 수 있는 것과 같아 괜찮지만, 문이 이겨 질을 없애는 데 이른다면 그 근본이 없어지는 것이니, 비록 문(文)이 있은들 장차 어디에다 베풀겠는가? 그렇다면 그 사(史)한 것보다는 차라리 촌스러움이 낫다."49)고 하였다. 다시 말하면, 화려한 치장보다는 꾸밈없는 바탕이 더 바람직하다는 관점이다. 이러한 인식은 오늘날에도 타당성이 없다고는 볼 수 없다.

그러나 현대사회에서는 외면 혹은 표현[문(文)]을 무시할 수 없다. 동양윤리의 학문지식의 바탕인 경전(經典)이 제아무리 훌륭하여도

---

47) "사(史)는 문서(文書)를 맡은 사람이니, 견문(見聞)이 많고 일에는 익숙하지만 성실함이 혹 부족한 것이다.":『논어』〈雍也〉제16장, 朱子注 : "史, 掌文書, 多聞習事, 而誠或不足也."
48) 『논어』〈雍也〉제16장 : "子曰, 質勝文則野, 文勝質則史. 文質彬彬, 然後君子."
49) 『논어』〈雍也〉제16장 朱子注 : "楊氏曰, 文質不可以相勝. 然質之勝文, 猶之甘可以受和, 白可以受采也. 文勝而至於滅質, 則其本亡矣. 雖有文, 將安施乎. 然則與其史也, 寧野."

현대인들의 사고방식에 수용 가능하게 전달할 수 없다면 교과지식으로서 의미를 찾기 어렵다. 경전의 원문에 근거하지 않고도 풍부하고 다채로운 동양정신의 정수(精髓)[질(質)]를 전달하기 위해 어떻게 표현할 것인지[문(文)] 고민해야 한다. 이러한 노력에 대해 문이 질을 이긴다고 비판하기보다 질을 살리기 위한 방편(方便)이라고 인정해주어야 한다. 최근 학자들이 동양철학을 바탕으로 대중적 글쓰기를 시도하는 것50)도 이러한 방편의 하나라고 볼 수 있다. 동양윤리 학문지식을 쉬운 글쓰기로 문식(文飾)하는 것을 비판하기보다 학문의 대중화 측면에서 긍정적으로 평가할 필요가 있다.51) 도덕교육 대상 학생들은 서구식 교육을 받은 상황에서 동양윤리 교과지식을 수용해야 하는 입장이다. 이들에게 동양윤리의 정수를 교과지식으로 교육한다고 경전 구절이나 원문 해석을 그대로만 전달하려고 한다면 거부당하거나 무시당할 수도 있다. 따라서 질(質)을 잃지 않는 범위에서는 최대한 문(文)을 강조하여 교과 목표를 달성할 수 있도록 해야 할 것이다. 이것은 동양윤리 학문지식을 교과지식으로 변환하거나, 교과지식을 학교지식으로 변환할 때 모두 적용되어야 할 원리이다.

---

50) 대표적인 예를 들면 다음과 같다. 정민(2006), 『다산선생 지식경영법 : 다산치학 10강 50목 200결』, 김영사. ; 정민(2004), 『미쳐야 미친다』, 푸른역사. ; 심경호(2009), 『내면기행 : 선인들 스스로 묘비명을 쓰다』, 이가서. ; 심경호(2010), 『나는 어떤 사람인가』, 이가서. ; 신창호(2010), 『함양과 체찰 : 조선의 지성 퇴계 이황의 마음공부법』, 미다스북스. ; 이덕일(2010), 『김종서와 조선의 눈물』, 옥당. ; 이덕일(2004), 『정약용과 그의 형제들』, 김영사. ; 이덕일(2008), 『정조와 철인정치의 시대 : 정조 시대를 읽는 18가지 시선』, 고즈윈.
51) 이러한 문식(文飾)이 대중의 취향을 지나치게 따라가 상업화 되면서 본질을 잃을 수도 있다는 점을 우려하지 않을 수 없다. 학문지식이 없이 취향에 따라 내용을 취합하여 대중적 문식에 치중함으로써 본질을 왜곡할 수도 있기 때문이다.

V. 맺음말 : 도덕과에서 동양윤리 영역의 의미

　도덕교육의 역사에서 동양윤리는 전통교육의 맥을 이어온다는 중요한 의미가 있다. 그러나 그 의미만 잡고 있기에는 현대사회와 도래할 미래사회의 양상은 너무도 변화무쌍하다. 도덕과는 전통적 교육의 관점에서 인성교육과 예절교육을 중시하면서도 현대사회의 도덕적 문제 해결 능력을 교육하지 않을 수 없다. 도덕 교과의 본질적 가치가 무엇보다 중요함에도 불구하고, 외재적 가치에 관심을 기울이지 않을 수 없는 것은, 당면하는 도덕적 문제들의 성격이 전통사회의 그것과는 달리 다면적이고 복잡해져 그 해결책을 찾기가 쉽지 않기 때문이다. 전통적 교육의 관점만으로 오늘날 다양한 양상의 도덕 문제들에 대처할 수 없으며, 이런 점에서 도덕과의 제 학문적 성격은 적절할 뿐만 아니라 필수적으로 요구된다 하겠다. 그 가운데 무엇보다 동양윤리 학문지식에 주목해야 하는 이유는 다음 세 가지로 제시될 수 있다.

　첫째, 오늘날 사회문제 해결을 위해 '온고이지신(溫故而知新)'의 가치에 주목하여 전통과 현대의 연결고리를 찾을 수 있다는 점이다. 현대의 도덕문제들은 과거에 존재했던 문제에서부터 새롭게 대두된 환경, 정보, 과학 문제 등에 이르기까지 복잡하고 다양해졌다. 온고이지신은 현대사회문제의 대안을 모색하기 위해 동양철학에서 철학적·윤리적 연결고리를 찾음으로써 다양한 윤리적 관점을 찾기 위한 것이다. 그 과정에서 동양철학의 개념들에 대해 다양한 해석을 시도하고, 또 비판적 성찰을 통해 새로운 의미를 발견할 수 있게 된다. 이러한 경향은 전통에 대한 재해석과 철학의 보편화라는 분위기를 주도하면서 철학적·윤리적 연구들이 강단철학에 머물던 데서 일반인들에게 수용 가능한 내용으로 새롭게 구성되어 동양사상의 보편화에 기여하고 있다.

둘째, 도덕교육의 목표를 위하여 동양윤리만의 특성을 찾을 수 있다는 점이다. 이성과 개개인의 이해관계, 합리적 계약에 토대한 '최소도덕성' 지향의 서구 도덕철학과 달리 동양윤리는 성선설과 인간에 대한 긍정적 관점과 체계화된 수양론을 바탕으로 더불어 군자, 보살, 지인이 됨으로써 이상사회를 이루고자 노력한다. '최대도덕성' 지향이-한계가 없는 것은 아니지만-긍정적 측면을 살리면서 서구 도덕철학과의 조화를 추구할 수 있어야 할 것이다.

셋째, 경전(經典) 속에서 근대 이후 물질지상주의와 가치상대주의의 대안이 될 새로운 의미를 찾을 수 있다. '경(經)'의 의미는 '상(常)'과 통하며, 이는 변함없는 진리를 바탕으로 한다. 경전(經典)의 본질적 가치와 그 의미는 효율성, 합리성, 경제성을 추구하는 현대사회의 삶에서 궁극적 가치에 대하여 확인하는 계기를 준다는 데 있다. 인간이란 어떤 존재인지, 어떻게 살아야 하는지, 무엇을 추구하며 살 것인지 고뇌하는 삶에서 지침으로의 의미를 지닐 수 있기 때문에 경전(經典)의 가치에 새롭게 주목할 필요가 있다.

지금까지 도덕과에서 동양윤리 교육은 절반의 성공이라고 볼 수 있다. 동양윤리와 한국의 전통윤리 학문지식이 모두 교과지식으로 전환될 수도 없고, 그 과정은 선택과 집중의 원리에 의할 수밖에 없다. 도덕과의 제 학문적 성격에서 동양윤리는 전통과 현대, 동양과 서양의 가치를 매개하는 역할을 할 필요가 있다. 전통과 동양이라는 시대적·공간적[문화적] 한계를 넘어 그것을 현대적으로 해석하여 서양적 가치와 조화될 때 동양윤리는 교과지식으로 의미를 지니게 될 것이다. 지금까지 교육과정에서 '동양윤리' 영역에서 이루어진 시행착오와 경험들이 앞으로 도덕교육에서 기여하는 데 디딤돌이 되지 않을까 기대해본다.

제2장

초등 전통윤리교육의 문제점과 활성화 방안

Ⅰ. 머리말 : 반(反)도덕과교육론에 대한 반론

　제도로서의 학교에서 도덕 영역의 교육을 반대하는 입장이 '반(反)도덕교육론'이다. 이러한 주장은 하잔(B. Chazan)의 논의를 바탕으로, 인식론적 입장, 개인주의적 입장, 사회주의적 입장, 경험적 입장, 구조주의적 입장에서 그 근거를 찾아볼 수 있다.[1] 구체적으로 학교는 입증 가능하고 객관적인 지식만을 가르쳐야 한다는 것, 학교 교육은 개인의 자율성을 침해할 우려가 있는 도덕교육은 배제해야 한다는 것, 도덕교육은 노동자 계급을 자본주의 체제 속에 복종시키고자 하는 고안품이라는 것, 도덕교육의 효과에 대해 현실적·경험적·평가적으로 의심이 간다는 것, 독립적이고 전문화된 제도인 학교에서의 도덕교육은 개인의 복종을 강요하게 된다는 것 등이 바로 이 주장의 근거들이다. 이러한 주장은 개인주의적 관점 혹은 가치 상대주의적 관점에 의해 옹호되는 측면이 많다.

---

[1] 박병기·추병완(1996), 『윤리학과 도덕교육 1』, 인간사랑, pp. 23-24.

'반(反)도덕과교육론'은 도덕교육 그 자체에 대해 반대하지는 않지만 제도로서 학교에서 도덕을 '교과'로 가르치는 것에 반대하는 입장이다. '도덕'을 가르치는 것에 반대하지는 않지만, 그것이 하나의 구별된 '교과'로 존재하여 '독립된' 영역으로 가르치는 것은 반대한다. '도덕' 교육은 참된 자유인이 아니라 노예를 위한 도덕교육이었으며, 개인이 아닌 전체를 위한 도덕교육, 즉 파시즘적인 교육이었다고 비판하는 관점과 상통한다. 우리나라의 도덕교육은 국가를 위한 희생과 충성을 맹목적으로 강요하는 파시즘의 이데올로기였으며, '도덕' 교과서에 나오는 공동체 정신과 국가에 대한 충성, 부모에 대한 효도 등이 결국 주체적 시민을 키우는 것이 아니라 체제순응적 인간을 만들어내는 이데올로기라고 지적하면서 현행 '도덕' 교과를 폐지하고, 대신 자유인을 기르는 참된 도덕교육으로 나아가야 한다는 주장[2]도 이런 맥락에서 나온 것이다. 이 주장도 개인주의적 관점과 가치 상대주의적 관점을 근거로 한다.

이와 같은 '반도덕교육론'과 '반도덕과교육론'이 어느 시점에서는 공감을 얻기도 하였다. 그런 주장이 도덕교육에 대한 성찰과 '도덕' 교과에 대한 반성에서 나왔고, 성찰과 반성을 통해 올바른 방향을 모색함으로써 제대로 된 도덕교육의 가능성을 열 수 있으리란 기대 때문이었다. 그러나 그것이 도덕에 대한 반감이나 '도덕' 교과에 대한 반발에 의한 것이라면 그런 주장에 대해 반박할 필요가 있다. 현대 사회가 아무리 개인적 가치가 중시되고, 절대주의보다 상대주의가 설득력을 얻고 있다 하더라도, 인간의 사회성과 정신적 가치는

---

[2] 김상봉(2005), 『도덕교육의 파시즘』, 길 참고.

무시될 수 없기 때문이다. 개인의 가치가 아무리 소중하다고 할지라도 인간은 공동체 속에서 살아가지 않을 수 없고, 자본주의 체제에서 경제적 가치를 아무리 높이 평가할지라도 봉사와 희생 등 정신적 만족을 추구하는 인간의 가치적 측면을 평가절하해서는 안 되기 때문이다.

근대화 이후 우리 사회의 가치판단 기준은 서구적 민주주의와 자본주의에 의거하고 있다. 21세기에 이르러 일견 보편적 타당성을 획득하였다고 믿어왔던 이러한 서구적 근대 가치에 대해 비판과 성찰이 이루어지고 있다. 이러한 경향은 21세기 문명의 위기의식과 맞물리면서 근대의 도구적 이성에 대한 신랄한 비판과 맥을 같이하고 있다. 문명비판은 아도르노를 비롯한 19세기 비판철학자들로부터 오늘날 포스트모더니즘 철학자들에 이르기까지 지속되고 있는데, 그것은 근대 과학의 성공과 자본주의에 의한 물질적 풍요의 현실에 대한 반성적 성찰이기도 하다. 이들은 비판을 통하여 근본으로 돌아갈 것을 강조하고 있다.

과학·기술에 대한 비판을 바탕으로 인간 중심의 경제학을 주장한 슈마허는, "교육이야말로 모든 자원 중에서 가장 중요한 것"이며 "서구 문명이 위기로부터 빠져 나올 수 없다면, 그 교육에 결함이 있지 않을까 의심해봐야 한다."고 충고한다.[3] 그는 모든 학문 분야는 아무리 전문화되어 있어도 하나의 중심과 결부되어 있고, 그것은 태양으로부터 나오는 빛과 같은 것으로, 중심을 형성하고 있는 것은 우

---

[3] 김진아 역(1992), E. F. 슈마허(Ernst Friedrich Schumacher), 『작은 것이 아름답다』(*Small is Beautiful : A study of Economics as if People Mattered*, 1973), 범우사, pp.84-85.

리의 근본적인 확신 - 인간을 움직일 힘을 진정으로 갖고 있는 관념·사상이며, 그것은 바로 형이상학이고 윤리학으로서 사실의 세계를 초월하고 있기 때문에 통상의 과학적 방법으로 증명하거나 부인할 수는 없다고 주장한다.4) 그는 문명 위기의 원인이 인간의 정신적 가치를 간과한 결과라고 보았다.

그는 이른바 '중심'에 대해, "모든 인간 활동은 선(善)한 것에의 정진(精進)"이라고 파악하고, "중심이라는 것은 인간이 자기와 세계에 관한 관념의 질서정연한 체계를 자신을 위해 만들어 내야 할 장소이며, 그 관념의 체계에 의해 여러 가지 노력의 방향이 규제되는 것"이라고 하였다.5) 슈마허가 말한 '중심'이 의미하는 바가 '도덕' 관념이고 '가치'임이 잘 드러난다.6) 그는 도덕관념과 가치를 중심으로 하는 형이상학의 세계를 강조하지만, 과거의 형이상학으로의 무조건적 회귀를 원하는 것은 아니고, 이 현실 세계를 이해하기 위해 필요한 것임을 강조한다. 그리고 당시 시대적 문제를 해결하기 위한 대안으로 반형이상학적(反形而上學的) 풍조의 개선을 역설하였다.7) 그가 강조하고 싶은 것은 물질에 의해 과소평가되는 도덕의 가치에 대한 새로운 성찰이었다. 『작은 것이 아름답다』의 마지막 에필로그에서 그는 이러한 반성과 성찰을 통한 대안을 다음과 같이 제시하고 있다.

20세기의 인류가 선인(先人)들도 알지 못했던 진리를 발견할 사

---

4) 위의 책, p.101.
5) 위의 책, p.102.
6) 위의 책, p.107 참고.
7) 위의 책, p.109.

명을 부여받고 있다고는 생각되지 않는다. 인류의 모든 올바른 전통에 있어서와 마찬가지로 기독교의 전통에서도, 진리는 종교의 말로 표현되어 왔다. 그러나 그 말은 대부분의 현대인에게 거의 이해할 수 없는 것이 되어버렸다. 하지만 표현은 바꿀 수 있다. 현재 진리를 살리면서 그것을 실행하고 있는 현대 작가가 있다. 기독교의 오랜 전통 속에서도 4개의 기본 도덕, 즉 지혜(prudentia), 정의(justitia), 용기(fortitudo), 절제(temperantia) 등의 훌륭하고 현실적인 가르침이 있다. 오늘날의 어려움을 대처하는 데 있어 이보다 더 적절한 것은 없을 것이다. …… 그렇지만 현실을 '조용히 묵상'하면서 자기중심적인 관심을 일시적이나마 억제하는 태도를 가짐으로써, 비로소 편견 없는 객관성에 도달하여 온전한 지혜를 가질 수 있는 것이다. 분별보다 더욱 큰 이 지혜가 있어야만 비로소 정의와 용기와 절제가 있는 행동을 할 수 있는 것이다. 절제라는 것은 족(足)함을 하는 것을 의미한다. …… 어디서나 "나는 실제로 무엇을 할 수 있는가?"라는 질문을 받는다. 대답은 간단하면서도 간단치 않다. "각자가 자신의 마음을 가다듬는 일"이라는 게 그 대답이다. 이에 필요한 길잡이는 과학·기술에서 얻을 수 없다. 과학·기술의 가치는 모두 그것이 봉사하는 목적에 의해 좌우되기 때문이다. 하지만 우리는 인류의 예지(叡智)의 전통 속에서 이 길잡이를 발견할 수 있다.[8]

좀 길게 인용하였지만, 슈마허는 도덕과 전통적 가치를 통해 물질에서 찾을 수 없는 어떤 것에서 해결의 방안을 모색해야 한다고 주장한다. 과학이나 기술, 경제나 부(富)에 의해서만은 만족될 수 없는 인간의 존재적 속성을 지적하고자 한 것이다.

---

8) 위의 책, pp.307-309.

제7차 교육과정에서 '도덕'은 교과로 존재하지만 시수가 줄었다. 영어 교육과 컴퓨터 교육을 강화하면서 상대적으로 시수가 준 측면도 있지만, 본질적으로는 '도덕' 교과와 그 가치에 대한 인식 부족이 원인이라고 볼 수 있다. 그것은 교육과정 참여자, 현장 교사, 학생들에 있어서 모두 해당된다. 이와 같은 현실 속에서 '도덕교육', 특히 '전통윤리교육'을 강화하자는 주장을 어떻게 설득시킬 수 있을까?

'전통(傳統)'이란 말에서 '전(傳)'은 역(驛)과 같은 말로 시간적으로 연속한다는 의미를 갖고 있고, '통(統)'은 본(本)과 같은 말로 근본이나 본질을 뜻한다. 따라서 전통은 근본이 단절되지 않고 계속해서 이어진다는 의미이다. '전통윤리'는 과거로부터 존재하여 현재에 이르렀고, 또한 미래로 이어져야 할, 사람으로서 마땅히 지켜야 할 도리를 말한다.9) 현실적으로 초등학교 '도덕' 교육과정에서 이러한 '전통윤리' 혹은 '전통적 가치'의 위상은 미미하며 소홀하게 다루어지고 있다. 도덕과 내용을 구성하는 20개의 가치·덕목은 주로 서구 가치 중심이며, 전통 가치를 다룰 경우도 간단한 예화로 적은 분량만을 다루고 있다.

이 글은 초등학교 '전통윤리교육'을 진단하여 문제점을 분석하고 활성화 방안을 찾는 것을 목표로 한다. 이를 위해 먼저 초등학교 교육과정에서 '전통윤리'와 관련된 내용을 분석하여 문제점과 그 원인을 찾아보고, 2007년 개정 교육과정에서의 초등 전통윤리의 위상을 살펴본 다음, 앞으로의 초등 전통윤리교육의 활성화 방안을 제시할 것이다.

---

9) 교육인적자원부(2003), 『(고등학교) 전통윤리』, 지학사, 2003, p.12.

Ⅱ. 초등 전통윤리교육의 문제점과 그 원인

오늘날 초등학교 현장은 과밀학급, 교사 권위의 실추, 공교육에 대한 불신, 사교육비의 팽창 등의 원인들로 신뢰가 무너졌다고 해도 과언이 아니다. 전통윤리교육에 대한 논의에 앞서 초등학교 도덕교육에서의 전반적인 문제점을 살펴보자. 좁게는 교과와 관련된 문제점, 넓게는 도덕교육 환경의 문제점으로 나눌 수 있는데, 여기서는 주로 교육과정에 대한 분석을 중심으로 전자에 초점을 두었다. 후자는 가정, 사회, 학교 등 학생들의 도덕적 사고와 행동이 이루어지는 사회 환경의 문제로 이미 많이 다루어진 내용이라고 할 수 있다. 교육과정에서의 문제점을 살펴보자.

첫째, 교육과정에서 추구하는 목표 진술과 도덕과만의 고유한 성격이 교육현장에서 반영되고 있지 않다.

> 초등 3~6학년의 도덕과 교육은 바른생활과를 통해 형성된 덕성의 기초 위에서 기본생활습관과 예절, 우리 사회의 기본적인 가치, 규범의 보다 깊은 내면화와 자율적인 실천 성향의 형성을 꾀함으로써, 유덕한 인격 형성의 토대를 더욱 튼튼히 하면서 그 심화와 발전을 도모하는 데 중점을 두게 되는 것이다.[10]

> 초등학교 3~6학년 시기는 도덕적 발달 수준으로 볼 때 '인습수준'에 해당되기 때문에 저학년 단계에서 습득한 기본생활습관을 바탕으로 기본적인 예절과 도덕규범의 의미나 근거를 이해하고, 도덕규범의 내면화를 추구하는 시기이다. 또한 이 시기에 학생들이 당면하는

---

10) 교육부, 교육부 고시 제1997-15호에 따른 『초등학교 교육과정해설(Ⅲ) : 국어·도덕·사회』, p.190.

도덕적인 문제는 주로 기존의 규범이나 규칙이 적용되는 문제라기보다는 규범이나 규칙이 서로 갈등된 상황 속에서 초보적인 수준에서나마 행동을 판단하고 어떤 결정을 내려야 하는가에 대한 합리적이고 바람직한 안목을 가지게 하는 시기이다.[11]

바른생활을 공부하는 1·2학년 초등학생들은 우리 나이로 8·9세에 해당된다. 그 단계의 아동들에게 '덕성의 형성'이 이루어진 기초 위에 규범의 내면화와 자율적인 실천 성향의 형성을 꾀한다고 하였다. 초등학교 3~6학년은 10~13세에 해당되는데, 자율적인 실천 성향의 형성을 꾀한다고 하였다. 이러한 목표들이 - 학생들의 도덕성 발달에 따라 차이는 있을 수 있지만 - 지나치게 높게 설정하여 진술된 것이 아닌지 점검할 필요가 있다. 진술의 문제점은 이념적 교육과정과 실제 교육현장과의 괴리를 낳는 원인이기도 하다. 즉, 이론적 교육과정을 구상하는 단계에서 초등학교에서 다루어야 할 실제 교육 내용보다 지나치게 높은 목표를 설정함으로써 그 달성을 어렵게 할 수 있다. 상위 단계의 목표에서 비록 이상적으로 높게 설정하였더라도 하위 단계에서는 실천 가능성을 염두에 두고 구체적인 진술이 이루어져야 할 것이다. 초등학교 교육과정의 진술은 중등학교와는 달리 구체적이고도 세밀한 배려가 필요하다. 그러나 현재 교육과정 용어 진술은 초등과 중등이 차이가 없을 뿐 아니라 거의 유사하다고 보아도 무리가 아니다. 따라서 이런 문제점 해결을 위해서는 교육과정 구성시 실천 가능성을 염두에 둔 진술이 이루어져야 할 것이다.

---

11) 위의 책, p.192.

둘째, 초등학교 도덕과의 계열별 특성, 내용구성을 위한 가치·덕목 선정에서 전통윤리와 시민윤리의 조화를 모색하지만, 주된 내용은 주로 시민윤리에 치우쳐 있다. 오늘날 사회가 시민사회를 바탕으로 운영되는 특성이 있다. 이것은 근대화 이후 서구적 가치의 보편화로 전통 가치가 경시되었던 시대상황과 무관하지 않다. 이런 현실에서 전통윤리 가치는 그다지 주목을 받지 못하고 심지어 배격 대상으로 인식되기도 하였다. 그러나 초등학교 단계적 특성을 염두에 둘 때 전통윤리를 바탕으로 한 인성교육의 중요성을 강조하지 않을 수 없다.

현재 초등학교 학생들이 교육받는 제7차 교육과정의 내용을 심층적으로 살펴보면 시민윤리에 비중이 있음이 드러난다. 초등학교 도덕과 내용체계는 생활 영역의 확대에 따라 개인 생활, 가정·이웃·학교 생활, 사회 생활, 국가·민족 생활 등 네 단계로 구성되어 있다. 그 하위로 생명존중, 성실, 정직, 자주, 절제, 경애, 효도, 예절, 협동, 애교·애향, 준법, 타인 배려, 환경 보호, 정의, 공동체 의식, 국가애, 민족애, 안보 의식, 평화 통일, 인류애 등 모두 20개[12]의 가치·덕목을 다룬다. 이 가치·덕목에 기초하여 제재 중심으로 내용을 구성하였다. 이 내용을 다루는 초등학교 도덕과의 계열별 특성은 다음과 같이 제시되고 있다.

> 초등학교 3~6학년에서는 통합교과인 1~2학년의 '바른생활'에서 이루어진 기본 생활 습관 형성교육을 발전, 심화시켜 도덕적 가치 규

---

12) 교육부, 『초·중등학교 교육과정 : 국민공통기본교육과정』, 교육부 고시 제 1997-15호[별책1], pp.119-120.

범에 대한 올바른 이해 및 초보적인 도덕적 판단력의 육성, 그리고 도덕적 실천 성향과 행동 습관의 형성에 역점을 둔다.13)

초등학교 도덕 교과는, 바른생활에서 이루어진 기본생활습관의 형성 교육을 바탕으로 하여, 도덕적 규범 이해, 도덕적 판단력 육성, 실천 성향과 행동 습관의 형성을 위한 것이다. 초등학교 도덕과에 대한 교육과정해설에서 "학생들이 바람직한 인성을 지닌 한국의 민주시민으로 자라나는 데 필요한 건전한 도덕성 및 유덕한 인격의 기초를 튼튼히 하고자 진력하는 교과"로 그 기본 성격과 특성을 규정짓고, "인성교육과 민주시민교육의 중핵이 되는 교과로서의 성격"지닌다고 하였다.14) 이를 토대로 보면, 교육현장의 도덕교육은 인 기본 인성교육을 바탕으로 인격적 기초를 정립하고, 이를 토대로 시민교육이 이루어지는 단계를 밟는 것이 이상적이라고 볼 수 있다. 여기에서 인성교육을 먼저 강조해야 하는 이유를 찾을 수 있다.

셋째, 교과서 구성과 구체적 내용 진술에서 전통윤리 영역에서 많은 문제점들이 드러나고 있다.

고등학교에서 교과로 운영되는 『전통윤리』는 내용 구성의 본질을 원시 신앙적 기초와 유학·불교·도가적 전통을 기반으로 하고 있다. 이에 따라 개인과 가족 관계, 친척·이웃·교우 관계, 국가·사회·자연과의 관계를 중심으로 내용을 구성하였다. 초등학교에서는 '바른생활'과 '도덕'이 있지만, '전통윤리'라는 명칭이나 주제로 뚜렷

---

13) 위의 책, p.117.
14) 교육부, 교육부 고시 제1997-15호에 따른 『초등학교 교육과정해설(Ⅲ) : 국어·도덕·사회』, pp.187-191.

하게 드러나는 것이 없다. 또 내용에서 구체적으로 전통윤리 가치를 드러내고자 노력하지만 성공적이지 못하다.

초등학교에서 도덕과에서는 20개 가치·덕목에 의해 모두 40개 요소를 다루고 있다. 초등학교 교육과정의 내용선정 원칙에서는, "우리의 전통적 규범과 가치, 서구의 민주사회의 가치와 덕목 중에서 오늘날 우리 사회현실에 적절한 내용들로 선정하였다."[15]라고 하였다. 또 전통윤리와 시민윤리에 대해서 그 특성상 갈등요소가 존재함을 인정하고 그것을 조화시키기 위한 방법을 모색하고 있기도 하다.[16] 그러나 가치·덕목 구분에서, 교육과정 구성자들이 '전통적 가치'와 '서구 민주사회의 가치'를 이분법적으로 인식하여 구분을 시도하는 것처럼 보인다.

20개 가치·덕목에서는 구체적으로 전통가치와 시민가치를 구분하는 것이 쉽지가 않고, 또 현실을 무시할 수도 없다. 실제로도 우리의 현실은 시민사회라는 하드웨어로 서구적 형태를 띤다. 그에 적절한 내용도 그에 적합한 소프트웨어, 즉 시민윤리가 될 수밖에 없기 때문이다. 문제는 전통윤리 가치를 어떻게 이 하드웨어에 무리 없이 삽입시켜 조화시키느냐 하는 것이다. 이것이 바로 교육과정을 구성하는 전문가들이 고민해야 할 문제이다. 단순히 교과서에 전통적 사례를 넣었다고 가능한 것이 아라, 시민사회라는 하드웨어에 전통 가치라는 소프트웨어를 조화시켜 시민윤리라는 소프트웨어와 결합된

---

15) 위의 책, p.195.
16) 오석종(2001), 「도덕과 교육의 방향과 전통윤리와 시민윤리의 조화」, 한국도덕윤리과교육학회, 『도덕과 교육론 : 제7차 교육과정 초·중·고 도덕과 교육의 과제와 방향』, 교육과학사, pp.49-69.

제3의 형태를 만들어내야 하기 때문이다. 제7차 교육과정 교과서에서 이러한 시도가 이루어지고는 있으나 그 성과는 미흡한 편이다. 이와 관련된 문제점을 1·2학년 통합교과인『바른생활』과 3~6학년 『도덕』교과서로 나누어 다루어보자.

초등학교 1·2학년은 통합교과인『바른생활』1·2학기 각 1권과 『생활의 길잡이』로 구성된다. 그리고 도덕 교과의 경우, 3·4학년은 『도덕』1·2학기 각 1권과『생활의 길잡이』, 5·6학년은 각 1권과『생활의 길잡이』가 있어, 교과서는 모두『바른생활』4권,『도덕』6권으로 되어 있고, 이에 따르는『생활의 길잡이』10권으로 구성된다. 1·2학년 통합교육과정은 저학년의 발달특성을 기초로, 활동 중심의 생활 영역으로, 학생들의 생활 경험을 바탕으로, 한 주제 아래 다양한 활동과 경험들이 통합되고 탄력적으로 운영되는 교육과정이라는 특성을 지닌다.[17] 바른생활은 "초등 1·2학년 학생들이 우리 사회가 요구하는 기본생활습관과 예절 및 규범을 준수할 수 있는 능력과 태도를 형성하여 건전한 인성을 지닌 민주 시민으로서의 자질을 갖추도록 하는 통합교과"[18]이다. 이에 따라 내용 구성은 '내 일 스스로 하기', '예절 지키기', '다른 사람 생각하기', '질서 지키기', '나라 사랑 하기'로 되어 있다. 기본생활태도를 익히는 것으로 일상생활의 습관 형성과 그것의 실천을 강조하는 내용들이다.

초등학교 1·2학년은 도덕교육에서 가장 중요한 시기로, 처음 학교라는 사회에 적응하는 단계로서, 기본 규범, 생활습관, 예절 등을

---

17) 교육부,『바른생활·슬기로운 생활·즐거운 생활·우리들은1학년 교육과정』, 교육부고시 제1997-15호[별책15], pp.28-29.
18) 위의 책, p.30.

배우고 습관화하고 내면화해야 하는 시기이다. 이 시기에 이루어진 도덕적 태도와 습관 형성을 바탕으로 좀 더 확대된 가치·덕목을 접하여 수용하게 된다. 그러나 초등 1·2학년 도덕교육의 중요성에도 불구하고 그 성공을 장담하기 어려운 것은 제반의 환경적 문제들 때문이다. 그것은 이미 많이 알려진 것처럼 교육환경의 문제로, 과다한 학급당 학생 수, 교사의 과중한 업무, 가정과 학교, 그리고 사회가 연계되어 이루어져야 할 도덕적 분위기의 결여, 도덕 수업 방법의 한계 등이다. 특히, 기본 생활습관과 예절·태도는 전통윤리에서 중시하였던 것으로 인격교육과 예절교육에서 가장 기본적인 것이다. 그것은 오늘날 시민사회에서도 필수적인 가치 덕목이며, 인생을 살아가는 데 있어 기본 인성적 자질로서, 이를 바탕으로 시민 윤리 가치를 형성할 수 있는 것이다.

초등학교 3~6학년의 내용 체계표를 통해 가치·덕목과 주제를 살펴보면 다음과 같다. 문제는 생활 영역의 확대에 의해 내용을 구성한 결과, 국가·민족 생활의 내용들은 초등학생들의 지적 발달단계에서는 수용하기에 부담스러울 수 있다는 점이다. 국가와 민족의 중요성을 과소평가하는 것은 아니지만 기본 생활습관과 예절·태도를 내면화하여야 할 단계에 너무 확대된 내용을 다루어, 개인과 주변 관계에 대한 심층적 이해도 못한 상황에서 확대된 내용을 다루는 것이 부담스러울 수 있다.

구분	주요 가치·덕목	3학년	4학년	5학년	6학년
개인생활	생명존중 성실 정직 자주 절제	• 청결·위생 • 정리 정돈 • 맡은 일에 책임 다하기 • 물건을 아끼고 소중히 하기	• 바른 몸가짐 • 스스로 생각하고 실천하기 • 시간을 아끼고 잘 지키기	• 정직한 생활 • 절제하는 생활	• 근면하고 최선을 다하는 생활 • 생명을 소중히 하기
가정· 이웃· 학교 생활	경애 효도 예절 협동 애교·애향	• 효도와 우애 • 인사·언어 예절 • 약속과 규율을 잘 지키기	• 친절과 양보 • 친족간의 예절 • 친구 사이의 믿음과 우정	• 서로 아끼는 공경하는 마음 • 이웃과 다정하게 지내기	• 사랑과 관용의 자세 • 학교·고장의 발전과 협동
사회 생활	준법 타인 배려 환경 보호 정의 공동체 의식	• 거리·교통질서 지키기 • 환경을 보호하기	• 공공장소에서의 예절과 질서 • 공정한 생활 태도	• 타인의 권인 존중 • 공익 추구의 생활	• 법과 규칙을 잘 지키기 • 타인에 대한 배려와 봉사 • 자연 보전과 애호
국가· 민족 생활	국가애 민족애 안보 의식 평화 통일 인류애	• 나라 사랑 • 분단 현실과 통일 필요성 인식	• 민족 문화 유산 애호 • 국가 안보를 위한 바른 자세	• 국가발전에의 협력 • 평화통일의 당위성과 방법 • 올바른 국제 문화 교류	• 통일 국가의 미래상과 민족통일의 의지 • 해외 동포들에 대한 이해와 사랑 • 세계 평화와 인류 공영

초등학교 3~6학년까지 교과서 덕목을 전통윤리와 시민윤리 가치로 구분하는 것은 쉽지 않다. 20개 가치·덕목들 중 성실, 정직, 절제, 경애, 효도, 협동 등 전통 가치를 잘 드러내는 가치도 용어도 있지만 대다수 개념들은 오늘날 보편적으로 사용되는 것들이다. 준법, 환경보호, 정의, 인류애 등 서구 민주주의 가치를 강하게 드러내는 것도 있지만 대다수 가치들은 전통윤리에서도 그 정신을 찾아볼 수 있다. 예를 들어 타인 배려, 공동체 의식, 안보 의식 등은 전

통윤리에서 서(恕)의 정신, 상부상조(相扶相助), 충(忠)의 가치로 표현될 수도 있다. 따라서 가치·덕목의 표면적 개념만으로 전통윤리와 시민윤리를 구분하는 것은 큰 의미가 있다고 보기 어렵다.

교과서에서도 가치 덕목의 예화 선정에서 전통 가치를 드러낼 수 있는 인물과 사례 선정에 노력하고 있지만 그 비율은 미미하다. 예를 들어, 5학년 『도덕』교과서의 경우, '공경하고 사랑하는 마음'에서는 '웃어른 공경(36-39)[19]'이라는 예화로 고려장에 대한 예화, '이웃사촌'에서는 '조상들의 지혜(60-62)', '나라발전과 나'에서는 '민족의 혼을 일깨운 장지연(114-117)', '우리문화와 세계문화'에서는 '흥선 대원군과 김옥균(139-140)', '종두법의 도입(141-144)'을 다루고 있다. 6학년 『도덕』교과서에서는 '밭에 묻힌 보물(10-11)', 노자·장자의 글(16), 정약용 소개(18), '한국문화를 알리는 데 앞장선 사람(138)'이 나오고 있다. 6학년 『생활의 길잡이』에서는 사례를 찾기 어렵고, 5학년 『생활의 길잡이』에서는 '명심보감', '논어', '맹자', '효경', '훈민가'에 나온 내용, '안창호 선생의 나라사랑', '나는 유물, 유적을 조사하는 문화유산 답사가' 등이 나오고 있지만 절대적으로 서구 인물과 사례가 많다.

절대 사례의 부족에 더하여 심각한 것은 사례들이 도덕적 내면화와 직접 관련되는 덕목의 본질에 접근하지 못하고 있다는 점이다. 다시 말하면, 전통윤리의 본질을 꿰뚫고, 그것이 시민윤리의 본질과 접합되는 면을 찾고 그 접합점에서 재창조되어야 하는데, 가치·덕목의 이면만을 드러내는 데 그치고 있다. 특히, 전통 가치의 본질

---

19) ( )안은 쪽수를 말함.

을 통해서 들여다보아야 할 가치 덕목의 사례마저 서구 인물을 사례로 들어 내면화시키고자 하는 경우도 있다.

6학년 『도덕』교과서에서 다루는 제목들은, '성실한 생활', '소중한 생명', '너그러운 마음', '우리 학교 우리 고장', '함께 지키자', '아름다운 사람들', '자연 사랑', '평화통일의 길', '우리는 자랑스러운 한민족', '평화로운 지구촌' 등 10가지이다. 여기서 생활과 관련된 사례는, '동수의 깨달음(6-8)', '최선을 다한 기쁨(12-13)', '내 생일(22-23)', '용서하는 사람(38-39)', '파란 대문 집 아주머니(40)', '수지의 그림(42-43)', '개울둑과 논둑 쌓기(52-53)', '전교 어린이회(54-55)', '동창회 홈 페이지(57-59)', '알뜰 바자회(60-61)', '생명을 구한 안전 운전(71-73)', '모두가 고통스럽구나(74-76)', '따뜻한 마음(86-87)', '젓갈 파는 할머니(88)', '사랑의 뜨개질 아주머니(89)', '혜지 어머니의 자연 사랑(89-100)', '되살아난 양재천(104-105)', '반딧불이를 되살리자(106-107)', '우포 늪 이야기(108-109)', '지뢰밭을 기찻길로(118-119)', '고향으로 가는 소(120-122)', '언어차이(122-123)', '중국에서 온 친척(132-133)', '재외동포들의 조국사랑(134-136)', '러시아 동포들의 삶을 그린 화가(137)', '따뜻한 동포의 응원(189)', '터키에 간 한국 구조대(140-141)', '난민촌의 아이들(150)', '전쟁이 싫어요(152-153)', '카자흐스탄에서 온 편지(154-157)', '세계의 어린이를 돕는 단체(158-160)' 등이다. 서구적 사례는, '기러기의 주인(시타르타, 24-26)', '고아들의 어머니(홀트 여사, 41)', '법을 존중한 소크라테스(68-70)', '솔직한 고백(이탈리아 총독, 77-79)' 등이다.

6학년 『도덕』 교과서의 문제점을 살펴보면, 첫째는 사례제시 분량이 많은 데 비해 그것이 도덕적 사고 과정을 거쳐 토론 능력의 배양으로까지 발전하지 못하고 있다. 수많은 사례들이 제시되지만 다양한 관점에서 분석하여 생각하고 논의하는 과정은 포함되지 않고 있다. 둘째, 사례의 현실성만 추구하다 보니 다양성이라기보다 생활 수필의 나열처럼 여겨진다. 셋째, 서구 인물들의 사례는 분량도 많고 덕목과 관련하여 구체적으로 제시되는 반면, 전통 가치는 단편적인 소개에 그치고 차지하는 분량도 적다. 이것은 교과서 집필진·연구진·심의진 39명(겹친 경우도 있다) 중 전통윤리 전공자가 단 한 명밖에 없다는 데서 원인을 찾을 수 있다. 초등학교 교육과정 구성 단계에서 전통윤리의 중요성에 대해 염두에 두지 않고 있다. 중요성을 염두에 두고 비중을 고려한다 해도 형식적 배려에 그친다고 있다.

가정, 사회, 학교 등 학생들의 도덕적 사고와 행동이 이루어지는 사회 환경의 문제점은 더 심각하다. 오늘날 세계적으로 확대되는 신자유주의 물결, '돈'을 최고 가치로 여기는 천민 자본주의의 보편화, 물질과 쾌락 추구로 메말라가는 사회정서, 상업주의에 물든 아동·청소년 문화의 타락, 가정 붕괴에 따른 안정감의 상실, 경쟁과 효율성을 중시하는 학교 교육의 문제 등, 도덕교육의 위상이 점점 확고해지기 어려운 상황으로 가고 있다. 이러한 위기 상황에서 도덕교육, 특히 '전통윤리교육'이 더 강조되어야 할 필요성이 있다.

Ⅲ. 개정 교육과정에서 초등 전통윤리의 위상

이른바 제8차 교육과정이라고 불리며 시작되었던 교육과정 개정은 공식 명칭이 2007년 개정 교육과정으로 바뀌었다. 제8차로 부르지 않고 개정 교육과정이라고 부르는 이유는, 그 기본 방향이 현행 제7차 교육과정의 기본 철학과 체제를 유지하고 있기 때문이다. 자세히 살펴보면, 국민공통기본교육과정과 선택중심교육과정 등의 체제를 유지하는 바탕에서, 단위 학교별 교육과정 편성·운영의 자율권을 확대하고 국가·사회적 요구사항의 반영, 고등학교 선택중심 교육과정 개선, 교과별 교육 내용의 적정화 유지, 수업 시수 일부 조정이라는 방향으로 전개되고 있다. 이러한 개정은 1997년 12월 30일 제7차 교육과정 개정 이후 사회·문화적 변화를 반영하여 교육 내용 및 내용 체계를 개편할 필요에 부응한 것이다. 구체적으로 국가 사회적 요구 사항을 반영하여 과학과 역사 교육을 강화하였고, 현행 교육과정 적용상의 문제점과 교과 교육 내용 개선의 필요성이 대두되었으며, 주5일제 수업이 월2회 시행됨에 따라 수업시수가 일부 조정될 필요가 있었기 때문이다.[20]

도덕과 교육과정과 관련된 개정 배경은 세 가지를 들 수 있다. 첫째는 주5일제 도입, 지식 정보화, 세계화·다문화의 특성이라는 사회변화를 반영한 적극적 대응, 둘째는 제7차 도덕과 교육과정에서 제기된 문제점의 개선과 교육 내용, 접근 방법, 선택 과목 운영의 개선, 셋째는 도덕교육 연구 공동체의 연구 성과의 체계적 반영 등이다. 즉, 변화에 대한 학계와 교육계의 새로운 적응 방법의 모색이라고 할 수 있겠다.

개정의 방향과 중점은 다섯 가지로 살펴볼 수 있다. 첫째는 도덕과 교육의 정체성 확립을 위해 하나는 도덕적 덕목·규범·가치문제

---

20) 교육인적자원부, 『'07 도덕과 교육과정심의회 자료 : 2007년 개정 교육과정』 (2007년 11월 22일 회의 자료), p.1.

를 체계적으로 다루는 교과로서, 인접 교과(사회, 가정 등)와 차별성을 갖도록 교육 내용을 정련화·적정화하는 방향이다. 둘째는 사회 변화에 부응하는 새로운 가치·규범, 도덕적 쟁점을 강조하기 위해 세계화, 생명, 정보, 인권, 문화, 종교 윤리 등 새롭게 요구되는 가치를 부각하는 것이다. 셋째는 도덕적 탐구를 강화하여 다양한 도덕 문제를 해결해 나갈 수 있는 도덕적 인식 능력과 판단 능력을 기르는 데 도움을 줄 수 있는 내용으로 구성하는 것이다. 넷째는 학교급별 도덕과 교육의 특성을 부각시켜 초등학교는 기본 덕목 중심으로, 중등학교는 도덕적 주제·쟁점 중심으로 내용을 구성하는 것이다. 다섯째는 '도덕과 교육과정 연구공동체' 구성을 통한 참여식 교육과정 개발을 위해 학회와 교원단체들로 연구동동체를 구성하여 의견을 수렴하는 것이다.[21] 도덕과의 특성을 부각시키면서 각 학교급별 도덕과의 성격을 분명히 함으로써 사회변화의 요구를 적극 수용하고자 하는 대응전략이다.

도덕과 교육과정의 주요 개정 내용을 성격, 목표, 내용, 방법, 평가 등으로 간략히 살펴보자. 우선 성격에서 세 가지에 초점을 맞추고 있다. 한국적인 맥락에 근거한 보편적 윤리의 추구, 도덕과 교육의 핵심내용으로서의 도덕적 덕목과 규범 재천명, 윤리학적 접근을 중심으로 하는 학제적 접근의 표방이다. 목표를 보면, 중등학교에서는 도덕성의 인지적 측면을 강조하고 있으며, 학교급별로 목표를 차별화하고 있는데, 초등은 타인과 함께 살아갈 수 있는 도덕적 능력 함양, 중등은 합리적·자율적·도덕적 판단 및 실천 능력 함양이다.

---

21) 위의 자료, p.12.

내용에서는 도덕과 교육 내용의 정련화 및 적정화, 내용 구성의 중점을 초·중등학교별로 차별화, 인접 교과와 중복되는 내용 조정 등이다. 초등학교와 관련하여 특징적인 것은 덕목 중심을 유지하면서 학년별 덕목 수를 10개에서 9개로 조정하였으며, 동일한 학습량이지만 사례를 다양화하고 적용 수준에서 질적인 제고를 하고 있다. 중등은 덕목 중심에서 주제 중심으로 전환하고, '가치 관계' 확장을 중심으로 8~12개 소주제로 구성하였다. 초등은 덕목 내면화 및 기본 가치판단능력 신장에 중점을 둔다면, 중등은 가치판단능력 및 자율적 도덕성 신장에 중점을 두는 데서 차이가 있다.

방법적 측면에서는, 도덕과 교과서 개발 및 활용에 대한 기본 방향을 제시하고, 학교급별 교수-학습 방법을 구체화하여, 토의·토론식 수업을 논술지도와 연계한 교수-학습 방법을 제안하고 있으며, 교사의 모범 행동과 학교 공동체의 도덕적 의사소통 기능을 강조하며, 도덕적 실천을 위한 지원체제를 제안하여 봉사활동과 체험학습과 도덕과 수업과의 연계를 강조한다. 평가에서는, 평가 방법에 대한 구체적 안내를 통해 7차 교육과정보다 구체화 하였다. 저학년과 고학년의 평가 초점을 구분하고 도덕과 교육과정과 수업 운영 평가를 제안하고 있으며, 중학교 단계에서는 서술형 평가를 통해 질적 평가를 유도하였다.[22]

특징을 보면, 도덕과 교육의 성격에서 도덕과 교육의 필요성을 신설하여, '개인의 가치관 혼란 극복 필요'와 '우리 사회의 공통적인 도덕적 가치 기반 공고화 필요'를 강조하였고, 목표에서 학교급간의

---

22) 위의 자료, pp.13-14 요약 정리.

특성을 부각시켜 초등학교는 '다른 사람과 함께 살아갈 수 있는 도덕적 능력 양성', 중학교는 '합리적이고 바람직한 도덕적 생활을 영위할 수 있는 능력 양성', 고등학교는 '자율적인 도덕적 판단 및 실천 능력 함양'을 신설하였다.

내용영역에서의 설정원리가 생활 영역 중심이었던 데서 '도덕적 주체를 중심으로 한 가치 관계의 확장'으로 변화되었다. 즉, 도덕적 주체로서의 나, 자기 자신과 우리·타인·사회와의 관계, 자기 자신과 국가·민족·지구공동체와의 관계, 자기 자신과 자연·초월적인 존재와의 관계이다. 교수-학습 방법에서는 토의 및 토론, 논술 및 발표 수업을 통한 자기 주도적 학습을 강조하고 있다. 평가에서는, 평가기준 활용에서 성취기준형 내용진술 활용을 권장하고, 학생의 도덕적 성장 및 학습 진전 상황에 대한 기록을 권장한다는 점이 특징이다.[23] 초등학교 내용 체계표는 다음과 같다.

주요 가치·덕목[24]	내용 영역	3학년	4학년	5학년	6학년
정직 자주 성실 절제 책임 용기 효도 예절 협동 민주적 대화 준법	도덕적 주체로서의 나	• 도덕 공부는 이렇게 해요 • 소중한 나의 삶	• 정직한 삶 • 자신의 일을 스스로 하는 삶	• 최선을 다하는 생활 • 감정의 올바른 관리 • 반성하는 삶	• 자긍심과 자기계발 • 자기 행동에 대한 책임감 • 용기 있는 행동
	우리·타인·사회와의 관계	• 가족 사랑과 예절 • 감사하는 마음의 표현 • 친구 간 우정과 예절	• 약속을 지키는 삶 • 공중도덕 • 인터넷 예절	• 이웃 간의 도리와 예절 • 서로 돕는 생활 • 대화와 갈등 해결 • 게임중독의 예방	• 준법과 규칙 준수 • 공정한 행동 • 남을 배려하고 봉사하는 삶

---

23) 위의 자료, pp.15-19 참고.

정의 배려 애국·애족 평화·통일 생명존중 자연애 사랑	나라·민족· 지구공동체와 의 관계	• 나라의 상징과 나라 사랑 • 분단의 배경과 민족의 아픔	• 우리나라·민 족에 대한 긍지 • 통일의 필요성 과 우리의 통 일노력	• 북한 동포 및 새터민의 삶 이해 • 재외동포에 대 한 관심	• 편견 극복과 관용 • 우리가 추구하 는 통일의 모습 • 평화로운 세상
	자연·초월적 존재와의 관계	• 생명의 소중함	• 올바른 자연관 과 환경보호	• 참된 아름다움	• 사랑과 자비

주목할 만한 점은 자연·초월적 관계가 새롭게 내용영역에 포함 되었다는 것이다. 생명존중, 자연애, 사랑 등은 추상적 개념들이지 만 중요한 의미를 지니는 가치·덕목으로, 자연 및 초월적 존재에 대한 인식을 바탕으로 관계를 설정하고 있다. 또 새롭게 대두된 인 터넷 윤리와 다문화교육, 통일교육에서도 새터민의 삶에 대한 이해 를 통해 변화하는 현실에 적극적으로 대응하도록 하였다. 이러한 내 용을 토대로 초등학교 '도덕' 교과가 추구하는 목표는 다음과 같다.

도덕 교과는 (1)인간의 삶에 필요한 도덕규범과 예절을 익히고, (2) 자신뿐만 아니라 사회와 관련된 도덕 문제를 주체적으로 성찰하고 실 천하도록 하여, (3)자신의 삶을 바람직하게 영위하도록 하며, 나아가 (4)우리 사회와 세계의 발전에 기여할 수 있도록 하는 교과이다. 이를 위해 (5)기본적인 도덕규범과 예절을 실천하는 습관을 길러주고, (6) 다양한 도덕문제를 합리적으로 해결할 수 있는 도덕적 사고력과 판단 력을 길러주는 데 중점을 둔다.[25]

---

24) 교육인적자원부, 『초등학교 교육과정』, 교육인적자원부 고시 제2007-79호[별 책2], p.95.
25) 교육인적자원부, 『도덕과 교육과정』, 교육인적자원부 고시 제2007-79호[별책 6], p.1.

도덕과는 규범과 예절(1), 도덕문제의 성찰과 실천(2)을 통하여 개인(3)과 공동체(4)의 발전을 추구한다. 구체적으로 (1)의 실천 습관과 (2)의 도덕적 해결 능력의 함양에 중점을 두고 있다. 도덕과가 추구하는 목표는, 습관화를 통한 형식적 도덕성과 사고와 판단을 통한 내용적 도덕성을 고루 갖추게 하는 데 있다. 인지적·정의적·행동적 세 가지 영역을 포함하는 통합적 의미를 지니는 도덕과는, 다른 측면에서 정신과 형식의 통합을 추구한다. 즉, 내면적 도덕성과 외면적 도덕성의 조화를 통하여 도덕성의 완성을 목표로 하고 있다. 이런 점에서 볼 때, 도덕교육에서 정신과 형식은 어느 것이 더 중요하다고 하기 어려운 등가적 의미를 지닌다고 할 수 있다.

위의 목표 설정에서 전통적 가치에 대한 특별한 언급은 거의 찾아보기 어렵다. 현재 개정 교과서 집필 작업이 이루어지고 있는 상황에서, 초등 전통윤리의 위상을 높이기 위해서는, 내용 체계표에 제시된 18개 가치·덕목들의 구체적인 사례들을 뽑을 때, 전통 가치의 본질과 시민윤리의 특성을 관통할 수 있는 것을 선정해야 한다. 이를 위해서는 초등학교 교과서 작업에 전통윤리 전공자가 연구진·심의진·집필진에 참여한다면 형식적인 쪽 채우기와 같은 한계를 넘어설 수 있을 것이다.

Ⅳ. 초등 전통윤리교육의 활성화 방안

최근 후쿠다 야스오(福田康夫) 일본 총리 내각이 교육개혁을 가속화하면서, 우수 학생 월반(越班)과 대학 조기입학 허용, 초등학교 영어교육 실시, 국립대학 총장 직선제 폐지와 더불어 강조한 것이 '도덕교육의 정식 교과화'이다.26) 이러한 일본 교육의 변화 분위기는 다음 기사에서 잘 드러난다.

> 문부과학성의 중앙교육심의회와 더불어 교육재생회의가 주도하고 있는 일본의 교육개혁 방향은 크게 두 가지로 요약된다. '유도리(여유) 교육'을 시정하는 등 공교육을 강화하는 한편으로 심각한 청소년 문제를 예방하기 위한 도덕교육과 가정교육 등 인성교육의 충실화가 그것이다. …… 이런 가운데 최근 이지메(왕따) 등 점증하는 학내폭력과 청소년 범죄 등이 심각한 사회적 문제로 부각됨에 따라 일본 정부에서는 초·중·고교에서 도덕교육을 크게 강화하는 방안을 추진하고 있다. 재생회의에서 아직 결론이 나지 않았지만, 도덕교육을 '덕육(德育)'이라는 정식 교과로 채택해 교육시켜야 한다는 쪽으로 의견이 모아지고 있다. 애국심 함양과 더불어 일본인의 자랑거리인 공중의식과 규범의식을 고취시키겠다는 복안이다.27)

일본의 교육개혁의 방향을 전적으로 찬성하거나 그것을 좇아야 하는 것은 아니다. 다만 개혁의 방향에 깃들인 위기의식을 통해, 우리의 교육 현실을 냉철하게 진단하고 그에 대한 해결 방안을 찾는 기회로 삼아야 할 것이다. 오늘날 가정, 사회, 학교 등 학생들의 도덕적 사고와 행동이 이루어지는 사회 환경의 문제는 심각하다. 앞에

---

26) 정권현(2007), "일본, 월반·대학 조기입학 허용 : 교육개혁 가속화 … '도덕교육'도 강화키로", http://news.chosun.com/site/data/html_dir/2007/12/15/2007121500051.html(검색일 : 2008.01.06).
27) 연합뉴스(2008), "일본 교육체제 뜯어고친다 … 월말 교육개혁안 확정", http://news.media.daum.net/foreign/asia/200801/06/yonhap/v19503388.html (검색일 : 2008.01.06).

서 언급한 '반도덕과교육론'을 주장하는 개인주의 관점이나 가치 상대주의 관점을 수용하면서도, 그에 대한 반성과 성찰을 통해 '도덕' 교과의 필요성과 그 방향 설정이 필요한 때이다.

오늘날 초등학교에 해당되는 전통적 교육기관은 서당이었다. 기초지식의 전수, 기본예절과 덕목의 습득, 사회화를 통하여 사회공동체에서 '사람노릇'하는 방식을 교육하였다. 훈장의 엄격한 훈육과 부모들의 교육에 대한 신뢰 속에서 공동체적 가치가 유지되고 삶이 지속되었다. 오늘날 초등학교는 지·덕·체(智德體)의 조화를 이룬 인격완성을 기치로 삼는다. 초등학교의 전문성도 중고등학교와는 달리 교사와 학생간의 전인적 대면 관계에 의한 인성교육(人性敎育)에서 찾는다. 초등교육의 이상은 인성교육을 바탕으로 한 지식 습득과 사회화라고 볼 수 있다. 개인적으로는 인격완성과 자아실현을, 사회적으로는 지·덕·체의 조화를 통한 사회 구성원의 육성과 공동체적 삶을 위한 규범 체제의 습득을 기반으로 한다. 이러한 교육의 이상 실현은 많은 부분 '도덕교육'이 담당하여야 한다. 초등학교 교육은 그야말로 '도덕교육'을 바탕으로 이루어져야 한다고 볼 수 있다.

초등학교에서 다루어야 할 전통윤리교육은 통합교과적으로 전통적 가치와 관련된 내용들이 포함되어야 한다. 전통문화, 전통예절, 전통사상 등 문화적 측면과 정신적 측면을 아울러서 다루어야 할 것이다. 전통윤리는 단순히 전통도덕만 의미하지 않고 조상들로부터 물려받은 총체적인 정신과 문화를 근간으로 하는 것이다. 정신적인 측면에서, 유교사상을 바탕으로 인성 및 예절교육을 강조하고, 도가와 불교사상을 바탕으로는 환경교육을 강조할 수 있다. 인성교육은 개인의 인품·덕성 함양과 관련되며, 예절교육은 가족, 이웃,

교우 등 인간관계 속에서 갖추어야 할 염치·예의와 관련된다. 환경교육은 불교의 무소유 원리, 미물마저 존중하는 생명 의식, '공양'에 드러나는 음식에 대한 존중 이 있다. 도가에서 자연의 한 부분으로서 인간 이해도 인간과 자연과의 관계 설정에 시사점을 준다. 이와 같은 내용들을 교육과정에 구체화된 내용으로 포함시켜, 아동들로 하여금 전통적 가치와 친밀해질 수 있는 기회를 부여해야 할 것이다.

1. 구조적·제도적 측면

먼저, 초등 전통윤리교육의 활성화를 위한 구조적·제도적 측면에서의 방안으로는 다음과 같은 내용을 제시할 수 있다.

첫째, 초등학교 교육 과정 및 교과서 개발에 전통윤리 전문가의 참여를 확대하는 것이다. 개정 교육과정에서도 초등학교 도덕 교과서는 국정이다. 지금까지의 교과서 개발에 참여한 집필진·연구진·심의진에는 교육 행정 관련자, 초등학교 교사, 그리고 대학교수들이 주축으로 참여하였다. 그러나 초등교육의 특성상 윤리 전공자, 특히 동양윤리 전공자들이 참여한 경우는 손에 꼽을 정도이다. 따라서 전통윤리와 초등교육을 접맥시킬 수 있는 전문가가 교과서 개발 과정에 참여하는 것이 바람직하다. 그 과정에서 초등학교 발달단계를 고려하여 가치·덕목들과 관련된 예화를 선정함에 있어서, 전통윤리의 본질을 드러낼 수 있는 내용을 발굴함으로써 학생들의 가치 내면화에 기여할 수 있도록 해야 할 것이다.

둘째, 교과서와 병행하여 전통윤리와 관련된 교재를 개발하여 교사들에게 보급하는 것이다. 18개 가치·덕목과 관련되는 구체적 사례와 예화를 전통윤리적 가치와 연결시켜 콘텐츠로 개발하고, 이를

VTR, DVD 등으로 제작하여 시청각 매체로 활용할 수 있게 하는 것이다. 이를 위해서는 전통윤리 관련 기관들이 힘을 합쳐 연구 프로젝트를 만들어 수행하고, 그 결과를 교사들이 개정 교과서와 함께 활용할 수 있도록 하여야 할 것이다.

셋째, 초등학교 교사교육을 통하여 전통윤리 가치의 중요성을 강조하는 것이다. 예비 초등교사 양성을 위한 교육대학 교육과정에서 실질적으로 전통윤리와 관련된 강좌를 찾기는 힘들다. 필자가 소속되어 있는 학과의 경우, '한국사상' 혹은 '한국윤리사상'이 전통윤리와 관련된 과목이다. '한국사상'은 교양 선택이고, '윤리심화과정' 학생들이 '한국윤리사상' 강의를 듣는데 모두 2학점짜리 강좌이다. 이 두 개의 강좌로 학생들에게 전통윤리의 중요성을 강조하기에는 아무리 교수자가 노력한다 할지라도 미흡한 것이 사실이다. 교사 재교육 과정에서 전통윤리 가치와 관련된 연수를 통해 그 중요성과 구체적 교육방법을 습득할 수 있도록 해야 할 것이다.

넷째, 전통문화 프로그램을 개발하여 초등학교 학생들에게 체험 기회를 제공하는 것이다. 주5일제 근무가 실시되고 이른바 '놀토'의 운영으로 학생들의 체험 교육 기회가 많아지고 있다. 박물관 견학, 역사문화 답사 프로그램 등, 초등학생들은 '놀토'를 체험 교육의 기회로 삼고자 노력하는 것이 현실이다. 이에 부응하여 전통문화 체험 프로그램을 체계화시켜서 학교와 지역사회에 보급하여 학생들의 참여를 확대할 필요가 있을 것이다. 이를 위해서는 교육당국과 전통윤리 관련 기관, 관련 사회 단체, 지자체들이 힘을 합하여 양질의 프로그램을 개발하여 학생들이 무료로 참여할 수 있게 하여야 할 것이다.

2. 교육방법적 측면

다음, 초등 전통윤리교육의 활성화를 위한 교육방법적 측면에서의 방안으로는 다음과 같은 내용을 제시할 수 있다.

첫째, 우리 조상들이 인격 수양에 활용하였던 전통적 수양 방법을 도입하여 학교급별로 인격교육 프로그램을 강화하는 것이다. 초등학교 과정에서 기본 습관과 태도의 형성은 인성 함양과 관련되며, 그것은 우리 조상들이 가장 중시하였던 점이다. 서구 시민사회라 하더라도 기본적 인격과 대인관계에서의 예절과 습관 형성은 중요하지 않을 수 없다. 명상의 시간, 참선을 통한 자기 성찰 등 초등학교 학생들에게 학교 혹은 학급 전체가 인성 함양을 위한 노력을 기울이는 것이 중요하다.

둘째, 전통예절의 본질을 파악하여 현대 사회에 맞는 올바른 형식을 갖추게 하는 것이다. 요즘 아이들은 못할 짓이 없거나 무례한 행동에 대해서 부끄러움을 느끼지 못할 정도로 예절(禮節)의 부재 상황이다. 기본적인 인사, 타인에 대한 존중, 인간관계에서의 인간에 대한 예의 등 우리 조상들이 인간으로서 가장 기본으로 여겼던 정신과 태도를 상실하고 있다. 그것은 물질을 중시하고 결과를 중시하는 사회도 문제지만 가정·학교·사회에서 예절의 기본적 형식을 가르치지 못한 책임도 있다. 예절의 정신과 더불어 형식도 중요하다. 그 형식이 지나칠 때는 문제가 되지만 최소한의 형식은 갖추어야 하며, 오늘날 아동들에게 가르쳐야 할 것이 바로 기본예절 형식이다.

셋째, 교사들이 도덕 수업 시간에 가치 덕목과 관련하여 전통적 가치 사례를 적극적으로 활용하는 것이다. 이를 위해서는 앞에서 언급한 교과서 개발과 참고 교재 개발이 선행되어야 한다. 그리고 이 사항은 교사 교육을 통하여 교사들이 전통윤리의 중요성을 인식할 때 활성화될 수 있을 것이다. 이와 더불어 전통적 사례를 통하여 도덕적 토론의 기회를 가짐으로써 도덕 수업이 논술과 연계되도록 하는 것이다. 특히, 전통윤리 정신과 관련하여 왜 우리 조상들이 그렇게 했는지에 대하여 주입식 수용이 아니라 토론과 논의를 거쳐 이유와 근거를 찾도록 하는 과정이 필요하다. 이를 위해 교수법과 관련하여 교사 재교육이 이루어져야 할 것이다.

이상의 두 측면의 활성화 방안이 실효를 거두기 위해서는 국가적 차원에서의 관심과 지원이 필수적이다. "학교의 도덕교육을 바르게 수행하고 기대하는 성과를 얻기 위해서는, 국가적 차원에서의 관심과 지원 또한 필수적으로 요구된다. 학교를 목적 지향적 활동을 추구하는 하나의 유기체로 파악한다면, 모든 유기체가 그러하듯이, 학교도 그 환경이 되는 국가의 적절한 지원 속에서만이 그 고유의 역할과 기능을 최대한 발휘할 수 있기 때문"[28]이다.

V. 맺음말

지금까지 초등학교 전통윤리교육의 문제점과 그 원인, 나아가 활성화 방안을 찾아보았다. 오늘날 가정, 사회, 학교 등 학생들의 도덕적 사고와 행동이 이루어지는 사회 환경의 문제는 심각한 상황이다. 세계적으로 확대되는 신자유주의 물결, '돈'만을 최고의 가치로 여기는 천민 자본주의의 보편화, 물질과 쾌락에 의해 메말라가는 사회정서, 상업주의에 물든 아동·청소년 문화의 타락, 가정 붕괴에

---

[28] 유병열(2006), 『도덕교육론』, 양서원, p.28.

따른 안정감의 상실, 경쟁과 효율성을 중시하는 학교 교육의 문제 등, 전체 분위기가 도덕교육 위상이 정립되기 어려운 상황으로 가고 있다. 이러한 위기 상황에서 도덕교육, 특히 '전통윤리교육'에 대한 재점검을 통하여, 초등학교 학생들의 기본 예절과 품성 함양에 대해 재고할 필요가 있다.

슈마허의 말처럼 물질(物質)과 부(富)에 의해서도 채워지지 않는 인간의 본질적 속성은 바로 '형이상학적' 본질인 도덕 영역이며, 그에 대한 성찰이 없는, 경제와 물질의 번영은 한계가 있을 수밖에 없다. 따라서 현재의 우리 교육 현실에서 무엇보다 강조되어야 할 것은 '도덕교육'이고, 본질적으로는 '전통 윤리 가치'를 중심으로 한 '인성교육'과 '예절교육'이라고 볼 수 있다. 초등학교 '전통윤리교육'은 기본적으로 유교사상을 토대로 한 '인성교육'과 '예절교육'을 중심으로 이루어져야 한다. 유교를 무조건 수용하여 현대 교육에 그대로 답습해야 한다는 의미가 아니다. "과거 유교의 여성 차별, 맹목적 충성, 수직적 인간관계, 과거지향적 보수성, 가족적 정실주의, 지나친 형식주의, 고식적 율법주의 등등은 비판의 대상"이란 점을 겸허히 수용하고, "오늘날 우리에게 필요한 것은 오히려 그 뒤에 숨어 있는 정신이며 그 정신을 배워야 한다. 이를 위해서는 유교 가치관에 대한 새로운 해석이 필수적이라는 사실을 잊어서는 안 된다."[29]는 경고를 명심해야 할 것이다.

전통윤리의 본질에 대한 새로운 해석을 통해, 급속히 변화하는 사회 속에서 '인성교육'과 '예절교육'을 중심으로 제3의 역할을 담당해야 하는 것이, 오늘날 초등학교 '전통윤리교육'의 과제이다. 이를 위

---

29) KBS 인사이트아시아 유교 제작팀(2007), 『유교 아시아의 힘』, 예담, p.9.

해 앞에서 제시한 것처럼 교육과정 구성에 전통윤리 전공자들이 참여하고, 교과서 집필에도 전공자들이 참여하여 구체적 사례들 속에 전통윤리 가치·덕목들을 녹여낼 수 있어야 하며, 나아가 전통윤리의 본질이 현대 시민윤리와 조화를 이룰 수 있도록 해야 한다. 현장 교사들을 위해서는, 전통윤리 교재를 개발하여 보급하고, 교사 재교육을 통하여 전통윤리 가치의 중요성을 강조하고, 학생들을 위해서는, 전통문화 프로그램을 개발하여 참여 기회를 제공하고, 조상들의 전통적 수양 방법을 현대에 맞게 적용하여 '인성교육'과 '예절교육'에 실질적 도움이 될 수 있도록 해야 할 것이다.

우리 조상들이 인간으로서 지키고자 하였던 '염치'와 '예의'는 바로 전통윤리교육의 핵심 내용이라고 해도 과언이 아니다. 초등학교 1·2학년은 기본생활습관이 형성되는 시기로, '인성교육'과 '예절교육'에서 기본이 정립되어야 하는 학년이다. 이를 바탕으로 초등학교 3~6학년의 도덕적 사고력과 판단력 함양이 가능한 것이다. 지적 창의력을 중시하는 21세기 교육에서 그것을 뒷받침할 수 있는 경쟁력은, 지식 그 자체에서가 아니라 '예의'와 '염치'를 알고 실천함으로써 인간성을 자각하는 MQ(Moral Quotient, 도덕성 지수)를 바탕으로 함을 잊지 말아야 한다. '호모 에티쿠스(homo ethicus)'[30]야말로 인간을 인간답게 하는 기본적 본질로, 그 기본이 서야 경제가, 물질이, 과학이 제대로 된 가치를 지닐 수 있음을 명심해야 할 것이다.

---

30) 김상봉(2000), 『호모 에티쿠스 : 윤리적 인간의 탄생』, 한길사 참고.

─── 제3장 ───

'바른생활'·'도덕'의 전통윤리교육 분석
- 2007 개정 교육과정을 중심으로 -

Ⅰ. 머리말 : 전통윤리교육 분석을 위한 성찰

1. 초등학교 도덕교육에 대한 성찰

다음은 오늘날 한국 어린이들의 '손의 퇴화'와 관련된 기사 내용이다.[1]

> 한국인의 손 기술의 모태가 되는 게 젓가락 문화다. 중국·일본 등 아시아 쌀 문화권 국가들이 대부분 젓가락을 쓰지만 쇠젓가락을 쓰는 나라는 한국이 유일하다고 한다. 무거우면서도 가는 쇠젓가락을 쓰려면 정교하고 힘 있는 손놀림이 필요하다. 칸트는 "손은 눈에 보이는 뇌"라고 했다. 능숙한 젓가락질은 뇌의 발달과도 밀접하다. 몇 해 전 EBS가 초등학생들에게 나무젓가락, 포크, 쇠젓가락을 쓰게 한 뒤 뇌파를 조사했더니 쇠젓가락을 사용할 때 집중력이 가장 높은 것으로

---

[1] 김태익(2009), "손의 퇴화", http://srchdb1.chosun.com/pdf/i_service/read_body.jsp?ID=2009070300051&srchCol=pdf&srchUrl=pdf1(검색일 : 2009.07.13).

나타났다. 기억력과 정서를 담당하는 뇌의 기능도 30~50% 더 활발해졌다. … 아이들 식생활에서 포크 사용이 늘고 컴퓨터 자판을 두드리는 데 손을 빼앗기는 시간이 늘어나면서 '손재주 코리안'의 DNA가 죽어간다는 우려의 목소리가 높다. 한국과 핀란드 초등학생들에게 "장난감이나 물건을 고치기 위해 망치로 못을 박아봤는가"라고 물었더니 핀란드 학생은 100% "해봤다"고 했는데 한국 학생은 "해봤다"는 학생이 15%에 불과했다.

이 글의 내용처럼, 초등학교 교육 현장을 참관해보면 연필잡기와 젓가락 사용하기가 제대로 되지 않는 학생들이 많음을 볼 수 있다. '세살 버릇 여든까지'라는 말처럼 젓가락질 혹은 연필잡기는 습관을 들이는 초기인, 유치원 혹은 초등학교 저학년 때 바로잡지 않으면 평생 제대로 된 방법을 배우지 못하게 된다. 물론 그 때문에 식사를 못하거나 글쓰기가 불가능한 것은 아니다. 그렇지만 일상생활에서 습관이 제대로 잡힌 사람과 비교해보면 상대적으로 불리한 측면들이 드러나게 마련이다. 이것은 단순히 손의 기능에 국한한 유불리만의 문제가 아니다. 어린이들의 일상생활에서 기본적인 '습관' 들이기가 쉽지 않으며 기본습관의 형성에 문제가 있음을 드러내주는 한 예이다. 이처럼 기능적 측면에서 뿐만 아니라 나아가 도덕적 측면, 즉 예절과 기본생활태도에서도 습관은 중요한 것이 되어 그것이 몸에 배어 익숙하지 않으면 점차 퇴화되어 버린다. 우리 조상들이 임신 중 태교를 중시하고, 몸가짐과 말씨를 포함한 행동에서 예절 및 태도를 강조한 까닭은 태중(胎中)에서부터 좋은 습관을 길러주어야 태어나 훌륭한 행동과 태도를 보일 것이라는 믿음이 있었기 때문이다.

우리 조상들의 전통 인성교육과 예절교육은 이른바 '밥상머리 교육'의 형태로 이루어졌다. 전통사회의 가족구조와 형태의 특성에 의해 가족들이 함께 식사를 하면서 웃어른들이 자녀들의 잘못된 생활습관을 지적해 주었고, 더불어 살아가는 삶의 방식을 일깨워주었다. 이러한 밥상머리 교육은 우리 전통사회의 예절교육과 인성교육의 가장 중요한 방법이었다. 가정에서 자연스럽게 이루어지던 밥상머리 교육은 근대 이후 학교교육의 보편화로 그 책임이 공교육과 분담된 듯하고, 현대의 바쁜 일상생활과 맞벌이의 확대는 실질적으로 밥상머리 교육을 어렵게 하고 있다. 또한 대규모학교, 다인수학급, 대량급식 하에서 10여 분밖에 안 되는 식사시간에 젓가락 사용, 식사예절을 언급한다는 것은 현실과 거리가 있다. 그리고 초등학교 수업도 연필잡기나 글씨 바르게쓰기 같은 기본을 다지기보다는 더하기 빼기, 곱하기 나누기, 문제 풀이 등 지식의 습득과 평가가 중심이 되고 있는 것이 일반적인 현실이다. 이러한 현실 속에서 기본예절과 생활습관의 습득은 어떻게 이루어져야 하는가? "초등학교 때 배운 '바른생활'만 실천해도 우리 사회는 도덕적으로 될 것"이라는 자조적인 표현은, 어릴 때 기본예절과 습관들이기가 얼마나 중요하고 그것을 실제 행하기가 얼마나 어려운지 실감시켜주는 말이다.

  2007년 개정 교육과정에 의해, 2009년 초등학교 1,2학년에서 실시된 '바른생활'의 내용과, 2010년(3,4학년)과 2011년(5,6학년)에 적용되는 '도덕'에서 가르쳐야 할 주요 가치 덕목들은 매우 중요한 것들이다. 도덕에서 선택한 정직, 자주, 성실, 절제, 책임, 용기, 효도, 예절, 협동, 민주적 대화, 준법, 정의, 배려, 애국·애족, 평화·통일, 생명존중, 자연애, 사랑 등 18개의 내용요소들[2]은 모두 필요하고 적절하다. 이 내용요소들에 대한 교육이 실천으로 곧바로 연결되기만 한다면 도덕교육은 성공이라고 볼 수 있지만 현실적으로 쉽지는 않다. 가정교육, 교실수업, 사회분위기가 이러한 가치 덕목을 위한 구체적 연습의 장이 되어야 하지만 각각 주체들의 목표가 일치되지 못하거나 충돌되는 경우도 있기 때문이다. 성공적인 도덕교육, 즉 그 덕목들이 구체적 행동과 실천으로 이어지기 위해서는 매우 구체적이고 현실적인 행동 목표로 제시될 필요가 있다. 구체적이고 현실적인 행동 목표의 설정, 그리고 그 달성을 위해 교육이 이루어질 때 도덕교육은 실천에 가까워질 수 있기 때문이다.

 2009년 초등학교 1,2학년에게 적용된 '바른생활' 교과서의 내용들은 구체적이다. 1학년인 경우, (1)〈내 일 스스로 하기〉는 "몸 깨끗이 하기"·"자세 바르게 하기"·"스스로 준비하기", (2)〈예절 지키기〉는 "바르게 인사하기"·"바르게 식사하기", (3)〈다른 사람 생각하기〉는 "친구와 사이좋게 지내기"·"여럿이 함께 쓰는 물건 소중히 다루기"·"환경을 보호하기", (4)〈질서 지키기〉는 "차례 지키기"·"규칙 지키기", (5)〈나라 사랑하기〉는 "우리나라를 나타내는 것을 알고 사랑하기" 등 〈대주제〉대한 "활동주제"가 구체적으로 구성되었다.[3] 각각의 "활동주제"에 대한 '하위요소'는 더 구체적이다. 대주제인 〈내 일 스스로 하기〉의 예를 들면, (가)"몸 깨끗이 하기"는 '손발 자주 씻기'·'바르게 이 닦기'·'자주 목욕하기', (나)"자세 바르게 하기"는 '바르게 앉고 서기'·'바르게 걷기'·'바른 자세로 공부하기', (다)"스

---

[2] 교육인적자원부, 『교육인적자원부 고시 제2007-79호[별책2] : 초등학교 교육과정』, p.123.
[3] 아래 Ⅱ장('바른생활'의 전통윤리교육 특성) 1절(교육과정 분석)에 있는 "〈표 1〉 초등학교 바른생활 교육과정 내용체계"를 참고할 것.

스로 준비하기"는 '준비물 미리 챙기기'· '주어진 과제 스스로 하기'
이다.4) 이러한 활동주제에 따른 성취수준의 진술도 구체적이어서,
각각 (가)"자기 몸을 깨끗이 하는 방법을 알고 실천한다.", (나)"바른
자세의 좋은 점을 알고 생활화한다.", (다)"학교생활에서 필요한 것
을 알고 스스로 준비한다."이다.5) 이러한 대주제·활동주제·하위요
소·성취수준이 현장에서 학생들의 습관화와 교육에 의해 자연스럽
게 연결되고 있는지는 한번 돌아볼 필요가 있다. 교과서에 나온 이
러한 '바른생활'의 내용들이 학생들에게 지적으로는 완전학습이 이
루어지는지는 몰라도 생활 속에서 반복하여 습관화 되도록 지도하
는 단계에까지는 아직 이르지 못하고 있기 때문이다. "세 살 버릇
여든까지 간다."라는 표현처럼 어릴 때 습관을 바로잡는 것은 도덕
교육에서 무엇보다 중요한 요소이다. 올바른 습관은 반복에 의해 형
성되기 때문에 초등학교 1,2학년 '바른생활'에서는 가장 기본적인 예
절과 태도를 반복하여 몸에 익도록 지도할 필요가 있다. 이와 같은
'바른생활'의 내용들은 사실 우리 조상들이 인간관계에서 가장 기본
으로 강조하였던 전통적 교육 내용에서 벗어나지 않는다. 예들 들
면, 전통사회에서『소학』에 의한 교육은 본격적인 공부인『대학』에
앞서 시행되는 선행교육으로서,『대학』교육이 본격적인 학문 교육
이라고 한다면,『소학』교육은 기초적인 인간됨의 교육이며, 그 대
상은 학문에 입문하는 어린이와 청소년들로 인성과 예절교육을 강
조하였다.6)

---

4) 교육인적자원부,『교육인적자원부 고시 제2007-79호[별책15] : 바른생활, 슬
　 기로운 생활, 즐거운 생활, 우리들은 1학년 교육과정』, p.13.
5) 위의 책, p.13.

2007년 개정 교육과정에 의하면, "초등학교 3~6학년 '도덕'에서는 1~2학년의 '바른생활'에서 이루어진 기본생활습관을 내면화하고 도덕규범의 이해 및 기본적인 도덕적 판단력의 육성과 도덕적 실천 능력의 형성에 강조점을 둔다."라고 규정하고 있다.[7] 초등학교 '도덕'은 이처럼 기본생활습관의 내면화, 도덕규범의 이해 및 기본적인 도덕적 판단력의 육성, 도덕적 실천 능력의 형성 등을 강조하고 있다. 그 의미는 1,2학년의 바른생활에서 기본적 생활습관이 '이루어짐'을 전제로 하여 다음 학년 도덕교육이 이루어져야 한다는 것이다. 만약 바른생활에서 기본적 생활습관이 제대로 이루어지지 않았다면 그 다음 도덕교육의 단계는 어떻게 해야 하는가. 국어에서 기본적인 쓰기와 읽기, 수학에서 더하기와 빼기 등 기본적인 연산이 저학년에서 이루어지지 않으면 다음 단계로 나아가기 어렵다. 그래서 반복하여 기본적인 쓰기와 읽기, 연산을 습득하도록 지도한다. '도덕'도 다른 교과와 마찬가지로 저학년 '바른생활'에서 '기본적 생활습관의 이루어짐'을 전제로 다음 단계의 교육을 상정하고 있다. 그러나 기본적 생활습관이 이루어지지 않았다고 하여 그것을 보충하거나 반복하여 철저하게 재교육시키는 경우는 찾아보기 어렵다. 교실에서 습득한 것을 교실 밖에서 실천하는지 여부를 확인하기 어렵고, 아는 것과 행하는 것의 일치를 교사가 측정하기 쉽지 않기 때문이다. 무엇보다 더 큰 원인은, 일반적으로는 기본적인 예절과 생

---

6) 도민재(2008), 「전통사회 '小學' 교육과 청소년 예절교육의 방향」, 『유교사상연구』 제32집, 한국유교학회, p.279.
7) 교육과학기술부, 『교육인적자원부 고시 제2007-79호에 따른 초등학교 교육과정 해설(Ⅲ) : 국어·도덕·사회』, p.235.

활습관이 다른 지식들보다 더 중요하다는 것을 모르는 바는 아니지만 그것을 필수적인 부분이라고 여기지 않고 있기 때문이다.

'바른생활'에서 아동들의 기본생활습관 형성을 위해서는 담당교사들이나 학부모들이 그것이 우리 생활에서 다른 어떤 것들보다 필수적이고 중요하다는 점을 알고 느낄 수 있어야 한다. 우리 조상들이 일상생활에서 몸가짐과 말씨, 태도 등 예절을 중시여기고 습관을 바로잡고자 했던 까닭은 다른 어떤 교육보다도 삶에서 중요하고 필수적이라고 여겼기 때문이다. 합리와 실용이 우선시되는 현대사회에서도 이것의 가치는 여전히 유효하다고 할 수 있다. 교육의 목표가 전인적 인간 완성이라고 할 때, 지적 영역과 더불어 도덕적 영역의 성숙은 무엇보다 중요하기 때문에 기본생활습관 형성에 대한 재점검이 필요하다. 전통윤리교육에서 이를 위해 우선적으로 강조할 수 있는 것이 '습관화'이다. 그것은 '바른생활'의 교육 단계에서 기본생활습관이 형성되도록 지도하고, 만약 충분하지 않다면 3,4학년 '도덕' 교육에서 반복하여 습득할 수 있도록 도덕과의 교육목표를 구체화·상세화 할 필요가 있다. 나아가 학년별로 위계를 이룬 18개의 가치 덕목들과 관련된 수업에서의 행동목표들이 매우 구체적이고도 실천하기 쉽게 진술되어야 한다. 인지적 측면을 중시한 주지주의에 치우치기보다 초등학교 저학년 학생들도 이해할 수 있는 쉬운 표현과 생활 속 용어로 표현되어야 그것의 실천 가능성이 높아질 것이다.

도덕교육의 측면에서 볼 때, 주지주의 도덕교육 방법도 우리 사회의 도덕성 지수 저하의 하나의 원인 가운데 하나이다. 이를 해결하기 위해 초등학교 도덕교육에서 반복을 통한 습관의 형성, 도덕적 민감성 훈련 등 아주 초보적인 단계를 확실하게 교육할 필요가 있다. 무엇보다 18개의 가치 덕목도 '생활경험의 원리'에 의거하여 학생들의 삶 속에서 구체적으로 실천할 수 있는 문제에서부터 접근하여 도덕적 생활을 자기화하는 과정이 필요하다. 18개의 추상적 덕목을 현실적 목표로 구체화하고 덕목에 따르는 활동내용을 구체적으로 명시함으로써, 초등학교 '바른생활'에서 습관화된 것을 '도덕'에서 배워 체화하도록 할 필요가 있다.

2. 도덕과 전통윤리교육 분석의 방향

'바른생활'과 '도덕' 교과서는 어떻게 만들어지는가. 우선, 국가 차원에서 교육과정이 구성되고, 교과목 별로 구체적인 내용이 조직되면, 그에 따라 집필진이 확정되고, 집필자들은 교육과정에 나온 교육목표와 교육 내용에 의거하여 집필세목을 정하여 집필에 착수하고, 심의위원들이 교과서 집필 내용과 형식에 대해서 심의하여 최종 완성된다. 결국 집필자들이 교육과정을 어떻게 해석하여 집필세목을 구성하고 집필하는가와 심의진들이 제대로 그것을 파악하고 문제점을 수정하였는가가 중심이 된다. 그런데 심의는 어느 정도 주어진 틀에서 정확성 등을 심의하는 것이기 때문에 교육과정과 집필이 핵심이라고 볼 수 있다.

이 글은 '교과서가 의도하는'이라는 전제에서 내용이 구성되었다. 그것은 두 방향으로 해석될 수 있다. 하나는, 교과서는 자의대로 구성되지 않고 교육과정에 의거하므로, 이 말은 '교육과정이 의도하는'이라고 해석된다. 그런데 교육과정 자체는 주체가 될 수 없으므로 '교육과정을 만든 학자들이 의도하는'이라고 보는 것이 타당하다. 또 하나는, 교과서는 주체가 될 수 없으므로 교과서를 만드는 집필자들이 주체가 되어 '집필자들이 의도하는'이라고 해석될 수 있다. 따라서 이 글의 분석과 구성은 다음과 같이 이루어질 것이다.

첫째, 교육과정이 의도하는 전통윤리교육, 구체적으로 '교육과정을 구성한 구성진들이 의도한 전통윤리교육', 둘째, 교육과정에 따른 교과서가 의도하는 전통윤리교육, 구체적으로 '교과서 집필진들이 의도하는 전통윤리교육'이다. 이 두 가지는 교육과정과 교과서를 중심으로 '바른생활'과 '도덕'으로 나누어 분석하고자 한다. 셋째, 교육과정·교과서가 추구해야 할 바와 관련된 전통윤리교육의 방향, 결론에서는 초등학교 전통윤리교육을 위해 요구되는 과제를 살펴보고자 한다. '도덕' 교과서 집필이 현재 진행 중이기 때문에 교과서 분석은 가능한 자료 내에서 형식, 그리고 전통윤리와 관련하여 내용을 중심으로 간략하게 이루어졌다.[8]

Ⅱ. '바른생활'의 전통윤리교육 특성

1. 교육과정 분석

'바른생활' 교육과정에서는 개정의 중점과 목표, 내용, 교수-학습

---

[8] 교과서 분석은, 교육과정 운영에 따라 현재(2010년도 1학기) 학교 현장에서 활용되고 있는 초등학교 '바른생활'·'생활의 길잡이'(1,2학년)와 '도덕'·'생활의 길잡이'(3,4학년 1학기)를 대상으로 하였다. 5,6학년 '도덕'·'생활의 길잡이'는 내년(2011년)부터 현장에서 활용될 예정이다. 따라서 본고에서는 일단 '형식', 그리고 전통윤리와 관련하여 '내용'을 중심으로 간략하게 분석이 이루어졌다. '원리'를 기준[틀]으로 한 보다 '심층적이고 체계적인 분석'은 추후의 과제로 남겨둔다.

방법, 평가에 대해 해설을 덧붙여 구체화하였다.9) 개정의 중점은 통합교과로서의 성격 명료화, 교육 내용 적정화를 위한 내용수준 조정, 실천의 습관화 강조, 다른 교과와의 연계성 고려 등이다.10) 그 중 실천의 습관화는 바른생활 교과의 특성을 잘 드러내주는 개정 방향이라고 할 수 있겠다. 바른생활 교과는 아동들이 도덕적 삶과 관련하여 제도교육에서 받는 첫 교과라는 점에서 중요하고, 그 중 습관화는 앞으로 도덕적 삶을 살기 위한 기초로서 중요한 바탕이 된다.

'바른생활'은 '개인생활과 사회생활을 하는 데 필요한 기본적인 생활습관, 예절, 규범을 알고 익히도록 하는 체험과 실천을 중심으로 구성된 통합교과'이다. 일상생활에서 반드시 지켜야 할 기본적인 생활습관, 예절, 규범 등의 학습 내용을 아동들의 생활경험과 관련하여 선정하고 조직하였다. 내용으로는 내 일 스스로 하기, 예절 지키기, 다른 사람 생각하기, 질서 지키기, 나라 사랑하기의 다섯 가지 대주제로 이루어졌으며, 기본적인 생활습관을 익히고 예절·규범을 실천하기 위해서 일상생활에서 반복적·지속적인 지도와 가정·사회와의 연계를 강조하고 있다.11) 1학년 교육과정의 활동주제들은 몸 깨끗이 하기, 자세 바르게 하기, 스스로 준비하기, 바르게

---

9) 통합교과로서 '바른생활'·'슬기로운 생활'·'즐거운 생활'은 교육과정 자체가 도덕과와 다르게 편성되어 있지만, 도덕과에서는 '도덕'과 연계하여 내용을 구성하고 있다는 점에서, 여기서는 도덕과의 하나로 파악하여 분석하고자 한다.
10) 교육과학기술부, 『교육인적자원부 고시 제2007-79호에 따른 초등학교 교육과정 해설(Ⅱ) : 우리들은 1학년, 바른생활, 슬기로운 생활, 즐거운 생활, 특별활동』, pp.55-56.
11) 교육인적자원부, 『교육인적자원부 고시 제2007-79호[별책2] : 초등학교 교육과정』, p.30.

인사하기, 바르게 식사하기, 친구와 사이좋게 지내기, 여럿이 함께 쓰는 물건 소중히 다루기, 환경을 보호하기, 차례 지키기, 규칙 지키기, 우리나라를 나타내는 것을 알고 사랑하기 등 11가지 활동 주제를 30제재로 구성하였다.[12] 2학년은 몸차림 단정히 하기, 물건 아끼고 정리정돈하기, 자기 일 스스로 계획하고 실천하기, 바르고 고운 말 쓰기, 가족끼리 서로 돕고 화목하게 지내기, 다른 사람을 배려하고 약속 지키기, 이웃과 다정하게 지내기, 생명을 보호하기, 교통질서와 규칙 지키기, 공공장소에서 질서 지키기, 우리나라의 자랑거리 소중히 하기, 통일에 대하여 관심 갖기 등 12개의 활동 주제를 31개 하위 요소로 나누어 1학기 8단원, 2학기 7단원 모두 15단원으로 구성하였다.[13]

　초등학교 1,2학년 학생들은 가정의 울타리에서 벗어나 처음으로 학교, 학급이라는 사회에 발을 들여놓고 다른 사람들과 처음으로 공동생활을 하게 된다. '바른생활'의 교육은 가정과 사회의 첫 만남이라는 점에서 중요성을 찾을 수 있다. 따라서 '바른생활'의 내용과 활동주제들은 도덕적 삶의 가장 기본적인 측면들로 이루어져 있다. 즉 일상생활에서 필요한 기본예절과 생활습관 형성이 핵심내용이고, 어떻게 습득할 것인지를 활동요소와 제재로 구성하고 있다. 이는 전통교육에서 강조하였던 내용에, 현대사회에 필요한 주제들이 포함된 것으로, 전통윤리교육에서 중시한 『소학』의 핵심내용인 입교(立

---

[12] 교육과학기술부(2009), 『초등학교 교사용 지도서 : 바른생활(1-2)』(한국통합교육과정학회), pp.17-18.
[13] 교육과학기술부(2009), 『초등학교 교사용 지도서 : 바른생활(2-2)』(한국통합교육과정학회), pp.20-21.

敎), 명륜(明倫), 경신(敬身) 중 가장 기본적인 경신의 내용에 해당되는데, 초점은 일상생활과 사회생활에서 가장 기본적인 몸가짐과 말씨, 예절에 있다. 조선시대 초학 교육의 지침서인 율곡 이이의 『격몽요결』의 1장 입지(立志)부터 2장 혁구습(革舊習), 3장 지신(持身), 4장 독서(讀書)까지는 공부하는 사람의 마음공부, 몸가짐 등 공부를 함에 필요한 내용을 담고 있는데[14] '바른생활'의 내용이 이에 해당된다고 볼 수 있겠다.

〈표 1〉 초등학교 바른생활 교육과정 내용체계[15]

학년	대주제	활동 주제
1학년	내 일 스스로 하기	• 몸 깨끗이 하기 • 자세 바르게 하기 • 스스로 준비하기
	예절 지키기	• 바르게 인사하기 • 바르게 식사하기
	다른 사람 생각하기	• 친구와 사이좋게 지내기 • 여럿이 함께 쓰는 물건 소중히 다루기 • 환경을 보호하기
	질서 지키기	• 차례 지키기 • 규칙 지키기
	나라 사랑하기	• 우리나라를 나타내는 것을 알고 사랑하기
	내 일 스스로 하기	• 몸차림 단정히 하기 • 물건을 아끼고 정리, 정돈하기 • 자기 일을 스스로 계획하고 실천하기
	예절 지키기	• 바르고 고운 말 쓰기 • 가족끼리 서로 돕고 화목하게 지내기

---

14) 정호훈(2004), 「16세기 말 율곡 이이의 교육론:『격몽요결』·『학교모범』을 중심으로」, 『한국사상사학』 제25집, 한국사상사학회, p.10.
15) 교육인적자원부, 『교육인적자원부 고시 제2007-79호[별책15] : 바른생활, 슬기로운 생활, 즐거운 생활, 우리들은 1학년 교육과정』, p.5.

2학년	다른 사람 생각하기	• 다른 사람을 배려하고 약속 지키기 • 이웃과 다정하게 지내기 • 생명을 보호하기
	질서 지키기	• 교통질서와 규칙 지키기 • 공공장소에서 질서 지키기
	나라 사랑하기	• 우리나라의 자랑거리 소중히 하기 • 통일에 대하여 관심가지기

전통사회의 교육교재 혹은 지침서였던 『천자문』, 『동몽선습』, 『격몽요결』, 『소학』 등은 기본적으로 유교를 학문적 기반으로 하여 성리학적 가치규범을 그 내용으로 삼고 있다. 이 교재들은 뜻글자[漢子]인 한문(漢文)에 대한 이해가 선행되지 않으면 습득하기가 어려웠다. 따라서 전통교육의 특성은 주지주의 경향을 띠면서도 기본예절과 몸가짐, 태도의 습관화를 병행했다고 볼 수 있다. 전통사회에서 교육은 양반계층을 중심으로 이루어져서 모든 아동들에게 보편적이었던 것은 아니다. 서당이 설립되면서 서민들에게 교육혜택이 주어지긴 하였지만 『천자문』, 『동몽선습』 등의 내용에 그쳤고 체계적인 유학 공부에는 한계가 있었다. 이런 한계가 오히려 가장 기본적인 예절과 몸가짐, 태도의 습관화를 강조하는 분위기에는 도움이 되기도 하였다.

위에서 살펴본 1,2학년 '바른생활'의 내용과 활동주제들은 예로부터 오늘날까지 지속적으로 강조해온 도덕적 삶의 기본으로 구성되어 있으며, 이것을 어떻게 교과서 내용으로 구체화하고 다양한 교육방법을 통해 일상생활 속에서 습관화되도록 하느냐가 관건이 된다.

2. 교과서 분석

1) 형식에 대한 분석

2009년 3월 1일부터 1,2학년 바른생활 교육과정이 실행되었고, 도덕 교육과정은 2010년(3,4학년)과 2011년(5,6학년)에 실행된다. 교사들이 7차 교육과정 교과서에 대해 지니는 불만은 내용보다는 삽화와 '생활의 길잡이'의 효용성에 있었다. 즉 삽화가 조악하여 현재 초등생들의 눈높이에 비하여 현저히 뒤떨어져 있으며, '생활의 길잡이'가 수업의 보조교재로 이용되기보다는 또 하나의 교과서로 여겨져 큰 부담을 준다는 것이었다. 대다수 교사들은 교과서에 나온 내용과 활동을 전부 파악하고 이해하도록 교육하여야 한다는 부담감에 시달리고 있는데, 이러한 현상의 이유는 혹 내용이나 활동을 모두 다루지 않으면 학부모들이 교사의 성실성을 의심한다고 우려하기 때문이다. 그 결과 도덕과에서 가르칠 내용이 과다하다는 교사들의 지적이 끊이지 않았던 것이다.

물론 교사들이 도덕 교과의 중요성을 인식하고 교과서 내용을 재구성하여 흥미 있게 가르친다면 이러한 문제가 불식될 수도 있다. 그러나 비록 교사들이 도덕 교과의 중요성을 인식하고 있다 하더라도 수업과 활동 준비에 투자할 시간을 확보하지 못하여 의지만큼 노력을 기울이지 못하는 것이 현실이다. 예비교사(교대생)들이 제출한, 초등학교 도덕과 실태를 조사하는 과제의 결과물을 보면, 도덕 시간에 수학 수업을 하는 경우도 있음을 확인할 수 있었다. 또한 한 학년에서는 즐겁고 재미있었던 도덕 수업이 다른 학년에서는 재미없고 지루한 수업이 되기도 한다. 이는 도덕 수업에 대한 교사의 인식이 수업 목표와 방법으로 연결되어 학생들에게 수업에 대한 인식을 결정하고 있다는 사실을 보여준다. 결국 훌륭한 교과서, 도덕 교과에 대한 교사의 인식과 노력이 합하여져야 수업이 제대로 이루어진다고 할 수 있을 것이다.

'바른생활'은 지식보다 실천 위주로 구성되기 때문에 즐거운 그림책과 같은 느낌을 주고 '생활의 길잡이'는 워크북과 같은 용도가 되어야 한다. 현재 우리나라 어린이 출판문화는 선진국과 비교하여 뒤떨어지지 않는다. 그림이 화려하면서 체계적이고 내용은 단순하면서도 생각을 넓혀주도록 하는 도서들이 많다. 이에 비하여 1,2학년 '바른생활' 교과서는 교육제도에 처음 발을 딛는 초등 1학년들의 흥미를 끌기에는 다소 아쉬운 점이 있다. 그림이나 사진 등 삽화가 이전에 비하여 매우 좋아지긴 하였지만 여전히 최상급은 아니다. 이전에 비해 개선된 점은 '생활의 길잡이'가 교과서 보조자료로 자리 잡고 있으며, 이야기 제시, 말풍선 채우기, 스티커 활용 등 다양한 활동을 할 수 있게 구성되었다는 것이다.

2) 내용에 대한 분석

'바른생활'의 내용은 통시적 관점에서 수용되는 내용들로, 전통윤리에서 강조하였던 가치들이 현대생활에 맞는 활동요소들로 재구성되어 전통윤리와 시민윤리의 접점이 잘 유지되고 있다고 볼 수 있다. 주목할 만한 내용은 2학년 2학기 3단원 '아름다운 우리나라'에서는 전통문화와 전통가치를 직접적으로 가르치고 있는데, 전통윤리교육의 측면에서는 매우 의미가 크다.[16] '생활의 길잡이'에서 '전통'의 개념을 서술한 것은 초등학생들에게 전통이 무엇인가를 처음

접하게 한다는 점에서 직접적인 가르침이며, 이는 전통윤리교육 측면에서는 고무적이다. 전통에 대한 설명을 보자.

> 전통이라는 말에는 여러 가지 뜻이 들어 있어요. 그중 한 가지는 예전부터 전해 내려오는 사람들의 행동이나 생각을 말합니다. 그리고 전해 내려오는 여러 가지 상징과 특별한 사람이나 일도 전통이라고 합니다.17)

전통의 뜻을 설명하면서 예전부터 전해 내려오는, 사람들의 행동이나 생각, 상징과 사람, 일 등 구체적인 대상을 제시하고 있다. 그 사례로 효, 품앗이와 두레, 나라사랑, 예절을 구체화시켜 설명하였다. 전통예절, 전통사상, 전통문화, 인물, 사례 등을 눈높이에 맞추어 설명하기 위한 것이라고 볼 수 있다. 이러한 노력이 초등학교 2학년의 눈높이에 맞추기 위한 것임에도 불구하고 전통, 품앗이와 두레 등이 또 하나의 '지식'으로 전달되는 것은 아닌지 염려되기도 한다. 따라서 수업시간에 내용을 전달하는 교사들의 다양한 방법적 적용에 대한 노력이 요구되는 부분이다.

교과서 '아름다운 우리나라' 단원에서는 우리나라를 빛낸 분들로 안중근, 김구, 이순신, 유관순, 광개토대왕, 세종대왕, 장영실, 이황, 신사임당을 제시하고 있다. 인물 선택을 자세히 보면, 광개토대왕을 제외하고는 모두 조선 이후의 인물들이다. 그리고 '생활의 길잡이'에서는 이순신, 허준, 장영실, 안창호의 업적을 설명함으로써

---

16) 교육과학기술부(2009), 『바른생활(2-2)』, 한국통합교육과정학회, pp.26-41.
17) 교육과학기술부(2009), 『초등학교 교사용 지도서 : 바른생활(2-2)』, 한국통합교육과정학회, p.28.

교과서와 연계된 부분이 이순신과 장영실 밖에 없게 되었다. 비판적으로 본다면 인물 선정에서도 시대적 안배나 업적 분야에 대한 고려가 필요하며, 생활의 길잡이도 교과서와 연계시켜 풍부하게 구성되어야 할 것으로 보인다.

다양한 활동은 긍정적인 측면이 많다. 예를 들어 낱말 맞추기의 경우[18]는 학생들에게 퍼즐놀이를 통해 흥미를 유발하고 재미를 줄 수 있지만 한편으로는 전통문화를 지식으로만 이해할 수 있는 문제점도 안고 있다. 거북선, 한지, 조선술, 도자기, 한옥, 측우기, 태권도 등이 무엇인지 '아는 것'과 아울러 그것이 어떤 '가치와 의미'가 있는지를 가르치는 것도 중요하다. '바른생활'에서는 지식보다는 습관과 도덕적 감수성의 형성에 중심을 두는 것이 바람직하다고 볼 수 있다.

Ⅲ. '도덕'의 전통윤리교육 특성

1. 교육과정 분석

도덕과 교육과정 개정의 방향[가. 도덕과 교육의 정체성 확립, 나. 사회변화에 부응하는 새로운 도덕적 가치와 쟁점 강조, 다. 도덕적 탐구의 강화, 라. 도덕과 교육의 학교급별 특성 부각]은, 교과로서의 정체성 확립을 위해 독자성과 차별성에 초점을 두었고, 세계화와 윤리문제, 생명윤리, 정보 윤리, 인권교육, 환경윤리의 필요성 등 사회변화에 따른 요구를 수용하였으며, 내용진술에서 탐구부분을 강조하고, 학교

---

18) 교육과학기술부(2009), 『생활의 길잡이(2-2)』, 한국통합교육과정학회, pp.30-31.

급별 목표의 설정과 학교급별 도덕과 교육의 특성을 부각시키기 위하여 노력하였다.[19] 도덕적 규범의 실천과 습관화를 강조하는 교사들의 요구를, 초등학교 도덕의 목표 설정 및 내용 구성과 교수-학습 방법에서 수용하여, 초등학교 교육과정에서 '기본적인 덕목을 중심으로 내용을 구성하고, 이를 실천할 수 있게 하는 방법'까지도 마련하고자 하는 노력은 매우 고무적이다.

교육과정 해설서에서는 교육과정의 변천을 통하여 도덕교육이 '우리 민족의 독특한 정신문화와 윤리교육적 역사 및 전통에 그 뿌리를 둔 것'임을 분명히 하고 있다.[20] '도덕적 문화민족으로서의 전통'은 성균관, 사학, 향교, 서원, 서당 등 다양한 단계의 교육기관에서 사서삼경, 소학, 근사록, 명심보감, 격몽요결, 동몽선습, 천자문 등에 이르기까지 도덕 교과목들을 가르쳐 온 결과이다.[21] 그 후 역사적으로 변화하는 교육과정을 거치면서 도덕교육의 목표와 내용, 방법 등이 변화하는 사회에 부응하면서 달라지긴 하였지만 그 근간은 전통윤리교육임을 부인할 수 없다. 이처럼 전통윤리교육은 도덕교육의 근간일 뿐만 아니라 나아가 교과로서의 정체성 확립과 관련해서도 중요한 의미를 지니고 있다. 그럼에도 불구하고 전통윤리교육이 오늘날 도덕과 교육의 목표, 내용, 방법, 평가 등 전반적인 영역에서 의미 있는 기여를 하지 못하고 있는 이유는, 서구 학문의 영향, 전통윤리 전공자들의 연구 성과 미흡, 사회변화로 인한 가치구

---

19) 교육과학기술부, 『교육인적자원부 고시 제2007-79호에 따른 초등학교 교육과정 해설(III) : 국어·도덕·사회』, pp. 219-222.
20) 위의 책, p. 211.
21) 위의 책, p. 211.

조의 변화 등에서 찾을 수 있다.22)

2007년 개정 교육과정 구성진에 전통윤리 및 전통윤리교육 전공자가 포함되어 있지 않은 점은 아쉽지만, 전통윤리교육 전공자들이 교육과정과 관련하여 대비하지 않은 것에 보다 근본적인 원인이 있음을 부정할 수 없을 것 같다. 이런 일련의 과정 속에서 몇몇 필요성에 공감한 학자와 교사들이 '동양윤리교육학회'를 탄생시키기는 하였지만 출발시의 각오에 비하면 그 성과는 아직 미흡하다. 2009년 개정 교육과정(이른바 미래형 교육과정)을 계기로 도덕교육의 정체성과 중요성을 재확인하고 시민윤리교육과 전통윤리교육의 접점을 통하여 새로운 도덕교육의 방향을 정립하는 전환점이 되었으면 하는 바람이다.

교육과정 개정의 방향에 따라, 초등학교 도덕과 교육과정은 아래의 〈표 2〉에서 보는 것처럼 중학교의 '주제 중심' 내용구성과는 달리 '덕목 중심'으로 구성되었다. 또한 교육 내용의 적정화를 위하여 초등학교 3~4학년의 지도요소를 10개에서 8개로 축소하고, 5~6학년은 10개로 구성하여 모두 18개의 지도요소를 제시하였다. 더불어 내용의 구체성과 명료성이 드러날 수 있는 성취 기준형 내용진술을 목표로 하고 있는데, 그것은 도덕적 규범이나 지식의 제시에 머무르지 않고 학생들이 습득하여야 할 능력(ability)과 기술(skills)이 나타날 수 있도록 진술하는 것으로, 구체적인 학습상황에서 어떻게 적용되고 학생들의 행동으로 나타날 것인지를 명료화하는 작업을 포함한다. 내용을 구체적으로 진술한다는 것은, 각 학년에서 학습해야

---

22) 장승희(2009b), 「외경윤리교육론 정립을 위한 시론 : 원시유교의 '敬'을 중심으로」, 『윤리연구』 제74호, 한국윤리학회, pp. 40-41.

할 최소 필수요소들의 구체적 의미를 서술한다는 의미이다.[23]

〈표 2〉 초등학교 도덕과 교육과정 내용체계[24]

주요 가치·덕목	영역 \ 내용	3학년	4학년	5학년	6학년
정직 자주 성실 절제 책임 용기 효도 예절 협동 민주적 대화 준법 정의 배려 애국·애족 평화·통일 생명 존중 자연애 사랑	도덕적 주체로서의 나	• 도덕 공부는 이렇게 해요 • 소중한 나의 삶	• 정직한 삶 • 자신의 일을 스스로 하는 삶	• 최선을 다하는 생활 • 감정의 올바른 관리 • 반성하는 삶	• 자긍심과 자기 계발 • 자기 행동에 대한 책임감 • 용기 있는 행동
	우리·타인·사회와의 관계	• 가족 사랑과 예절 • 감사하는 마음의 표현 • 친구 간의 우정과 예절	• 약속을 지키는 삶 • 공중도덕 • 인터넷 예절	• 이웃 간의 도리와 예절 • 서로 돕는 생활 • 대화와 갈등 해결 • 게임 중독의 예방	• 준법과 규칙 준수 • 공정한 행동 • 남을 배려하고 봉사하는 삶
	나라·민족·지구 공동체와의 관계	• 나라의 상징과 나라 사랑 • 분단의 배경과 민족의 아픔	• 우리나라·민족에 대한 긍지 • 통일의 필요성과 우리의 통일 노력	• 북한 동포 및 새터민의 삶 이해 • 재외 동포에 대한 관심	• 편견 극복과 관용 • 우리가 추구하는 통일의 모습 • 평화로운 세상
	자연·초월적 존재와의 관계	• 생명의 소중함	• 올바른 자연관과 환경 보호	• 참된 아름다움	• 사랑과 자비

초등학교 '도덕'에서 다루어야 할 18개의 주요 가치 덕목은 내용 영역[도덕적 주체로서의 나, 우리·타인·사회와의 관계, 나라·민족·지구 공동체와의 관계, 자연·초월적 존재와의 관계]에 따라 36개의 제재로 구성하였다.[25] 초등학교 '도덕'의 교과지식[내용]과 관련하여 가

---

23) 교육과학기술부, 『교육인적자원부 고시 제2007-79호에 따른 초등학교 교육과정 해설(Ⅲ) : 국어·도덕·사회』, pp.227-228.
24) 교육인적자원부, 『교육인적자원부 고시 제2007-79호[별책2] : 초등학교 교육과정』, p.123.

장 중요한 것은, 주요 가치 덕목의 선정의 근거와 원리를 명확히 제시해주는 것이며, 그것의 선정 이유와 구체적 내용을 설득력 있게 진술하는 것이다. 현재 이 18개 가치 덕목이 왜 18개이며, 어떤 근거와 원리로 선정이 되었는지에 대해 분명하게 나타나 있지 않다는 점에서, 이는 도덕 교육과정 설계에 앞서 이루어져야 할 중요한 작업이라고 볼 수 있다.

18개 덕목을 전통윤리와 시민윤리로 나누기는 쉽지 않지만 분석의 효율성을 위하여 나누어보자. 전통적으로 강조되었던 가치 덕목을 살펴보면, 효도, 예절, 협동, 애국·애족 등이다. 시민윤리에 포함되는 것, 즉 전통사회보다 시민사회에서 더 강조하는 덕목으로는 자주, 책임, 민주적 대화, 준법, 정의 등이다. 정직, 자주, 용기, 배려의 덕목은 전통사회나 시민사회 모두에서 강조하였던 덕목이며, 생명존중, 자연애, 사랑도 예로부터 강조해온 덕목이지만 인류 문명의 위기와 종교에 의해 강조되는 경향이 강하고, 평화·통일은 한국적 상황에서 강조하는 덕목이긴 하지만 앞으로 인류의 공존을 위해 강조될 가치이기도 하다. 그러나 이러한 구분에 대해 회의적인 이유는 예절과 협동이 시민사회에서도 여전히 강조되는 가치이고, 자주·책임·준법 가치가 전통사회에서는 강조되지 않았던 덕목이라고 할 수 없기 때문이다. 따라서 이러한 구분은 강제적 구분일 뿐이고, 인간사에서 가치 있는 덕목으로서 전통사회와 시민사회를 막론하고 유효한 가치를 지닌다는 점에서, 덕목에 의해 전통가치를 찾는 것은 쉽지 않다고 볼 수 있다.

---

25) 위의 책, p.123.

따라서 가치 덕목으로 전통윤리교육과 시민윤리교육을 나누는 것은 어느 정도의 타당성은 있다 하더라도 한계가 있다. 각 덕목을 내용화하는 과정에서 전통가치의 본질과 시민윤리의 본질이 만나도록 구성할 필요가 있다. 교육과정은 내용구성의 바탕이고 근거이지만, 그것 자체로만 전통윤리와 시민윤리를 구분할 수 없다. 게다가 현대 사회 생활 자체가 시민사회를 배경으로 하고 있기 때문에 전통윤리를 적용함에 있어 현대사회에 맞도록 변화시킬 수 있어야 한다. 즉 시민윤리를 근간으로 하면서 전통윤리의 본질을 찾아내어 접목시켜야 한다.

2. 교과서 분석

여기서는 초등학교 3,4학년 1학기 교과서를 분석대상으로 삼았다. '도덕' 교과서에서 가장 달라진 부분은, 예화 중심의 내용 구성에서 도입·전개·정리 단계에 따른 다양한 활동들이 포함되어 다채롭게 구성되었다는 점이다. 제7차 교육과정 교과서는 내용이 예화가 많이 포함되어 있지만 그 예화를 어떻게 활용할지에 대한 안내는 전적으로 교사들에게 달려있거나 교사용 지도서에 안내되어 있었다. 따라서 교사가 시간을 내어 구체적으로 분석하지 않으면 예화를 읽고 느낌 나누기 수준에서 그칠 수도 있는, 긍정적으로는 자율성이 많다고 볼 수 있고, 부정적으로는 예화만 가득하다고 평가할 수 있는 교과서였다. 이에 비해, 개정 교육과정의 교과서는 매우 '세밀하고 친절한' 교과서라고 평할 수 있다. 구체적으로 살펴보면, 도입 단계에서는 '무엇을 공부할까요', '마음 열기' 등으로 학생들에게 주제와 관련하여 접근하고자 하였으며, 전개 단계에서는 '함께 알아봅시다', '마음을 가꾸어 봅시다', '활동하면서 익혀봅시다', '생활 속에서 실천해봅시다' 등 실천과 연계할 수 있도록 구성되었고, 정리 단계에서는 한 쪽의 분량으로 '배운 것을 정리해 봅시다', '마음에 새겨 둡시다', '더 공부해 봅시다' 등 각 단계마다 적절한 안내, 활동으로 구성되어 있다. 이러한 부분은 교육과정 해설에서 "이전에 비해 더욱 발전한 모습의 성취기준형(achievement standards) 방식을 취하고자 하였다"[26)]는 것에 부합되는 것이라고 볼 수 있다.

'도덕'(3학년 1학기) 제재는 5개로 구성되었는데, '도덕 공부, 이렇게 해요', '정말 멋있는 내가 되기', '사랑이 가득한 우리 집', '너희가 있어 행복해', '나라를 사랑하는 마음'이다.[27)] 가장 의미 있는 제재로는 '도덕 공부, 이렇게 해요'인데 도덕을 처음 접하는 3학년들에게 '도덕 생활과 도덕 공부, 왜 중요할까요', '도덕 공부, 무엇을 어떻게 배울까요', '도덕 공부와 도덕 생활, 꾸준히 실천해요'라는 제목으로 공부 방법의 방법으로서 구성하였다는 점에서 기본적이며 중요한 의미를 지니는 부분이라고 할 수 있다.

전통윤리의 관점에서 내용과 관련하여 제2제재의 내용 중 '어느 국악인의 몸가짐'(33. 이하 ( )의 내용은 쪽을 나타냄.)의 사진은 한복을 입은 국악인이 고무신을 바르게 놓은 모습, 옷고름을 바르게 매는 모습, 앉아 있는 모습, 인사하는 모습 등 매우 긍정적이면서 전통과의 연결을 끌어내고자 시도하고 있으며, 성공적인 것으로 보인다.

---

26) 교육과학기술부, 『교육인적자원부 고시 제2007-79호에 따른 초등학교 교육과정 해설(Ⅲ) : 국어·도덕·사회』, p.241.
27) 교육과학기술부(2010), 『초등학교 도덕(3-1)』, 서울교육대학교 도덕국정도서 편찬위원회, p.5.

선택활동의 만화에서 '바른 몸가짐'과 관련하여 서당에서 스승과 제자들의 대화를 만화로 그린 것(42)도 전통적인 것을 매우 친근하게 여길 수 있도록 구성한 배려가 돋보인다. 특히, 말, 얼굴, 행동, 태도, 발걸음, 손모양 등 조상들이 중시하였던 전통예절을 자연스럽게 수용하도록 구성하였다. 제3제재는 가정윤리에 대한 내용인데, 대가족 사진(46)을 포함하여 '박 서방네와 최 서방네'에 나온 다둥이 가족 삽화(49)와 전통적인 내용의 삽화(50)도 전통 가족을 표현하기 위한 노력이 드러난다. 효도 덕목과 관련하여 현실적 실천 내용(63)은 오늘날 어린이들의 현실을 반영하면서도 전통적인 가치[부모님이 피로해 하시면 어깨나 다리를 주물러 드린다, 부모님께서 말씀하실 때에는 밝은 표정으로 눈을 바라보며 듣는다, 외출할 때에는 부모님께 이유를 말씀드리고 집에 돌아오면 인사를 드린다]를 포함시킴으로써 현대윤리와 전통윤리의 조화를 모색하고 있다는 점에서 긍정적으로 평가할 수 있다. 우정을 표현한 제4제재는 관포지교(79)를 넣어 관중과 포숙아 사이의 깊은 우정을 표현하고 있다. 제5제재 '나라를 사랑하는 마음'에서는 태극기, 애국가, 무궁화를 '마음 열기'에 사진으로 넣고(88), 태극기의 건곤이감을 풀어서 설명하고 있는데(89) 자연스럽게 국가에 대해 생각할 수 있도록 유도하고 있고, 안창호와 이준 열사의 사진과 말(99)을 넣어 마음을 가꾸도록 하였다.

'생활의 길잡이'(3학년 1학기)는 삽화(4)에서 개량한복을 입은 아이들이 책상에 앉아 공부하는 모습과 시계를 낀 한복 입은 전통적 모습의 교사를 통하여 차분하고 안정된 공부 분위기를 살리고 있다. 예화인 '세 살 버릇'(7), 율곡 이이 선생의 가르침(9), 『사자소학』의 내용(13), 퇴계 이황 선생의 가르침(14), 모범적인 삶을 보여준 사람의 예로 '세종대왕'을 제시한 것(17)을 보면 현대윤리와 전통윤리를 조화시키기 위한 의도들이 돋보인다. 제2제재에서는 '가는 말, 오는 말'(29)의 옛날이야기, '바른 몸가짐상'의 활동에서 한복 입은 어린이 그림을 넣은 것(37), 『대학』에 나온 신독(愼獨)을 풀어서 쓴 것을 '더 생각해 봅시다' 활동으로 넣은 것(40)도 전통윤리를 적용하고자 한 노력들이다. 제3제재에서는 현대의 '다양한 가정의 모습'(46)을 그리면서도 '효도'를 생각해보게 하고(51), 노래자(老萊子)의 효도(62)를 통하여 전통적인 효도의 의미를 생각해보게 하고 있으며, 상투 들이밀기(64)의 예화는 전통을 친근하게 접근하도록 각색한 좋은 예이다. 우정과 관련된 제4제재에서는 전통윤리와 관련하여 특이할 만한 부분은 보이지 않는다. 국가와 관련된 제5제재에서는 애국에 대한 다른 나라의 경우와 '무궁화를 가꾸고 지킨 남궁억 선생'(93), 김창숙 선생의 선비정신을 그린 '앉은뱅이 독립 운동가를 아시나요?'(99)가 사례로 제시되었다.

'도덕'(4학년 1학기) 제재는 '바른 마음 고운 마음', '내 일은 내가 하기', '새끼손가락 고리 걸고', '함께 사는 세상', '자랑스러운 우리나라'이다.[28] 제1제재인 정직과 관련하여 '큰 인물이 사는 모습'(19)에서는 최부와 송흠의 청백리 정신을 사례로 제시하였고, 선택 활동 '아이들의 변명'(22-23)에서는 서당 훈장님과 학동들의 사건을 만화로 익살맞게 그리며 주제에 접근하고 있으며, '더 공부해 봅시다'(27)에서는 공자의 세 벗을 통하여 정직이라는 주제를 부각시키고 있다. '자주'와 관련된 제2제재에서는 삽화에서 훈장 어른과 학

---

28) 교육과학기술부, 『초등학교 도덕(4-1)』, 서울교육대학교 도덕국정도서 편찬위원회, 2010, p.5.

생들의 말풍선 삽화(32)를 통하여 서당 훈장 모습을 그리고자 하고 있지만, 자주(自主)라는 주제 자체가 현대윤리적 의미가 강해서인지 전통과 연결시키기 쉽지 않은 듯하다. 약속을 주제로 한 제3제재에서는 전통윤리와 관련하여 특이할 만한 사항은 없다. '마음에 새겨 둡시다'(71)에서 『논어』의 구절-"도리에 어긋나는 약속을 해서는 안 된다. 그것은 지킬 수 없기 때문이다."-을 제시했는데 구체적으로 어떤 부분의 인용인지 검토가 필요하다. 공중도덕과 관련된 제4제재에서는 질서와 규칙이란 주제 자체가 현대 시민윤리의 핵심이어서인지 전통윤리와 관련하여 특별한 부분은 발견되지 않는다.

제5제재인 '자랑스러운 우리나라'에서는 도입 부분 '무엇을 공부할까요'를 보면, '우리나라의 자랑스러운 전통과 문화', '전통과 문화의 계승과 발전'이 구체적인 내용으로 포함되어 있음을 알 수 있다. 나라를 주제로 하면서 우리 역사와 문화재(97), 전통으로 효도를, 문화로서 금속활자를 제시하고 있으며(100), '우리는 전통 지킴이'(102)라는 제목으로 전통과 문화를 발전시키는 것과 관련하여 구체적으로 다루고 있는데, 전통윤리교육적 관점에서 바람직하다. 학예회의 주제로 탈춤을 선택하고(103-105), 조선의 비차(106)를 소개하고, 전통과 문화에 대한 공언과 실천을 강조하였으며(107), 전통문양 알아보기(109), 전통과 문화 소개자료 만들기(110), 세종대왕상(112-3), 한글과 아리랑(114)을 지혜의 샘터에 사례로 제시하였다.

'생활의 길잡이'(4학년 1학기)에서는 정직과 관련된 '바른 마음 곧은 마음'에 슬기로운 원님(10-11)의 사례, 속담 찾기(15), 을지문덕의 사례(24)가 나오고 있다. 자주와 관련된 '내 일은 내가 하기'에서는 '자주적인 생활을 위한 특별한 가르침'에서 처칠과 도스토옙스키와 더불어 이순신(40)을 제시하고 있는데, 전통윤리와 관련하여 특별한 부분은 없다. 약속과 관련된 '새끼손가락 고리 걸고'에서는 '증자의 아내'와 '도산 안창호의 약속'(55), 정홍순의 사례('갈모 하나 때문에', 69)가 나오고 있다. 공중도덕과 관련되는 '함께 사는 세상'에서는 주제 성격상 전통윤리와 관련되는 부분은 없다. '자랑스러운 우리나라'에서는 활동으로 '우리의 자랑스러운 전통과 문화에 대해 알아보기'(94), 유네스코가 지정한 우리의 세계유산 사진 붙이기 혹은 그림 그리기(97), 전통과 문화의 이름과 관련된 빙고놀이(98), 생활 속 실천에서는 내가 선택한 전통과 문화와 노력할 일(100), 탐구활동에서는 '아름다운 전통과 문화를 이어가기 위해 노력해야 할 일'(102), 안의와 손홍록의 예화(102), 비빔밥을 세계에 알리기 위한 방법 생각하기(103), 외국에 소개된 우리 문화[효 사상, 서로 돕기, 가족 간의 끈끈한 정]의 우수성 찾기(104), 세계를 두드린 난타(105-6), 전통문양 알아보기(107), 엽전 한 닢에 담긴 나라 사랑(113) 등이 포함되어 있다.

특징적인 것은 4학년 1학기 교과서 5단원 나라사랑이 '전통'과 '문화'를 주제로 전통윤리와 관련된 구체적인 내용을 다루고 있다는 점이고, 그것이 단순한 사례의 제시를 넘어 생각하기, 실천하기 등 활동으로 연결됨으로써 학생들이 체화할 수 있도록 유도하고 있다는 점이다.

Ⅳ. 교육과정·교과서, 그리고 전통윤리교육의 방향

도덕과 교육에서 전통윤리교육의 내용 구성 방법은 크게 세 가지로 분석될 수 있다. 우선 초등학교 도덕과에서 다루는 주요 가치 덕목 중 전통윤리 성격을 띠는 덕목을 중심으로 하는 방법, 두 번째는 그 외의 덕목들을 내용화하는 과정에서 전통사상의 덕목과 상통하는 정신과 가치의 본질을 제시하는 방법, 세 번째는 전통적 사례나 인물을 등장시킴으로써 전통윤리의 속성을 가미하는 방법이다. 지금까지 초등학교 전통윤리교육에서는 주로 세 번째 방법을 활용하는 정도에 그쳤고[29] 앞으로 두 번째 방법을 지향하는 것이 바람직하다고 볼 수 있다. 두 번째 방법은 시민윤리 가치와 전통윤리 가치의 접점을 찾아내는 중간 과정이 필요하다는 점에서 전문가적 식견이 요구된다. 또한 발달단계와 내용 구성의 현실성을 고려할 때 그것을 생활 경험의 원리에 따라 구체화시킬 수 있는 눈높이도 필요하다. 이런 어려움 때문에 아마도 세 번째 방법을 선호하는 것이 아닌가 여겨진다.

시민윤리를 근간으로 도덕교육의 내용이 구성되는 것은 사회변화에 의한 자연스러운 현상이지만 전통윤리의 본질을 찾아내어 접목시키는 작업도 필요하다. 즉 개인주의와 합리성에 근거하고 있는 시민윤리의 기초 가치와 전통윤리의 정신·가치 덕목이 상호 보완되게 함으로써 가치판단의 기준에 있어서 균형과 조화를 잡아줄 필요가 있다는 것이다. 이를 위해 도덕교육에서 전통윤리교육은 다음과 같은 점에 주의를 기울여 활성화되어야 할 것이다.

첫째, 전통윤리교육 전공자들이 한국 도덕교육의 방향, 구체적으로 목표, 내용, 방법, 평가 등에서 한국적 도덕교육론을 정립해야

---

[29] 장승희(2008), 「초등학교 전통윤리교육의 문제점과 활성화 방안」, 『윤리연구』 제68호, 한국윤리학회, pp.197-221 참고.

한다. 이러한 결과들이 축적된다면, 서양윤리교육과 상보적 역할이 이루어짐으로써 실제적인 도덕교육의 효과를 산출할 수 있게 되고, 도덕교육의 부정적 결과로 반도덕과교육론을 주장하는 일부 사람들의 주장에 반박할 근거를 제시할 수 있을 것이다. 또한 이론의 정립과 함께 학교현장에서 구체적으로 적용할 수 있는 다양한 방법을 구안하여 채택할 수 있도록 해야 할 것이다.

둘째, 전통윤리와 관련되는 다양한 학문분야들이 도덕교육이라는 공통분모로 역량을 모아야 한다. 이는 전통윤리교육 전공자들이 미진한 성과들을 종합하는 방향으로 진행되어야 할 것이다. '동양윤리교육학회'가 창립되기는 하였지만 구체적인 성과가 나오지는 못하고 있다. 현재 대부분의 도덕교육 관련 교재는 서양 도덕교육론을 중심으로 구성되어 있다. 따라서 예비 교사들(학생들)에게 동서양 도덕교육론의 균형 잡힌 시각을 제시하기 위해서는, 학문적 차원에서 동양사상을 바탕으로 한 전통윤리교육론 교재를 완성해야 하고, 나아가 이를 바탕으로 균형 잡힌 도덕교육의 목표, 내용, 방법을 전달할 필요가 있다.

셋째, 교육과정 구성과 교과서 집필에 전통윤리 및 전통윤리교육 전공자들이 적극적으로 참여해야 한다. 이는 앞의 노력과 병행되어야 할 뿐만 아니라 앞의 노력들이 축적되어야 구체화될 수 있는 것이기도 하다. 교과서의 내용에 전통윤리와 관련된 내용이 포함되고 있다는 점에서 이런 노력들이 구체적인 결과로 나타나고 있다고 볼 수 있다.

넷째, 교사 양성기관(교육대학, 사범대학 윤리교육, 혹은 도덕교육 전공 관련 학과)에서 전통윤리교육과 관련된 체험 프로그램을 교육 내용에 넣고, 교사 국가 임용고시에 전통윤리교육 관련 내용을 균형과 조화를 바탕으로 확대하는 것 등도 필요하다. 그리고 교육의 수준이 교사의 질을 넘어설 수 없다는 전제를 모두 수용하지 않더라도 도덕교육에서 교사의 가치관, 수업 방법이 주는 영향은 절대적이다. 따라서 교사들이 전통문화 내지 동양사상의 정수를 체험할 수 있도록 다도 체험, 서원 체험, 명상 체험 등을 교사 후 교육에도 포함시킬 필요가 있다.

V. 맺음말 : 전통윤리교육을 위한 도덕과의 과제

교육의 목표를 지(智)·덕(德)·체(體)에 맞출 때, 초등학교에서는 이 세 가지를 조화롭게 달성하는 데 초점을 두게 된다. 덕(德)의 육성과 직접 관련되는 도덕은 덕에 한정되지 않고 인성 전체와 관련되어 삶의 전 과정과 연계되기 때문에 삶을 결정하는 매우 중요한 요소이다. 이런 점에서 지(知)·체(體)보다 더 근본적이어서 중시되며 초등학교 교육 담당자들도 그 중요성을 잘 인지하고 있다. 이를 교육과정에 구체적으로 어떻게 반영할 것인가의 방안은 도덕교육을 보는 관점에 따라 다양하다. 현재 초등학교에서 반도덕교육론을 주장하는 사람은 거의 없다고 보아도 과언이 아니다. 대부분은 학교에서의 도덕교육의 필요성을 인정하고 있기는 하지만, 교과로 가르칠 것인가에 대해서는 부정적인 시각도 존재한다. 그럼에도 불구하고 초등학교에서 도덕 교과가 굳건한 이유는 전통적으로 "교육=도덕교육"이라는 인식이 우리 사회에서 여전히 유효하기 때문이다. 그렇지만 그것이 학교의 전통윤리교육을 보장해주는 것은 아니다.

초등학교 도덕교육은 이상적이면서도 기본으로 인식되고 있으며, 학교 현장에서는 그것을 구체화시키기 위해 구체적 목표와 활동의 제시 등을 통하여 다각적으로 노력하고 있다. 그러나 교육환경은 이런 노력들을 자연스럽게 수용할 수 있을 정도의 여유가 없다. 현대사회의 제반 특징들, 정보화에 의한 지식의 강조, 세계화에 의한 경쟁력의 강조, 다양화에 의한 지식의 다양성 요구 등에 의해, 학교 교육에서 담당해야 하는 교과 영역이 확대될 필요가 있다고 보기 때문이다. 이런 분위기는 영어, 컴퓨터가 정규 교과로 되고, 도덕 과목의 시수가 줄어든 것에서도 알 수 있다.

교육을 '백년지대계(百年之大計)'라고 한 것은 100년 후를 내다보고 계획되어야 한다는 의미이다. 오늘날과 같은 급속한 변화 속에서는 앞으로 다가올 미래의 준비를 위해 교육보다 더 중요한 것은 없다. 초등학교 전통윤리교육에서 유념해야 할 것은 미래사회가 어떻게 변화될 것인가의 예측을 바탕으로 전통윤리의 적용이 이루어져야 한다는 것이다. 몇 년 후의 미래가 아니라 현재 교육받은 세대들이 청년·장년·노년의 시기와 그들의 후손들이 살아갈 미래를 위해 비전을 제시해주는 교육이 되어야 하기 때문이다. 교육은 미래 인재 육성이라는 막중한 과제를 담당하고 있으며, 따라서 미래사회에서 요구되는 특성을 파악하여 대비해야 한다. 미래사회의 지식은 단순한 지식이 아니라 '창의성'을 바탕으로 하고, 다양화 사회에서는 공존을 위해 '도덕성'이 중요하다고 본다. '창의성'과 '도덕성'을 갖춘 미래 인재양성이 중요하며, 이에 따라 우리 교육의 방향도 그러한 인재를 양성하는 데 초점이 맞추어져야 한다. 미래를 위한 창의적 리더십을 갖춘 인재를 길러야 한다는 뜻이다.

　미래와 전통, 창의성과 도덕성, 이 구도는 대립각으로 비춰지기도 한다. 미래사회를 언급하면서 전통윤리를 모색해야 하고, 창의성을 강조하면서 도덕성을 바탕으로 해야 한다는 표현을 모순이라고 지적할 수도 있겠다. 그러나 미래학자들이 제시하는 미래사회는 과학기술이 고도로 발전하여 생명공학이 주도할수록 인간의 감수성과 가치가 더 중요한 의미를 지니게 된다고 한다. 즉 문화의 가치, 철학적 상상력과 도덕적 감수성이 더욱 중요해진다는 것이다. 앞으로 다가올 시대를 이끌어갈 시대정신이 어떤 것들이 될 지 여전히 다양한 의견이 존재한다. 역사는 돌고 도는 것이고, 전통과 현대, 미래는 순환하는 것을 볼 때 과거의 전통을 되살려 미래를 준비하는 것은 적절한 것이다. 현재와 미래사회를 위한 전통윤리교육은 단순히 내용적 측면만이 아닌 본질을 끌어올 필요가 있다. 그 본질들은 변화된 현대사회의 요구와 미래사회의 대응을 위해 내용과 방법에서 다양하게 적용될 수 있어야 한다. 미래사회를 대비하여 전통윤리교육의 관점에서 다음과 같은 과제들이 요구된다.

　첫째, 무엇보다 18개 가치 덕목의 선정 기준과 원칙을 마련하고, '서양윤리와 동양윤리'·'현대윤리와 전통윤리'의 조화를 어떻게 모색할지 적용 원리 마련이 전제되어야 할 것이다. 이를 위해 동양윤리 학문지식에 대한 정리와 이것이 교과지식으로 어떻게 변환할지 원리를 구성하는 것이 전제되어야 할 것이며, 이를 바탕으로 학교지식의 내용체계가 완성되어야 할 것이다.

　둘째, '도덕'을 가르칠 때 전통윤리교육과 관련된 자료와 내용을 풍부하게 할 수 있도록 전통윤리의 본질과 가치를 현대사회에 적합한 내용으로 구성하는 관련학회의 활동을 활성화해야 한다. 어린이들이 즐겨 읽는 만화에 전통 가치들을 친숙하게 그려내어 어린이들이 손에서 내려놓지 못하는 것과 같은 사례에서 보듯이, 다양한 가치 덕목에 맞는 다양한 인물과 사례를 찾아내어 학생들로 하여금 전통윤리 가치들과 친숙하도록 할 필요가 있다.

셋째, 인간의 도덕적 삶에서 가장 기본적인 태도와 몸가짐, 예절 등은 바른생활 교과에서 완전학습을 통하여 습관화 하도록 하는 것이다. 서론에서 언급한 것처럼, 도덕적 습관은 어린 시절에 바로잡지 않으면 실천이 어렵다. 초등 저학년 때 기본생활습관을 바로잡는 것을 최소한의 목표로 할 필요가 있다.

넷째, 전통윤리교육에서 교육방법을 통하여 전통 가치를 접하게 하는 것이다. 도덕 수업 시간에 한자를 통한 덕목 이해, 동양적 명상 시간 갖기, 점심 식사에서 공양의 의미 이해 등 현장 교사들에 의해 다양한 방법들이 활용되고 있다. 전통윤리교육 전문가들이 현재까지 이루어진 방법을 종합하고 새로운 방법들을 구상하고 적용하는 계획도 필요할 것이다.

다섯째, 전통윤리교육이 미래사회에 대한 새로운 변화를 기해야 한다는 것이다. 세계의 변화를 예견하고 시대정신에 맞도록, 전통윤리의 본질과 가치를 지키면서 내용과 방법을 새롭게 구안할 필요가 있다. 예를 들어 미래사회에 요구되는 창의성 분야의 경우, 우리 조상들의 삶 속에 창의적 인물과 그 사례들이 많다. 그것을 찾아내어 구체화한다면 충분한 교육 자료가 될 수 있을 것이다.

도덕교육은 현대 혹은 미래사회에 대비하고, 그 사회가 요구하는 제반 문제에 대응할 수 있어야 한다. 정보통신윤리교육, 다문화교육,

환경교육, 생명윤리교육 등이 새롭게 부상하는 것은 바로 이 때문이다. 전통윤리교육은 새롭게 부상하는 다양한 도덕교육 영역들의 바탕으로서의 의미를 지닌다. 초등학교 바른생활이 추구하는 교육목표가 도덕교육의 기본바탕이 되는 것과 같은 맥락이다. 나아가 전통윤리교육 전공자들이 담당해야 할 과제는 전통윤리의 가치 덕목들을 변화하는 사회에 맞는 새로운 내용과 방법으로 전환하는 일이다. 여기에 도덕교육의 정체성과 필요성의 길이 있고, 나아가 이는 미래교육과 미래사회에 대응할 수 있는 도덕교육의 강점이 될 것이다.

─── 제4장 ───

고등학교 '전통윤리' 교과서 분석

I. 서론 : '전통윤리' 교과의 등장 배경

정보화, 세계화, 다원화로 드러나는 21세기 새로운 문명 추세는 사람들에게 기존의 가치관·사고방식과는 새로운 '무엇'인가를 요구하고 있다. '질주(疾走)하는 세계' 속에서 사람들이 찾는 '무엇'에 대해 많은 학자들이 고심하고 있으며, 이러한 고심은 현재 문명에 대한 반성과 더불어 대안 제시를 함축하고 있다. 21세기 문명에 대해 치열한 반성이 이루어지는 것은 그것이 인류의 생존과 직결되는 문제이기 때문이다. 각 국가들도 그들의 처한 환경 속에서 21세기에 대응할 새로운 방향을 모색하고 있는데, 그것이 국가 차원의 생존과 직결되는 문제임을 인식하고 있기 때문이다. 이러한 문제의식은 주로 교육과 관련되어 제기되는데, 그 결과들은 교육개혁을 통해 미래 사회에 대비하고자 하는 일련의 노력으로 나타나고 있다.1)

---

1) 일본의 경우, 1998년 새로운 교육과정 개선을 위한 기본 방향으로 ①풍부한 인간성과 사회성, 국제 사회에서 살아가는 일본인으로서의 자각을 육성할 것 ②스스로 배우고, 스스로 생각하는 힘을 육성할 것 ③여유 있는 교육 활동을

우리나라도 21세기에 대비하여 제7차 교육과정을 시작하였다.[2] 1997년 말에 고시된 제7차 교육과정은 세기를 넘어 운영되어 현재까지 시행되고 있다. 제7차 교육과정에서 고등학교의 가장 큰 변화는 2, 3학년 선택 중심 교육 과정의 편성 및 운영이다. 수요자 중심 교육의 강조로 학생들의 수준, 적성 및 진로에 따라 교과 선택이 가능한 수준별 교육 과정을 운영하게 된 것이다. 그것은 세 가지 접근에 의해 이루어졌다. 교과 내용의 난이도 수준에 따른 것으로 학습의 깊이에 따라 하위 과정을 설치하여 학생의 능력차에 대응하는 '단계형 수준별 교육과정', 최고 학년의 난이도를 높게 설정한 '심화·보충형 수준별 교육과정', 다양한 선택 과목을 통하여 학생들의 능력과 관심, 진로 등의 요구에 부응하는 '과목선택형 수준별 교육과정'이 그것이다.

도덕과는 단계형, 심화·보충형보다 과목 선택형을 선호하였으나[3] 총론 팀의 요구와 전반적인 추세에 따라 일반 선택과 심화 선택 과목을 설정하게 되었다. 이에 따라 고등학교 '윤리' 과목은 국민기초공통과목인 '도덕'과 일반 선택인 '시민윤리', 그리고 심화 선택인

전개하는 속에서 기초·기본의 확실한 정착을 꾀하고, 개성을 살리는 교육을 충실히 할 것 ④ 각 학교가 창의성을 발휘하여 특색 있는 교육, 특색 있는 학교 만들기를 추진할 것 네 가지이다. : 세키네 히데유키(2001), "21세기 미래형 일본 도덕·윤리 교육의 방향과 과제", 한국도덕과교육학회 편, 『도덕과 교육론』, pp.428-429 참고.

2) 교육 과정 개정 주기에 대한 논란이 있다. 제5차와 6차 교육과정이 4~5년의 짧은 주기로 인해 교육 과정이 제대로 적용되고, 타당성이 검증할 시간적 여유를 가지지 못한 상태에서 차기 교육 과정 개발 착수는 불합리하다는 것이다. : 교육부(2000), 『고등학교 교육과정 해설 : 도덕』 교육부 고시 1997-15호, p.2.

3) 위의 책, p.3.

'윤리와 사상'과 '전통윤리'로 분화되었다. 이러한 교과 분할이 교과 쪽에서 먼저 발의한 것이 아니라 다양화된 현대사회의 변화에 부응하여 선택 교과를 늘리기 위한 교육과정 총론팀의 요구에 의한 것이기는 하였지만, 대세가 수요자 중심으로 변하고 있었기 때문에 도덕 교과도 이에 부응해야만 하였다.

제7차 교육과정의 교과 분할 과정에서 생긴 새로운 교과가 '전통윤리'이다. '시민윤리'와 '윤리와 사상'도 새 교과였지만 기본 성격은 제6차 교육과정의 '윤리'의 연계성을 띤다고 볼 수 있다. 반면 '전통윤리'는 명칭뿐 아니라 내용과 체제도 전혀 새로운 교과였다. 교육과정 총론에서 추구하는 인간상인 '전통에 대한 이해를 기초로 하여 민주적 공동체에 헌신하는 인간'[4]을 바탕으로, 교과의 기본 방향은 '우리 조상들이 삶의 현장에서 지키고 실행했던 윤리적 삶을 오늘날에 되살리려는 도덕성 회복의 정신을 구현하는 데 도움을 주기 위한 것'[5]과 '예절교육과 민족 정체성 교육에 역점을 두어 우리 조상들이 실천했던 윤리적 삶의 기본 정신과 지혜를 오늘날의 실제 생활에 적용, 실천할 수 있게 하는 데 역점을 두는 것'[6]이었다. 결국 '전통윤리' 교과는 '도덕'과 '시민윤리'의 후속 심화과목으로서 '우리의 전통 문화와 사상 속에서 윤리적 뿌리를 찾으려는 과목'[7]으로 고등학교 3학년에 두는 것을 기본 틀로 하였다. 다시 말하면 '전통윤리'는 '도덕'과 '시민윤리' 교육을 바탕으로 좀 더 심화된 내용 탐구를 통해

---

4) 위의 책, p.3.
5) 위의 책, p.16.
6) 위의 책, p.17.
7) 위의 책, p.82.

'윤리와 사상'과 함께 도덕 교과의 완성적 의미를 지니는 것이었다.

'전통윤리' 과목의 신설은 선택 중심 교육과정이라는 시대적 흐름 속에서, 한편으로는 '윤리 과목의 본질적 목표'라는 필요성과, 또 한편으로는 '국가·사회적 요구'라는 필요성의 결과였다. 즉, 한국 사회의 급격한 산업화 과정에서 발생하는 가치 상실·규범 파괴 같은 도덕·윤리적 위기 해결 방안을 '전통적 가치'에서 찾기 위한 노력이었던 것이며, 청소년들의 서구 지향적 가치관 편향에 대해 '한국의 전통적 혼과 정신'을 강조하기 위한 윤리 교육적 필요에 의한 것이기도 하였다. '전통윤리' 교과와 관련하여 가장 곤혹스러웠던 것은 이전에 없던 새로운 과목의 신설이라는 데서 오는 부담이었고, 이를 극복하기 위해 교과 개발 이전부터 다양한 논의를 토대로 교과와 관련된 합의를 도출하고자 노력하였다. 그 결과 전문가들과 고등학교 윤리 담당 교사 및 대학의 교과 전공 교수들은 '전통윤리' 교과의 기본 방향과 성격 등에 대해 다음과 같은 네 가지 의견을 제시하였다.[8]

- 우리의 뿌리를 찾아서 국민의 정체성을 확립하기 위해서는 동양 사상과 한국의 전통 사상 분야를 가급적 많이 수록해야 한다.
- 우리의 전통 윤리에 대한 일부의 부정적인 견해를 방치하지 말고, 민족의 정체성을 확립할 수 있는 방안을 모색하여야 한다.
- 예절 교육에 관한 내용이 미흡하고 너무 형식에 흐르고 있으므로 좀 더 확충해야 하며, 교과서의 내용을 좀 더 쉽게 풀어서 서술하는 것이 좋겠다.

---

8) 서울대학교 도덕과교육과정개정연구회(1997), 『제7차 초·중·고등학교 도덕과교육과정개정 연구』 참고.

- 국민 공통 기본 교과 '도덕'과의 연계성 및 차별성이 부각되어야 한다.

이를 종합해보면, 한국적 주체성의 확립을 바탕으로, 형식적인 것에서 벗어난 실제적 예절교육을 실시함으로써 국민공통교과인 '도덕' 교과와의 차별성을 부각시켜야 한다는 것이다. 이는 세계화 추세 속에서 민족 주체성을 고양함으로써 보편성과 특수성을 조화시키려는 노력이었다고 할 수 있다. 위 의견을 수렴하여 학문적 토대 마련을 위한 노력과 함께 '전통윤리' 교육과정의 선행 작업에 착수하였다. 그것은 '전통윤리'와 관련된 학문적 합의를 토대로 청소년들에게 교육하여야 할 '전통윤리' 덕목을 추출하는 것을 의미한다. 이를 위해 다음과 같은 방향에서 가치 및 규범 덕목을 구성하고자 노력하였다.[9]

- '전통윤리'의 학문적 배경은 우리 민족의 전통 윤리 사상 등을 탐구하는 넓은 의미의 다학문적인 한국학에 그 기반을 두고 있다. 따라서 우리 조상들이 자기 자신, 가족, 이웃, 사회, 국가 생활 역역 등의 구체적인 삶의 장면에서 실천했던 핵심적인 가치와 규범들로 구성되어 있다.
- '전통윤리'는 새 교육 과정의 기본 방향으로 강조되고 있는 인성 교육, 그리고 사회·국가적 차원에서 중시되고 있는 예절 교육과 민족 정체성 교육을 다루고 있다. 따라서, '전통윤리'는 학생들이 우리 민족의 유구한 윤리적 전통을 현대적으로 계승하여 민족 주

---

9) 교육부(2000), 앞의 책, p.85.

체성을 지닌 미래 지향의 도덕적이고 창조적인 한국인으로 성장할 수 있게 하기 위한 과목이다.

이러한 방향에서 '전통윤리'의 학문적 기반을 마련하기 위한 작업들이 추진되었다. 한국국민윤리학회, 한국사회과교육연구회, 한국도덕윤리과교육학회, 한국교육개발원, 한국정신문화연구원 등의 연구 기관 및 학회를 중심으로 관심 있는 학자들은 개인 연구 차원에서 전통사상, 전통도덕에 대한 다양한 연구를 통하여 '한국적 전통윤리'대한 합의를 도출하기 위해 노력하였다. '전통윤리' 교육 과정을 만들기 위해서는 '전통윤리'의 본질과 내용에 대한 합의가 우선해야 했기 때문이다. 다양한 주장들 속에서 1995년 한국국민윤리학회가 '한국 민족 정신 탐구'란 세미나 결과를 종합하여 '한국 민족 정신의 9개 요체'를 제시하였다. 그것은 (1)경천 사상, (2)조화 정신, (3)생명 존중 사상, (4)평화 애호 정신, (5)선비 정신, (6)장인정신, (7)공동체 의식, (8)경로 효친 사상, (9)풍류 정신이었다. 또 '전통윤리' 교육 과정에 필요한 덕목을 추출하기 위해 교육부 인성교육정책자문위원회의 '바람직한 한국인상 정립을 위한 기초 연구'(1992.2)에서는 한국인이 지닌 긍정적 가치 덕목, 부정적 가치 덕목, 그리고 미래에 요구되는 가치 덕목을 고찰하였는데, 긍정적 가치 덕목으로는 근면, 예의, 사랑, 애국 등이었고, 앞으로 요구되는 가치 덕목으로 정직, 공정성, 사랑과 배려 순이었다. 이런 덕목들이 전통윤리 교육과정 편성에 참고가 되었다.

제7차 '전통윤리' 교육 과정에 영향을 준 또 하나의 연구는 제6차 도덕과 교육과정에 대한 분석과 연구 결과였다. 제6차 '윤리' 교과서는 청소년들이 자연과 인간과의 조화를 중시하는 성리학을 바탕으로 삶의 목표를 설정하고 각자 인격을 형성해 나가며, 가정과 직장 생활의 윤리에서도 전통적인 효친·경로 사상을 계승, 발전시킬 수 있도록 구성하였다. 지나치게 서양 철학과 윤리 사상 비중이 컸던 내용 체계의 문제점을 전면적으로 재검토하면서, 동서양의 윤리 사상이 서로 조화를 이루면서 접목될 수 있도록 하는 것이 중요하다는 인식에 도달하였다. 이에 따라 '전통윤리'를 통하여 한국의 전통 사상을 토대로 새로운 윤리 체계를 세울 필요가 있다는 공감대를 형성하게 되었다. 현대 산업 사회의 위기 상황에서 인간성과 도덕성의 회복에 전통 사상이 큰 몫을 할 수 있을 것이라는 기대에서 나온 것이었다.

이러한 논의 결과 '전통윤리'가 초점을 맞추어야 할 중심은 윤리의 이론적 측면보다는 윤리의 '실제성'이며, 전통에 대한 애매한 추종이나 근거 없는 거부가 아닌 '한국적 주체성'의 확립이라는 것에 합의하게 되었다. 전자가 6차 교육과정 '윤리'에 대한 반작용이라면, 후자는 서구 중심의 윤리교육에 대한 '반작용'이라고 할 수 있겠다. 이러한 여러 과정을 통해 '전통윤리' 교과가 탄생하였고, 교과서가 만들어졌으며, 실제 학교 현장에서 교육이 이루어지고 있다.

고등학교 3학년에서 '전통윤리' 교육이 행해진지 3년이 경과했다. 이제 제8차 교육과정에 대비하여 '전통윤리' 교과에 대한 중간 평가가 필요한 시점이다. '전통윤리' 교과서는 앞에서 언급한 '한국적 주체성'과 '윤리적 실제성'에 대한 요구를 제대로 반영하여 제작되었는가? 또 현장에서는 그러한 요구에 따른 교육이 적절히 이루어지고 있는가? 이에 대한 답은 아직은 유보상태라고 볼 수 있다. 교육의 효과는 장기적이어서 현행 교육 과정에 대한 평가도 시간이 지나야 가능할 것이기 때문이다. 그렇지만 필자는 제7차 교육과정에서 도덕과 심화 선택 '전통윤리' 교과의 연구 및 지도서 집필 과정에 참여하였고, 직접 교육하는 입장에서 교과서 및 교과 전반에 대해 체계적으로 분석하여 문제점을 파악하고 대안을 마련할 필요성을 느끼게 되었다. 이에 다음과 같은 문제에 초점을 두어 '전통윤리' 교과에 대해 분석하고 평가해보고자 한다.

전통윤리 교육과정의 특성은 무엇인가? 교과의 성격과 목표, 내용체계, 방법 및 평가는 어떻게 방향지어져 있는가? 전통윤리 교과서는 어떻게 구성되었으며, 현장에서 이루어지는 방법 및 평가는 어떻게 이루어지고 있는가? 전통윤리 교과와 관련하여 제기되는 제반 문제점들에는 어떤 것들이 있는가? 결론에서는 21세기 '전통윤리'의 방향과 대안을 모색함으로써 마무리하고자 한다.

Ⅱ. '전통윤리' 교과의 특성

1. '전통윤리'의 성격과 목표

앞서 살펴본 것처럼 '전통윤리'는 '윤리의 실제성'과 '한국적 주체성'이란 필요성에 부응한 것으로, 선택 교육 과정인 '시민 윤리'를 선행 교과로 삼은 '각론적' 교과라고 할 수 있다. 제7차 교육과정에서는 '전통윤리'의 의의와 목적에 대하여 다음과 같이 정하였다.[10]

---

10) 위의 책, p.83.

- '전통윤리'는 학생들로 하여금 우리 조상들의 윤리적 삶을 현대적 시각에서 재음미하여 한국인으로서 지녀야 할 바람직한 윤리적 인식과 자세를 보다 확고히 정립하게 하려는 과목이다.
- '전통윤리'는 학생들로 하여금 우리 조상들이 지켜 온 전통 윤리의 기본 정신과 내용, 그리고 그 현대적 의미와 중요성을 올바르게 인식하여, 자신과 가족에게 가치 있는 삶, 친족·이웃·교우 관계에서의 바람직한 삶, 사회·국가에 능동적으로 이바지하고 자연을 아끼는 삶의 자세를 기르게 하는 데 목적이 있다.

여기서 '전통윤리'의 의의를 첫째, 민족적 정체성(National Identity)의 확립, 둘째, 이를 바탕으로 한 올바른 자아 정체성(Self Identity) 형성에 두고 있음을 알 수 있다. 전자가 '한국적 주체성'과 관련된다면, 후자는 '윤리의 실제성'과 연관된다. 이 두 방향은 국가 사회적 요구와 도덕 교과의 본질적 요구와도 관련되지만, 나아가 21세기 문명 추세와도 긴밀히 연관된다. 21세기 새 문명 추세에서 각 국가들은 민족적 정체성을 지닌 세계 시민의 육성을 목표로 하며, 새로운 문명에 필요한 '도덕·윤리적 실천'을 요구하고 있다. 이는 문명 성찰을 그 바탕으로 하는데, 서구 근대 이후 인간의 이성(理性)에 기초한 합리성 추구는 과학기술에서 획기적 진보를 이룩하였으며, 그 결과 인류는 물질적 풍요로움을 향유할 수 있었다. 그러나 '아도르노(Theodor W. Adorno, 1903~1969)'가 근대 자본주의 사회를 비판한 말처럼 '야누스의 두 얼굴'[11]을 가진 도구적 이성은 다른 한쪽으로 환경문제, 인간소외, 가치혼란 등 제반 문제점들을 드러냈다. 효

---

11) 김유동 역(1997), 아도르노·호르크하이머, 『계몽의 변증법』, 문학과지성사.

율성, 신속성, 물질적 가치, 기술의 편리함, 개인의 자유 등 유토피아를 추구하며 질주하던 현대 문명은 속도를 조절하면서 새 패러다임을 꿈꾸고 있다.

21세기 새 패러다임의 핵심 개념은 전통(傳統)이다. '전(傳)'은 시간적 연속을, '통(統)'은 근본 혹은 본질을 의미한다. 근대 문명이 전통과의 단절을 통해 새로운 유토피아를 추구했다면, 새 패러다임은 전통의 회복을 통해 '삶의 질'을 추구한다. '전통윤리'가 제7차 교육과정에서 심화선택과목으로 설정된 이유는 국민의 정체성 확립과 전 지구적 윤리 정립이란 방향과 그 맥락을 같이 한다는 말은[12] 과언이 아닌 것이다. '전통윤리'는 이처럼 문명 비판과 대안의 추구와 상통하고 있는 것이다. 미국의 경우, '사회과(social studies)'를 중심으로 체계적인 민주 시민 교육을 실시하고 있는데, 최근 들어 인격교육(character education)이란 이름 아래 학교 교육 전반을 통하여 미국인들이 공유하고 있는 전통적이고 민주적인 가치들을 내면화시키는데 중점을 두고 있다.[13] 또 도덕적 전통에 대한 강조를 통하여 인격교육의 부활을 모색하는 한편 1990년대 들어 인격교육 및 덕교육에 대한 연구 비중이 증가하고 있다.[14] 전통윤리의 목표 설정도 이러한 성찰을 바탕으로 한다. 즉 현대 사회의 추세와 관련하여 '윤

---

12) 양방주(2001), 「도덕과 내용구성에서의 전통윤리」, 한국도덕과교육학회 편, 『도덕과교육론 : 제7차 교육과정 초·중·고 도덕과 교육의 과제와 방향』, 교육과학사. p.167.
13) 교육부(2000), 앞의 책, p.87.
14) 김항인(2001), 「미국 도덕교육 및 도덕교육연구의 역사와 과제」, 한국도덕과교육학회 편, 『도덕과교육론 : 제7차 교육과정 초·중·고 도덕과 교육의 과제와 방향』, 교육과학사, p.380.

리적 실제성'이 대두되고, 보편성과 특수성의 조화를 추구하는 세계화 추세에서 '한국적 주체성'이 요구되고 있는 것이다. 이것을 도표와 하면 다음과 같다.

〈그림 1〉 '전통윤리' 교과의 필요성

1	2	3	4		
현대문명에 대한 성찰 ↓ 새로운 패러다임 요구	현재 한국의 사회적 상황 ↓ 한국적 주체성 확립 요구	21C 문명추세 정보화, 세계화 ↓ 새로운 윤리적 실천 요구	제6차 교육과정의 문제점 ↓ 도덕의 실제성 확립 요구	전통의 중요성 + 새 윤리의 정립	전통 윤리

'전통윤리'의 목표는 일반적 목표와 하위 영역별 목표로 구분할 수 있는데, 일반적 목표는 다음과 같다.

- 우리 조상들이 실천했던 윤리적 삶의 기본 정신과 지혜를 바르게 이해하고 창조적으로 계승하여, 이를 실제 생활에 적용, 실천할 수 있다.

이것은 도덕과의 3개 요소별 목표, 즉 '지식·사고 능력·태도 및 의지'를 포함하는 것이다. 첫째, 지식 영역에서는 전통윤리 규범과 정신에 대한 지식을 말한다. 이것은 단편적인 지식수준의 교육이 아니라 우리 조상들이 지켜온 윤리적 삶의 내용에 대해 천박한 지식수준을 벗어나게 해주는 것을 의미한다. 둘째, 사고 능력은 조상들의 윤리적 삶의 내용에 대한 지식을 현대적으로 해석하는 사고능력을 의미한다. 즉 조상들의 윤리적 삶에 대한 재인식을 의미하는데, 배운 사상들에 대한 윤리적 의의와 본질을 파악하는 능력의 신장이다. 이러한 현대적 재해석 능력은 차원 높은 수준의 사고능력이 요구되는 것으로 수준을 적절히 조절하여 제시해야 효과를 볼 수 있을 것이다. 왜냐하면 '전통윤리'에 대한 지식이 적고 정서적 친밀감이 약한 상황에서 너무 높은 수준의 현대적 재해석을 요구하게 되면 오히려 부담스러울 수 있기 때문이다. 셋째, 윤리적 행동 실천력 배양은 전통 윤리의 궁극적 목표라 할 수 있다. 이것은 전통윤리 사상에서 공부나 수양의 목표가 지행일치에 초점이 맞춰지는 것에서 찾아볼 수 있다. 이 세 가지 영역 중 학생들의 도덕 발달 수준과 현실적 여건을 감안하여서는 '사고능력 배양'에 강조점을 두어야 할 것으로 본다.[15] '전통윤리'는 4개의 하위 영역으로 이루어져 있는데, 하위 영역별 목표는 다음과 같다.

- 현대 한국 사회에서 전통 윤리의 의미와 중요성, 그리고 그 본질과 기본 이론을 올바르게 이해하여, 전통 윤리를 오늘날의 실제 생활 속에서 계승하려는 자세를 지닌다.
- 전통 윤리에 나타난 개인·가족 생활에서의 윤리적 규범을 올바르게 이해하고, 이를 오늘날의 실제 생활에 적용, 실천하려는 능력과 태도를 기른다.
- 전통 윤리에 나타난 친족, 이웃, 교우 관계에서의 윤리적 규범을 올바르게 이해하고, 이를 오늘날의 실제 생활에 적용, 실천하는 능력과 태도를 기른다.

---

15) 교육부(2000), 앞의 책, pp.89-90.

• 전통 윤리에 나타난 국가, 사회에서의 윤리적 규범과 자연관을 올바르게 이해하고, 이를 오늘날의 실제 생활에 적용, 실천하는 능력과 태도를 지닌다.

하위 영역의 목표는 크게 이론 영역과 실천 영역으로 나뉘고 있다. 이론 영역은 전통 윤리의 이해를 위한 기본 바탕이고, 실천 영역은 이론을 바탕으로 개인, 가정, 사회, 국가 등의 생활 영역별로 적용할 수 있도록 하는 것이다. 전자는 전통 윤리에 접근하는 기본 인식과 관점의 정립이라면, 후자는 전통 윤리 규범의 이해와 실천 능력의 배양으로 이것은 생활 영역 확대 원리 방법 설정에 따른 것이기도 하다. 이것을 요약하면 다음과 같다.16)

① 현대 사회에서 전통 윤리의 중요성을 인식하고 계승하려는 자세를 가지도록 하는 것
② 자신과 가족에게 가치 있는 사람으로 살기 위한 윤리를 지니게 하는 것
③ 친족·이웃·교우간 관계의 의미와 중요성을 이해하고 적용하려는 태도를 지니게 하는 것
④ 국가·사회에서 국민으로서의 도리를 다하는 삶과 자연과 조화로운 삶을 살 수 있는 자세를 지니게 하는 것

전통 윤리의 중요성을 인식하고 계승하여, 윤리성을 지닌 인간으로서 생활 영역의 확대에 따라 적절하게 적용하여 가족, 이웃, 국

---

16) 위의 책, p.92.

가, 사회에 도리를 다하고 자연과 조화를 꾀하는 인간이 '전통윤리' 교과가 추구하는 인간상인 것이다.

2. '전통윤리'의 내용 체계

'전통윤리' 내용은 우리 조상들의 윤리적 삶의 내용을 기본으로 한다. 사상적으로 한국 사상의 근본이 되는 유학, 불교, 도가[17] 사상 내용을 중심으로 하였다. 먼저 지금까지 우리나라 도덕과 교육과정 변천 과정에서 '전통윤리' 내용과 관련되는 내용을 살펴보면 다음과 같다. 제3차 교육과정기(1974~1981)에서는 '나.우리 겨레의 윤리생활'이란 주제 하에 (1)우리 겨레의 전통 정신 (2)인간 존중 (3)민족 윤리의 계승, 발전 (4)충효와 호국이란 내용으로 구성되었다. 제4차 교육과정(1981~1988)에서는 '나. 우리 겨레의 사상적 전통과 윤리'란 주제 하에 (1)우리 겨레의 사상적 줄기 (2)전통 사상과 국민 윤리 (3)인간 존중과 민족 중흥 (4)전통 윤리와 현대 사회란 내용으로 이루어져 있다. 제5차 교육과정기(1988~1992)에는 '나.윤리사상의 흐름과 특징'이란 주제 하에 (1), (2), (3)에서 각각 동양·서양·한국 윤리사상의 전통을 동양·서양·한국 윤리사상의 흐름과 특징을 중심으로 다루고 있는데, (1), (3)의 내용이 '전통윤리'와 관련된다. 제6차 교육과정기(1992~1997)는 'Ⅳ.윤리 사상의 흐름과 특징' 1,2,3에서 동양, 서양, 한국 윤리사상을 다루고 있는데 1,3이 '전통윤리'와 관련된 내용이다. 이처럼 3~6차 교육과정에서는 전통윤리

---

17) 위의 책. : 93쪽에서는 유교, 불교, 도교라는 3敎 개념으로 서술하고 있다. 그러나 동양철학계에서는 유학, 불교, 도가라고 하는 것이 일반적이다. 물론 유학에 대해서는 유교라고 하기도 하지만, 도가에 대해서는 구분이 엄격하다.

를 다루고는 있으나 전체 내용의 부분으로, 그것도 전체 내용 맥락과의 연결선상에서 내용이 전개되고 있음을 알 수 있다.

구조적인 면에서 한국의 전통윤리는 세 요소가 복합되어 있다. 첫째, 인간과 세계, 사회에 대한 도덕적 이해와 그 가치에 관한 이론 체계로, 이것은 나머지 두 요소의 근간이 된다. 둘째, 구체적인 도덕적 가치로서 덕목으로 제시되는데, 이것은 개인의 행위와 사회 유지의 규범으로 작용한다. 셋째, 덕의 실천 혹은 규범을 지키는 도덕적 행위의 양식과 절차이다. 이들 중 첫째 요소와 둘째 요소를 합해서 보통 윤리 사상이라 부르고, 둘째 요소와 셋째 요소를 합해서 윤리 혹은 윤리 규범이라 부르고 있다. 이와 같은 연유로 전통윤리는 이론적 측면을 강조하는 의미로 사용되기도 하고 혹은 행위를 강조하는 의미로 사용되기도 한다.[18]

제7차 교육과정에서 '전통윤리'는 독립 과목으로 되면서 내용 구성에서 두 가지 방안을 고려하였다. 첫째는 교과 내용영역을 크게 원시 신앙 및 고대 토속에 따른 윤리·도덕, 불교에 따른 윤리·도덕, 유교에 따른 윤리·도덕 등 사상 중심으로 구성하는 방법이다. 그러나 이것은 행동 실천력 함양이란 문제와 소외된 타종교의 불만 등이 문제로 제기될 소지가 있었다.[19] 둘째는 '한국국민윤리학회'에서 제시한 9개의 덕목을 중심으로 구성하는 방안이다. 그러나 덕목 중심의 교육도 사상에 대한 근원적 이해 없이는 불가능하다는 문제점에 직면하였다.

결국 이 두 방안을 조화시켜 여러 사상에 대해 근원적이고 종합적

---

18) 양방주(2001), 앞의 글, p.158.
19) 교육부(2000), 앞의 책, p.93.

인 이해를 하면서 행동 실천성이 강한 윤리 덕목을 학습하게 할 수 있는 내용 구성 방향이 이상적인 것으로 제시되었다. 그 과정에서 주로 유교 사상 중심으로 내용 구성이 이루어지게 되었다. 그 이유는 첫째, 다른 사상들은 유교사상처럼 청소년들이 배워야 할 현실적이고 구체적인 덕목 요소들을 공통적으로 제시해주고 있지 못하며, 둘째, 유교 사상이 윤리적 규범과 삶의 자세를 구체적이고 현실적으로 제시하는 데 비하여 불교, 도가의 경우는 약하기 때문이며, 셋째는 조선 500년을 지배했던 유교 가치가 현재 우리 삶과 가장 밀접하게 연결되어 있다는 것이었다. 구체적인 내용 조직은 다음과 같다.

〈표 1〉 '전통윤리' 단원별 내용 조직

'전통윤리' 단원 및 내용			
I. 전통윤리의 의의와 기본정신	II. 개인과 가족의 가치 있는 삶	III. 친척·이웃·교우 관계와 바람직한 삶	IV. 국가, 사회에 이바지하고 자연을 아끼는 삶
1. 전통윤리의 의미와 중요성 (1) 현대 사회와 전통 윤리 (2) 세계 여러 나라의 전통 윤리 강조 추세 (3) 청소년의 삶과 전통 윤리의 중요성	1. 인격 수양의 길 (1) 인격 수양은 위대한 일 (2) 전통 사상의 인간관과 수양의 원리 (3) 극기를 통한 인격 수양	1. 친척 윤리와 노인 공경 (1) 친척과 친척 관계 (2) 친척 문화와 친척 윤리 (3) 장유와 노인 공경	1. 국가 생활과 국민의 도리 (1) 민본 사상과 위민 정신 (2) 충성과 호국 정신 (3) 봉공과 청백리 정신
2. 전통윤리의 현황과 문제점 (1) 한국 전통 문화의 멋 (2) 우리에게 전통 윤리는 살아있는가? (3) 전통 윤리의 문제점과 그 회복 방향	2. 부모·조상 공경과 효친 (1) 우리의 효 문화 (2) 효의 실천과 가정 윤리의 확립 (3) 조상 섬김의 전통과 그 현대적 의미	2. 이웃 관계와 상부상조 (1) 조상들의 이웃 관계 전통 (2) 조상들의 이웃 사랑 전통의 계승 (3) 조상들의 일상 예절과 그 발전 방향	2. 경제 생활과 대동 사회 (1) 도덕적 삶과 경제적 삶 (2) 조상들의 경제 생활과 절약 정신 (3) 경제 윤리와 현대적 실현 방안

3. 전통 윤리의 본질과 기본 이론 (1) 전통 윤리의 사상적 배경 (2) 전통 윤리의 우주관 (3) 전통 윤리의 인간관	3. 부부간의 분별과 화합 (1) 동서양의 남녀관 (2) 부부의 의의와 바람직한 부부상 (3) 남녀의 분별과 화합	3. 친구 사귐의 기본 정신과 예절 (1) 인생과 친구 관계 (2) 친구 사귐의 기본 정신과 자세 (3) 이성 친구와 윤리 문제	3. 사회 생활과 정명 정신 (1) 절의와 선비 정신 (2) 조상들의 노동관과 장인 정신 (3) 공동체 의식과 협동 정신
4. 전통 윤리의 현대적 계승 (1) 서양 윤리의 한계와 전통 윤리의 가치 (2) 전통윤리의 특성 (3) 전통 윤리의 계승과 현대적 변용	4. 형제 자매 관계와 우애 (1) 형제 자매 관계의 본질 (2) 조상들의 우애 정신과 실천 (3) 우애 정신의 현대적 계승	4. 관혼상제 (1) 관례와 혼례 (2) 상장례의 비존 정신과 절차 (3) 제례의 기본 정신과 절차	4. 전통적 자연관과 자연 친화 (1) 조상들의 자연관 (2) 서구적 자연관과 환경 문제 (3) 인간과 자연의 조화

제1단원 전통윤리의 의의와 기본 정신은 총론적·서론적 의미를 지닌다. 나머지는 이를 바탕으로 생활 영역별로 확대하여 적용하는 내용으로 구성되어 있다. '전통윤리'의 내용 선정에 적용된 원칙은 첫째, 우리 조상들이 소중히 해왔던 전통 윤리 규범과 정신들 중 오늘날 보편성을 지닐 수 있는 것을 선정해야 한다는 것과 둘째, 현대 산업 사회에서 사람과 사람 사이 관계의 인간화·도덕화와 사람과 자연 사이 관계의 일체와의 회복에 대안의 의미를 지닐 수 있는 것이어야 한다는 것이다.[20] 이를 전통도덕 가치의 '보편성'과 현대 문제 해결의 '대안성'이라고 요약할 수 있겠다. 즉, 오늘날 문명사적 위기와 현대사회 문제 해결의 대안을 보편성을 지닌 전통적 도덕 가치에서 찾아야 한다는 것이다. 이러한 방향에 따라 '전통윤리'는

---

[20] 오석종(1999), 「제7차 교육 과정 고등학교 심화 선택 과목 '전통윤리'의 적용 방안과 교과서 개발」, 『도덕윤리과교육』 제10호, 한국도덕윤리과교육학회, pp.101-105. ; 교육부(2000), 앞의 책, p.96.

인간화, 도덕화, 자연과의 조화 정신을 담은 덕목이나 영역에 초점을 두었다. 이는 〈그림 1〉의 내용과 관련되는데, '현대문명에 대한 성찰'과 관련하여 관심 있는 것은 생명존중사상과 환경윤리이다. 제1단원 '전통윤리의 의의와 기본정신'은 생명존중사상을 심도 깊게 다루고 있는데, 생명존중에 대한 우리 조상들의 자세를 탐색할 수 있다. 조상들의 천(天)·지(地)·인(人) 삼자가 조화 속에서 세상을 온전하게 한다는 성현들의 가르침에 따라서 인간과 자연이 본래 하나라고 생각해 왔음을 강조하고 있다. 제4단원 '국가, 사회에 이바지하고 자연을 아끼는 삶'은 '전통적 자연관과 자연 친화'란 독립된 소단원에서 자연을 삶의 동반자로 보았던 조상들의 자연관을 올바르게 이해하여 오늘날의 삶에 적용, 실천하려는 자세를 갖게 된다.[21] 이러한 내용 구성은 〈그림 1〉의 1,2,3,4의 제 요구들에 부응하는 것이라고 할 수 있다.

3. '전통윤리'의 교수 방법과 평가

1) 교수·학습 방법

교육 과정에 제시된 도덕과 교수·학습 방법의 일반적 원칙과 방향은 다음과 같다.

- 도덕과 수업에서는 도덕적 지식이나 판단력과 같은 인지적 영역과 함께 도덕적 가치와 태도, 행동 성향과 같은 정의적 영역을

---

[21] 강두호(2001), 「도덕과 내용구성에서의 생명존중사상과 환경윤리」, 『도덕과교육론 : 제7차 교육과정 초·중·고 도덕과 교육의 과제와 방향』, 교육과학사, pp.145-146.

중점적으로 다루도록 노력한다. 특히, 도덕규범이나 예절에 대한 교육은 학생들의 지적 인식에 머무르지 않고, 정서적 공감대를 형성하여 행동으로 옮길 수 있도록 교사가 확고한 신념과 열정을 가지고 지속적으로 지도한다.
- 도덕 판단력과 가치 선택 능력을 신장시키기 위해서는 주제별 탐구식 토의 기법이 적절하다. 그러므로 학생들로 하여금 일상생활에서 경험하는 여러 도덕 문제들을 교과서의 내용과 관련지어 자기 주도적으로 탐구함으로써 도덕적 사고 능력을 키워 나갈 수 있도록 지도한다.
- 도덕 원리를 체계화하고 자율적인 실천 성향을 함양하기 위해서는, 당면하는 문제 사태에 대한 합리적인 판단 능력과 실천 의지가 필요하다. 따라서 학생들이 기본생활습관과 예절 및 도덕 규범의 실천을 스스로 다짐하고, 다른 학생들 앞에서도 발표할 수 있는 기회를 가급적 많이 제공한다.
- 교사들은 학생들의 동일시의 대상임을 고려하여, 일상적인 언어·사고 방식·태도·행동 등에 유의하여 도덕적 모범이 되도록 한다.

위에서 제시된 일반적 교수·학습 방향은 '통합적 접근'과 모델링으로서 '교사의 역할'에 초점을 두고 있다. 정의적 영역을 담당하는 교사의 인성과 가치관이 잠재적 교육과정에서 큰 영향을 미치며, 구체적 교수·학습 방법에서는 지적 영역과 정의적 영역, 행동적 영역의 통합을 시도해야 한다는 것이다. 더불어 도덕과는 생활 영역과 직접 관련되는 내용이 많기 때문에 학생들로 하여금 다양한 학습 경험의 기회를 제공해야 한다는 것이다. 구체적으로 이러한 기본 방향에 의거하여 전통윤리에서 제시된 교수·학습 방법은 다음과 같다.

- '전통윤리'에서는 전통 윤리의 현대적 의의를 잘 부각시켜 학생들의 실천 의욕과 행동 성향을 북돋워 줄 수 있는 다양한 지도 방법을 활용해야 한다.
- '전통윤리'의 내용과 기본 정신에 대한 올바른 이해와 실생활에서의 실천에 초점을 두어 지도하되, 학생들의 자발적 탐구과정을 중시하는 교수·학습이 될 수 있도록 한다.
- '전통윤리'에 대한 현장감이나 실재성을 보다 더 효과적으로 인식시키기 위해서는 현장 학습법이나 체험 학습법 등을 다양하게 활용할 수 있어야 한다.
- '전통윤리'에서는 감동, 감화를 줄 수 있는 다양한 사례들을 풍부하게 제시해주어야 한다.

요약하면 ① 다양한 지도 방법의 활용 ② 자발적 탐구 중시 ③ 현장학습과 체험 학습의 강조 ④ 감동, 감화의 사례제시라고 할 수 있다. 이것은 뒤의 〈표 4〉의 '시민윤리' 교수·학습 방법과 비교할 때 매우 일반적이며 추상적이다. 이처럼 일반적·추상적 방향의 교수·학습 방법이 제시되고 있는 이유는 '전통윤리'가 새로운 교과라는 것과 다루는 내용이 도덕과의 타 선택 과목과 다르다는 차별성에 기인한다. 특히 넷째의 '감동 감화 사례의 제시'는 '전통윤리'가 조상들의 삶을 간접 체험하고 정서적 동질감을 느낄 수 있도록 해야 한다는 면에서 다른 과목에서보다 더 강조되는 측면이 있다.

2) 평가

전통윤리와 관련된 윤리과 일반적인 평가의 방법 및 기준으로 교육 과정에 제시된 것은 다음과 같다.

- '전통윤리'에서의 평가는 교육 과정에서 제시한 목표들을 준거로 하여 추출된 평가 요소에 따라 이루어져야 하며, 인지적, 정의적, 행동적 영역을 모두 포함하는 총체적인 평가가 되어야 한다.
- 정의적 영역의 평가에서는 전통 윤리에 대한 도덕적 열정성, 도덕적 사태에 대한 민감성, 전통 윤리적 관점에서 문제 해결을 위한 적극성들을 측정하는 데 초점을 둔다.
- 단순한 지필 평가방식을 학생들의 실천 의지와 행동 성향을 제대로 평가하기 어려운 점을 유념하여 관찰법, 질문지법, 자유 반응식 논술법 등을 포함한 다양한 평가 방법을 활용한다.

'전통윤리'의 교육대상이 고3이라는 특수성 때문에 이들의 발달 단계를 고려하여 도덕적 열정성 평가의 비중보다는 전통 윤리적 사태 분석의 정확성, 현대적 해석에서 근거 제시의 타당성과 관련되는 도덕적 합리성 평가의 비중을 높여 나가는 것이 좋다. 이를 위해 종합적 평가 방법으로 논술 테스트를 제시하고 있다. 실제 대학 논술 고사의 문제들을 보면, 전통윤리의 철학적 내용을 바탕으로 대안을 제시해야 하는 환경문제, 인간소외 등의 내용이 있음을 염두에 둔다면, 전통윤리와 논술이 긴밀히 관련된다는 것을 알 수 있다.

'전통윤리'와 특별히 관련되는 평가 방법과 평가 결과 활용법에 대해서 교육 과정에 제시된 것은 다음과 같다.

- 지식 영역의 평가에서는 전통 윤리에 관한 용어, 원리, 학설 등의 이해 정도를 측정하되, 고전 원문에 담겨진 윤리적 의미와 정신의 이해 정도를 평가할 수도 있다. 지적 기능 영역에서의 평가는 학습된 지식을 실제로 적용해 볼 수 있는 문제 해결 능력이나 의사 결정 능력의 정도를 평가할 수 있다.

'전통윤리'는 고등학교 3학년의 선택과목으로 전국수학능력시험의 사회탐구 영역의 한 과목이다. 따라서 고등학교 3학년들이 대학 진학을 위한 수능 시험에서 평가를 받아야 한다. 좁은 의미에서 학교 평가라는 내신과 더불어 넓은 의미에서 수능 평가라는 두 가지 부담을 지게 되는 것이다. 고등학교 3학년들이 선택하는 대부분 교과의 특성이기 때문에 '전통윤리'만의 특성은 아니지만 제4장에서 다룰 문제점에서 평가 문제는 좀 더 심도 깊은 논의가 이루어지게 될 것이다.

Ⅲ. '전통윤리' 교과서 분석

1. 교과서 집필 과정에 대한 분석

교과서 집필과 제작은 교육과정이 고시된 후 충분한 시간을 두고 이루어지는 것은 아니다. 교과서의 중요성을 감안한다면 긴 시간을 들여 많은 노력을 투자하여 훌륭한 교과서를 만드는 것이 이상적이다. 그러나 한국 교육 현실에서 어떤 교과목도 철저한 준비와 충분한 시간을 확보하여 집필·제작되고 있지 못하다. 그것은 집필자들이 대다수 교수 신분이며, 집필자가 끝까지 책임을 지는 체제가 아니라 교사용 지도서 집필자들이 다시 재구성하는 식으로 이루어지는 과정에서 나오는 문제점이기도 하다. 교과서와 관련하여 가장 먼저 분석해야 할 것이 집필 과정에 대한 분석이라 할 것이다.

필자는 '전통윤리' 교사용 지도서 집필에 참여하였다. 교과서 원고는 내용과 관련된 담당 교수들이 썼지만, 실제 그것을 학생들의 수준에 맞게 재구성하는 작업은 교사용 지도서 집필자들의 몫이었다. 한편으로는 원저자의 뜻을 존중하면서, 또 한편으로는 학생들의 수준에서 난이도를 조정하여 교과서 내용을 재구성하는 일은 결코 쉬운 작업이 아니다. 더군다나 '전통윤리' 교과서는 기존에 참고할 만한 사례가 없었던 터라 작업은 새로운 창조 과정이었다. 대체적으로 '도덕' 교과서 기본 틀과 체제를 수용하면서도 '전통윤리' 교과서만의 체제를 만들고자 노력하였고, 그 결과물이 현재 '전통윤리' 교과서이다.

전통윤리 교과서의 집필진은 제1단원은, 금장태, 최준식 교수, 제2단원은 오석종, 김문식 박사, 제3단원은 최봉영, 서경요 교수, 제4단원은 김석근, 이승환 교수로 구성되었다. 서울대학교 사범대학 국정 도서 편찬 위원회에서 전공 및 소속 학교 등을 안배하여 저자를 선택하여 원고청탁을 하였다. 저자들이 명성에 걸맞게 원고 그 자체는 그다지 큰 문제가 없었다. 교과서는 8개 원고 내용들이 유기적으로 연결되어야 한다. 그러나 학자들의 견고한 학문적 입장을 토대로 이루어진 초고는 연결성이 없었다. 또한 저자들이 교과서의 중요성을 인식하고 있더라도 업무에 밀려 집필 시간을 확보하지 못한 경우는 기존 논문을 요약하여 보낸 경우도 있는 등 초고를 마주한 교사용 지도서 집필진의 고민은 말이 아니었다. 결국 원고 수정과 내용의 유기적 연결은 교사용 지도서 집필진이 교사들이 담당하게 되었다.

교과서 작업 과정에서 생긴 문제점은 첫째, 교육과정의 내용과 집필 내용이 합당한가? 둘째, 유사한 내용에 대한 다른 견해를 어떻게 수용할 것인가? 셋째, 동양철학에서 합의되지 않은 용어 및 의례 절차에 대해서 어떻게 할 것인가? 등이었다. 1년여의 작업 과정을 통해 집필 내용을 전체 맥락에서 수정하고, 학생들의 수준에 맞추어 재구성하는 작업이 이루어졌다. 각 지도서 담당 집필진은 이것을 토대로 교과서 집필자들에게 내용 수정에 대한 동의를 거치는 과정에서 학자들의 입장 중 원고 수정에 부정적 입장을 취하기는 경우도 있어 애를 먹었다. 또한 전통 예절의 형식과 예법과 관련된 세세한 부분에 대해서는 한국전례연구원의 김득중 선생에게 감수를 의뢰하였고, 성균관대 이기동 교수에게 재감수를 받아서 정리하였다. 마지막 마무리는 내용과 관련된 삽화와 명언, 명구 및 관련 내용에 대한 보충으로 이루어졌다.

제8차 교육과정에서는 도덕과가 검인정으로 되어 다양한 교과서가 나오게 되고, 이에 따라 경쟁력 있는 교과서만이 살아남게 될 것이다. 교과서 집필 과정에서 가장 중요한 것은 집필진 구성이 현실적으로 되어야 한다는 것이다. 교과서를 쓸 수 있는 능력 있는 교사들과 교수들이 함께 교과서를 쓰고 처음부터 끝까지 내용에 대한 책임을 질 수 있어야 할 것이다.

2. 교과서 체제 및 내용 분석

'전통윤리' 교과서가 기존 '윤리' 교과서와의 차이는 형식에서 찾을 수 있다. 우선 외형적으로 기존보다 책의 크기(4×6배판)가 커졌고, 그림·사진·삽화 등이 컬러화 되었으며, 삽화·사진의 다양한 배치, 개념 설명 및 탐구 과제를 넣어서 다양하게 구성하였다. 이는 신세대 청소년들의 눈높이에 맞추려고 노력한 것이다. 또 인물 및 개념, 이론에 대한 보충 설명을 각주로 달고, 탐구과제를 제시하여 내용을 심층적으로 이해할 수 있게 하였다. 또한 교사들의 의견을 적극 반영하여, 쪽마다 5,10,15,20 등 줄 표시를 함으로써 수업 편이를 도모하였다. 각 소단원 첫머리에 내용과 관련된 명구·격언·금언 등을 두어 핵심을 파악하게 하였고, '단원 마무리'로 내용을 정리하여 전체 내용을 쉽게 파악할 수 있도록 하였다. 이러한 노력의 결과 교과서 형식에서는 긍정적 반응을 얻을 수 있었다.

내용은 앞의 내용체계에서 살펴보았다. 구체적으로 교과서의 내용을 분석해보면, 네 가지 사상을 토대로 하고 있다. 원시 신앙 사상, 유학 사상, 불교 사상, 도가 사상이 그것이다. 네 가지 사상을 일정 비율로 구성하는 것이 원칙이지만 유학 사상 중심이라 해도 과언은 아니다. 그것은 유학 이외 사상들이 '현실 생활에서의 삶과 행동 실천을 부정하는 측면이 강할 뿐 아니라 고등학생들의 수준에서 학습할 수 있는 윤리적 체계를 명확하게 제시하지 못 한다'[22]는 문제점에 기인한다. 이것은 현재 우리 사회가 조선 500년 유교 문화의 영향이 큰 것을 무시할 수는 없지만 전통윤리=유교문화라는 도식이 되어버리지 않을까 우려될 정도로 효도, 우애, 친척 관계, 상장례 등 유교 문화적 비중이 큰 편이다. 유학의 상장례의 경우 매우 상세한 내용까지 기술되어 있지만, 불교 혹은 도가는 형식적 비율을 맞추기 위한 것처럼 내용이 빈약한 경우도 있고, 자연관이나 환경 문제 등 일부분에서만 충실하게 내용을 다루고 있다.

이러한 내용 구성은 교과서가 객관적 관점에서 벗어나 주관적 서술 표현이 드러나는 원인이 되었다. 전통적 가치에 대한 긍정적 가

---

[22] 교육부(2000), 앞의 책, p.94.

치 지향성에 비중을 크게 둔 결과 교과서 전체 서술 방향이 전통윤리는 좋은 것, 혹은 전통윤리는 잃어서는 안 될 것이라는 강박이 나타나고 있다. 이런 서술방식이 교사들에게 부담으로 작용할 수 있는데, 이는 교과서 기술 방식 자체가 지나치게 '긍정적' 해석을 염두에 두고 서술한 결과에서 비롯된 것이다.

교과서 내용에서 나타난 문제점 중 어떤 부분은 지나치게 쉽고 상식적인 내용으로 구성되고(예를 들면 3단원 3소단원 중 (3) 이성친구와 윤리 문제로 교과서 180), 또 어떤 부분은 지나치게 어려운 부분(3단원 4소단원 중 (3) 상장례의 기본 정신과 절차로 교과서 191)이 생긴 '난이도' 문제이다. 또 동양철학 자체가 경전에 기반을 하고 있고 학문의 발전이 경전 해석에 토대하고 있다는 점을 염두에 둘 때, 똑 같은 경전을 어떤 관점에서 해석하느냐에 따라 그 내용이 달라질 수 있기 때문에 어떤 관점을 택하느냐가 매우 중요해진다. 이러한 '관점의 문제'는 학자들의 다양한 견해를 하나의 교과서에 모아 일관성을 이끌어내는 작업 속에서 일관성을 잃을 때 나타날 수 있는 것이라고 할 수 있다. 구체적인 사례가 4단원 2소단원인 '경제 생활과 대동사회'에 대한 내용이다. 2단원 1소단원 (3) 극기를 통한 인격 수양에서 강조하는 개념은 욕망의 절제, 사욕의 억제, 사의(私意)의 배제, 허심(虛心)의 강조 등인데, 경제사상의 윤리적 의미(222쪽)의 내용에서는 도덕적인 삶과 경제적인 삶의 조화를 강조하고 있다. 229쪽의 조상들의 경제윤리의 내용들은 경제란 틀에 맞추어 해석한 데서 나타난 것이다.

요약하면, 내용이 유학 사상 측면에 비율이 치우쳐있고, 서술 방식이 객관적 관점을 벗어나 주관적이며, 난이도가 상이한 부분이 나타나고 있으며, 같은 사상이나 개념에 있어서 관점이 다르게 표현되고 있다는 것이다. 이러한 내용 구성은 '전통윤리'가 새로운 과목이라는 것, 다양한 사상을 종합하고 있다는 점, 저자들의 관점 차이에서 나타나는 결과이다. 그러나 그것이 문제점으로 부각되게 되면 교과 내용 체계에 치명적일 수 있다는 데서 심각하다고 할 수 있다.

3. 교수 방법과 평가 분석

21세기 도덕·윤리 교육의 과제는 '현대사회를 살아가는 데 필요하다고 생각되는 서구적 가치들을 수용하면서도 한국의 전통적인 혼과 정신을 잃지 않을 수 있는 조화와 균형의 지혜'를 기르게 하는 것이다.[23] 이를 위해 도덕과 교육의 방향은 '시민윤리'와 '전통윤리'의 조화를 추구하고자 하며[24] 이를 위해 두 윤리 요소 간의 갈등을 최소화시키고자 노력한다. 특히 도덕과는 과목의 특성상 정의적 영역을 포함하기 때문에 교수·학습 방법에서도 타 교과와는 다른 방법적 적용이 필요하다. 그 과정에서 시민윤리와 전통윤리는 내용에서의 갈등뿐만 아니라 교수·방법적 측면에서도 갈등이 있을 수 있다. '올바른 가치 판단과 합리적 선택'을 강조하는 시민윤리의 방법과 '인격 수양과 이상적 인간상의 제시'를 통한 교화와 정서적 감화를 강조하는 전통윤리는 조화되기 어려운 측면도 존재하는 것이 사실이다.

---

23) 정세구(1998), 「중등학교 '윤리' 과목 교사자격증 취득을 위한 대학관련학과 확대와 기본이수과목 개정 방향」, 『교육과정연구』 제16권 제2호, 한국교육과정연구회, p.417.
24) 오석종(2001), 앞의 글, pp.49-67.

'시민윤리'에서 교사들이 따라야 할 6개의 교수·학습의 기본 원칙은 다음과 같다.[25)]

- 학생들의 윤리적 탐구 활동 및 자율적인 윤리적 판단의 경험을 촉진할 수 있도록 다양한 문제 상황들을 제시하고, 그에 부합하는 적절한 지도 방법과 다양한 학습 자료들을 활용해야 한다.
- 학생들로 하여금 단편적인 윤리적 지식을 얻는 것에 한정되게 해서는 안 되며, 사회의 윤리적 쟁점들과 문제들을 적극적으로 해결하는 능력과 태도를 가지도록 하는 데에 역점을 두어야 한다.
- 학생들이 학습 활동을 통하여 시민 공동체 생활의 규범들을 직·간접적으로 체험해 볼 수 있도록 민주적 의사 결정 및 협동 학습의 기회들을 다양하게 부여해 주어야 한다. 학생들의 자유로운 발표와 토론을 활성화하기 위하여 교사는 상호 존중과 신뢰에 바탕을 둔 개방적이고 탐색적인 학습 분위기를 조성해야 한다.
- 지역적 특성이나 시사성이 강한 내용은 지역이나 시기에 알맞도록 재구성하여 지도한다.
- 교사는 학생들의 도덕적 동일시 대상임을 고려하여 일상적인 발언과 태도 및 행동에 세심한 주의와 관심을 기울인다.
- '시민윤리'의 교육적 효과를 제고하기 위해서는 부모나 교우 관계, 교사·학생 간의 상호 작용, 타 교과에서 다루어지는 가치 문제, 교내외 행사와 특별 활동 등과 적절히 관련시켜 지도해야 한다. 또 교사는 학생들이 학습한 이론적인 지식들을 실생활에서 체험해 볼 수 있도록 봉사 활동 학습 등과 같은 다양한 실천 기회들을 제공해 주어야 한다.

---

25) 교육부(2000), 앞의 책, pp.45-52.

이것은 앞의 '전통윤리' 교수 방법의 네 가지 원칙과 비교하면 상당히 구체적이다. 이를 요약하면 (가)다양한 문제 상황에 따른 다양한 방법 활용, (나)윤리적 쟁점 문제 해결 능력, (다)민주적 의사 결정의 기회 부여, (라)개방적이고 탐색적 분위기 조성, (마)지역과 시기에 맞는 내용의 구성, (바)모델링으로서의 교사 역할 강조, (사)학내 활동과 연계된 지도 방법 (아)체험적 실천 기회의 제공 등이다. 전통윤리 교수·학습 방법의 원칙 ①다양한 지도 방법의 활용 ②자발적 탐구 중시 ③현장학습과 체험 학습의 강조 ④감동·감화의 사례제시와 비교하면, (가), (아)와 ①, ③이 상통하고 나머지는 과목 특성을 반영하는 방법들이다.
　시민윤리와 전통윤리 교수·학습 측면에서의 갈등은 내용 요소들의 차이에 기인한다. 구체적으로 전통윤리의 '의리(義理, loyalty)'와 '정의(正義, justice)'의 갈등, 시민윤리에서 중요한 '권리(權利)' 개념이 전통윤리에 존재하는가 여부, 전통윤리에서 중요한 '공동체주의'와 시민윤리의 '자유주의'의 양립가능성을 예로 들 수 있다.[26] 이 둘의 갈등을 조화시키는 것이 제7차 도덕과 교육과정의 중요한 과제이다. '전통윤리' 입장에서 본다면, '전통윤리' 내용에 대한 현대적 해석을 통해 학생들이 거부감 없이 수용할 수 있는 방법을 적용할 수 있도록 하는 것이 중요한 과제라고 할 수 있겠다. 평가에 관한 분석은 제4장 제반 문제점에서 자세히 다루도록 하겠다.

---

26) 오석종(2001), 앞의 글, pp.56-64.

Ⅳ. '전통윤리' 교과와 관련된 제반 문제점

1. 교과서 내용 체제의 문제점

1) 학문적 합의의 문제

앞의 교과 내용 체계의 분석을 토대로, 문제점을 세 가지 측면-학문적 합의 문제, 내용의 중복 문제, 난이도 측면-에서 살펴보았다. '전통윤리'의 사상적 기반으로 원시 신앙, 유·불·도 사상을 토대로 천도교, 동학, 증산교, 원불교 등 전통사상에 대한 새로운 해석을 수용하였고, 또 기독교 사상까지 포함시켰다. 그 이론적 토대로는 선행 연구들을 참고로 하였으며, 학계의 세미나 결과들을 염두에 두었다. 그러나 그러한 학문적 견해들의 도출과 그것을 실제로 교과서에 반영하는 것은 별개의 문제이다. 결국 '전통윤리' 교과의 학문적 타당성은 두 가지로 귀결된다. 하나는 학문적 합의 여부이고, 다른 하나는 합의의 실제적 반영 여부이다.

전자의 문제에서, '전통윤리' 교과서를 편찬에 학계 차원의 한 단계 높은 학문적 합의에 대한 아쉬움이 남는다. 한국 '전통사상'이 무엇인가에 대한 논의는 많았지만 청소년을 위한 교과서에 무엇을 내용으로 할 것인가에 대한 거시적 차원에서 논의가 선행되어 보편성을 확보할 수 있는 합의를 도출했어야 했다는 것이다. 또 크리스트교를 '전통윤리' 내용에 넣은 이유는 기독교인들에 대한 배려 차원이었던 것인데, 이것은 학문적 합의와는 거리가 멀었던 것이 사실이다. 그 결과 '전통윤리'를 가르치면서 '크리스트교'를 설명하면서 현대적 해석을 가미한다 하더라도 무리라는 우려가 있었다. '전통사상'이 외래의 것을 주체적으로 수용한 우리 사상이라는 측면을 간과

하는 바는 아니지만 사회적 영향력 차원을 벗어날 수 없었던 사실을 보여주는 경우이다.

학문적 합의를 포함하여 내용 전개의 일관성까지 해결할 수 있는 가장 이상적인 방법은 한 학자가 자신의 학문적 양심을 토대로 한 권의 책을 다 저술하는 방법이다. 그것이 불가능하다면 대안으로 집필자들이 교과서에 대한 '사명감'을 가지고 합의를 도출해내는 것이다. 작업 과정에서 집필자들의 몇 번의 모임만으로 '교과서'에 대한 합의를 도출하여 일관성 있는 교과서를 쓴다는 것은 어려움이 많기 때문이다.

2) 내용의 중복성 문제

내용 체제에서는 〈표 2〉처럼 총 4단원으로 구성되었는데, 제1단원은 총론적 성격을 띠는데, 전통윤리의 중요성, 문제점, 본질, 계승과 관련하여 제 2단원, 제3단원, 제4단원을 아우르는 내용으로 이루어졌다. 제2단원은 개인과 가족, 제3단원은 친척·이웃·교우 관계, 제4단원은 국가와 사회와 관련된 내용으로 생활 영역 및 범위의 확대라는 기준으로 이루어졌다. 각 단원은 또 각각 네 개의 소단원으로 구성되었는데, 이 형식에 맞추어 내용을 구성하다 보니, 내용의 난이도에서 문제가 생긴 것은 형식에 맞추어 내용을 조정하는 데서 생긴 필연적 결과였다.

'전통윤리' 교과 내용의 문제점 중 심각한 것은 '전통윤리'와 '윤리와 사상' 내용의 중복 문제이다. 물론 두 과목이 수능에 '윤리'란 한 과목으로 평가한다는 점을 감안하면 수험생들에게는 유리할 수도 있지만, 두 과목의 차별성이 약화되는 문제가 생긴다. 굳이 선택 과목을 두 개로 할 필요가 있었는가라는 반문이 들 수 있는 것이다. '전통윤리' 내용이 포괄적으로 유학, 불교, 도가 및 민간 신앙을 포함한다고 할 때, '윤리와 사상'의 2단원에서 다루는 동양윤리와 한국윤리의 내용과 4단원의 '한국윤리 및 사회사상' 부분과도 중복되는 내용이다.

〈표 2-1〉 '전통윤리'의 내용 체계

I. 전통윤리의 의의와 기본정신	II. 개인과 가족의 가치 있는 삶	III. 친척·이웃교우 관계와 바람직한 삶	IV. 국가, 사회에 이바지하고 자연을 아끼는 삶
1. 전통윤리의 의미와 중요성 • 현대 사회와 전통 윤리 • 세계 여러 나라의 전통 윤리 강조 추세 • 청소년의 삶과 전통윤리의 중요성	1. 인격 수양의 길 • 인격 수양은 위대한 일 • 전통 사상의 인간관과 수양의 원리 • 극기를 통한 인격 수양	1. 친척 윤리와 노인 공경 • 친척과 친척 관계 • 친척 문화와 친척 윤리 • 장유와 노인 공경	1. 국가 생활과 국민의 도리 • 민본 사상과 위민 정신 • 충성과 호국 정신 • 봉공과 청백리 정신
2. 전통윤리의 현황과 문제점 • 한국 전통 문화의 멋 • 우리에게 전통 윤리는 살아있는가? • 전통 윤리의 문제점과 그 회복 방향	2. 부모·조상 공경과 효친 • 우리의 효 문화 • 효의 실천과 가정 윤리의 확립 • 조상 섬김의 전통과 그 현대적 의미	2. 이웃 관계와 상부상조 • 조상들의 이웃 관계 전통 • 조상들의 이웃 사랑 전통의 계승 • 조상들의 일상 예절과 그 발전 방향	2. 경제 생활과 대동 사회 • 도덕적 삶과 경제적 삶 • 조상들의 경제 생활과 절약 정신 • 경제 윤리와 현대적 실현 방안
3. 전통 윤리의 본질과 기본 이론 • 전통 윤리의 사상적 배경 • 전통 윤리의 우주관 • 전통 윤리의 인간관	3. 부부간의 분별과 화합 • 동서양의 남녀관 • 부부의 의의와 바람직한 부부상 • 남녀의 분별과 화합	3. 친구 사귐의 기본 정신과 예절 • 인생과 친구 관계 • 친구 사귐의 기본 정신과 자세 • 이성 친구와 윤리 문제	3. 사회 생활과 정명 정신 • 절의와 선비 정신 • 조상들의 노동관과 장인 정신 • 공동체 의식과 협동 정신
4. 전통 윤리의 현대적 계승 • 서양 윤리의 한계와 전통 윤리의 가치 • 전통윤리의 특성 • 전통 윤리의 계승과 현대적 적용	4. 형제자매 관계와 우애 • 형제자매 관계의 본질 • 조상들의 우애 정신과 실천 • 우애 정신의 현대적 계승	4. 관혼상제 • 관례와 혼례 • 상장례의 비존 정신과 절차 • 제례의 기본 정신과 절차	4. 전통적 자연관과 자연 친화 • 조상들의 자연관 • 서구적 자연관과 환경 문제 • 인간과 자연의 조화

〈표 2-2〉 '윤리와 사상'의 내용 체계

I. 윤리와 사회 사상의 의의	II. 윤리의 흐름과 특징	III. 사회사상의 흐름과 변화	IV. 한국 윤리 및 사회 사상의 정립과 민족적 과제
1. 인간의 삶과 윤리 • 인간의 특성 • 다양한 인간관 • 인간의 삶과 윤리의 필요성	1. 한국 윤리 • 한국 윤리의 연원 • 한국 윤리의 전개 • 한국 윤리의 현대적 의의	1. 사회 사상의 형성과 전개 • 사회 사상의 형성 • 사회 사상의 전개 • 사회 사상의 현대적 의의	1. 현대 한국 사회의 윤리 사상적 당면 과제 • 현대 한국 사회의 윤리적 문제 • 현대 한국 사회의 사상적 문제 • 윤리 사상적 문제의 해결 방안
2. 자아 실현과 인격 완성 • 삶의 의미와 다양성 • 자아 발견과 자아 실현 • 인격 완성을 위한 노력	2. 동양 윤리 • 동양 윤리의 연원 • 동양 윤리의 전개 • 동양 윤리의 현대적 의의	2. 현대 사회 사상의 유형과 변화 • 현대 사회 사상의 유형 • 현대 사회 사상들 간의 관계 • 현대 사회 사상의 변화	2. 한국 사회의 바람직한 윤리 사상의 정립 • 한국 전통 윤리 사상에 대한 이해 • 한국 사회에 영향을 미친 외래 윤리 사상에 대한 이해 • 현대 한국 사회의 바람직한 윤리 사상의 정립
3. 사회적 삶과 사회 사상의 중요성 • 사회적 삶의 특성 • 사회적인 삶과 사회 사상의 필요성 • 사회 사상의 다양성	3. 서양 윤리 • 서양 윤리의 연원 • 서양 윤리의 전개 • 서양 윤리의 현대적 의의	3. 현대 사회 사상의 쟁점 • 자유 민주주의의 쟁점 • 자본주의의 쟁점 • 민족주의의 쟁점	3. 민주적 도덕 공동체의 구현 • 민주적 도덕 공동체의 형성 • 민주적 도덕 공동체의 실현 조건 • 민주적 도덕 공동체의 실현 과정
4. 이상 사회의 구현과 사회 사상 • 이상 사회의 본질과 특성 • 이상 사회의 지향과 이데올로기 • 이상 사회의 구현을 위한 조건	4. 세계 윤리 • 세계 윤리의 필요성과 의미 • 세계 윤리의 등장 배경 • 세계 윤리의 전망	4. 미래 사회 사상의 전망 • 미래 사회의 특징 • 미래 사회 사상에 대한 도전 • 미래 사회 사상의 발전 방향	4. 한국의 진로와 민족적 과제 • 국가 정체성의 확립 • 미래 한국의 진로와 역할 • 통일 한국의 실현

위의 표를 비교하면 중복의 문제가 심각하다는 것을 알 수 있다.

이것은 뒤에서 살펴볼 '수능 평가'에서의 문제점과도 관련되는데, 이 문제점을 해결하기 위해 노력한 결과 중복 문제가 발생했으리라고 추측할 수 있다.

3) 내용의 난이도 문제

전통윤리 교과서 내용이 구성된 후 가장 큰 난점은 난이도 조정 문제였다. 고등학교 수준에서 어렵게 되면 학생들이 선택을 주저할 것이고, 그렇게 되면 배울 기회조차 잃을 수 있다는 우려에서 내용을 쉽게 하자는 데는 합의를 보았다. 그러나 쉽게 구성하는 것이 쉬운 일이 아니었다. 전통윤리 사상에 사용된 개념, 용어, 이론들이 쉽게 이해될 수 있는 만만한 것들이 아니고, 한자를 바탕으로 해야 하는 것들이 대부분이었다. 게다가 서양 학문적 관점에서 봤을 때 비합리적이라고 할 수 있는 내용들이 포함되어 내용을 쉽게 이해하면서 논리적 타당성을 얻기가 쉽지 않았다. 예를 들면, 토착 신앙적 요소인 굿 개념과 풍수지리 등에 대해 정서적으로는 공감하는 부분이 많지만 교육 내용으로 어떻게 전달하여야 하는가가 관건이 되었다.

한편, 형식적으로 모두 4단원에 각 네 개의 소단원으로 구성하다 보니 내용 구성에 무리가 생기게 되었다. 구체적으로 제2단원 중 소단원3과 소단원4의 내용은 적은 분량으로 간단히 정리될 수 있는 부분인데도 형식에 맞추느라 부연설명을 하면서 길어졌다. 제3단원의 소단원3은 간략히 할 수 있는 것인 반면, 소단원4는 어려운 내용이 많아 자세한 설명이 필요한 부분이었다. 그러나 각 소단원마다 정해진 형식과 분량에 맞추어 내용을 구성하다보니 내용의 난이도나 중요성과 별개로 분량이 이루어지는 문제점이 생겼다. 그 과정에서 융통성을 두어 조정하긴 했지만 교과서 특성상 소단원의 수까지 조절하지는 못하였다.

2. 평가 및 방법의 문제점

'전통윤리' 교과와 관련하여 가장 큰 문제가 수능과 관련된 문제점이다. 그것은 도덕 교과 담당 교사나 관련 전문가들이 모두 인정하는 것인데 교육 과정의 내용과 수능 출제 방식과의 괴리이다. 교육과정의 문제와도 연계되는 문제로 교육 내용을 부실하게 만드는 원인이기도 하다. 도덕과 교육 과정은 체계적으로 도덕(10학년), 시민윤리, 윤리와 사상 혹은 전통 윤리로 연결된다. '시민윤리'는 고등학교 2학년에 주로 개설되고, 고3에서는 심화 선택으로 선택할 경우 '윤리와 사상'과 '전통윤리' 중 한 개의 과목을 선택하게 된다.27) 그러나 고3에서 한 과목만 선택하면 수능에 대비할 수가 없다. 수능 사회탐구영역에서 '사상과 윤리'와 '전통 윤리'는 별개가 아닌 한 과목으로 인정되고 있기 때문이다. 따라서 두 과목을 선택하여 교과서 두 권을 소화해내야만 수능 사회탐구영역 '윤리'를 볼 수 있게 되는 것이다.

이런 문제를 해결하기 위해 학교급별로 교육과정을 탄력적으로 운영하고 있기도 하다. 예를 들면 3학년 인문계 학급 전체가 '사상과 윤리' 과목을 4단위 이수하고, '전통윤리'를 선택한 학생들만 '6단위'로 이수해서 수능 사회탐구영역에서 '윤리(사상과 윤리+전통윤리)'를 선택하도록 하는 것이다. 이런 탄력적 운영이 제7차 교육과정

---

27) 교육부(2000), 앞의 책, p.19.

의 장점이긴 해도 도덕교과 입장에서는 이 문제를 해결하는 것이 가장 큰 문제라고 할 수 있다. 이것은 도덕과의 위상과도 관련되어 제7차 교육과정에서의 '윤리' 교과의 위상 약화로 이어지고 있다. 대다수 '윤리' 교과의 필요성에 공감하면서도 선뜻 두 과목을 배우는 부담 때문에 '윤리' 과목을 선택하는 데 망설이는 학생들이 많다는 것이다. 이러한 문제점은 결국 '수능' 시험 문제를 쉽게 출제하여 난이도 조절에 실패했다는 문제점으로 이어지고 말았다. 이 문제를 해결하기 위해 '윤리' 교사들은 물론 전공 교수들까지 노력하고 있지만 한 번 잘못 키워진 단추를 다시 풀고 잠그는 것이 쉽지 않아 보인다. 결국 다음 교육과정을 기다려야만 해결될 수 있는 문제인 것이다.

교수·학습 방법과 관련하여 '전통윤리'를 담당한 교사들은 새로운 교과서와 함께 다양한 문화 체험을 통한 경험적 교수·학습 방법, 또 그에 따르는 다양한 평가 방법들을 시도하고자 노력한다. 서구문화 중심의 교육에서 주체성을 함양할 수 있는 새로운 시도에 박수를 보내면서 의욕을 보이지만 앞에서 지적한 제반 문제점들이 장애물로 등장하기도 한다. 교사나 학생의 입장에서 소단원마다 있는 '탐구과제'와 중요한 개념에 대한 설명과 도표들은 중요한 교재들이다. 이것은 교과 내용을 파악한 후 좀 더 심층적으로 관련지어 탐구할 기회를 제공하기 때문에 좋은 방법이다. 그러나 위에서 지적한 평가와 관련된 교육과정상의 문제와 관련되어 다루는 데 어려움이 생길 수도 있다. 결국 '전통윤리' 교육이 제자리를 잡기 위해서는 '전통윤리'가 '윤리와 사상'과 별개 과목으로 선택할 수 있어야만 그 가치를 인정받고 교육 과정 상의 수업 목표를 달성될 수 있을 것이다.

3. 교육적 효과에서의 문제점

하나의 텍스트로서 교과서는 내용 100%가 학생들에게 수용될 수는 없다. 대부분 수업을 담당한 교사들에 의해 재해석되어 새롭게 구성되는 경우도 많다. 교과서는 교육을 위한 텍스트일 뿐이기 때문이다. 그러나 텍스트를 중심으로 평가받게 된다면 그것은 텍스트 이상의 의미를 지니게 된다. 그것이 수능처럼 전국 범위로 평가가 이루어질 경우는 더욱 그러하다. 교과서가 '경전화'되어 버릴 수 있고, 교과서의 중요성은 심대해지며, 내용에 대한 책임이 더욱 커지게 된다.

'전통윤리' 교과서를 담당한 교사들은 '자부심'과 '자괴감'을 동시에 느낀다고 한다. '전통윤리'의 필요성에서는 공감하고 자부심을 느낀다. 서양 중심의 가치관, 물질 중심의 세계관에서 '전통윤리'에서 무엇인가 대안을 찾을 수 있었기 때문이다. 그러나 전통적인 절차들에 대한 지식은 부담스럽게 여겨진다. 상장례에 대해서 배우는 것 자체는 재미있으나 그 세세한 절차를 외워야 하는 것, 혼례의 절차를 아는 것은 재미있으나 시험을 위해 그 절차를 암기해야 하는 부담감은 '자괴감'을 지니게 하였다. 다시 말하면 현실과 너무 먼 이론의 무덤에 빠지는 것이 아닌가 하는 자괴감이 들 수 있다는 것이다. 물론 지식을 많이 알아서 나쁠 것은 없지만, 학생들이 제대로 이해하고 그것을 실생활에서 활용할 기회가 있을지, 또 암기할 만큼의 가치를 지닌 것인지에 대한 확신에서는 의문을 갖는 교사들이 많다.

구체적으로 제3단원 1소단원 (1)친척과 친척 관계 경우가 그 예이다. 유교의 영향을 많이 받은 우리 사회에서 친척에 관련 내용이 필요한데, 호칭 문제에 대한 합의가 완벽하지 않은 상황이어서 '칭호는 사람 사이에 존재하는 약속이기 때문에 그 의미가 올바르게 전달될 수 있다면 문제가 되지 않는다고 할 수 있다'(143쪽)는 결론적 문장은 기존 교육 내용을 흐리게 해버리는 경우이다. 촌수에 대해 도표를 통해 효율적인 설명을 시도하지만 정작 핵가족화, 출산 기피 현상 등으로 현실에서 실제 적용하여 촌수를 따질 기회를 상실하게 되는 현실적 문제도 있다.

'전통윤리'의 내용은 깊이 음미해야 하는 것들이다. 철학적 이론과 사상과 관련된 높은 지식 수준이 요구된다. 문제는 '전통윤리'를 가르치는 교사들이 이에 대해 어느 정도 준비가 되어 있는가 하는 점이다. 『논어』, 『맹자』, 『순자』, 『도덕경』, 『노자』, 『장자』, 『아함경』, 『반야심경』 등 유학, 불교, 도가의 경전 내용들이 심도 깊게 다루어지고 있으며, 이것의 설명에는 배경지식과 상당한 한문적 소양이 요구되기 때문이다. 고무적인 것은 '전통윤리'를 가르치는 교사들이 '전통윤리' 교과서를 통해 '동양사상'을 더 깊이 공부하는 계기가 되면서 교사 개개인이 스스로 공부하여 가르치고 있다는 점이다. 결국 '교과서'가 교사에게 새롭게 공부시키는 계기가 된 셈이라고 할 수 있다.

V. 결론 : 대안의 제시

이상에서 '전통윤리' 교과의 체제와 내용을 분석하고 문제점 중심으로 평가하여 보았다. 현재 '전통윤리'에 대해 긍정적 평가를 내리든 부정적 평가를 내리든 제7차 교육과정의 '전통윤리' 교과서는 선행 작업으로서 다음 교육 과정에 큰 영향을 주게 될 것이다. 제8차 교육과정에서는 도덕 교과서들이 검인정이 되며, 이 경우 형식과 내용에서 경쟁력 있는 교과서만이 채택되어 살아남을 수 있을 것이다.

'전통윤리'는 한국 사회의 도덕·윤리적 위기 해결 방안을 '전통적 가치'에서 찾고자 한 사회적 필요와 또 청소년들의 서구 지향적 가치관 편향에 대해 '한국의 전통적 혼과 정신'을 강조하기 위한 윤리교육적 필요에 의한 것이다. 새로운 선택교과로서 '전통윤리'는 '윤리의 실제성'과 '한국적 주체성' 확립을 목표로 하였는데, 전자가 제6차 교육과정 '윤리'에 대한 반작용이라면, 후자는 서구 중심의 윤리교육에 대한 '반작용'이라고 할 수 있다. 그렇다면 '전통윤리' 교과서는 이러한 '윤리적 실제성'과 '한국적 주체성'의 확립이란 목표를 잘 반영하였고, 학교 현장에서는 이에 상응하는 교육이 이루어지고 있는가? '전통윤리' 교육이 시작되어 3년이 경과한 현재 중간평가를 해봐야 할 시점이라고 생각한다. 이런 문제의식에서 출발하여 '전통윤리' 교과의 성격과 목표, 내용체계, 방법 및 평가의 특성을 교육과정을 중심으로 살펴보고, 집필 과정, 체제와 내용, 방법 및 평가에 대하여 분석하였으며, 이를 통해 교과서 및 교과의 제반 문제점 중심으로 평가하여 보았다. 내용에 있어서는 ①학문적 합의 문제 ②내용의 일관성 문제 ③중복의 문제, 교수방법과 평가에서는 ①수능 평가의 문제 ②교수 방법의 문제 ③교육적 효과의 측면을 살펴보았다.

'전통윤리'에서 가장 큰 문제는 수능에서 '전통윤리'와 '윤리와 사상'이 '윤리'란 한 과목으로 구성되어 사회탐구영역 선택과목으로 되어 있다는 점이다. 이것은 교육의 효율성뿐만 아니라 내용 및 교수 방법에 이르기까지 '도덕'과 전체 교육과정에 심대한 영향을 미치고 있다. 이에 대한 해결책 중 차선책으로 학교급별 교육과정의 탄력적 운영이 제시될 수 있을 것이다.

만약 제8차 교육과정에서 '전통윤리'가 살아남더라도 '동양철학', '한국철학'의 내용을 대부분 수용하게 될 것이다. 왜냐하면 사상적 혹은 철학적 토대 없는 이론적 열거는 무의미하며, 그것은 조상들의 삶을 이해하는 이론적 배경이 되는 것이기 때문이다. '전통윤리' 교과서 편찬과 관련하여 다음과 같은 대안을 제시하고 싶다.

첫째, 내용의 일관성 및 난이도 문제와 관련하여, 전통사상의 어느 한 부분의 전문가보다는 다양한 사상을 섭렵한 박학다식한 전문가 소수가 팀을 이루어 하나의 교과서를 만들어야만 내용의 일관성과 난이도 문제를 해결할 수 있을 것이다. 다수가 참여할 경우는 학문적 합의를 이루기가 더 어렵고, 관점이 다른 학자들이 논의를 거쳐 합의를 이루려면 기간이 너무 많이 걸리기 때문이다.

둘째, 교과서의 교육적 효과 측면에서, 교과서에 참여하는 학자나 교사들은 사명감을 가지고 평생의 작업으로 여겨 몰두해야 할 것이다. 교과서는 저술로 높이 쳐주지는 않지만, 책 한 권의 영향력이 청소년들에게 심대한 영향을 미친다는 점을 염두에 둔다면, 중요성을 아무리 강조해도 지나치지 않다. 중·고등학교 교과서 한권의 저술에 열정을 갖고 평생을 투자할 수 있는 교육전문가이면서 학자가 나왔으면 하는 기대를 해본다.

셋째, 도덕과 선택 과목의 선정 측면에서, 사회과에는 경제 지리,

한국지리, 세계지리 등 다양한 선택 과목을 만든 것처럼 '윤리'도 '사상과 윤리', '동양윤리', '서양윤리' 등 좀 더 세분화시켜 선택할 수 있도록 해야 할 것이다. 한 권에 너무 많은 사상을 잡다하게 담는 것보다 구분하여 좀 더 심층적으로 다룰 수 있도록 하는 것이 어떨지 제안해 본다.

넷째, 현재 '전통윤리' 교과서가 문제가 없는 것은 아니지만, 긍정적으로 수용할 만한 체제나 형식은 따라도 좋을 것이다. 전통윤리를 교육하였던 교사들의 비판과 평가, 그리고 그들의 의견을 수렴하여 다시 거듭날 수 있도록 노력해야 할 것이다.

'전통윤리' 교과서는 하나의 텍스트이며 이것을 교실 현장에서 한 시간 한 시간 가르치는 것은 교사들의 몫이다. 물론 교사들이 신뢰하고 잘 가르칠 수 있는 교과서가 나와야 하지만, 그것을 제대로 가르칠 수 있는 교사들의 열정과 능력이 더해질 때에 비로소 교육은 완성되는 것이기 때문이다.

21세기 문명의 한 추세로 세계화는 문화의 보편성과 특수성이 조화를 추구한다. 세계화 속에서 가장 중요한 것은 '가장 한국적인 것이 가장 세계적인 것이다'라는 말처럼 한국적 특수성을 통해 세계적 보편성을 획득하는 일이다. '전통윤리'는 제7차 교육과정에서의 시행착오를 통하여 새롭게 거듭남으로써 앞으로 한국 청소년들의 가치관과 민족적 정체성 형성에 기여할 수 있을 것이다. 본고는 이를 위해 '전통윤리' 교과에 대한 냉정한 비판을 통해 대안 모색을 위한 노력의 일환으로 이루어진 것이다

제5장

유교원리에 의거한 다문화교육 방안

I. 서론 : 다문화교육에 대한 성찰

오늘날 한국사회는 다문화사회라기보다는 다문화사회를 지향하는 사회라고 표현하는 것이 타당하다. 표면상으로 다문화현상이 드러나고 있지만 내면적으로는 다문화의 조화로운 공존까지는 아직 이르지 못하고 있기 때문이다. 다문화사회를 지향하는 오늘날, 다문화코드는 교육에서 거대담론을 형성하면서 패러다임마저 변화시키고 있다. 2007 개정 교육과정과 2009 개정 교육과정에서 추구하는 인간상을 도표로 만들어 어떻게 변화되었는지 분석해보면 이러한 흐름을 읽을 수 있다.[1]

구분	2007 개정 교육과정	2009 개정 교육과정
㉮	전인적 성장의 기반 위에 개성을 추구하는 사람	전인적 성장의 기반 위에 개성의 발달과 진로를 개척하는 사람

---

1) 국가교육과정정보센터(a), 2009, "2009 개정시기 > 초·중등학교(2009.12) > 총론 > [붙임 2] 초·중등학교 교육과정 총론 신구 대조표", http://ncic.kice.re.kr/nation.kri.org.inventoryList.do?pOrgNo=10016260#(검색일 : 2010.08.09).

㉯	기초 능력을 토대로 창의적인 능력을 발휘하는 사람	기초 능력의 바탕 위에 새로운 발상과 도전으로 창의성을 발휘하는 사람
㉰	폭넓은 교양을 바탕으로 진로를 개척하는 사람	문화적 소양과 다원적 가치에 대한 이해를 바탕으로 품격있는 삶을 영위하는 사람
㉱	우리 문화에 대한 이해의 토대 위에 새로운 가치를 창조하는 사람	세계와 소통하는 시민으로서 배려와 나눔의 정신으로 공동체 발전에 참여하는 사람
㉲	민주 시민 의식을 기초로 공동체의 발전에 공헌하는 사람	〈삭제〉

㉮와 ㉯를 표현의 상세화라고 본다면, ㉰와 ㉱는 이에 더하여 다문화양상을 반영한 것이다. ㉰에서 '문화'와 '다원적 가치'에 대한 조명과 ㉱에서 '세계와 소통하는 시민'과 '배려와 나눔'의 강조는 '가치의 다원성'과 '세계 시민으로서 다문화'에 대한 이해를 바탕으로 접근해야 하는 내용이다. 또한 중학교 교육목표도 2007 개정 교육과정에서 "초등학교 교육의 성과를 바탕으로, 학생의 학습과 일상생활에 필요한 기본 능력과 민주 시민으로서의 자질을 함양하는 데 중점을 둔다."는 내용이, "초등학교 교육의 성과를 바탕으로, 학생의 학습과 일상생활에 필요한 기본 능력을 배양하며, 다원적인 가치를 수용하고 존중하는 민주 시민의 자질 함양에 중점을 둔다."로 변화하였다.[2] 여기서 '다원적 가치'에 대한 강조 역시 '다문화사회'에 대비하기 위한 것으로, 구체적으로는 '(3)자신을 둘러싼 세계에 대한 경험을 토대로 다양한 문화와 가치에 대한 이해를 넓힌다.'와 '(4)다양한 소통능력을 기르고 민주시민으로서의 자질과 태도를 갖

---

2) 위의 자료.

춘다.'라고 되어 있다.3) 이를 통해 중학교의 교육은 문화와 가치의 다양성에 대한 인식을 바탕으로 소통능력을 지닌 세계시민을 지향하여 이루어지고 있음을 알 수 있다. 고등학교 교육목표도 다음과 같이 변화하였다.4) 도표로 비교하여 정리하면 다음과 같다.

2007 개정 교육과정	2009 개정 교육과정
㉮ 심신이 건강한 조화로운 인격을 형성하고, 성숙한 자아의식을 가진다.	(1) 성숙한 자아의식을 토대로 다양한 분야의 지식과 기능을 익혀 진로를 개척하며 평생학습의 기본 역량과 태도를 갖춘다.
㉯ 학문과 생활에 필요한 논리적, 비판적, 창의적 사고력과 태도를 익힌다	(2) 학습과 생활에서 새로운 이해와 가치를 창출할 수 있는 비판적, 창의적 사고력과 태도를 익힌다.
㉰ 다양한 분야의 지식과 기능을 익혀, 적성과 소질에 맞게 진로를 개척하는 능력을 기른다.	(3) 우리의 문화를 향유하고 다양한 문화와 가치를 수용할 수 있는 자질과 태도를 갖춘다.
㉱ 우리의 전통과 문화를 세계 속에서 발전시키려는 태도를 가진다.	
㉲ 국가 공동체의 형성과 발전을 위해 노력하며, 세계 시민으로서의 의식과 태도를 가진다.	(4) 국가 공동체의 발전을 위해 노력하며, 세계 시민으로서의 자질과 태도를 기른다.

㉰와 ㉱가 합해져서 (3)에서 '우리 것'과 '다문화'의 조화를 모색하

---

3) 국가교육과정정보센터(b), 2009, "2009 개정시기 〉 초·중등학교(2009.12) 〉 총론 〉 II. 학교급별 교육과정 편성과 운영 〉 2. 중학교", http://ncic.kice.re. kr/nation.kri.org.inventoryList.do?pOrgNo=10016260#(검색일 : 2010.08.09). 이 부분의 앞 내용은 다음과 같다. "중학교의 교육은 초등학교 교육의 성과를 바탕으로, 학생의 학습과 일상생활에 필요한 기본 능력을 배양하며, 다원적인 가치를 수용하고 존중하는 민주시민의 자질 함양에 중점을 둔다. (1)심신의 건강하고 조화로운 발달을 추구하며, 다양한 분야의 경험과 지식을 익혀 적극적으로 진로를 탐색한다. (2)학습과 생활에 필요한 기초 능력과 문제 해결력을 바탕으로 창의적 사고력을 기른다."
4) 국가교육과정정보센터(a), 앞의 자료.

는 목표로 설정되었다. 이와 같이 2009 개정 교육과정에서는 문화 다양성과 다문화코드를 적극 수용하여 이상적 인간상과 교육목표를 설정하고 있다. 이처럼 교육의 방향은 다문화[다양성] 상황에 의해 변화하고 있으며, 다문화는 앞으로 교육의 지배적인 코드가 될 것으로 예측된다. 다문화코드가 우리 교육의 핵심으로 급부상되고 있는 이유를 크게 세 가지 측면에서 찾아볼 수 있다.

첫째, 세계화의 양면성의 표출로 보편성 속에서 특수성을 강조하는 가운데 다양성[다원주의]이 확대되고 있기 때문이다. 이는 다문화 경향이 세계사의 한 축으로 등장하고 있다는 것인데, 세계 정치 및 경제 질서, 문화 양상과 관련된다. 새뮤얼 헌팅턴은 20세기 말(정확히 1996년) 탈냉전 세계의 역사 과정에서의 변화 양상으로 세계정치의 다극화, 다문명화와 비서구 문명들의 자기 고유의 문화 가치를 적극적으로 내세우는 현상, 문명에 기반을 둔 세계 질서의 태동과 결속 등을 들었다. 그리고 보편성을 자처하는 서구의 자세가 다른 문명, 특히 이슬람, 중국과 갈등하고 있으며 서구의 생존을 위해 문명 간 충돌을 피하기 위해, "전 세계 지도자들이 세계 정치의 다문명적 본질을 받아들이고 그것을 유지하는 데 협조해야 한다."고 주장하였다.[5] 헌팅턴의 우려처럼 문명의 충돌이 9.11 테러로 가시화된 후, 이러한 다극화·다문명화에 대한 지적은 더욱 설득력을 얻고 있다. 헌팅턴의 관점이 서구 중심주의적이라는 한계에도 불구하고, "탈냉전 세계에서 사람과 사람을 가르는 가장 중요한 기준은 이념이나 정치, 경제가 아니다. 바로 문화다."[6]라는 말은 타당하며, 21세

---

5) 새뮤얼 헌팅턴(Samuel P. Huntington), 이희재 옮김(1999), 『문명의 충돌』 (*The Clash of Civilizations*, New York : DTR International, 1996), p.19.

기 신자유주의에 의거한 세계화 추세에도 이러한 다원주의에 대한 인정은 하나의 중요한 분위기로 인정되고 있다. 세계화가 다원성과 획일주의의 양면성을 지닌다는 분석은 "획일화된 경제·문화적 논리이기도 하지만, 다른 한편 다양한 삶의 방식과 문화 전통의 공존을 현실화하는 가능 조건"이라는 점에서 타당하다. 즉 경제 구조에서의 세계화 진행은 결국 전 지구적 다원성[다양성]의 공존을 인정할 수밖에 없는데, 다원성에 대한 이해가 결여되면 세계화는 실질적인 공존과 연대의 가능성을 열지 못하고 이데올로기적 논의에 그치게 된다는 지적이다.[7] 문화를 중요한 키워드로 하는 21세기에 다양성과 다원주의는 문명의 공존을 위한 하나의 전제조건으로 수용되고 있다. 이러한 세계사적 흐름은 구체적 공동체 속에서 문화 다원주의와 소수에 대한 배려로 드러난다.

둘째, 세계화로 인한 다문화적 양상이 교육과 연계되어 하나의 흐름을 형성하였다는 점이다. 다문화교육에 대한 필요성은 우리나라보다 다양한 인종과 문화적 토대로 출발한 다인종국가, 다문화사회에서 구체화 되었다. 미국의 소수집단우대정책(affirmative action)의 실시는 "다양성이란 공동선이라는 명분을 내세운 논리", 즉 사회의 공동선을 추구하는 것으로, 여러 인종이 고루 섞여 있으면 출신 배경이 비슷한 학생들끼리 모여 있을 때보다 서로에 대해 많은 것을 배울 수 있어 매우 바람직하고, 여건이 불리한 소수집단 학생들을 교육해 핵심 공직이나 전문직에 나아가 지도력을 발휘하게 된다면, 대학은 지역발전과 공동선에 크게 기여할 수 있다는 것이다.[8] 미국

---

6) 위의 책, p.20.
7) 한국철학회 편(2003), 『다원주의, 축복인가 재앙인가』, 철학과현실사, p.14.

의 경우, 시행착오를 거듭하다가 1960년대 이후 다양성과 차이를 인정하는 오늘날과 같은 다문화교육이 정착되었다. 미국의 다문화교육은 시행착오 속에서도 개국 이후 지속되어 온 정책으로, 다양한 인종·민족·계층으로 구성된 사회적 특성을 고려한다면 공동선의 추구를 위해 우선적으로 요구되는 것이었다. 이러한 다문화교육이 한국사회에 적극적으로 수용되기 시작한 것은 한국사회의 구성 변화와 관련 있다.

셋째, 한국의 다문화교육의 강조는 변화하는 사회현실에 대응하기 위한 것이다. 한국의 다문화에 대한 본격적 인식은 1990년대 외국 노동자들의 유입과 해외결혼으로 다양해진 사회구성원들의 구성적 특성을 배경으로 한다. 물론 절대적 수에서 본다면 소수이긴 하지만 단일민족국가를 강조해온 역사적 전통에서 이러한 외국인들의 유입은 한국 문화와 가치체계에 지대한 영향을 주었다. 다문화에 대한 수용은 단순히 삶의 태도 변화만이 아니라, 역사적 뿌리에 대한 새로운 인식, 가치체계의 전환, 전반적인 삶의 변화 요구 등 근본적인 문제로 대두된 것이다. 따라서 다문화교육이 강조되지 않을 수 없게 되었고 교육적 패러다임의 변화까지 요구하는 주제가 된 것이다.

1990년대 이후 오늘날까지 이루어진 다문화교육이 성공적인지에 대한 판단은 쉽지 않다. 단일민족국가를 자부심으로 삼고 살아온 현실 속에서 20여 년의 다문화교육으로 다문화에 대한 인식이 변화되었다고 쉽게 판단할 수 없기 때문이다. 한국사회의 담론으로까지 형

---

8) 마이클 샌델(Michael J. Sandel), 이창신 옮김(2010), 『정의란 무엇인가?』 (Justice : What's the right thing to do?, New York : International Creative Management, INC., 2009), 김영사, p.240.

성되고 있다는 점에서 다문화교육은 일종의 성공이라고 볼 수 있다. 그럼에도 불구하고 현 시점에서 지금까지 진행되어 온 다문화교육에 대한 성찰이 필요한 것은 두 가지 이유에서이다. 하나는 다문화교육의 이론적 배경이 서구 다문화교육의 이론과 방법을 주로 채택하고 있다는 점에서이고, 다른 하나는 한국의 사회문화적 특수성을 고려하여 한국에 맞는 다문화교육의 목표·내용·방법이 구성되어야 할 필요가 있다는 점 때문이다. 서구 다문화교육의 수용은 장점과 단점을 모두 지닌다. 장점으로는 긴 역사 과정 속에서 정착된 다문화교육의 구체적이고 다양한 교육 내용과 방법을 활용할 수 있다는 것이고, 단점은 서양의 역사적 특수성-다양한 문화의 접촉이 가능한 문화적 특성-에서 출발한 다문화교육의 내용과 방법을 단일민족국가를 바탕으로 한 우리 사회에 적용할 수 있는지 단언하기 쉽지 않다는 것이다.

예를 들면, 다원문화(multi-culture) 또는 문화 복수주의(cultural pluralism)를 특성으로 하는 미국의 경우, 1620년 영국의 백인 청교도 문화가 미국에 뿌리를 내린 후 소수민족과 백인 청교도들 사이의 갈등을 어떻게 조정할 것인가의 해결책을 모색하는 과정에서 미국문화의 주류에 포함시키고자 하였던 동화 개념(Assimilation)에 의해, 그 후 각 여러 문화집단의 문화들을 결합시켜 미국 특유의 동질문화를 형성하기 위해 노력했던 도가니 개념(The Melting Pot Concept)에 의해, 1960년대에는 본격적으로 문화적 복수주의(Cultural Pluralism)에 의해 다문화교육이 자리 잡게 되었다.[9] 이처럼 미국의 다문화교

---

[9] 김종석(1984), 「미국 다문화교육(Multicultural Education)의 이론적 고찰」, 『미국학논문집』 제5권, 충남대학교 북미주연구소, pp.35-45 참고.

육도 역사적 과정을 거치면서 1970년대에 본격적으로 오늘날의 형태로 정립된 것이다. 외국의 고유한 역사와 문화 상황에서 이루어진 다문화교육의 이론들을 우리 사회에 직접 적용하기에는 한국의 역사와 문화 상황이 그들과 다르고, 또한 다문화교육은 우선적으로 다문화정책을 기반으로 한다는 점을 염두에 두어야 한다. 다문화정책이란 "사회내의 소수자 집단의 권리와 지위를 인정하고 지원하는 하나의 인종·종족 기획(radical-ethnic project)이며, 이는 국가와 시민사회를 가로지르는 인종·종족적 동학(radical-ethnic dynamics)의 결과인 동시에 새로운 인종·종족 관계를 형성시키는 복합적이고 역사적인 사회과정 속에서 배태"[10]되는 것이다. 이것은 다문화교육이 단순히 교육영역에 국한되는 것이 아니라 사회와 문화를 반영한 국가적·사회적 정책에 의거하여 이루어짐을 의미한다.

이런 점에서 한국사회의 다문화교육은 한국적 상황, 즉 한국의 사회적·문화적·정치적·정책적 특성들과 무관할 수 없고, 따라서 다른 국가의 다문화교육의 원리를 수용하면서도 한국사회·문화의 특수한 상황을 반영할 필요가 있다. 한국사회는 출발부터가 인종·종족·문화의 다원성을 기반으로 한 서구국가들과는 달리 단일성 혹은 순혈주의를 기반으로 하고 있다. 다문화교육에 있어서도 이러한 문화적 특수성을 염두에 두고 우리 문화에 맞는 다문화교육의 내용과 방법을 보편적인 다문화교육의 내용과 방법으로 승화시킬 수 있을 때 효과를 기약할 수 있을 것이다.

---

[10] 심보선(2007), 「온정주의 이주노동자 정책의 형성과 변화 : 한국의 다문화 정책을 위한 시론적 분석」, 『담론 201』 제10권 제2호, 한국사회역사학회, pp.51-52.

이 글은 이런 문제의식에서 출발하여 한국사회의 문화적 토대를 이루고 있는 유교에 초점을 두고, 다문화교육의 방안을 유교교육의 원리에서 탐색해보기 위한 것이다. 이를 위해 다음과 같은 주제들을 다루고자 한다. 다문화 혹은 다양성[다원성]이 유교와 공존이 가능한가? 가능하다면 그 근거는 무엇인가? 다문화사회를 위한 유교의 본질과 유교교육의 원리는 무엇이며, 여기서 찾을 수 있는 다문화교육 방안은 무엇인가? 결론에서는 다문화사회 정착을 위한 도덕교육의 과제를 살펴보고자 한다.

Ⅱ. 유교와 다문화, 공존가능성 탐색

논의에 앞서 문화다원주의와 다문화주의는 구분하여 이해할 필요가 있다. 이 둘을 구분하는 관점을 보면, 문화다원주의(Kulturplu-ralismus)는 개별 문화의 고유성이 유지된다는 전제 아래 고유한 문화들이 조화를 이루고 고유성을 인정한 선에서 교류하는 경우를 말하고, 다문화주의(Multikulturalismus)는 다수의 민족이 국가의 성원을 구성하고 있는 사회의 문제이거나, 또는 지구화를 전제로 민족국가나 국민 국가의 경계를 허물고 모든 인류가 혼합해서 살아가는 사회를 상정할 때 예상되는 현상이라고 본다.[11] 즉 한 사회 내에서 파악할 수 있는 개념이 다문화주의이고, 사회간 집단간 관계 속에서 문화끼리의 다원성을 강조하는 것이라고 본다. 그러나 다문화주의

---

11) 김의수(1999), 「문화 다원주의와 21세기 인류의 철학적 지향」, 『시대와 철학』 제10권 1호, 한국철학사상연구회, p.163.

가 문화다원성을 기본 전제로 한다는 점에서 이러한 구분은 그다지 중요하지 않다. 이 글에서 강조하고자 하는 것은 다문화주의인데, 우리 사회에서 문화를 구성하는 다양한 요소들을 어떻게 조화하느냐에 초점을 맞추고자 한다.

한국의 다문화 논의에서 유교는 긍정적 작용보다는 부정적 기제로 작용하고 있는 듯하다. 단일민족을 강조해온 역사적 전통과 문화 정체성을 형성하는 데 유교문화는 많은 영향을 주었다. 우리 민족의 순혈주의와 배타성, 소중화사상, 종법주의 개념은 유교문화의 영향이지만 그것은 성리학적 유교질서와 관련이 있으며, 유교 본질의 측면에서 비판적으로 성찰해 보아야 한다.[12] 유교는 조선시대 통치이념으로 근대 이전 500여 년 동안 우리나라 역사에서 차지하는 위상이 다른 어떤 사상보다 크다. 또한 그 영향은 유교가 지배했던 시대가 현재 역사와 직접 연결된다는 점에서 간과할 수 없다. 이러한 유교의 영향력은 사회체제와 문화적 특성이 서구문화로 보편화된 현재에도 가치와 사고, 태도와 행동에 적지 않은 영향을 미치고 있다. 유교, 양반, 당쟁의 삼대망국론을 주장하던 때를 지나 유교자본주의, 동아시아적 가치에 초점을 맞추는 데서, 이제는 유교의 본질을 파악하고 그것은 현대에 어떤 의미가 있는지 재해석하는 시점에 이르렀다. '전통=유교'라고 보던 부정적 시각에서 벗어나 이제 '현대=유교적 재창조'라고 파악하고 있으며, 미래는 동양적 가치와 서양적 가치의 만남과 그 승화로 이루어진다고 보고 그 중심에 유교를 비롯

---

12) 이와 관련하여, 장승희(2009a), 「유교에서 본 다문화교육 시론」(『유교사상연구』 제34집, 한국유교학회)의 제2장 '유교에 내재한 단일민족에 대한 반성적 담론'의 내용을 참고할 것.

한 동양사상의 정수를 위치시키고 있다. 각 문화의 본래적 가치에 대한 이러한 존중이야말로 다원성을 존중하는 21세기 세계사적 흐름과 맥을 같이 한다. 과거에는 근대화라는 경제적·물질적 발전에만 치중하였다면, 이제는 그 단계를 넘어 사회문화를 배태한 정신적·가치적 소산의 의미에 주목하면서 발전의 본질적 측면에 주의를 기울이게 된 것이다.

불교나 도가, 양명학 등 성리학 이외의 사상에 대한 극단적인 태도, 스승을 중심으로 한 학계의 전승, 장자 중심으로 한 가계의 존속에 대한 열망, 숭명배청사상은 유교=정통, 유교=이단배척, 유교=소중화사상이라는 인식을 가져오기도 하였다. 이러한 유교 인식은 근대화와 더불어 '유교=부정적 전통'이라는 결과를 가져왔고, 이후 유교에 대한 일반적 인식으로 굳어졌다. 단순히 인식에 그친 것이 아니라 실제 현실 속에서 인식과 동일한 부작용들이 나타나기도 하였다. "유교의 여성 차별, 맹목적 충성, 수직적 인간관계, 과거 지향적 보수성, 가족적 정실주의, 지나친 형식주의, 고식적 율법주의 등등은 비판의 대상이 되었다."[13] 유교를 비롯한 어떠한 사상도 역사와 시대에 따라 변용을 겪게 마련이다. 불교가 근본불교 시대를 지나 대승과 소승, 선종과 교종 등 다양한 구분을 갖게 된 것도 시대와 역사의 흐름에서 사상이 변용된 결과이고, 유교도 훈고학, 성리학, 양명학, 고증학 등 역사적 변용을 거쳐 왔다. 유교에 대한 우리의 일반적 인식은 성리학을 통치이념으로 하는 조선시대의 사상적 특성에 기반한다. 그러나 무엇보다 '중요한 것은 본질'이라는 점에서

---

13) KBS 인사이트아시아 유교 제작팀(2007), 『유교 아시아의 힘』, 예담, p.9.

유교 본질에 대한 통찰은 유교의 근본정신을 파악하는 데 중요한 의미를 지닌다.

> 오늘날 우리에게 필요한 것은 오히려 그 뒤에 숨어 있는 정신이며 그 정신을 배워야 한다. 이를 위해서는 유교 가치관에 대한 새로운 해석이 필수적이라는 사실 또한 잊어서는 안 된다.[14]
> 현대인들은 마음속의 충돌, 나아가 인간과 자연, 인간과 사회, 사람과 사람, 문명과 문명의 충돌을 어떻게 풀어나가야 할지 고민하고 있습니다. 그런데 유교는 현대사회에서 벌어지는 모든 충돌을 풀 수 있는 원리를 제공하고 있습니다.[15]

다문화에 대한 통찰을 위해서는 유교의 재해석을 바탕으로 해야 하며, 이는 유교의 형식적 측면을 넘어 유교 본질에 대한 접근으로 보편적 유교에 도달할 수 있어야 한다. 보편적 유교의 성격을 통해 접근할 때 유교의 변용을 넘어 본질 유교의 정수에 접근할 수 있으며, 그것이 다문화적 코드와 만나는 부분이 있는지 찾아볼 수 있기 때문이다. 유교의 본질은 선진(先秦) 시대의 유교에서 파악해볼 수 있는데, 21세기 보편윤리 추구를 위하여 '윤리적 최소주의'(Ethical minimalism)'와 '윤리적 최대주의'(Ethical maximalism)'의 입장을 모두 수용할 수 있다는 점에서 주목할 필요가 있다. '유가의 사유는 최소주의 입장과 최대주의 윤리의 입장을 동시에 만족시키는 특유한 구조를 갖고 있다'[16]는 주장은 타당하다. 보편윤리의 추구는 현

---

14) 위의 책, p.9.
15) 위의 책, p.407.
16) 김성기(2007), 「선진유학의 본질을 어떻게 재해석할 것인가」, 『유교사상연구』

재와 미래 문명을 기초할 수 있는 윤리적 기초에 대한 새로운 요구와 맞물려 있다. 즉 "세계는 하나의 새로운 세계질서가 필요하고 이것이 유지되려면 최소한의 공통된 가치, 규범과 기본적인 태도가 필요하다는 것이다. 이것을 인류가 공감할 수 있는 하나의 윤리로 조직하려는 것이고 바로 보편윤리"[17]라는 것이다. 이를 위한 하나의 입장으로 최소윤리는 "모든 문화전통에서 나타나는 윤리적 공통분모를 인정하고, 이들이 세계의 새로운 보편윤리의 창출에 영감을 줄 것이라는 데서 출발"[18]하는 입장이며, 최대윤리는 "앞으로 세부작업의 기초가 될 수 있는 몇 가지 현존하는 일반원칙과 계율을 포함할 뿐만 아니라, 어느 시점에서는 모든 문화가 받아들일 수 없을지도 모르는 어떤 추정되는 윤리가치와 원칙까지도 포함"[19]하는 입장이다. 김성기 교수는, 유학[유교윤리]이 최소윤리 관점에서는 다른 종교나 철학과 같이 최소한 윤리의 기본에 해당되는 공통의 인식을 공유하면서도, 최대윤리의 관점에서는 인간과 자연, 인간과 인간, 인간과 만물 등과의 관계에 대한 최대주의적 이상과도 잘 부합된다고 본다.[20]

최근에 환경, 생명, 과학, 공존 등 현재와 미래사회의 핵심 개념들에 대한 유교적 통찰은, 단순히 유교 본질 이해를 넘어 그것이 어떻게 현재와 미래사회를 위해 기여할 수 있는가를 고민하는 유교의 부활이다. 다문화와 유교의 관계도 마찬가지이다. 최소윤리의 입장

제29집, 한국유교학회, p.57.
17) 위의 글, p.48.
18) 위의 글, p.51.
19) 위의 글, p.54.
20) 위의 글, p.57.

에서는 유교 본질에서 그것을 찾는다면, 최대윤리의 입장에서는 유교 본질과 교육의 원리를 다문화사회에 적합하게 재해석함으로써 본질을 잃지 않으면서 변화하는 현재와 미래사회의 요구에 부응할 수 있게 되는 것이다.

Ⅲ. 유교의 본질과 교육의 원리

유교적 사유체계는 "앞과 뒤(先後), 겉과 속(表裏), 시작과 끝(始終), 움직임과 고요함(動靜), 같음과 다름(同異), 하나와 많음(一多), 뿌리와 가지(本末), 본체와 현상(體用), 명목과 실질(名實), 앎과 행위(知行) 등 다양한 상반된 양극성을 제시하고 그 양극성을 대립과 모순관계로 파악하는 것이 아니라, 전체의 구성 원리로 통합하고 조화하는 구조로 파악"21)하는 구조이다. 즉, 논의와 이해를 위한 방편으로 대립적 속성을 강조하지만 궁극적으로 통합과 조화를 추구한다. 이러한 이분법적 방편은 궁극적으로 유교가 추구하는 대동사회 실현을 위한 것이기도 하다. 하늘과 인간[天人], 군자와 소인[君子小人], 하학과 상달[下學上達]도 이러한 방편들에 속한다. 여기에서는 대동사회(大同社會)를 목표로, 다양한 수신(修身)의 방법으로 치인(治人)하는 것을 이상으로 삼고, 이를 위한 인간의 도덕적 노력[誠敬]을 강조하는 유교의 본질에 주목하고자 한다. 이처럼 단순화시키는 것은 유교의 본질을 파악하기 위한 하나의 방편일 뿐, 거대한 유교 사

---

21) 금장태(2003), 「유교의 실천론적 체계 : '中庸·誠·均平' 개념을 중심으로」, 『종교학연구』 제22집, 서울대학교 종교학연구회, p.21.

상과 교육의 제반 내용들과 방법들은 관심에 따라 매우 다양한 스펙트럼으로 나타난다. 유교의 본질과 유교교육의 원리를 파악하고, 다문화교육과 관련시켜 보자.

1. 대동사회(大同社會) : 더불어 사는 원리

아리스토텔레스가 말한 사회적 동물로서의 인간에 대한 파악은 유교에서도 가장 중요한 전제가 된다. 즉 인간은 사회적 동물이고 공동체 속에서 자기 본성을 실현하며, 그 자기 본성은 아리스토텔레스의 주장처럼 목적을 지니고 살아간다. 그 목적은 단순한 행복이 아니라 이상적인 공동체를 형성하고 그 속에서 모두가 행복한 사회이다. 그것은 공자가 표현한 대동사회(大同社會)에서 구체화되는데 유교의 이상은 대동사회의 이상에서 잘 드러난다고 볼 수 있겠다. 즉 더불어 사는 인간의 사회성을 기초로 어떻게 조화롭고 원만한 삶을 살 것인가를 모색하는 과정에서 유교의 정치론, 경제론, 문화론 등이 발전된 것이다.

> 대도(大道)가 행해지던 세상에서는 천하를 공(公)으로 여겼다. 사람들은 어질고 유능한 자를 선출하여 관직에 임하게 하고, 온갖 수단을 다하여 신뢰와 화목을 도모하였다. 그러므로 사람들은 자기 부모만 친애하지 않았고, 자기 자식만 자애하지 않았다. 노인들은 편안하게 수명을 다할 수 있게 하였고, 장정에게는 힘을 발휘할 일이 있게 하였으며, 어린이는 마음껏 자라날 수 있게 하였고, 홀아비와 과부, 고아나 불구자도 그 몸을 의지할 수 있게 하였다. 남자에게는 직분을 주었으며, 여자는 합당한 남편을 맞게 하였다. 재화는 헛되이 낭비하는 것을 싫어하였지만 반드시 자기만을 위해 사장(私藏)하여 독점하

지 않았으며, 힘은 사람들의 몸에서 나오지 않으면 안 되는 것이지만 반드시 자기 이익만을 위하여 쓰지는 않았다. 모두 이런 마음이었기 때문에 간계한 모략이 생기지 않았고, 절도나 폭력도 없어 아무도 대문을 잠그지 않고도 편안하게 살 수 있었다. 이것을 대동의 세상이라고 한다.22)

대동사회의 이상은 유교의 꿈이 얼마나 원대하고 이상적인 것인지 드러내준다. 지도자의 자질, 공동체의 원리, 구성원들의 역할, 복지에 대한 추구, 재화에 대한 경제윤리, 권력과 무력에 대한 도덕적 관점 등은 21세기 국가사회에서 추구하는 이상들에 비해도 부족할 것이 없을 정도이다. 이와 같은 대동사회의 이상은 기본적으로 더불어 사는 원리에 대한 강조이다. 이를 위해 유교에서는 교육을 중시하였고, 유교교육은 유교공동체 유지를 위한 기본 전제였다. 이처럼 유교사회에서는 교학[敎學 : 가르치고 배우는 일]을 중시하여 중국의 삼대(三代 : 夏·殷·周)에는 지방에도 교(敎)·상(庠)·서(序)라는 교육기관을 세워 교학을 담당케 하였으며 이러한 전통은 그 후에도 계속되어 중국의 역대 왕조마다 서울과 지방에 각각 교육기관을 설치하였다. 우리나라에서도 삼국시대 이래 고려·조선에 이르기까지, 태학(太學)·국학(國學)·국자감(國子監)·성균관(成均館)·향교(鄕校)·서원(書院)·서당(書堂) 등을 설치하여 교학을 담당하게 하였다.23) 이처럼 유교사회에서는 이상적인 사회를 실현하는 데 있

---

22) 『禮記』(卷之九)〈禮運〉: "大道之行也, 天下爲公, 選賢與能, 講信, 修睦. 故人不獨親其親, 不獨子其子, 使老有所終, 壯有所用, 幼有所長, 矜寡孤獨廢疾者皆有所養, 男有分, 女有歸, 貨惡其弃於地也不必藏於己, 力惡其不出於身也, 不必爲己. 是故謀閉而不興, 盜竊亂賊而不作, 故外戶而不閉, 是謂大同."

어 교육을 강조하였고, 배움을 통하여 인간의 타고난 선한 본성을 드러낼 수 있다고 보았다.

  이와 같은 대동사회는 절대 평등이거나 무정부주의적 사회가 아니라 민주적으로 선출된 지도자에 의해 '다스려지는' 그런 사회이다. 자로가 정사(政事)를 물었을 때 공자가 '솔선수범하고 부지런해야 한다.', 또 '게을리 하지 말아야 한다'고 답한 것24)은 정치인의 역할이 얼마나 중요한지를 강조한 것이다. 유교사회는 정치인을 중심으로 계층적 질서를 바탕으로 유지된 사회이다. 그것은 정명(正名)이라 할 수 있는데, 정명이란 명실상부(名實相符)하게 이름과 실제가 일치되도록 한다는 것으로 일종의 명분론이자 역할론이기도 하다. 정치를 한다면 무엇을 가장 먼저 하겠느냐는 자로의 질문에 "반드시 명분을 바로잡겠다."고 공자는 답하였다.25) 이것은 바로 "임금은 임금답고, 신하는 신하다우며, 어버이는 어버이답고, 자식은 자식다워야 한다[君君 臣臣 父父 子子]."는 것으로 '답다'라는 것은 바로 정치의 기본이며 공동체가 유지되기 위하여 필요한 중요한 전제이기도 하다. 물론 이러한 명분과 역할을 맡고 부여하는 데 있어 중요한 '정당함[義]'에 대한 합의가 선행되어야 한다는 점에서는 원리는 다를지라도 민주주의와 일치한다. 공자는 정명의 필요성에 대해 다음과 같이 강조한다.

---

23) 유교대사전편찬위원회 편, 『유교대사전』, 박영사, pp.142-143.
24) 『論語』〈子路〉제1장: "子路問政, 子曰, 先之勞之. 請益, 曰, 無倦."
25) 『論語』〈子路〉제3장: "子路曰, 衛君, 待子而爲政, 子將奚先. 子曰, 必也正名乎."

"명분이 바르지 못하면 말이 (이치에) 맞지 않게 되며, 말이 (이치에) 맞지 않으면 일이 이루어지지 못하고, 일이 이루어지지 못하면 예악(禮樂)이 일어나지 못하며, 예악이 일어나지 못하면 형벌이 알맞게 되지 못하며, 형벌이 알맞지 못하면 백성들이 손발을 둘 곳이 없어진다."26)

정명(正名)에서 강조점은 명(名)이 아니라 '정(正)'에 두어야 한다. 즉 명을 바로잡음, 혹은 명분이 바름은 보편적으로 수용 가능한 합의를 토대로 이루어지지 않는다면 어떤 구호나 주장도 백성들에게 수용될 수 없으며, 그렇게 되면 정치는 불가능해지고 백성들은 어찌할 바를 모르게 되는 것이다. 이처럼 "명(名)을 정(正)하는 것"은 유교정치의 기본이며 핵심으로 그것을 담보해주는 것은 정치인들의 도덕성인 것이다. 따라서 정치인들이 도덕적이고 부지런하여 솔선수범하게 되면 질서가 잡힌다고 본 것이다.

그렇다면 질서가 잡힌 공동체 속에서 더불어 사는 원리는 무엇일까? 유교의 다양한 덕목들 중에서 '화이부동(和而不同)'은 시사해주는 바가 큰 것으로, 군자와 소인을 구분하는 중요한 구분선으로 제시되고 있다. "군자는 두루 사귀면서 편당하지 않고, 소인은 편당하고 두루 사귀지 않는다."27)에서 주(周)는 보편을 의미하며 비(比)는 치우쳐 무리 짓는 것이고, 주(周)는 공(公)이고 비(比)는 사(私)의 뜻으로 이것은 바로 모든 사람과 친하고 두터이 하라는 뜻이라고 하였다.28)

---

26) 『論語』〈子路〉제3장 : "名不正, 則言不順, 言不順, 則事不成, 事不成, 則禮樂, 不興, 禮樂, 不興, 則刑罰, 不中, 刑罰, 不中, 則民無所措手足."
27) 『論語』〈爲政〉제14장 : "子曰, 君子, 周而不比, 小人, 比而不周."
28) 『論語』〈爲政〉제14장 朱子注 : "周, 普遍也, 比, 偏黨也, 皆與人親厚之意, 但

2. 수기치인(修己治人) : 성찰과 배려 원리

유교는 더불어 사는 대동사회의 실현을 위해 수기이치인(修己而治人)을 그 이상으로 삼는다. 이것은 개개인의 도덕적 수양이 확대되어 공동체의 도덕성으로 승화된다는 것을 전제로 한 것이다. 유교에서는 이러한 도덕적 수양과 도덕적 공동체 형성을 위해 중요한 방법이 교육, 즉 가리키고 배우는 것이다. 유교처럼 학습(學習)과 교화(敎化)를 강조하는 사상도 드물다. 유교교육에서 중요한 것은 개인의 덕성을 함양하는 것이고, 그것이 바로 수신(修身)이며, 수신을 이룬 개인이 정치에 참여하여 살기 좋은 사회를 위해 노력하는 것이 치인(治人)이다. 유교에서 유자(儒者)=치자(治者)였던 것은 바로 수신을 이룬 개인이 정치를 통하여 더불어 잘 사는 사회를 이루기 위해 노력하는 과정을 중시했기 때문이다. 유교에서 교육은 유자를 위한 치자(治者) 교육이었고, 『대학』에서 그것은 수신(修身)에서 시작하여 평천하(平天下)에 이르는 과정으로 구성된다. 천하가 태평해지는 것은 모든 사람이 행복하게 사는 사회를 이루는 것을 말한다.

공자가 말한 인(仁)이나 맹자가 말한 의(義)나 순자가 말한 예(禮)에 이르기까지 유가에서 언급한 수많은 덕목들은 인간이 다른 사람과 더불어 사는 데 있어 가장 중요한 것이 무엇인가를 밝히고자 한 것들이다. 더불어 살기 위해서는 개인적으로 스스로를 성찰하는 것과 타인에 대하여 행해야 할 것으로 구분할 수 있다. 다문화교육과 관련하여 유교의 모든 덕들이 의미를 지니지만 여기서는 자기 성찰을 강조하는 신독(愼獨)과 역지사지(易地思之)의 의미인 서(恕)에 초

周公而比私爾."

점을 두고 싶다. 앞에서 언급한 유교의 이상사회인 대동사회의 실현을 위한 정명(正名)과 화이부동(和而不同)은 결국 자기 성찰과 타인에 대한 배려에 의해 가능해지기 때문이다.

신독(愼獨)이 중요한 것은 그것이 자기를 돌아보는 성찰적 삶을 제시하고 있기 때문이다. 천자(天子)에서 서인(庶人)까지 모두 수신을 근본으로 삼으며[29] 수신에서 가장 중요한 것은 신독의 자세이다. 신독은 홀로 있을 때조차도 자신을 반성하는 자세로, 그것은 자신을 객관적으로 파악하는 계기가 된다. 여기서 나아가 서(恕)는 관계성에서 필요한 자세로, 자공이 "한 마디 말로써 종신토록 행할만한 것이 있습니까?"하고 묻자, 공자는 "서일 것이다. 자기가 하고자 하지 않는 바를 남에게 베풀지 말라는 것이다."[30] 라고 답하였다. 『중용』에서도 "충서(忠恕)는 도(道)에서 멀지 않으니, 자기에게 베풀어서 원하지 않는 것을 또한 남에게 베풀지 말라."[31]라고 하였는데 『대학(大學)』의 혈구지도(絜矩之道)와 통한다. "윗사람에게 싫었던 것으로 아랫사람을 부리지 말고, 아랫사람에게 싫었던 것으로 윗사람을 섬기지 말며, 앞사람에게 싫었던 것으로 뒷사람에게 가하지 말고, 뒷사람에게 싫었던 것으로 앞사람을 따르지 말며, 오른쪽에게 싫었던 것으로 왼쪽과 사귀지 말고, 왼쪽에게 싫었던 것으로 오른쪽과 사귀지 말아야 하는 것, 이를 일러 구(矩)로 재는[絜] 도(道)라고 하는 것이다."[32] 입장을 바꾸어 생각하고 그것을 토대로 다른 사람

---

29) 『大學』 제1장 : "自天子, 以至於庶人, 壹是皆以修身爲本."
30) 『論語』〈衛靈公〉 제23장 : "子貢, 問曰, 有一言而可以終身行之者乎. 子曰, 其恕乎. 己所不欲, 勿施於人."
31) 『中庸』 제13장 : "忠恕違道不遠, 施諸己而不願, 亦勿施於人."
32) 『大學』 제10장 : "所惡於上, 毋以使下, 所惡於下, 毋以事上, 所惡於前, 毋以先

에게 행하라는 의미이다. 이처럼 경전에서 신독(愼獨)과 서(恕)를 강조한 것은, 그것이 자기 성찰의 계기이자 사람과 더불어 사는 데 있어 가장 중요한 도덕적 원리라고 파악했기 때문이다.

3. 성(誠)과 경(敬) : 성실과 공경 원리

유교에서 중시하는 관계망은 단순히 인간끼리의 관계만을 이야기하지 않는다. 이 점이 유교가 앞에서 언급한 최소윤리에서 최대윤리로 확대될 수 있는 장점이자 긍정적 조건이기도 하다. 유교는 인간을 중심에 놓고 생각하지만 '인간 중심주의'가 아니다. 『주역(周易)』에서는 하늘[天]과 땅[地], 인간[人]의 세 요소[三才] 간의 조화를 통하여 변화의 원리와 질서를 추구한다. 여기서 하늘이 절대적 존재를 의미한다면 땅이 의미하는 것은 지구에 존재하는 인간 이외의 다른 존재를 포괄하는 것이다. 이처럼 유교에서 인간의 위치는 다른 존재들과의 관계망 속에서 포착되어야 하며, 인간의 역할은 그러한 관계 속에서 어떻게 조화를 이루어 살 것인가라는 가치 지향적 의미에 초점이 맞추어져 있다. 따라서 서구 근대의 이성을 절대시한 인간 중심주의와는 구별될 뿐만 아니라 인간을 강조하되 인간만이 아니라 '인간도 함께'라는 사유를 특징으로 한다고 볼 수 있다.

성(誠)과 경(敬)은 인간이 다른 존재들과의 관계 속에서 갖추어야 할 가장 기본적인 정신 상태와 태도를 강조한 개념으로, 모든 존재들이 갖추어야 할 보편적 원리이면서 가장 중요한 덕이라고 할 수

後, 所惡於後, 毋以從前, 所惡於右, 毋以交於左, 所惡於左, 毋以交於右, 此之謂絜矩之道."

있다. 천명을 강조한 『중용』에서 성(誠)은 모든 만물이 갖추어야 할 덕목으로 다음과 같이 강조되고 있다.

> ① 성실한[誠] 것은 하늘의 도요, 성실히 하고자 하는[誠之] 것은 사람의 도(道)다. 성실한 자는 힘쓰지 않아도 도에 맞으며, 생각하지 않아도 종용히 도에 맞으니 성인이요, 성실히 하려는 자는 선(善)을 택하여 굳게 잡는 자이다.33)
> ② 성(誠)이라는 것은 자기를 이룰 뿐만이 아니라 남[사물]을 이루어주니, 자기를 이루는 것은 인(仁)이요, 남[사물]을 이루어 주는 것은 지(智)이다. 이는 성(性)의 덕으로 내외를 합한 도(道)이다. 그러므로 때에 맞게 조처함이 마땅한 것이다.34)
> ③ 오직 천하의 지극한 성(誠)이어야 능히 그 성(性)을 다할 수 있으니, 능히 그 성(性)을 다할 수 있으면 능히 사람의 성(性)을 다할 수 있고, 능히 사람의 성(性)을 다할 수 있으면 능히 사물의 성(性)을 다할 수 있고, 능히 사물의 성(性)을 다할 수 있으면 천지의 화육(化育)을 도울 수 있고, 천지의 화육을 도울 수 있으면 천지와 더불어 참여(參與)할 수 있다.35)
> ④ 성(誠)으로 말미암아 밝아짐을 성(性)이라 이르고, 명(明)으로 말미암아 성실해짐[誠]을 교(敎)라 이르니, 성실하면[誠] 밝아지고, 밝아지면 성실해진다.36)

---

33) 『中庸』 제20장: "誠者, 天之道也, 誠之者, 人之道也, 誠者, 不勉而中, 不思而得, 從容中道, 聖人也, 誠之者, 擇善而固執之者也."
34) 『中庸』 제25장: "誠者, 非自成己而已也, 所以成物也, 成己, 仁也, 成物, 知也, 性之德也. 合內外之道也, 故時措之宜也."
35) 『中庸』 제22장: "惟天下至誠, 爲能盡其性, 能盡其性, 則能盡人之性, 能盡人之性, 則能盡物之性, 能盡物之性, 則可以贊天地之化育, 可以贊天地之化育, 則可以與天地參矣."

⑤ 성실하면[誠] 나타나고, 나타나면 드러나고, 드러나면 밝아지고, 밝아지면 움직이고, 움직이면 변하고, 변하면 화(化)하는 것이니, 오직 천하의 지극한 성(誠)이라야 능히 화(化)할 수 있다.37)
⑥ 넓게 배우며, 자세히 물으며, 삼가 생각하며, 밝게 분변하며, 독실하게 행해야 한다.38)

유교에서 우주적 원리, 만물의 근원은 다양하게 표현되었다. 상고시대의 상제(上帝)나 경전에 나타난 태극(太極), 성리학에서의 이(理) 개념은 모두 천(天)과 통한다. 절대적이고 궁극적인 존재에 대한 신뢰는 상제(上帝)처럼 인격적 혹은 도덕적 존재로 파악되거나 태극(太極)이나 이(理)처럼 절대적 궁극적 원리나 이치로 파악되기도 하였지만 그것의 존재를 상정한다는 것은 인간이 자기를 겸허히 여긴다는 것과 통한다. 이러한 절대적 존재의 본성이 성(誠)이며 인간은 그것을 담고자 노력하는 도덕적 존재로서 인간은 선을 지향할 수밖에 없다는 것이다[①]. 또한 하늘의 성을 닮으려고 노력하는 인간은 자기 자신의 성실을 이루기 위해 노력함과 동시에 다른 사람들의 성을 이루도록 도와주고 이루어주니 그것이야말로 인간의 본성을 다하는 것이라고 볼 수 있다는 것이다[②]. 하늘이 부여한 성[天命之謂性]을 다하는 것은 바로 성실해지는 것이며, 그 결과는 이 세상 만물의 화육을 돕고 모든 존재들이 조화롭게 성장하는 단계에까지 이르게 된다는 것이니[③], 성(誠)의 이루어짐의 결과가 얼마나 큰지

---

36) 『中庸』 제21장 : "自誠明, 謂之性, 自明誠, 謂之敎, 誠則明矣, 明則誠矣."
37) 『中庸』 제23장 : "誠則形, 形則著, 著則明, 明則動, 動則變, 變則化, 唯天下至誠, 爲能化."
38) 『中庸』 제20장 : "博學之, 審問之, 愼思之, 明辨之, 篤行之."

알 수 있을 것이다. 성실함으로써 인간이 밝아지고 그것으로 더욱 성실해져 교(敎)에까지 이르니[④], 성은 다른 덕들을 이루게 하는 중요한 근본 덕인 것이다. 이처럼 성실해짐으로써 본성이 밝아지고, 그 결과는 다른 사람을 감동시키고, 다른 존재들을 변화시켜 더불어 조화롭게 할 수 있는 힘을 지니게 된다[⑤]. 이와 같은 결과를 가져오는 성실의 자세는 다른 데 있는 것이 아니라 넓게 배우고, 자세히 묻고, 삼가 생각하고, 밝게 분변하고, 독실하게 행하는 것[⑥]이니, 성실을 위해 노력하는 것이 쉽지 않음을 알 수 있다.

일반적으로 공경이라고 해석되는 경(敬)은 보다 넓은 의미를 지니는 개념이다. 퇴계는 수양 방법이자 태도로 경(敬)을 강조하였고,『성학십도(聖學十圖)』에서 마음 다스리는 방법으로 경(敬)을 핵심으로 하고 있다. 조선시대 학자들이 중시하였던『심경(心經)』의 핵심도 마음 다스리기와 그 방법으로서의 경(敬)이다. 성리학에서 마음 수양과 밀접한 관계를 지니는 경(敬)의 의미는 경전이나 학자에 따라 다양한 의미로 사용되고 있지만 원시유교에서 사용되는 경에 담겨진 기본적인 정신은 두려움과 존중이라는 외경심이다.[39]『서경』에서는 상제(上帝) 혹은 천(天), 귀신(鬼神)과의 관계에서 외경(畏敬), 즉 경건성과 관련되고[40] 이러한 경에 더하여 공자는 '관계적 경', '임사(臨事)의 경'을 강조한다. 공자는 경(敬)을 기준으로 인품을 평가하면서 주체적 내면성과 관련해서 파악하고 있으며, 더불어 모든 일에 처하여 경(敬)을 강조한다. 경(敬)의 대상은 "일 자체가 아니라 일로 맺어지는 사람

---

[39] 장승희(2009b),「외경윤리교육론 정립을 위한 시론 : 원시유교의 '敬'을 중심으로」,『윤리연구』제74호, 한국윤리학회, p.52.
[40] 위의 글, pp.46-48.

들"로 "경은 그 사람들에 대한 존중과 공경의 마음이며, 그것이 일에 대한 경으로 전이"되어 드러난다고 보았다.41) 하늘과의 관계에서는 외경, 인간관계에서는 공경, 임사(臨事)에서의 성실로도 파악되는 이러한 경(敬)의 태도는 인간을 포함한 모든 존재에 대하여 어떤 마음과 자세를 지녀야 하는지에 대한 중요한 시사점을 주고 있다.

Ⅳ. 유교원리에 의한 다문화교육 방안

다문화교육은 한국적 특수성과 다문화적 보편성이 조화될 수 있어야 한다. 지금까지 외국의 다문화교육의 이론을 수용하여 보편성에 근거하여 교육이 이루어졌다면 유교원리에 의거한 다문화교육은 한국적 특수성을 반영한 것이다. 이것은 현재 우리 사회의 다문화상황의 문제점이 무엇이고, 그것을 어떻게 극복해야 하는지 도움이 될 것이다. 유교의 대동사회는 개개인의 도덕성이 확대되어 궁극적으로 공동체적 윤리를 바탕으로 하는 사회이다. 한국이 앞으로 직면할 사회는 세계사적으로는 정보통신과 과학의 발달로 급변하는 21세기 사회이고, 국가적으로는 통일국가 이후 실현될 새로운 통일한국이 될 것이다. 두 가지 큰 흐름 속에서 우리는 다양한 형태로 나타나게 될 다문화사회에 친숙해져야 할 필요가 있으며, 그것은 개인, 가정, 학교, 사회, 국가, 세계 인류의 다양한 차원에서 요구되어지고 있다.

이제 문화다원성은 인류공동체는 물론 한국사회에서도 정체성 형성을 위해 요구되고 있다. 이상적인 다문화사회란 개개인의 자기 성

---

41) 위의 글, p.50.

찰과 타인에 대한 인정을 통하여 모두가 조화롭게 공존하는 사회이다. 그러나 다양성[다원주의] 인정이 자칫 잘못하면 윤리적 상대주의 혹은 가치 허무주의로 흐를 수도 있다. 이런 현상이 지속되면 인류는 예상치 못한 위기에 직면할 수도 있다. 특히 과학과 정보통신에 대한 가치판단의 결여, 비판적 성찰의 부재(不在)로 이어진다면 미래는 브레이크 없는 자동차와 같이 급격하게 '디스토피아(distopia)'로 변할 수도 있다. 이를 극복하기 위해 보편가치 혹은 보편윤리에 대한 확신과 믿음, 가치에 대한 성찰이 요구된다. 가치·윤리와 직접 관련된다는 점에서 다문화교육은 도덕교육이어야 하며, 여기서의 도덕교육은 단순히 학교 차원의 교육을 넘어 인류공동체에서부터 국가와 사회, 학교와 가정, 개인에 이르기까지 광범위하게 적용되어야 하는 도덕교육을 의미한다.

역사적 추세이자 세계사적 흐름으로 다문화주의에 대한 이해를 위해 '다문화윤리'(多文化倫理, multi-cultural ethics)가 필요하다. 다문화윤리는 다양성[다원주의]을 인정하면서도 그것이 가치상대주의나 윤리회의주의에 빠지지 않도록 조화될 수 있어야 하며, 이를 위해 도덕교육은 다문화윤리의 목표와 내용, 방법을 구체화할 수 있어야 한다. 다문화윤리는 기본적으로 인간의 도덕지능을 발달시켜야 하는 것과 관련된다. 도덕지능을 강조한 미셸 보바는 도덕지능 일곱 가지 중 공감능력(empathy : 타인의 문제를 그들의 입장에서 생각하는 것), 분별력(conscience : 옳고 그름을 판단하는 데 도움을 주는 내면의 목소리), 자제력(self-control : 자신이 옳다고 느끼는 대로 하기 위해 생각과 행동을 조절하는 것) 세 가지야말로 도덕지능의 토대를 이루는 '핵심 덕목'이라고 파악했다. 그리고 이 토대가 확실히 자리잡게 되면

두 가지 중요한 도덕지능인 존중(respect), 친절(kindness)이 이루어지고, 또한 시민정신이 초석이 되는 관용(tolerance)과 공정함(fairness)이 갖추어질 수 있다고 보았다.[42] 보바의 도덕지능 일곱 가지는 유교가 강조하는 덕목이라는 점에서 유교교육은 바로 도덕교육임을 다시 확인할 수 있다. 도덕지능의 이른바 공감능력은 유교교육에서 강조하는 서(恕)와 역지사지(易地思之), 사단의 측은지심(惻隱之心)과 통하며, 분별력은 맹자의 사단(四端) 중 시비지심(是非之心), 그것을 통해 의(義)를 추구하는 자세와 통하며, 자제력은 도심(道心)과 인심(人心)의 갈등에서 인심보다 도심을 추구하고자 하는 도덕적 노력과 통한다. 또한 존중은 맹자의 진심(盡心)과 경(敬)에 해당되며, 친절은 측은지심(惻隱之心)의 인(仁)과 사양지심(辭讓之心)의 예(禮)에서 찾아볼 수 있고, 관용은 인(仁)과 서(恕)에서, 공정함은 의(義)에서 그 토대를 발견할 수 있다. 유교에서는 이러한 모든 덕목들을 총체적으로 도덕적 정서인 인(仁)으로 표현하였는데, 그것을 인간됨의 근본으로 보아 중시하였고, 각각의 덕목들을 통하여 인간다움[仁]을 회복할 수 있다고 보았다. 이런 점에서 유교는 도덕지능의 발달을 중심에 두었던 사상으로, 교육도 인지와 정의, 행동을 모두 강조한 도덕성의 총체라고 하여도 과언이 아니다.

이상적인 다문화사회는 도덕공동체를 전제로 할 때 가능하다. 즉, 개성과 차이를 인정하고 존중하기 위해서는 개개인의 도덕적 능력이 전제되어야 하며, 따라서 유교의 이상사회에 대한 추구는 하나의 방향으로서 의미를 지닌다. 도덕공동체로서 다문화사회를 추구

---

[42] 현혜진 옮김(2004), 미셸 보바(Michele Borba), 『도덕지능』(Building Moral Intelligence, Sobel Weber Associates, 2001), 한언, p.22 참고.

하는 한국사회는 '토대'로서 유교문화를 바탕으로 하면서 개인의 자유와 권리, 평등을 강조하는 서구 민주주의 교육으로 보완되어 왔다. 민주주의 가치관이 공동체 형성에 전적으로 긍정적 영향을 준 것도 사실이지만, 최소도덕성을 강조하는 서구윤리의 특성은 개인의 자유와 권리에 대한 지나친 주장으로 공동체에 부정적으로 작용하는 경우도 있었다. 이런 점에서 대동사회(大同社會)를 이상으로 하는 유교의 도덕적 공동체의 추구는 오늘날 시사하는 바가 크다. 미래사회를 위한 보편윤리의 필요성을 강조하게 된 것도 결국 서구의 이성 중심의 최소도덕성에 기반을 둔 서구윤리의 한계 때문이라고 볼 수도 있다. 그렇다고 유교윤리를 포함하여 동양윤리가 오늘날 전적으로 긍정적인 역할만 한다고 할 수 있는 것도 아니다. 다만 앞으로 다가올 다양성과 공존을 중시하는 다문화사회를 위해 유교공동체 이상에서 추출할 수 있는 원리를 적용할 필요가 있다. 공동체에서 구성원들의 도덕성이 결여되면 다문화의 조화로운 공존은 쉽지 않다.

이러한 다문화윤리로서 유교교육의 원리인 정명(正名)과 화이부동(和而不同)은 도덕공동체 형성을 위해 중요한 의미가 있다. 화이부동(和而不同)은 다문화공동체가 추구하는 이상, 즉 다름과 차이가 인정되고 수용되어 조화를 이루는 것을 추구한다는 데 의미가 있고, 정명은 유교적 명분과 실질의 부합을 넘어 도덕공동체가 추구하는 이상과 현실의 조화를 위하여 노력한다는 측면에서 의미를 찾을 수 있다. 한국사회의 혈연, 지연, 학연으로 인한 연고주의는 화이부동(和而不同)의 정신이 결여된 결과이고, 다문화사회는 화이부동을 추구하며 이를 위해 이성과 합리에 의한 사고와 판단, 행동이 요구된다. 또한 한국의 경우 법적, 제도적으로 다문화사회를 위한 조건들을 갖추기 위해 노력하고 있다. 그러나 실제로 각 구성원들의 행동방식과 가치관에서는 부족한 측면들이 드러나고 그러한 것들이 서로 상이한 문화를 지닌 성원들에게 상처를 주거나 피해를 주는 사태로 나타나기도 한다. 따라서 정명(正名)은 우리가 추구하는 다문화사회의 이상과 부합하기 위해 부단한 실천노력이 요구된다는 점에서 의미를 지닌다.

이상적 다문화사회를 위해 가장 우선되어야 할 것이 기본적인 도덕성이다. 개개인의 기본적 도덕성이 바탕이 되어 공동체를 이룰 때 도덕적으로 이상적인 다문화공동체를 이룰 수 있게 된다. 다문화사회가 도덕공동체이어야 함을 강조한 것은 비도덕성과 그에 따른 행위가 다양성을 인정하지 못하는 것과 연계되면 구성원들에게 엄청난 상처와 피해를 줄 수 있기 때문이다. 국제결혼에서 한국 남자들의 비인간적 행위에 대해 다른 국가들이 국가적 차원에서 대책을 요구하는 것은 그것이 다름에 대한 인정에 앞서 비도덕적이라는 인식에서 나온 것이다.[43] 국가브랜드를 걱정할 정도로 문제가 되자 국가 정책으로 대책을 마련하고 있는 것도[44] 이러한 기본적인 도덕

---

[43] 지홍구(2010), "도넘은 국제결혼 사기…베트남인 4명 동포 속여 3억 원 뜯어", http://news.mk.co.kr/v3/view.php?year=2010&no=429317, 매일경제신문 (검색일 : 2010.08.10). : "지난달 국제결혼을 통해 국내에 입국한 베트남 여성이 정신질환 남편에게 살해돼 국제결혼에 대한 사회적 관심이 높아지고 있는 가운데 국제결혼 중개 행태가 도를 넘어선 것으로 확인됐다."
[44] 위클리공감(2010), "국제결혼 맞선 보려면 소양교육 받아야", http://korea.kr/newsWeb/pages/brief/categoryNews2/view.do?newsDataId=148697280, 대한민국 정책포털 공감코리아(검색일 : 2010.08.10). : "앞으로 국제결혼을 준비하는 내국인은 사전 소양교육을 받아야 한다. 만약 교육을 받지 않을 경우 배

성의 결여가 원인이다. 한국의 다문화 경향은 경제적 차원에서의 노동자 유입과 국제결혼을 통한 가족의 형성으로 나타나고 있다. 오늘날 다문화교육은 '차이의 윤리학'에 의거하여 공존을 위해 다름의 인정과 수용을 강조한다. 즉, 강자와 약자의 관계에서 나아가 동등한 관계에서 그 자체로서의 의미를 부여하고, 그 의미를 수용하는 데 이르러야 한다고 본다. 그러나 현재 한국의 상황은 배려의 윤리도 정착하지 못하고 있는 상황으로, 이것은 기본적인 도덕성의 결여와 연관되어 있다는 점에서 도덕교육의 담당해야 할 책임은 막중하다. 다문화교육의 방안으로 유교교육의 원리에서 수기(修己)로서 신독(愼獨)과 치인(治人)으로서 서(恕)를 강조한 것은 기본적으로 이것이 도덕적 인간인 군자(君子)가 되기 위한 중요한 수양 방법이기 때문이다. 타인에 대한 인정에 앞서 도덕적 자기 성찰이 이루어지지 못한다면 본(本)이 없이 말(末)을 주장하는 격이 된다.

조화로운 공동체로서 다문화사회에 가장 걸림돌이 되는 것은 편견과 고정관념이다. 다문화교육은 인간의 편견과 그것의 극복이라는

우자의 비자 절차 진행이 중단된다. 또 국제결혼 중개업체의 불법행위와 무등록 중개업체에 대한 단속과 관리도 강화한다. 최근 부산에서 베트남 여성 탓티황옥(20) 씨가 한국으로 시집온 지 8일 만에 정신병력 남편에게 살해된 사건이 발생하면서 정부는 이러한 내용을 골자로 한 '국제결혼 건전화와 결혼이민자 인권보호 강화대책'을 발표했다. 이명박 대통령은 결혼 8일 만에 남편에 의해 살해된 베트남 신부 탓티황옥 씨의 빈소가 차려진 고인의 친정집에 박석환 베트남 주재 한국대사를 보내 유가족을 위로했다. 한국 국적 취득 수요가 많은 중국, 베트남, 필리핀, 캄보디아, 몽골 등 특정 국가 국민과 국제결혼을 준비하는 내국인은 8월부터 국제결혼의 절차와 관련 법률, 피해 사례와 정부의 관련 정책을 설명하는 사전 소양교육을 받아야 한다. 맞선을 보러 출국하기 전에 이 교육을 이수해야 하며, 이를 수료하지 않으면 외국인 배우자를 국내에 초청할 때 배우자(F-2) 비자가 발급되지 않는다."

문제와 깊이 관련된다는 점에서 철학교육과 연계되지 않을 수 없다. 특히 편견과 선입견이 어린 시절에 형성되며, 성인의 편견과 선입견은 쉽게 제거되지 않는다는 점에서 어린이 철학교육의 중요성이 부각된다. 어린이 철학교육은 일종의 반편견교육과도 연결된다. 추병완 교수에 의하면 반편견교육의 영어표기인 'anti-bias education'과 'anti-prejudice education'은 차이가 있는데, 전자가 고정관념을 변화시킴으로써 편견을 예방하는 교육으로 초등학교 이전의 어린 아동들을 교육대상으로 하는데 반하여, 후자는 편견의 제거가 불가능함을 전제하면서 편견과 차별을 감소시키는 데 초점을 둔 교육으로 초등학교 이상을 대상으로 한다는 것이다.45) 이것은 편견과 선입견 성립 이전과 그 이후의 교육이 조금은 달라져야 한다는 것을 의미한다. 초등학교 이전에는 다양한 관점과 다양성 공존의 가능성과 수용에 대한 교육에 중점을 두어야 한다면, 초등학교 이후에는 편견의 감소 혹은 성찰을 통한 편견의 변화를 끌어낼 수 있어야 한다.

　어린이 철학교육은 편견의 제거도 중시하지만 편견 성립 이전의 어린이들을 대상으로 하는 경향이 강하다. 그렇다면 유교원리인 신독(愼獨)·서(恕)·성(誠)·경(敬)은 고정관념 혹은 편견, 선입견 등 자기관점이 정립된 이후와 관련되는데, 그에 대한 성찰과 다른 관점 및 입장의 수용과 관련되어 중요한 의미를 지닌다. 한국적 다문화상황에서 유교교육의 원리로서 성(誠)과 경(敬)은 성실과 공경으로 표현되지만 원래적 의미를 확대하면 외경윤리교육과 관련된다. 특히 경(敬)이 외경윤리교육으로 확대된 의미는 다음과 같다.

---

45) 추병완(2008), 「초등학교 도덕과 반편견 교육과정 개발」, 『교육과정평가연구』 제11권 제1호, 한국교육과정평가원, p.5.

자기 자신에 대한 존중과 타인 존중, 자연과 생명에 대한 경외, 인류 문명의 산물과 초월적 존재에 대한 외경, 삶과 죽음 등 인간과 우주의 생멸에 대한 외경을 바탕으로 할 때, '차마 하지 못할 짓'은 줄어들게 될 것이다. 인류 문명의 차원에서, 개인적 삶의 차원에서 외경의 삶은 풍요롭게 하는 바탕이 될 것이며, 이런 점에서 도덕교육에서의 '외경윤리교육'은 중요성을 갖는다.46)

이것은 우리 사회의 다문화상황과 관련하여 생각해볼 때, '차마 하지 못할 짓'을 없애기 위해 필요한 교육이기도 하다. 외경성 교육은 인간이 구성하는 다양한 관계에 대한 성찰을 바탕으로 이루어지는 것이며, 스스로는 겸손의 미덕을 지니게 하며 타인에 대해서는 공경의 태도를 지니게 할 뿐 아니라 자연과 사물에 대해서는 공존을 추구하게 한다는 점에서 미래에 요구되는 교육이기도 하다.

V. 결론 : 다문화사회를 위한 도덕교육

다문화주의 혹은 문화다원주의는 세계사적 흐름에서, 한국사적 흐름에서 피할 수 없는 하나의 중요한 양상임이 분명하다. 다문화사회 추세에 따라 다문화교육도 중요한 담론을 형성하고 있으며, 교육에서 다문화를 거론하지 않고는 교육의 목표·내용·방법을 다루기 어려울 정도로 중요한 위치를 차지하고 있다. 유교문화는 관점에 따라 다문화사회에 긍정적이라기보다 부정적으로 평가될 수도 있지

---

46) 장승희(2009b), 앞의 글, pp.58-59.

만, 한국의 중요한 문화적 뿌리가 유교임을 염두에 둔다면 유교 본질을 바탕으로 하지 않는 다문화교육은 한계를 지닐 수밖에 없다. 이 글에서는 유교의 본질과 교육원리를 바탕으로 다문화교육 방안을 모색해보았다. 유교의 본질을 보면, 대동사회(大同社會)라는 도덕적 공동체를 목표로, 수기이치인(修己而治人)을 이상으로 삼고 개인의 수양과 도덕적 공동체 확립을 중시하였다. 그 과정에서 교육은 개개인의 도덕적 성찰과 수양, 타인에 대한 배려와 백성의 삶의 질에 대한 관심을 바탕으로 살기 좋은 사회를 이루기 위한 수단이었다.

이러한 유교교육의 원리를 바탕으로 할 때, 다문화사회를 위해서는 다양성[다원주의]과 가치·윤리에 대한 존중을 포함하는 '다문화윤리'(多文化倫理, multi-cultural ethics)가 요구된다. 다문화교육이 다양한 과목에서 실시되고 있지만 도덕교육의 관점에서는 특히 다음과 같은 점들을 염두에 두어야 할 것이다.

첫째, 교육에서 교사의 역할은 아무리 강조해도 지나치지 않으며, 이 점은 다문화윤리교육에서도 마찬가지이다. 다문화상황을 지니고 있는 사회공동체, 교육이 이루어지는 학급에서 지도층 혹은 교사의 역할은 모델링으로서 큰 영향력을 지니기 때문에 이들의 성찰과 자각은 무엇보다 중요하며, 이를 위해 다양한 다문화교육의 기회가 주어져야 한다.

둘째, 다문화사회에서 가장 중요한 것은 반편견교육이다. 즉, 편견과 선입견이 없도록 교육하거나 그것을 제거하는 것이 중요하다. 지식을 개념의 형성이라고 할 때, 개념 형성과 관점 정립의 인식론적 과정에서 편견도 함께 형성된다. 따라서 선입견이나 편견을 제거하기 위해 다양한 관점과 반성적 사고를 가능하게 하는 철학교육이 이루어져야 한다.

셋째, 다양성은 타인에 대한 존중에서 이루어진다. 편견을 중심에 놓고 편견 성립 이전과 성립 이후로 나누어볼 때, 편견 성립 이전은 어린이 철학교육 방법이 편견 이후에는 외경윤리교육 방법이 유용하다. 외경성 교육은 특정 종교와 무관하게 '인간이 차마 하지 못할 짓'에 대한 성찰의 근거로서 절대 존재에 대한 외경과 타인에 대한 공경을 포함한다.

넷째, 다문화교육은 인지적 교육에 의해서보다는 정의적, 행동적 영역에서 변화가 이루어져야 하는 부분이다. 따라서 기존의 지식 위주의 암기식 교육에서 탈피하여 정서적 변화와 행동의 실천을 유도할 수 있는 다양한 학습 방법-예를 들면 액션 러닝(Action Learning)의 교육방법-이 효과적일 수 있다. 구체적으로 다문화와 관련된 수행 목표를 정하고 팀별 활동을 기반으로 한다면, 팀별 활동 과정에서 편견이 사라지고 과제 수행을 통하여 실생활과 연계된 다문화윤리교육으로 연계될 수 있을 것이다.

한국의 다문화상황을 반영한 도덕교육의 관점에서, 다문화윤리의 정립, 도덕지능의 강조, 철학교육과 외경윤리교육은 기존의 도덕교육에 더하여 새로운 내용과 방법을 포함하는 것이다. 특히 유교원리와 관련하여 기존 수신(修身)과 치인(治人)의 방법으로 강조하였던 덕목들은 다문화상황과 관련하여 새롭게 해석되고 적용될 수 있다는 점에서 한국문화의 특수성과 관련된다. 서양 다문화윤리로서 강조하였던 다양한 덕목들에 더하여 유교원리인 신독(愼獨)·서(恕)·성(誠)·경(敬)은 앞으로 다문화교육에서 새롭게 강조되어야 할 덕목이자 방법적 모색이기도 하다.

─── 제6장 ───

통일교육의 동양철학적 기초

I. 서론: 윤리교육의 철학귀속성과 통일교육

1. 윤리교육의 철학귀속성 문제

　도덕·윤리 교육의 정체성 문제와 철학귀속성 문제는 박병기 교수와 홍윤기 교수의 논쟁으로 잘 알려져 있다.[1] 이 논쟁의 핵심은 윤리교육[2]을 어떻게 규정할 것인가, 그 배경 학문이 철학인가 윤리

---

[1] 논쟁은 홍윤기 교수가 아래의 논문 ①을 2006년 11월 3일 제19회 한국철학자대회에서 발제문으로 토론에 붙이고, 이를 토론한 박병기 교수가 토론 내용을 논문 ②로 구성하여 논의에 붙이고, 이에 대한 답변으로 논문 ③이 나오게 된 것이다. : ① 홍윤기(2006), 「도덕·윤리의 철학귀속성과 도덕·윤리 교육의 정체성 - 철학과 윤리학의 학문이론적 근거정립을 바탕으로」, 『철학연구』 제76집, 철학연구회. ; ② 박병기(2007), 「도덕 교과와 철학, 그 연속성과 불연속성 - 홍윤기의 「도덕·윤리의 철학귀속성과 도덕·윤리 교육의 정체성」에 대한 도덕교육론적 응답」, 『사회와 철학』 제14호, 사회와철학연구회논문집. ; ③ 홍윤기(2007), 「도덕교과와 철학, 그 불가피한 내재적 연관성과 학문적 확장 양상 - 박병기의 「도덕 교과와 철학, 그 연속성과 불연속성 : 홍윤기의 '도덕·윤리의 철학귀속성과 도덕·윤리 교육의 정체성'에 대한 도덕교육론적 응답」에 대한 재응답」, 『사회와 철학』 제14집, 사회와철학연구회논문집.
[2] 본고에서는 '도덕교육', '윤리교육', '도덕·윤리 교육'을 일단 동일 개념으로 보고 문맥에 따라 적절하게 사용하였다.

학인가에 대한 것이다. 논쟁 과정에서 윤리교육의 정체성과 역사성, 철학의 위기와 윤리학의 외연 확대 등 윤리교육과 연관 학문에 대한 논제들이 거론되었다. 필자는 결론 도출보다 그 논의 과정에서 드러난 윤리교육에 대한 관점을 들여다 볼 수 있어서 흥미로웠다. 논쟁의 타당성이나 주장에 대한 평가를 배제하고, 철학계가 윤리교육에 관심을 갖고, 그 배경 학문으로 철학을 주장하는 것에 대해, 윤리교육에 몸담고 있는 입장에서는 고맙고 감사한 일이다. 이러한 철학계의 관심 확대는 지난한 역사를 걸어온 윤리교육학이 어느 정도는 학문으로 인정을 받고, 일면 학문의 성숙단계에 돌입했음을 보여주는 반증인 것 같아 뿌듯한 면도 있다.

철학계는 '2007년 개정 도덕과 교육과정'을 함께 만들어가는 과정에서 도덕 교과가 안고 있는 문제들 중 특히 이데올로기적 한계와 배경 학문에 대해서 깊은 관심을 보였다.3) 박 교수와 홍 교수의 논쟁은 이 중 후자에 초점을 맞춘 것이다. 두 사람의 주장을 간략히 요약해보자.

홍 교수는 현장 윤리교사들의 철학에 대한 반감에 대해 문제가 있다고 판단하고 있으며, 이 문제를 해결하기 위해 도덕·윤리교육의 철학분리불가능성에 대해 논증하고 있다. 이에 박 교수는 윤리교육의 '삶의 현장성'과 '만남'이라는 특성에 초점을 두면서 배경학문은 윤리학이라고 주장하고 있다. 홍 교수는 철학적 문제들은 인간 삶의 기반 영역에 있으며, 윤리학은 철학에 귀속되기 때문에 도덕·윤리교육의 철학귀속성을 주장한다. 반면, 박 교수는 도덕·윤리교

---

3) 박병기(2007), 위의 글, p.65.

육의 학문적 근거는 서양적 사유구조 중심의 철학에서가 아니라 현대에 와서 외연이 확대된 윤리학에서 찾아야 하며, 더불어 도덕성 발달 단계를 이해할 수 있는 사회과학적 학문들을 바탕으로 해야 한다고 반박한다. 홍 교수는 윤리교육을 비판적 사고와 철학적 앎을 중심으로 한, 즉 철학과 철학함에 연계시키고자 하며, 박 교수는 윤리교육에 해당되는 철학 영역을 철학함에 국한시켜 연결시키고자 하고 외연이 확대된 현대 윤리학 및 도덕심리학 안에서 윤리교육의 학문적 근거를 찾고자 한다. 전자는 윤리교육=철학을 주장하고, 후자는 윤리교육⊃철학을 주장하고 있다.

 이 둘의 논쟁의 핵심은 철학의 학문적 성격을 어떻게 규정하느냐에 달린 것 같다. 윤리교육의 학문 근거를 철학으로 보든 윤리학으로 보든 두 사람은 공통적으로 '철학함'이 윤리교육에서 중요하다는 점은 인정한다. 다만 철학함이 철학에 포함되는가, 철학함을 철학 그 자체로 볼 것인가, 그리고 철학함을 통하여 도덕·윤리 교육을 할 것인가, 도덕·윤리 교육을 철학함으로 볼 것인가에는 차이가 있다. 전적으로 철학만으로 윤리교육을 설명하기에는 윤리교육의 다양한 내용과 방법의 스펙트럼을 포괄하기 쉽지 않다는 점에서 홍 교수의 논증에는 약점이 있다. 또 외연이 확대된 현대 윤리학 및 도덕 심리학에서 학문적 근거를 찾는 것은, 제학문적 성격을 표방하며 출발한 윤리교육과 전통적 교육 이념을 이어받은 윤리교육의 역사적 의미를 고려할 때 한계가 없지 않다.

 논쟁에서 홍 교수의 이른바 '철학'은 서양 근대 이후에 성립된 '철학' 개념에 근거하고 있다. 홍 교수가 제시한 비판적 사고와 철학적 앎에 기반을 둔 '학문이론적 근거 정립',[4] 특히 〈표 5〉의 '철학함의 작동 구조'는 윤리교육에 도움이 된다. 그러나 이와 같은 서양철학 중심의 접근은 도덕·윤리 교육의 역사적 전통과 맥락을 고려하지 못한다는 문제점이 있다. 윤리교육은, 홍 교수가 말한 이른바 '철학함'을 넘어 박 교수가 강조한 동양철학적 개념의 수양(修養) 혹은 수행(修行)으로 연결되어 인생 전체의 거대한 피라미드를 만들어가는 총체적인 과정과 연계된다. 이 점에서 윤리교육에서는 '철학함' 자체가 핵심이 아니라, '철학함'은 방법적 기초로 수용되어야 한다. 도덕·윤리 교육의 복잡한 스펙트럼을 이해하지 못하는 사람들은 단순히 학문 내지 교과의 한 영역으로만 인식한다. 그러나 윤리교육은 역사와 전통, 현재적 삶과 미래에 대한 비전을 포함하고 있는 '삶의 과정'이자 그 속에서 교사와 학생의 '만남'이 이루어지는 총체적이고 통합적인 성격을 지닌다. 이 때문에 윤리교육은 삶 전체를 다루었던 동양윤리와도 연계된다. 그렇다고 그것 자체가 배경학문이 되는 것은 아니지만 일정부분 배경학문으로서 중요한 역할을 담당하고 있음을 부인할 수는 없다. 동양윤리학=동양철학이 될 수 있는 것은 삶을 그대로 투영하여 이를 바탕으로 형이상학적 비전을 제시하고 있다는 점에서 근대 이후 분리가 가속된 서양 철학 특성과 다르게 통합적이고 총체적 의미를 지니기 때문이다.

철학이 현재적 삶을 바탕으로 한다는 점에서는 동서양이 공통적이지만 동양의 경우 실천성과 지향점이 더 구체적이다. 그리고 동양의 경우 윤리교육과 관련하여 도덕적 수양과 수행에 대한 풍부한 내용을 담고 있다는 점에서 긍정적 역할을 담당할 수 있다. 동양의

---

4) 홍윤기(2006), 위의 글, 본문에 있는 〈표 1〉에서 〈표 5〉까지 참고할 것.

학문은 철학과 윤리학을 내포 외연의 관계로 규정하는 것이 의미가 없을 정도로 동양철학=동양윤리학이었던 것이다.

　학자들에 따라 윤리교육의 배경 학문으로 철학을 어느 정도까지 수용할지에서 차이가 나는 것은 각자의 학문적 배경이 다르기 때문이다. 칼 만하임의 이른바 '사회적 존재 구속성'에 의하면 어떤 학문을 어디에서 어떻게 수용하였는지에 따라 각자의 세계관이나 관점은 달라질 수 있다. 홍윤기 교수의 철학귀속성 논거들도 연구자의 학문 배경인 서양철학의 논리성 중심으로 이루어지고 있다. 또 박병기 교수도 연구자의 학문적 토대인 윤리학, 불교학, 도덕교육학을 근거로 하고 있다. 『도덕교육의 파시즘』의 저자 김상봉 교수의 비판 근거인 자유주의와 개인주의도 연구자의 독일 유학 경험을 바탕으로 한 서양철학 중심의 주장이다. 이러한 경향은 당연한 것이다. 그리고 가치 태도를 가르치는 도덕·윤리 교육의 경우, 교육현장에서 '도덕' 교과의 내용을 가르쳐보지 않은 피상적 이해의 지평으로 비판하게 되면 교육의 '현장성'과 '만남'을 간과하는 우를 범할 수 있다. 따라서 도덕·윤리 교육 비판이 보편성을 얻고자 한다면 도덕·윤리 교육의 다면적 경험-피교육자로서 교육자로서-을 통해 이루어져야 할 것이다.

2. 통일교육, 그 현실과 이상 사이에서

　위의 논쟁과 함께 제기되었던 첫 번째 문제, 즉 '윤리교육의 정체성과 역사성'은 통일교육 및 이념교육과 관련된 내용이다. 이 내용 영역이 도덕과에 합당한가, 또한 그것에 대한 객관적인 교육이 가능한가에 대하여 비판이 존재하며, 이에 대해 통일교육 관련학자들은 주로 당위적인 답변으로 대응하여 왔다. 윤리교육의 배경 학문에 대한 논의가 활발해진 현재, 이에 대해 보다 근본적이고 본질적인 답변을 할 때가 된 것 같다.

사실 통일영역은 도덕·윤리 교육에서도 위상 변화가 가장 심했던 부분이다. 제1차 교육과정부터 현재 2009 개정 교육과정까지 도덕 교과의 정체성 정립에 지대한 역할을 했음에도 불구하고, 내적으로 외부적으로 항상 '뜨거운 감자'로서 대두되었던 영역이다. 철학계에서 문제 삼은 '이데올로기적 한계'는 한편으로는 역사적으로 전통 교육을 이어받고 있는 도덕교육의 입장에서는 그 정당성과 관련되는 문제로 피할 수 없는 아킬레스건이기도 했다.

통일영역에 대한 비판의 초점은 '통일'의 정당성에 대한 부정(否定) 혹은 '통일교육' 타당성에 대한 거부는 아닌 듯하다. 비판의 요지는 도덕교육의 역사적 타당성과 통일교육의 객관성에 대한 것이다. 비판자들은 도덕교육 초창기에 반공(反共)교육을 중심으로 구성되었던 역사에서 벗어나 과연 오늘날 통일교육이 객관성을 유지할 수 있겠는가라고 우려를 표명한다. 즉, 통일 개념은 정치와 떼려야 뗄 수 없는 사안인데, 가치를 다루는 도덕과에서 아무리 중립적으로 다루려고 해도 그것이 과연 가능하겠느냐는 것이다. 비판자들은 대안으로 통일교육을 도덕이 아닌 다른 교과에서 다루어야 한다고 주장하기도 한다. 이에 대해 통일교육 담당자들이 제시해야 할 것은 정당성과 타당성, 객관성을 확보하는 대안을 제시하는 것이다.

통일교육에서 축적된 이론과 실제[방법]는 이제 독자적 학문영역으로 정착될 정도로 탄탄해졌다. 그럼에도 통일과 관련하여 상반되는 두 사실에 주목해 현실을 보기로 하자. 하나는 학문적 발전에도 불구하고 북한 관련 학과 제1호인 동국대 '북한학과'가 폐지될 위기에 있다는 데서 볼 수 있는 것처럼, 통일문제가 취업률 혹은 현실적 정치 상황에 따라 부침(浮沈)이 매우 심하다는 사실이다.5) 이러한 점에 대한 의미 있는 아래의 지적은 되새겨볼 내용이다.

> 북한학과는 남북 간의 문제를 정치외교학이라는 큰 틀에서 따로 떼어내 고유의 학문으로서 연구해 보자는 데에서 시작됐다. 남북한이라는 특수성을 고려해 북한을 연구하는 데 그치지 않고, 통일에 대비하는 학문이라는 점에서 북한학은 존재 의미가 더 크다.6)

다른 하나는 통일을 미래의 지향점으로 보고 그것을 역사적 의미에서 파악하고 연구하는 관점으로, 심지어 '통일인문학'이라는 새로운 영역의 부상에서 잘 드러나고 있다.7) 여기서는 나아가 '인문학적

---

5) http://www.segye.com/Articles/NEWS/SOCIETY/Article.asp?aid=20111004006340&subctg1=&subctg2(검색일 : 2011.11.03). : 세계일보(김보은 기자), "남북관계 한파… 북한학과의 몰락". : 국내 북한학과는 1994년 최초로 동국대에서 신설된 후 명지대(1995년, 2010년 정치외교학과에 통폐합), 관동대(1996년, 2006년 폐지), 고려대(1997년), 선문대(1998년, 2008년 동북어학과로 개편), 조선대(1998년, 1999년 폐지)에서 학과를 설치하였으나 부침(浮沈)이 심하였다.

6) http://www.seoul.co.kr/news/newsView.php?id=20111007030014(검색일 : 2011.11.03). : 서울신문(윤설영 정치부 기자), "[오늘의 눈] 북한학과가 사라진다는 것".

7) 건국대학교 통일인문학 연구단은 한국연구재단의 인문한국 지원사업(HK사업) 대상자로 선정되어 2009년부터 10년 동안 연구비를 지원받아 진행되는 사업이라고 한다. 연구자는 '통일인문학'의 의미를, 1."통일이 과연 필요한가?"에 대한 인문학적 고찰, 2.'통일'이라는 개념에 대한 인문학적 반성, 3.통일을 위한 인문학적 준비, 4.통일 이후의 인문학 연구에 대한 방향 제시 5.통일 이후, 분단이 가져온 단절로부터 소통과 치유의 방법에 대한 인문학적 처방, 6.인문학에 대한

견지에서 남북한의 공통점과 차이점을 발견하고 이를 토대로 한반도의 통일을 위한 정초를 다지는 것'을 과제로 삼고 있다.8)

전자는 실용성·효율성을 바탕으로 한 현실 지향적 관점이고, 후자는 학문적 배경과 통일의 비전을 토대로 한 미래지향적 관점이다. 이처럼 통일 문제는 오늘날 매우 구체적이고 현실적인 문제이지만 현실을 넘어 미래를 지향해야 하는 문제이며, 민감한 정치 영역이지만 특정 정부를 넘어 민족적 정체(政體)의 목표와 부합해야 하는 것이며, 남북한의 문제이지만 분단을 넘어 세계와 인류 평화와 함께 다루어야 하는 문제이기도 하다.

통일교육은 도덕 교과에서 다루지만 교육 전반에서 함께 이루어져야 한다는 점에서 전자보다 오히려 후자의 측면에 주목할 필요가 있다. 통일 문제를 실용주의, 정권 혹은 특정 정부, 특정 교과의 관점에서 다루게 되면 통일의 정당성과 통일교육의 필요성에 있어서 보편성을 획득하기 어렵기 때문이다. 통일과 통일교육의 문제를 그 본질과 기초에서 접근해야 하는 이유가 여기에 있는 것이다.

통일 개념은 그 민감성과 현실성 때문에 철학과 연계시켜 연구하기 쉽지 않았다. 1991년, 냉전체제 붕괴 이후 '한 민족 철학자 대회(제4회 한국철학자연합대회)'의 '시대, 민족, 철학' 분과에서, '체제융합의 기본정신'9), '철학의 시대성'10), '역사철학'의 견지에서 민족과

통섭, 7.남북의 인문학에 대한 통섭 과정을 중심으로 설명하고 있다. : 김도식(2011), 「'통일인문학'의 개념 분석」, 『통일인문학논총』 제51집, 건국대학교 인문학연구원, pp.156-157.
8) 김도식(2011), 위의 글, p.168.
9) 채수한(1991), 「체제 융합의 기본정신의 탐구」, 한 민족 철학자 대회(1991), 『현대 한국에서의 철학의 제문제』(대회보 2), 천지.

통일에 대하여,[11] '민족과 세계성의 문제',[12] 통일 독일과 한국 등에 대한 연구[13] 등이 발표되었다. 여기에 실린 논문들은 당시 냉전체제의 붕괴와 1990년 10월 3일 독일 통일 이후의 정세를 반영한 것으로, 그 대안이나 방법에서 구체적이기보다는 방향성 제시에 머무는 데서도 의미가 있었다. 동양철학과 관련시킨 연구도 존재하기는 하지만 주로 단편적인 통일 방법에 대한 것이며,[14] 전통사상의 통일체적 세계관에 대한 연구도 있지만[15] 구체적으로 통일 문제를 다루거나 그와 깊이 연계된 철학적 논의는 아니다. 통일 이념이 정세에 민감한 사안이면서 변화 가능성이 많은 이유 때문에 그것을 철학과 연계시키기 쉽지 않았던 것이다.

---

10) 유장현(1991), 「철학의 시대성과 그의 계시」, 한 민족 철학자 대회(1991), 『현대 한국에서의 철학의 제문제』(대회보 2), 천지.
11) 김도종(1991), 「역사 철학의 견지에서 본 민족과 통일」, 한 민족 철학자 대회(1991), 『현대 한국에서의 철학의 제문제』(대회보 2), 천지.
12) 프루지니나 허 아브로라 알렉산드로브나(1991), 「민족 규합의 기초인 문화의 세계관적 측면들」, 한 민족 철학자 대회(1991), 『현대 한국에서의 철학의 제문제』(대회보 2), 천지.
13) 김상일(1991), 「문화적 상징체계로 본 '유럽적 균열'과 '한국적 화합'」, 한 민족 철학자 대회(1991), 『현대 한국에서의 철학의 제문제』(대회보 2), 천지.
14) 이종흔(2005), 「상생적 정서 함양을 위한 통일교육의 유교 윤리적 고찰」, 『통일전략』 제5권 제2호, 한국통일전략학회. ; 이종흔(2007), 「인지와 정의의 통합적 준거에 의한 학교통일교육개선 – 도덕 및 윤리 교과를 중심으로」, 『통일전략』 제7권 제2호, 한국통일전략학회. ; 이종흔(2011), 「왕양명의 양지와 치양지에 의한 도덕과 통일교육 방안」, 『통일전략』 제11권 제2호, 한국통일전략학회.
15) 홍승표(2006), 「동아시아 전통사상과 통일체적 세계관의 구성」, 『한국학논집』 제33집, 계명대학교 한국학연구원. : 이 연구는 동아시아 전통사상에서 통일체적 세계관을 찾아 인류가 나아가야 할 새로운 삶과 문명의 지향점으로 이를 제시하고 있는데, 통일 영역과 직접 연관되지는 않지만 동양철학의 세계관에서 통일성 개념을 찾는다는 데 의미가 있다.

통일교육의 방향성을 잡는 데 있어서 가장 큰 쟁점은 국가주의적 관점과 세계주의적 관점의 갈등인 듯하다. 통일 문제는 현실적으로는 국가 이익, 민족 이익을 우선시하지 않을 수 없다. 또 이상적 관점에서는 인류 역사와 세계 평화의 의미와 연계시켜 볼 수 있어야 한다. 국가가 국가 이익을 중시하는 것은 국민들에 대한 책임 때문이다. 인류 평화와 보편적 사랑은 누구나 꿈꾸지만 현실적으로 쉽지 않은 것은, 그것이 상충하는 국가 이해관계를 극복해야 하기 때문이다. 통일교육은 국가 이익과 세계 평화 이상을 부합시키는 방향이 바람직하다. 그것은 결코 쉬운 과제는 아니지만 앞으로의 방향은 이상적 방향에서 현실 과제를 해결할 수 있어야 할 것이다. 통일교육은 국가적 차원에서는 다문화교육과 연계되어야 하고, 이상적으로는 인류 평화 이상을 바탕으로 한 세계 시민성 교육과 연계되며, 정치와 교육의 문제이지만 궁극적으로는 인간 의식과 관련된 문제이다. 통일교육은 이러한 맥락 속에서 중심을 잡아가야 할 것이다.

본고의 목적은 도덕 교과에서 통일의 이념 및 통일교육의 근거를 동양철학에서 탐색하는 것이다. 핵심은 통일의 정당성, 통일교육의 타당성에 대하여 도덕교육 내에서 그 철학적 근거를 찾고, 이를 바탕으로 동양철학의 개념으로 접근하려고 한다. 이를 위해 필자는 특정한 이해관계 혹은 교과 중심주의 관점을 배제하고 통일교육의 기초를 동양철학에서 찾고자 하지만 논의가 성공할지는 미지수이다. 도덕 교사로서 통일영역 부분을 가르칠 때 통일의 당위성과 통일교육의 필요성에 대한 철학적 근거가 바탕이 되면 좋겠다는 생각을 한 적이 있다. 또 통일교육에 대한 논평 기회가 있어 관심을 갖게 되면서, 통일교육의 이론, 방법 등 현실적 측면에서는 학문적 성과

가 많지만 그 철학적 근거 연구가 거의 없다는 사실을 알게 되었고, 철학적 기초를 통하여 통일교육의 객관성이 확보될 수 있다는 생각에 본 연구를 진행하게 되었다.

Ⅱ. 도덕과 교육과정에서 통일교육의 철학적 근거

통일교육의 중요성을 인식하게 된 것은 두 번의 계기를 통해서였다. 첫 번째는 아이러니하게도 내가 가르치는 예비교사들이 준 계기였다. 그들은 앞으로 다가올 다문화 사회, 다양한 문화적 환경에서 세계시민으로 살아가야 한다는 점을 강조하면서, 세계사회에서 함께 사는 과정으로서의 통일의 중요성을 주장하였다. 두 번째 계기는 도덕과 교육과정 제4내용영역을 분석하며 통일문제가 인간의 이상 사회에 대한 추구 과정으로 의미가 있다는 점을 인식하게 되면서이다. 세계 평화를 위해 인류는 현실적 갈등과 갈등 해결 과정을 겪고 있으며, 그러한 삶의 현실을 극복하면서 미래에는 이상에 도달하고자 노력하는 것이 중요하고, 통일은 바로 이 속에 포함된 갈등과 그 해결 과정임을 인식하게 된 것이다.

통일은 남한과 북한이 하나로 합쳐지는 것을 의미한다. 그것은 영토의 통일, 문화의 통일, 정서의 통일까지 포함하는 매우 광의적 의미이다. 그리고 통일교육은, 통일과 관련하여 하나의 체제가 더불어 사는 공동체를 이루는 과정에서 관련되는 모든 것들을 포함하고, 그 이후의 삶까지 예상하고 준비해야 하는 것이다. 그것은 학교에서의 통일교육, 사회에서의 통일교육 등 다양한 위계와 형태, 방법을 띠고 있다. 또한 국제 상황, 국내 정치, 경제 측면, 문화 등 다양한 요인들의 영향을 받는 민감한 사항으로, 상황의 변화에 따라 매우 가변성이 큰 영역이기도 하다. 따라서 통일교육은 국제 정세와 사회 변화를 반영하면서도 가변적·상대적인 입장을 넘어 보편적 가치를 추구하고 객관성을 확보하여 미래 사회에 세계시민성과 연계될 수 있어야 할 것이다. 이를 위해 필자는 통일교육의 근거 찾기 과정에서 두 가지-교과 내부에서 근거 찾기와 형이상학적 개념과 연계시키기-에 초점을 두었다.

먼저 교과 내부에서 근거 찾기를 시도해보자. 2007 개정 교육과정에서 제4영역 '자연·초월적 존재와의 관계'의 설정은 교과의 학문적 토대로서 중요한 의미를 지닌다. 이전 생활 영역 중심의 교육과정에서 '도덕적 주체로서의 나'를 중심으로 '관계'에 초점을 두고 영역을 설정하였다는 점에서 진일보하였다. 도덕교육이 도덕 '주체'를 넘어 '관계'에 주목하였고, 나아가 '초월적 존재'와의 관계에까지 미치고 있다는 점은 의미가 크다. 그것은 도덕교육의 철학적 근거로서, 일종의 메타(meta)-도덕교육적 의미를 지닌다.[16] 더 나아가 '이상 사회'와 '갈등과 평화' 개념에서는 단순히 '이상적인 삶'에만 한정되는 것이 아니라, 그것을 통해 통일과 관련시켜 본질적 이유와 근거를 제시할 수 있다는 점에서 의미가 있다.[17] 즉, 철학적 근거로서

---

16) 장승희(2011a), 「도덕과 내용체계에서 제4영역 '자연·초월적 존재와의 관계' 분석 - '2007 개정 교육과정'을 중심으로」, 『윤리연구』 제80호, 한국윤리학회, p.129.
17) 위의 글, p.128. : 제4영역의 목표를 구체적으로 제시한 것을 보면 "자신과 자연 및 초월적 존재와의 관계에 대한 올바른 이해를 바탕으로, 이상적 삶을 영위할 수 있는 도덕적 능력과 태도를 지닌다."라고 되어 있다(위의 글, p.2).

자아의 관계에 초점을 맞추고 있다는 점, '이상적인 삶(10학년)'에서 이상사회 실현을 위한 노력을 중시한다는 점에서 통일영역의 기반을 마련하는 데 중요한 의미를 지닌다. 관련하여 두 가지 측면에서 자세히 살펴보자.

첫째, 자아와의 '관계'에 초점을 두는 점에서 제4영역의 철학적 근거를 보자. 도덕교육의 내용영역은 '도덕적 주체로서의 나'(제1영역), '우리·타인·사회와의 관계'(제2영역), '나라·민족·지구공동체와의 관계'(제3영역), '자연·초월적 존재와의 관계'(제4영역)이다.[18] 여기서 주체인 나와 관련된 다양한 대상들과의 '관계'가 핵심이다. 실존주의 철학에서 실존은 주관적이며 실존은 나의 실존을 의미한다. 그러나 사물은 '존재하지만 실존하지는 않는다'는 점에서 인간 존재와 다르다. 여기서 왜 주체가 인간인 나가 되는지 알 수 있다. 사물은 "즉자적으로(en soi)" 존재하지만 "대자적으로(pour soi)" 존재하지는 않기 때문이다.[19] 따라서 인간은 나에 대해 실존을 자각하

---

[18] 교육인적자원부(2007), 『도덕과 교육과정』, 교육인적자원부 고시 제2007-79호[별책], p.28. : 학년별로 주제를 살펴보면 다음과 같다.

3학년	4학년	5학년	6학년
• 생명의 소중함	• 올바른 자연관과 환경 보호	• 참된 아름다움	• 사랑과 자비
7학년	8학년	9학년	10학년
〈환경과 도덕〉	〈문화와 도덕〉	〈삶과 종교〉	〈이상적인 삶〉
• 환경과 인간의 삶 • 환경 친화적 삶의 방식	• 진정한 아름다움 • 예술과 도덕 • 과학과 도덕	• 삶의 유한성 • 종교와 도덕	• 평화로운 삶의 추구 • 이상적인 인간과 사회

[19] 남기영 옮김(1996), Vergez·Huisman(1980), 『인간학·철학·형이상학-프랑스 고교철학』(nouveau ≪cours de philo≫, Paris : Éditions Fernand Nathan),

면서 타자의 실존을 인식한다는 점에서 사물과 다르고, 주체의 입장에서 타자를 고려한다는 점에서 관계성을 인식하지 않을 수 없다. 이처럼 인간 존재는 주체로서의 존재성과 그 존재성을 인식시켜주는 '관계성'으로 인해 존재의 의미를 지니게 되는 것이다. 그러나 관계라고 하여 모든 관계가 유의미하고 본질적인 것은 아니다. '진정한 관계'가 되어야 한다. 부버(Martin Buber)의 이른바 '나-그것(Ich-Es)'의 관계를 넘어 '나-너(Ich-Du)'의 관계로 나아갈 수 있어야 한다.[20] "낱낱의 '그것'은 관계 속에 들어섬으로써 하나의 '너'가 될 '수' 있다."[21] 따라서 진정한 관계를 맺기 위해서는 그 대상과 본질적으로 관계하기 위해 '너'의 위치로 변화시키려는 노력이 필요하다. 도덕교육에서 '관계'에 대한 주목은 생활 영역을 '그것'의 존재에서 '너'의 실존으로 부상시켜 나와의 본질적 관계를 회복하기 위한 노력이라고 볼 수 있다.

둘째, 이러한 관계가 '초월적 존재'에까지 확대되었다는 점은 도덕교육의 내용적 측면에서 새로운 전환점이라고 볼 수 있다. 즉, 현실의 도덕문제들을 형이상학적 근거를 마련해주는 내용으로 확대됨으로써 그 내용에서 철학적 근거를-도덕교육의 배경학문으로서 철학 문제가 아니라-마련하고 있다는 점이다. 그것은 기존의 현실의 도덕문제에 대한 다양한 접근에 더하여 사고의 폭과 깊이를 심화, 확대시켜준다는 점에 도덕교육의 발전이라고 볼 수 있다. 특히 제10

정보여행, p.130.
20) 표재명 옮김(2004), Martin Buber, 『나와 너』(Ich und Du, Heidelberg : Verlag Lambert Schneider, 1954), 문예출판사, pp.7-8.
21) 위의 책, pp.54-55.

학년 제4영역의 '이상적인 삶'은 통일영역과 관련하여 철학적 근거를 제시해주고 있다. 고등학교 1학년에 해당되는데 '갈등과 평화'라는 주제에서 이상적 인간상과 이상사회의 실현으로 구체화되고 있다. "인간의 삶에서 갈등은 피할 수 없는 요소임을 알고, 현실 속에서 갈등을 불러일으키는 다양한 요인을 분석하고 해결하고자 노력하며, 평화로운 삶을 추구하는 자세를 지닌다. 이를 위해 현실 속에 존재하는 다양한 갈등의 사례를 조사하고, 그 원인과 해소 방안을 찾아본다."[22]라고 방향에서 갈등, 용서, 화해, 평화, 부동심, 평정, 자연 우주와의 조화를 추구하고 있다. 이상적 인간과 이상사회에 대한 추구를, "동·서양의 윤리적 전통에 등장한 이상적 인간상과 사회상을 알고, 이상적 인간상과 사회상에 비추어 자신의 삶과 사회를 성찰하는 태도를 지닌다. 이를 위해 자신이 추구할 만한 이상적 인간상과 사회상에 대한 의견을 제시하고, 이를 자신의 삶 속에서 실현할 수 있는 방법을 찾아본다."[23]고 하였다.[24]

남과 북의 문제도 하나의 관계이다. 그 관계를 현실적으로 보는 것과 이상적으로 보는 것은 차원이 다르다. 통일교육에서 현실을 무시할 수는 없지만, 지금까지 현실에 초점을 두었다면 앞으로는 제4영역의 내용적 근거를 바탕으로 보편적 이상과 연계될 필요가 있다. 구체적으로 제4영역의 내용은 아래와 같다.

---

22) 교육인적자원부(2007), 앞의 책, p.28.
23) 위의 책, p.28.
24) 장승희(2011a), 앞의 글, p.126.

제10학년 〈이상적인 삶〉	• 평화로운 삶의 추구	① 구체적인 사례를 통해 본 사회적 갈등의 원인 ② 용서와 화해 ③ 도덕적 삶과 내적 평화의 관계 (마음의 평정과 부동심) ④ 인간과 자연 및 우주와의 조화 추구
	• 이상적인 인간과 사회	① 동·서양의 이상적 인간상 ② 이상적 인간을 실현하기 위한 노력 ③ 동·서양의 이상향 (천국, 미륵 세상, 대동 사회, 유토피아의 세계 등) ④ 현실 속에서의 이상 사회 구현

위의 내용들은 지금까지 통일영역의 구체적이고 현실적인 내용과는 사뭇 다르다. 이 내용영역에서 직접 통일, 혹은 통일 관련 국제 정세들이 거론되는 것도 아니다. 여기서는 인간 사회에서 존재하는 갈등의 원인, 양상, 그리고 이상사회의 본질과 그에 대한 노력 등 인간의 본질과 관련된 내용을 다룬다. 그러한 개인과 사회의 삶의 양상과 존재적 본질을 통해 결과적으로 우리 삶의 현실을 되돌아보게 한다는 점에서 통일교육의 근거로 중요한 의미를 지닌다.

그것은 현재의 남북관계의 갈등에 대한 인식과 그 갈등 극복의 과정, 앞으로 다가올 다문화사회, 세계시민으로서 살아갈 미래 사회에 필요한 세계시민성과 연계되는 것이기도 하다. 제4영역의 내용은 현실을 넘어 인간의 이상사회에 대한 추구를 바탕으로 한다. 결국 청소년들에게 우리가 꿈꾸고 추구해야 할 바람직한 삶의 거대한 이상을 제시하고, 그것의 실현을 위해 어떻게 노력해야 하는가를 구체적으로 제시해주고 있다.

남과 북의 갈등을 단순히 국가 이익의 차원을 넘어 인간 본질과 관련하여 인식하고 미래의 청사진을 구체화하기 위해 자신이 어떤 인간이 되어야 하는지 고민하도록 하고 있다. 이 방향에서 평화로운 이상사회를 추구하는 인간의 이상성과 남과 북 갈등의 현실성에 대한 고민을 통하여, 또 그 극복 과정을 통하여 더 큰 차원에서 사유할 수 있는 기회를 부여한다. 그 내용들의 근거를 동양철학에서 마련하고자 하는 것이 이 글의 목적이다.

Ⅲ. 동양철학에서 찾아본 통일 이념의 기초

통일교육과 관련하여 동양사상과 연계시킨 선행연구로는 "동아시아 전통사상과 통일체적 세계관의 구성"이 있다.[25] 이 연구에서는 통일체적 세계관이 가장 정교한 체계를 갖추며 발달한 것이 동아시아 전통사상이라 보고,[26] 특히 당나라 화엄(華嚴)사상을 높이 사고 있다. 논자는 통일체적 세계관을 세 부분으로 나누어 구성하고 있다. 첫째, 통일체적 세계상에서는 모든 존재의 통일성에 대한 인식, 개체의 독자성에 대한 강조, 도의 편재성에 대한 가정, 일체만물의 평등관을, 둘째, 통일체적 인간관에서는 우주론적 존재로서의 인간에 대한 관점, 깨달음의 의미를, 셋째, 통일체적 관계관에서는 대대적 대립관의 주요 양상을 다루고 있다.[27] 여기서 통일체적 세계관을, '주체와 객체' 그리고 '인간과 자연'의 상호 통일을 기본전제로 하여 자신과 세계를 인식하려는 것으로 파악하여, 연관성, 궁

---

[25] 홍승표(2006), 「동아시아 전통사상과 통일체적 세계관의 구성」, 『한국학논집』 제33집, 계명대학교 한국학연구원.
[26] 이 연구에서 논자는 "불가(佛家)·도가(道家)·유가(儒家)의 사상을 중심으로 하는"이라고 표현하고 있다.
[27] 홍승표(2006), 앞의 글, p.427.

극적 하나를 강조한다.28) 동양사상의 유기체적·통합적 특성을 '통일적'이라고 표현한 것으로 보인다. 이에 대해 본고에서는 유교를 중심으로 하되 불교나 도가의 내용 중에서 필요한 내용을 보완하며 접근해보고자 한다.29)

통일은 남과 북이 국토의 분단, 문화의 이질화, 이념의 분리와 상호 갈등을 넘어 하나로 통합되는 것을 의미한다. 중요한 것은 그 분리와 갈등은 현상적이지만 그 해결이 지향하는 이념은 단순한 현상적 경계를 벗어나 관념적 영역에까지 이른다는 점이다. 이런 점에서, 현상 너머를 향한 완전체에 대한 지향, 개체와 전체와의 관계, 대립과 갈등에 대한 관점, 이상사회와 이상적 인간에 대한 추구에 논의의 초점을 두고 통일 개념과 만나보고자 한다.

1. 완전체[통일체]와 질서에 대한 지향 30)

인간은 본질적으로 완전을 지향한다. 그것은 현상 혹은 현실을 넘어 궁극 혹은 이상에 대한 동경이기도 하다. 『주역』〈계사전〉에서는 "형이상자를 일컬어 도(道)라 하고, 형이하자를 일컬어 기(器)라 한다."31)고 하였다. 우주변화의 원리를 지칭하는 도는 관념적이자

---

28) 위의 글, p.429.
29) 처음 논문을 구상할 때는 유불도(儒佛道)의 핵심 개념들을 통하여 접근하고자 하는 의욕을 지니고 있었다. 그러나 능력의 한계와 기일의 촉박함으로 부득이 유교를 중심으로 논의를 전개하였다. 도가도 원론 수준에 그쳤다. 차후 불교, 도가에 대해 논의를 심화·확대시킬 예정이다.
30) 불교에서는 물질현상과 정신현상을 포함한 존재 자체의 양상을 연기에 의한 것, 실체가 없고 항상 변하는 것으로 파악한다. 궁극적으로 원시불교와 유식학을 이해하지 못하고서는 접근하기 힘들다는 판단에서 여기서는 논의를 최소화하였음을 밝혀둔다.

형체가 없으므로 형이상자라고 하며, 자연과 사회의 구체적 사물을 대표하는 기는 감성적 경험적 존재이자 형체가 있으므로 형이하자라고 칭한다.32) 이것은 성리학에서 체용(體用)의 구조로 수용되어 이기론(理氣論)의 형성에 영향을 준다. 동서양을 막론하고 위대한 철학자들이 현상을 넘어선 이데아, 물자체, 무극의 세계를 추구한 데서 그것을 알 수 있다. 인간은 이른바 기(器)보다 도(道)를, 성리학에서의 태극(太極) 이전의 무극(無極)을, 생멸(生滅) 이전의 진여(眞如)를, 상유(常有) 이전의 상무(常無)를 통하여 인식 불가능한 궁극적 본질을 추구하였다. 궁극적 본질인 태극(太極), 공(空), 도(道)의 세계는 가시적 현상을 넘어 선 본질로 관념적 완전체이자 통일체를 의미한다.

인간을 중심에 놓고 사유한 원시유교에서는 형이상학적 본질에 대한 논의가 거의 없다. 물론 인간의 심성을 "천(天)이 나에게 소여한 초월적 존재" 혹은 초자연층의 존재로 파악할 수는 있지만,33) 여기서의 초월성, 초자연층이라는 의미는 인간의 정신적 영역이라는 의미이지 궁극적 본질에 해당하는 것은 아니다. 공맹(孔孟)에게 천(天)은 "하늘에 죄를 얻으면 빌 곳이 없다."34)고 한 것처럼 도덕적 근거로서 의미가 있지 그것이 형이상학적 본질과 연계되지는 않는다. 성리학에서 형이상학적 근원은 태극(太極) 개념에서 포착된다.

---

31) 『周易』〈繫辭(上)〉: "形而上者, 謂之道, 形而下者, 謂之器."
32) 홍원식 외 역(2008), 蒙培元 지음, 『성리학의 개념들』(性理範疇系統, 北京: 人民出版社, 1989), 예문서원, p.278.
33) 황갑연(1998), 『공맹철학의 발견』, 서광사, pp.100-101.
34) 『論語』〈八佾〉 제13장: "子曰, 不然. 獲罪於天, 無所禱也."

① (가)무극이면서 태극이니, 태극이 동하여 양을 낳아 동이 극하면 정하고, 정하여 음을 낳아 정이 극하면 다시 동하니, 한 번 동하고 한 번 정함이 서로 그 뿌리가 되어, 음으로 나뉘고 양으로 나뉨에 양의가 서게 되었다. 양이 변하고 음이 합하여 수화목금토를 낳으니, 오행의 기운이 순차적으로 펴짐에 사시가 행하게 된다. 오행은 한 음양이요 (나)음양은 한 태극이니, 태극은 본래 무극이다. (다)오행이 생겨남에 각기 그 성을 하나씩 간직하였다. 무극의 진리와 이기·오행의 정기가 묘합하고 엉기어, 건도는 남(男)을 이루고 곤도는 여(女)를 이루어 두 기운이 교감하여 만물을 화생하니, 만물이 낳고 낳아 변화가 무궁하게 된다. 오직 인간만이 그 빼어난 기운을 얻어 가장 영(靈)하니, 형체가 이미 생김에 신(神)이 지혜를 발한다. 그리하여 오성이 감동하여 선과 악으로 나누어지고 만사가 나오는 것이다.35)

② 되돌아감이 도의 운동이고, 약함이 도의 작용이다. 천하만물은 유에서 생겨나고 유는 무에서 생겨난다.36)

(가)의 무극(無極)이면서 태극(太極)이라는 표현은 인식을 넘어선 본질에 대한 것을 강조한 말이다. 피상적으로 현실에서의 태극은 결국 유극(有極)이며, 그것은 현상으로 드러나는 존재 양상들을 포괄한다. 이는 『노자』 제1장에서 인식 세계, 개념의 한계를 지적하고, 궁극적 본질인 도(道)에 대해서 "무명(無名)은 천지의 시초이고, 유

---

35) 『近思錄』,〈太極圖說〉: "濂溪先生曰, 無極而太極, 太極動而生陽, 動極而靜, 靜而生陰, 靜極復動. 一動一靜, 互爲其根, 分陰分陽, 兩儀立焉. 陽變陰合, 而生水火木金土, 五氣順布, 四時行焉. 五行, 一陰陽也, 陰陽, 一太極也, 太極本無極也. 五行之生也, 各一其性. 無極之眞·二五之精, 妙合而凝, 乾道生男, 坤道成女, 二氣交感, 化生萬物, 萬物生生而變化無窮焉. 惟人也, 得其秀而最靈, 形旣生矣, 神發知矣. 五性感動, 而善惡分, 萬事出矣."
36) 『老子』 제40장: "反者, 道之動, 弱者, 道之用. 天下萬物, 生於有, 有生於無."

명(有名)은 만물의 어머니이다."37)는 것과 상통한다. ②의 표현처럼 무형의 실체인 무(無)에서 현상화된 유(有)가 나오고 거기에서 만물이 나오며, 우주의 운행과 만물의 생성과 화육은 이 도에 따라 이루어지는 것이다. 그런 점에서 도에서 나온 만물은 궁극적으로 도의 본체로 되돌아가는 운동을 하고 있는 것이다.

태극을 기 혹은 에너지로 보느냐, 관념적 혹은 형이상학적 본질로 보느냐는 관점에 따라 다르다. 장재(張載)는 태극을 태화(太和)와 태허(太虛)라는 용어로 설명하여 원질로서 파악하는 기론(氣論)인 반면, 주희(朱熹)는 이와 기를 본체론적 관점에서 파악하여 형이상학적 존재로서 태극=리(理)로 보아 기(氣)보다 선행되는 관념적 존재로 파악하였다.38) 태극을 우주의 기적 에너지로 파악하든 본체론의 원리로 파악하든 태극은 하나의 완전체로서 의미를 지닌다. 그것은 절대적 본체로서 다른 존재들을 존재하게 하는 근원이고, 만물에 부여된다는 점에서 만물 자체이기도 하지만 궁극적으로 인식 불가능한 본질[(나)에서처럼]로 귀결된다.

(다)에서처럼 태극이나 도 같은 형이상학적 본질은 현상에서는 구체적 질서로 드러나게 된다. 그러한 드러남은 갈등과 대립을 넘어 조화로움, 통일체, 항상성을 추구한다. 태극은 단순히 형이상학적 개념을 넘어 현상적 존재로 드러나며 그것은 질서와 조화로움을 추구한다. 무궁한 변화를 통하여 개체들의 다양성이 존재하고, 그 존재들은 일종의 조화를 지향한다. 박재주 교수는, 전체론과 개체론

---

37) 『老子』 제1장: "道可道, 非常道, 名可名, 非常名. 無名, 天地之始, 有名, 萬物之母."
38) 한국사상사연구회 편(2002), 『조선유학의 개념들』, 예문서원, pp.29-35.

을 극복하는 제3의 방법으로, 상호작용하는 부분들의 통일체로서의 체계라는 관점에서 우주만물의 생성과 변화의 과정을 설명하는 전일론(holism) 방법으로 태극 개념을 파악하고 있다.39) 이것은 특수성을 지닌 개별적인 것들을 포용하면서 거대한 전체의 통일을 지향한다는 의미를 지닌다. 태극을 체계철학(systems phillosophy), 일반체계이론(Gerneral Systems Theory)과 연계시켜 현대과학의 전일론 혹은 홀론적 사고와 연계시킨 박재주 교수의 관점에서 볼 때,40) 태극은 단순히 존재론적 의미를 넘어 현상학적 질서를 설명하는 적극적 개념으로 등장한다. 홀론으로 기능한다는 것은, 개체인 동시에 전체이면서 홀론 자체가 실체인 것은 아니며 체계의 속성 혹은 기능으로서 의미를 지니며 기능체로서 홀론은 상반된 경향을 지니는데 전체의 부분으로서 전체를 위하여 기능하는 통합 기능 경향과 개체 혹은 부분의 자율성을 지키려고 기능하는 자기 주장 경향이 그것이다.41) 태극의 초월성과 내재성을 통해 다수이면서 하나, 전체이면서 부분이라는 점을 강조하지만 모든 존재, 질서는 궁극적으로 완전을 지향한다. 이는 엔트로피 이론(Entropy Theory)에서 보듯이 무질서도가 궁극에 달하면 체제가 무너지는 데서 알 수 있다. 그러나 현상적으로 완벽한 질서는 불가능하며 그것은 하나의 지향점일 뿐이다. 완전체 혹은 완전한 질서는 현상을 넘어 본체에서 가능하지만, 인간은 그것을 지향하는 데서 현상적 부조리를 극복하는 힘을 얻게 되는 것이다.

---

39) 박재주(1999), 『주역의 생성논리와 과정철학』, 청계, p.259.
40) 위의 책, p.264.
41) 위의 책, p.265.

노자의, 유(有)와 무(無)의 존재론적 개념과 '상(常)'의 '항상성' 개념은 도(道)의 본질을 규정지으면서도 춘추전국시대의 시대적 공간의 규범적 위기 극복과 관련된다. "노자의 상(常)에 대한 관심은 기존의 모든 원칙과 질서가 더 이상 제 기능을 수행하지 못하는 격변하는 현실 속에서 인간과 세계를 아우르는 하나의 불변적인 원리를 통찰해 냄으로써, 특히 정치적인 측면에서 그 위기를 극복해보고자 한 철학적 기획의 결과라고 할 수 있다."42) 물론 '상(常)'은 일체의 변화와 단절된 고정적인 불변성의 개념이 아니라 『노자』 제1장의 만물이 엮어내는 유(有) 계열과 무(無) 계열의 쌍방향적 운동의 변증법적 통일태로 '도(道)'를 설명하는 것이기도 하다.43) 노자의 도(道)는 우주만물의 근원과 형이상학적 본질인 무와, 형이상학적 실체인 유의 존재 양식을 포함하는 넓은 개념이면서도, 그것은 인간을 포함한 모든 존재적 질서의식을 드러낸다. 그것을 지향하는 것은 변화하는 모든 존재 속에서 불변하는 운동 원리로서 도이자 궁극적 질서로서의 도이기도 하다. "만물이 무성하게 자라고 있으나 결국은 모두가 다 근원으로 되돌아가게 마련이다. …… 상도, 즉 영구불멸의 도리를 모르면 허튼 짓을 저지르게 되고 흉악한 재화를 초래하게 된다."44) 현상적 존재 만물은 궁극적 본질인 도로 돌아가게 되며, 만약 본질로서의 질서인 상도(常道)를 따르지 않으면 혼란과 재앙이 따른다는 의미이다. 이러한 질서는 물론 유교의 적극적 질서의식과

---

42) 박원재(2007), 「노자의 수양론」, 임수무 외, 『공부론』, 예문서원, p.355.
43) 위의 글, p.356.
44) 『老子』 제16장 : "夫物芸芸, 各復歸其根. …… 不知常, 妄作凶." 이하, 『노자』에 대한 번역과 해설은 장기근·이석호 역(1988), 『노자·장자』, 삼성출판사 참고.

는 다른 소극적 질서의식이지만 그 내함은 자연(自然)으로서 또 다른 '질서'인 것만은 확실하다. 개념적 한계를 지니는 이러한 도(道)의 완전성은 인간의 인식으로는 파악이 불가능한 세계이지만 인간이 추구하는 이상향이자 궁극처이기도 하다.

이처럼 인간이 형이하를 넘어 형이상을 추구하는 경향은 존재의 본질이 인식으로 포착할 수 없는 현상 너머 관념으로 존재한다는 사유에 토대를 두고 있다. 현실의 불완전성에 비하여 관념에서 존재하는 궁극은 완전체이자 통일체로서 변함없는 항상성을 지닌 것으로 파악하였고, 그러한 완전체에 대한 지향은 현실에서 분열보다 통일을, 대립과 갈등보다 조화를 추구하는 질서에 대한 지향성을 지니는 결과를 가져왔다.

2. 개체와 전체의 관계 : 통일성의 추구

어떠한 집단이나 공동체도 개체들의 합이다. 전체를 이루는 개체들을 어떻게 인식하느냐에 따라 완전체 혹은 통일체의 질서를 유지하는 방법적 측면도 달라진다. 동양사상을 유기체적이라고 보는 것은 개별 그 자체보다 개체들의 관계, 개체와 전체의 관계를 중시하기 때문이다. 불교의 연기(緣起)나 인드라망의 보석처럼 개별과 개별, 전체와 전체도 상호관계에 의해 존재한다고 본다. 도(道)의 경우도 모든 존재들에 대한 인위적 개입을 최소화하여 스스로 그러함(自然)의 존재적 속성들을 간직한 대도(大道) 속에서 질서를 추구한다.

중국 선진 이전 사회 유교적 질서와 제도는 예악(禮樂)을 바탕으로 한다. 예악은 개인의 수신의 완성을 통하여 사회적 질서를 유지하기 위한 것이었다. 공자사상의 핵심인 인(仁)은 인간과 인간의 관계에 초점을 둔 인륜(人倫)이자 덕목이며, 그것은 이상적 대동사회의 질서를 추구한 것이다. 유교적 질서가 추구하는 통일체의 이상은 평(平)과 화(和)이다. 그것은 개별자들의 관계성 속에서 이루어지는 인륜의 마땅함을 통해 이루어진다. 관계성을 기초로 하는 유교에서도 형이상학적 궁극인 태극=천리의 드러남은 현상 사물들 간의 관계성으로 구체화 된다. 격물, 치지, 성의, 정심, 수신, 제가, 치국에 이어 천하가 평(平)하게 되는 것이 그것이다. 이러한 단계적 관계성을 통한 통일체의 질서는 동일성을 추구하기보다는 개별자들의 특수성을 인정하는 관계 속에서 이루어지는 화(和)이다.

"예(禮)의 용(用)은 화(和)가 귀함이 되니, 선왕(先王)의 도(道)는 이것을 아름답게 여겼다. 그리하여 작은 일과 큰일에 모두 이것을 따른 것이다. 행하지 못할 것이 없으니, 화를 알아서 화만 하고 예로써 절제하지 않는다면 이 또한 행할 수 없는 것이다."45)

주자는 예(禮)는 천리(天理)의 절문(節文)이요, 인사의 의칙(儀則)이라고 하였다. 또 화는 종용(從容)하여 급박(急迫)하지 않는 의미라고 보았다. 예의 체(體)는 비록 엄하나 모두 자연(自然)의 이치에서 나왔기 때문에 그 용(用)이 반드시 종용하여 급박하지 않아야 귀할 만한 것이 된다고 하였다.46) 체용(體用)의 관점에서 보면 예의 체는

---

45) 『論語』〈學而〉 제12장 : "有子曰, 禮之用, 和爲貴, 先王之道, 斯爲美, 小大由之. 有所不行, 知和而和, 不以禮節之, 亦不可行也." 이하, 『논어』에 대한 번역은 성백효 역주(2008), 『논어집주』, 전통문화연구회 참고.
46) 『論語』〈學而〉 제12장 朱子注 : "禮者, 天理之節文, 人事之儀則也. 和者, 從容

경(敬)이고, 예의 용은 화(和)이다. 경은 예(禮)가 확립되는 것이요, 화는 악(樂)이 말미암아 생겨나는 것이다.[47] 사회적 문물제도의 정비를 통하여 사회질서를 유지하고자 한 인문주의로서 유교가 추구한 바가 잘 드러난다. 사회적 질서를 예라고 볼 때 정신적 바탕으로서 경(敬)이 근본이 되고, 그러한 것들의 조화로움을 통하여 문화인 악(樂)이 꽃필 수 있는 것이다. 궁극적으로 인문질서의 확립에서 예(禮)와 악(樂), 경(敬)과 화(和)의 강조에서 문물의 조화를 추구한 유교적 특성이 잘 드러난다.

개체와 전체, 부분과 통일체, 다양성과 통일성, 특수성과 보편성을 언급하는 데 있어서 성리학의 이일(理一)과 분수(分殊) 개념은 의미가 크다. "성리학자들의 견해가 달라 어떤 학자는 이일(理一)만 논하고 분수에 대해서는 논의하지 않으며 또 어떤 학자는 분수만을 중시한다고 하더라도 그들이 세계의 통일성과 전체성을 강조한 것은 모두 동일하다."[48]는 몽배원(蒙培元) 교수의 지적은 유학이 추구하는 지향점을 잘 보여준다. 이러한 통일성의 추구는 개별성에 대한 존중을 포함한다. 공자의 이른바 "군자는 화하고 동하지 않으며, 소인은 동하고 화하지 않는다."[49]는 데서 화(和)는 다양성을 전제로 한 통일성을 의미한다. 즉, 화는 자기와 다른 사람들과 두루 조화를 이루는 것이고, 동(同)은 유(類)와 같은 말로 끼리끼리 파당을 지어

不迫之意. 蓋禮之爲體雖嚴, 然皆出於自然之理, 故其爲用, 必從容而不迫, 乃爲可貴.

47) 『論語』〈學而〉 제12장 朱子注: "范氏曰, 凡禮之體, 主於敬, 而其用則以和爲貴, 敬者, 禮之所以立也, 和者, 樂之所由生也."

48) 홍원식 외 역(2008), 蒙培元(1989), 앞의 책, p.164.

49) 『論語』〈子路〉 제23장: "子曰, 君子, 和而不同, 小人, 同而不和."

몰려다니는 것을 말한다. 개별성, 특수성을 인정하는 방향에서의 통일성이며 획일적인 전체성을 의미하는 것이 아니다.

성리학에서 천리(天理)로서 태극은 '천명지위성(天命之謂性)'의 표현처럼 궁극적 본질이 개별을 낳지만 그 개별은 본질의 성품을 그대로 이어받은 순수체로서 의미를 지닌다. 이일분수(理一分殊)에서처럼 개별의 특수성은 궁극적으로 이(理)의 보편성에 근거한 것으로 그 안에서 의미를 지닌다. 그러나 그 보편성은 본질로서의 보편성이자 이상적 지향성으로서의 보편성이다. 분수(分殊)로서 개별적 이(理)는 보편성을 지니지만 그것이 현상으로 드러날 때는 개별적인 자기를 유지할 수 있으며, 이 개별적 자기가 어떻게 드러나는지는 개별자의 몫이다. 궁극적으로 현상으로 드러나는 개체들의 특수성들이 지향하는 이(理)의 보편성은 궁극적 질서이기는 하지만 그것은 분별지(分別智)에 따라 다르게 변화된다. 이런 개별의 자율성이 존재하기에 유교는 이(理)의 보편성 안에서 도덕적 주체로서 개별의 존재가 의미를 지니게 되는 것이다.

도가에서는 전체로서의 대도(大道)는 통일성을 이루는 에너지로서 어디에나 흘러넘치고 만물을 주재하지만 그것을 의식하지도 연관을 주장하지도 않는다. "대도는 어디에나 넘쳐흐르고 자유자재로 왼쪽 바른쪽으로 뻗을 수 있다. 만물이 도를 따라서 살아가더라도 마다하지 않는다. 또 도는 공을 이루고도 이름을 드러내지 않고, 만물을 입히고 기르면서도 주인노릇하지 않는다."50) 통일성으로의 대도(大道)는 만물의 소도(小道)에 대해서 짐짓 무관(無關)하다. 그것은

---

50) 『老子』 제34장 : "大道氾兮, 其可左右. 萬物恃之以生而不辭, 功成不名有, 衣養萬物而不爲主."

도(道)의 속성이며, 따라서 만물의 도(道)는 대도(大道)에 의지하되 자유자재로 스스로의 도를 따를 뿐이다. 그 가운데 구성물로서 만물들의 도가 하나의 대도를 구성하게 되는 것이다.

> 도에서 하나인 기가 나오고 그 하나의 기가 다시 둘로 나누어져 음과 양이 생기고, 그 둘인 음과 양이 서로 조화됨으로써 세 번째 화합체가 생기고, 그 세 번째 화합체에서 만물이 나오게 된다. 만물은 음을 등에 업고 양을 품에 안고 있으며 음과 양의 두 기가 서로 합하여 조화를 이루고 있다.51)

도(道)는 항상 욕심이 없어서 작다고 할 수 있지만, 만물을 귀속시키면서도 스스로 주인이라고 자처하지 않으므로 크다고 할 수 있고, 대도(大道)는 끝내 스스로 크다고 내세우지 않으므로 능히 클 수가 있는 것이다.52) 이와 같은 대도의 성격은 만물의 자연성(自然性)을 인정하면서도 통일체로서 대도(大道)의 자유자재함 속에서 포용되어 있으며, 그것들의 관계는 의식하지 않는 무위자연(無爲自然)의 경지로 승화되어 드러나지는 않지만 소극적 겸허와 유약의 덕 속에 감추어져 있는 것이다.

이처럼 개체와 전체 속에서 동양사상은 전체성을 강조하면서도 결코 획일을 추구하지 않는다. 그리고 개체와 전체의 관계성을 적극적으로 주장하는지 소극적으로 임하는지의 방법적 대처는 다르게

---

51) 『老子』 제42장 : "道生一, 一生二, 二生三, 三生萬物. 萬物負陰而抱陽, 沖氣以 爲和."
52) 『老子』 제34장 : "常無欲, 可名於小, 萬物歸焉, 而不爲主, 可名爲大, 以其終不 自爲大, 故能成其大."

나타난다. 그러면서도 전체는 다양한 개별성에 대한 수용을 바탕으로 정체가 아닌 변화를 통해 통일성을 추구하고, 전체의 항상성을 추구한다. 궁극적으로 그들이 지향하는 것은 관계들의 조화로운 공존이며, 그 공존 속에서 획일성이 아닌 통일성을 추구하고자 하는 것이다.

3. 대립과 갈등에 대한 관점 : 조화의 추구

현상을 넘어 완전한 본질로서 이상을 추구하지만 현실로서 대립과 갈등은 피할 수 없는 것이 인간사이다. 대립과 갈등이 존재하는 현실에 대한 인식은 유교, 불교, 도가에서 다르게 나타난다. 유교에서는 이러한 대립과 갈등이 천명이 부여한 타고난 선성(善性)을 발휘하지 못함으로써 도심(道心)이 아닌 인심(人心) 혹은 인욕(人慾)에서 벗어나지 못하기 때문이라고 본다. 불교에서는 삶 자체가 고(苦)인 것은 그것이 연기(緣起)임을 깨닫지 못하는 무명(無明)에 있다고 본다. 그리고 탐진치(貪瞋癡) 삼독(三毒), 즉 탐욕(貪慾)과 진에(瞋恚)와 우치(愚癡)로 인해 인간사에서 대립과 갈등이 생긴다고 본다. 노자는 인간의 인위(人爲)에 모든 불행, 대립과 갈등이 존재한다고 본다. 유불도는 대립과 갈등을 보는 각도에 차이가 있지만 근본적으로 그것을 극복하여 조화로운 상태로 돌아가고자 하는 바는 동일하다.

유교에서는, 대립과 갈등, 즉 사회의 혼란은 예악이 정립되지 못하여 생기는 것이고, 예악이 정립되지 못하는 것은 왕도가 실현되지 못하였기 때문이며, 그 왕도가 실현되지 못하는 이유는 치자의 덕이 부족해서이며, 그것은 치자가 천명에 의한 도심을 따르지 않고 인욕에 흐르기 때문이라고 본다. 그래서 맹자는 이(利)보다 인의(仁義)에 의한 정치를 강조한 것이며, 왕도의 실현을 위해 치자들이 사단(四端), 양지(良知)와 양능(良能)을 발휘하고 솔선수범하여 백성들의 항심(恒心)을 유지하도록 해야 한다고 보았다. 맹자는 제후들이 그들의 측은지심-제선왕의 흔종(釁鍾)에서 보듯이-을 백성들에게 베풀면 백성들이 저절로 교화(敎化)되어 천하통일이 가능하다고 보았다. 도덕적·인격적 천(天)에서 자연적·물리적 천(天)으로 사유를 전환한 순자가, 인간의 욕구가 충족되지 않는 것은 사회구조와 한정된 재화의 문제이고, 인간의 본성이 악으로 흐르는 것은 욕망의 속성이 결코 만족을 모르기 때문이며, 모든 사람들이 지닌 자연성인 욕망의 과다로 사회가 혼란해지고 어지러워진다고 본 것은 홉스의 이른바 '만인에 대한 만인의 투쟁'과 유사하다.53) 그럼에도 불구하고, 인위(人僞)로서의 예(禮)는 궁극적으로 사회적 질서와 조화를 추구한다.

도가에서 보는 이른바 대립과 갈등은 인간의 인위(人爲)에 의한 것이다. 그러한 인위는 세속적인 기준에 의한 판단과 평가에 따른 것으로, 그것이 없어야 대립과 갈등이 사라지게 된다는 것이다. "위정자가 현자를 숭상하지 않아야 백성들이 다투지 않게 할 수 있고, 위정자가 얻기 어려운 재화를 귀하게 여기지 않아야 백성들이 훔치지 않게 할 수 있고, 위정자가 탐욕을 보이지 않아야 백성들의 마음이 흐트러지지 않게 할 수가 있다."54) 결국 백성들의 마음은 허하게 하고, 배는 실하게 채워주고, 뜻은 약하게 하고 뼈는 강하게 해야

---

53) 장승희(2011b), 「순자 인성론의 도덕교육적 의미와 한계」, 『유교사상연구』 제54집, 한국유교학회, p.237.
54) 『老子』 제3장: "不尙賢, 使民不爭, 不貴難得之貨, 使民不爲盜, 不見可欲, 使民心不亂."

하는 것이니, 백성들의 마음이 무지(無知)와 무욕(無欲)의 상태에 있게 하는 것이 중요하다는 것이다.55) '상선약수(上善若水)'처럼 자연 그대로 놔두는 것이 다툼이 없는 평화의 상태를 유지하는 게 중요한 관건이다. 감각적 욕구와 세속적 평가에 대해서 무심하도록 하는 것이 갈등과 대립 없음을 위한 길이며, 이를 위해 물질이나 명예에 대한 욕구에 대해 검욕(檢欲)할 것을 강조한다. 그것이 바로 무위(無爲)인 도(道)의 본질을 따르는 것이 되기 때문이다.

이와 같이 대립과 갈등의 원인이 근본적으로 위정자에게 있다고 보는 점은 공통적이지만, 유교가 적극적으로 위정자의 덕치로 그것을 해결하고자 한다면, 도가는 위정자가 무위이치(無爲而治) 할 때 해결된다고 본다. 대립과 갈등에 대한 해결 방법은 다르지만, 질서와 조화의 추구는 어떤 공동체에서도 지향하는 바이다. 통일 역시 궁극적으로 지향하는 것은 국가공동체, 세계공동체의 질서와 조화이다.

4. 이상사회와 이상적 인간에 대한 추구

이러한 완전체 개념에 대한 지향은 사회적으로 이상사회에 대한 추구와 연계된다. 이상향이라고도 하는 유토피아 개념은 토마스 모어(Thomas More, 1477~1535)로부터 유래한 것이다.56) '아무데도 없

---

55) 『老子』 제3장 : "是以, 聖人之治, 虛其心, 實其腹, 弱其志, 强其骨, 常使民無知無欲, 使夫智者不敢爲也."
56) 그리스어의 두 단어, 장소를 뜻하는 'topos'와 不定의 의미인 'ou'가 합해져 만들어진 것으로, '아무데도 없는 나라'[Utopia]라는 뜻이다. 토마스 모어는 『유토피아』에서 이상적이고, 완전히 정의롭고, 순수의 이성의 원리에 바탕하고 있는, 미래의 사회관과 국가관을 묘사하고 있다. 모어 이전에 유토피아와 유사한

는' 사회를 뜻하는 이 개념이 사람들에게 의미를 지니게 되는 것은 그것이 인간의 꿈과 희망을 대변해주기 때문이다. 특히 현실이 어렵고 힘들수록 유토피아의 존재에 대한 희망은 더 큰 의미를 지닌다. 유토피아는 "객관적인 사회 조건과 법칙성에서 도출되는 것이 아니라 정의나, 평등, 인간성 등의 추상적 원리로부터 출발하며 따라서 실현될 수 없는 사회적 이상이나 미래의 이상적 사회 상태"[57]를 의미한다. 즉, 유토피아는 현실보다는 이상을, 객관적 사실보다는 주관적 추상에서 출발하여, 미래에 도달할 수는 없지만 인간의 관념으로 추구할 수 있는 가장 이상적인 상태 혹은 그것이 이루어지는 사회를 뜻한다. 따라서 유토피아는 현실에서 찾을 수 없는, 현실을 초월하여 존재할 '것 같은' 가상적인 사회로, 그야말로 인간의 모든 상상력의 결과로 나올 수 있는, 인간이 이루고자 하는 그야말로 이상향인 것이다.

유교가 추구하는 대동사회(大同社會)의 모습은 아래와 같다. 그러나 이러한 대동사회가 현실적으로 가능하기 쉽지 않기 때문에 율곡은 현실적으로 소강사회(小康社會)를 추구하였던 것이다.

> 대도(大道)가 행해지던 세상에서는 천하를 공(公)으로 여겼다. 사람들은 어질고 유능한 자를 선출하여 관직에 임하게 하고, 온갖 수단을 다하여 신뢰와 화목을 도모하였다. 그러므로 사람들은 자기 부모만 친애하지 않았고, 자기 자식만 자애하지 않았다. 노인들은 편안하게 수명을 다할 수 있게 하였고, 장정에게는 힘을 발휘할 일이 있게

개념이 존재하지 않았던 것은 아니지만, 그 말이 보편적인 용어로 사용된 것은 모어의 『유토피아』 이후이다.
[57] 한국철학사상연구회 편역(1998), 『철학소사전』, 동녘, p.268.

하였으며, 어린이는 마음껏 자라날 수 있게 하였고, 홀아비와 과부, 고아나 장애인도 그 몸을 의지할 수 있게 하였다. 남자에게는 직분을 주었으며, 여자는 합당한 남편을 맞게 하였다. 재화는 헛되이 낭비하는 것을 싫어하였지만 반드시 자기만을 위해 사장(私藏)하여 독점하지 않았으며, 힘은 사람들의 몸에서 나오지 않으면 안 되는 것이지만 반드시 자기 이익만을 위하여 쓰지는 않았다. 모두 이런 마음이었기 때문에 간계한 모략이 생기지 않았고, 절도나 폭력도 없어 아무도 대문을 잠그지 않고도 편안하게 살 수 있었다. 이것을 대동의 세상이라고 한다.58)

유교에서 추구하는 이러한 대동사회는 이후 유가들의 이상향으로, 이것의 실현을 위해 유자(儒者)들은 치인(治人)의 도, 덕치(德治)를 위한 자기수양에 노력하였던 것이다.

불교는 세계구조를 불국세계와 세속세계로 나누고, 이상사회는 불국정토(佛國淨土)-대승불교에서 부처가 살고 있는 세계로 정국(淨國), 정토(淨土), 정찰(淨刹), 정계(淨界)-라고 하면서, 세속의 중생이 살고 있는 예국(穢國), 예토(穢土), 속계(俗界)와 상대시킨다.59) 불국에 대한 구체적 묘사는 경전에 따라 다르지만 모든 사람들이 고통이 없어지고 세간에서 바라는 행복을 누리는 세계이다. 중생의 마음을 부처라고 하는 선종(禪宗)에서는, 이 세간세계 외에 따로 정토가 있

---

58) 『禮記』(卷之九) 〈禮運〉:"大道之行也, 天下爲公, 選賢與能, 講信修睦. 故人不獨親其親, 不獨子其子, 使老有所終, 壯有所用, 幼有所長, 矜寡孤獨廢疾者, 皆有所養, 男有分, 女有歸, 貨惡其弃於地也, 不必藏於己, 力惡其不出於身也, 不必爲己. 是故, 謀閉而不興, 盜竊亂賊而不作, 故外戶而不閉, 是謂大同."
59) 유영희 역(1989), 方立天, 『불교철학개론』(佛敎哲學, 中國人民大學出版, 1986), 민족사, pp.176-177.

는 것이 아니라, "보살이 정토에 나고자 하면 그 마음을 깨끗하게 해야 한다. 그 마음의 깨끗함이 곧 불토의 청정함이다."60)고 하여, 내심의 청정이 곧 불토의 청정이라고 본다. 이것은 실질적으로 현실 세계 외에 따로 불국세계가 있다는 설을 부인하는 것이다.61) "대승불교에서는 지금도 많은 보살들이 깨달음을 향해 수행하고 있으며, 동시에 많은 부처가 시방(十方) 세계에 있다고 생각했다. 그 결과 사방에 부처와 보살이 머물며 중생을 구제하는 불국토가 설정되었다. …… 중국과 한국에서는 불교 수용 이후 이러한 사상을 받아들여, 자신들이 사는 국토에 부처와 보살이 머무르는 곳을 설정하기에 이르렀다."62)

노자가 꿈꾸었던 나라는 인위(人爲)가 최소화된 나라이다. 국토가 작고 백성의 수가 적으며 문명의 이기(利器)가 있어도 쓰지 않고 …… 맛있게 먹고, 잘 입고, 편안히 거주하고, 자유롭고 즐거운 그런 나라이다.63) 나라라기보다는 촌락이나 부족 사회와 같은 이런 사회는 소로우(Henry David Thoreau, 1817~1862)의 월든(Walden) 호숫가의 생활을 연상시킨다.64) 인간문명의 이기에 의한 주객전도의 위험에 대한 경고이기도 하며, 근대 이후 물질문명의 발달이 과연 인류 역사의 발전이라고 할 수 있는지에 대한 성찰의 기회를 주기도 한다.

---

60) 『維摩經』〈佛國品〉: "若菩薩欲得淨土, 當淨其心. 隨其心淨, 則佛土淨."
61) 유영희 역(1989), 앞의 책, p.180.
62) http://100.daum.net/encyclopedia/view.do?docid=b10b1714a(검색일: 2011.11.04).
63) 『老子』제80장: "小國寡民, 使有什伯之器而不用. …… 甘其食, 美其服, 安其居, 樂其俗."
64) 강승영 역(2010), 헨리 데이비드 소로(Henry David Thoreau)(1854), 『월든』, 이레.

이상사회를 보존하는 방법도 다음과 같다. "큰 나라를 다스릴 때는 마치 작은 생선을 지지듯이 조심할지니라."65) 혹은 "옛날의 도를 지키고 나라를 다스린 사람은 백성들을 총명하게 만들지 않고 도리어 어리석게 만들었다. 백성들을 다스리기 어려운 까닭은 그들이 아는 것이 많기 때문이다."66) "내가 싸움을 거는 사람이 되지 말고 부득이하게 맞는 방위자가 되거라. …… 그러므로 무기를 들고 맞싸울 때는 전쟁을 슬프게 여기는 자가 이기게 마련이다."67)

유불도를 막론하고 이상사회에 대한 지향은 꿈을 꾸는 인간의 본성에 기인한다. 행복과 안락을 추구하는 인간의 소망과 연계되어 현실의 고통과 고난을 극복하는 힘이 되는 것이 이상향이기도 하다. 유교에서는 과거 성왕들의 치세가 그것이라면, 불교에서는 의식 내부에서 찾고자 하며, 도가에서는 현실의 인위를 벗어난 그러한 상태를 추구하였다. 이러한 이상사회에 대한 지향에 따라 이상적 인간에 대한 양상도 달라진다. 인(仁)에 의한 덕치(德治)를 추구하는 유교에서 이상적 통치자로서 성왕(聖王)은 의미가 크다. 과거의 성왕들이 이루었던 이상사회의 조건은 덕(德)이었다. 현실에서 추구한 이상적 인간인 군자(君子)는, 소인(小人)이 인욕(人慾)에 흘러 이(利)를 추구하고 사욕(私慾)에 빠지는 것과는 달리 덕(德)을 지니고 보편적 도덕 원칙을 추구하고자 노력한다는 점에서 소인과 다르다. 불교에서의 보살(菩薩)도 궁극적으로는 그들이 추구하는 진리의 세계에 도달하

---

65) 『老子』 제60장: "治大國, 若烹小鮮. 以道莅天下, 其鬼不神, 非其鬼不神, 其神不傷人, 非其神不傷人, 聖人亦不傷人. 夫兩不相傷, 故德交歸焉."
66) 『老子』 제65장: "古之善爲道者, 非以明民, 將以愚之. 民之難治, 以其智多."
67) 『老子』 제69장: "用兵有言, 吾不敢爲主, 而爲客. …… 故抗兵相加, 哀者勝矣."

기 위해 노력한다. 도가에서의 성인(聖人)도 역시 도(道)의 경지에서 노닐며 궁극적인 도(道)의 보편적 원리에 의해 자신과 타인을 감화시키는 존재이다. 그리고 그들이 추구하는 지인(至人), 진인(眞人)도 도(道)의 궁극적 상태를 위해 노력하며, 그것을 실천하고자 한다. 이상적 인간상의 설정은 이 세상에서 이루어지는 선택과 결단의 주체인 인간의 의식에 주목하고 있다는 증거이다.

방영준 교수는, 공동체에 나타난 공통적인 이념을 완전성과 전인사상, 평등주의사상, 박애정신 또는 형제애 세 가지로 요약하면서 통일한국의 미래상으로 '다원공동체적 국가'를 제시한다. 그리고 인간을 위한 이념을 만드는 힘은 밖으로부터가 아니라 안으로부터 생성되며, '세계와 인간 삶을 어떻게 체험하고 해석하느냐는 정신 속에 있는 개념의 질에 좌우된다'고 보았다.[68] 통일은 우리가 추구하는 이상사회와 동일할 수는 없을 것이다. 그럼에도 불구하고, 통일된 이상사회를 꿈꾸는 것은 그것을 통하여 현재의 상황을 극복하는 힘을 얻기 때문이다. 또한 현실과 미래를 이끌어가는 선택과 결단의 주체는 인간이고, 통일의 문제도 결국은 인간의 의식에 달린 것이라는 점에서 인간 의식을 어떻게 고양할 것인가에 주목해야 할 때이다.

Ⅳ. 결론 : 세계시민성 교육을 위하여

선진시대의 이른바 천하통일은 하나의 이상이었고, 그것은 제자백가들의 다양한 방법들로 구체화되고 있으나 천하에 대한 인식은

---

[68] 방영준(2011), 『공동체, 생명, 가치』, 개미, p.335.

유사하다. "천하는 중국이란 협의적 의미와 그 당시 사람들의 의식이 미치는 전 인류 혹은 전 세계라는 광의적 의미를 겸유한다. 중국의 선철들이 정치를 말할 때에 모두가 천하를 대상으로 삼은 것은 그것이 바로 세계주의의 진실한 정신이라고 보았기 때문이다."[69] 그들에게 천하는 공통적으로 단순히 '국가'라는 지역적·국부적 의미이기보다 전 인류·전 지역을 대상으로 하는 보편적 의미를 크게 벗어나지 않았다.[70] 유교의 관점에서 천하통일을 하는 가장 중요한 이유는 백성들의 행복한 삶이었고, 실천적 방법에서는 차이가 있더라도[71] 그것은 반드시 도(道)와 덕(德)에 근거해야 했다. 통일은 전국시대나 오늘날이나 거대한 국제정치적인 현상적 질서와 관련된 문제이다. 하지만 통일 개념에 담긴 본질적 문제, 형이상학적인 문제는 현실적인 결단 없이는 불가능한 일이기도 하다. 그와 같은 통일에 대한 의지와 주체적 결단의 문제는 결국 인간의 의식의 문제로 연결되고, 과거 소수 통치자의 의지의 문제였다면 지금은 통일의 주체가 모든 사람들이라는 점에서 다르다.

　분단의 문제는 통일을 지향하는 과정에서 드러나는 현상적 분리 혹은 괴리로 인식된다. 즉, 동양철학의 관점에서 그것은 분리된 것이 아님에도 분리로 드러나는 현상일 뿐이지 본질적으로는 하나의

---

69) 양계초, 『선진정치사상사』, p.179.[김철운(2003), 『순자와 인문세계』, 서광사, p.152에서 재인용.]
70) 김철운(2003), 『순자와 인문세계』, 서광사, p.152
71) 순자의 천하통일, 즉 분산된 제후국들의 집합도 '힘'과 '부'에 의해서가 아니라 반드시 덕에 근거해야 한다. 왜냐하면 덕은 백성의 마음을 얻는 최대 관건이기 때문이다. 순자의 경우 실천 방법은 '사상과 언행의 통일', '법도의 통일', '인재의 결집' 등을 의미한다. : 위의 책, p.151 참고.

통일체이다. 동양철학은 현실을 넘어 이상으로 관념적 완성체, 통일체를 추구한다. 그것은 개체들의 끊임없는 다양한 변화들 속에서 일종의 존재들의 질서를 추구하며, 그것은 현상적으로 사회질서 추구와 연계된다. 완전체에 대한 이상은 궁극적으로 현실에서 이상사회에 대한 지향과 연계된다. 동양철학에서 개별성은 완전체 안에서 유기적 관계로 이해된다. 즉, 하나의 개별들이 그냥 존재하는 것이 아니라 관계성으로 존재하며, 모든 것은 인과적 고리에 의해 맺어져 있다고 보았다. 그럼에도 불구하고, 유교의 적극적 방법과 도가의 소극적 방법은 차이가 있으며, 그 과정에서 나름대로 질서를 추구하는 경향을 나타내고 있다. 이처럼 인간은 관념적으로 완전한 질서를 추구하면서도 현실의 대립과 갈등을 피할 수 없는 존재이다. 그러한 현상적 대립과 갈등을 바라보는 관점도 다르다. 동양사상에서는 이러한 대립과 갈등을 극복하여 조화와 질서를 찾고자 한다. 그러한 추구에 방법적 차이는 존재하지만, 궁극적으로 모든 존재들이 조화를 이루어 제자리를 찾아 평(平)과 화(和)의 상태를 지향한다.

현재 우리가 지향하는 궁극적 질서가 무엇인가에 따라 통일교육의 방향은 상이해질 수 있다. 국가 제일주의적 관점을 취할 것인가, 아니면 세계사회의 일원으로서 한국의 위상을 잡을 것인가에 따라 달라진다. 물론 국가 이익을 중심으로 한 통일교육과, 세계시민성 교육이 별개인 것은 아니다. 세계시민성 교육 안에 국가의 관점이 포함되기 때문에 둘은 병행되어야 하는 것이 마땅하다. 그럼에도 불구하고, 거시적 관점 혹은 동양철학적 기초를 바탕으로 할 때, 통일교육은 평화를 지향하는 세계시민성 교육의 구조 안에서 이루어져야 할 필요가 있다. 그것은 앞으로 다가올 미래사회의 특성과 인류가 지향해야 할 궁극적 이상사회에 대한 지향을 검토해볼 때 더욱 그러하다. 동양에서는 인간을 소우주라고 보며 우주적 질서가 인간에게 모두 담겨 있다고 본다. 즉, 인간을 통하여 우주와 세계질서에 대한 조망이 가능하다는 의미이다. 이런 점에서 결국 통일교육의 문제는 인간에 대한 문제이며, 인간의 의식을 어떻게 변화시킬 것인가와 관련된다. "다원 사관의 원칙에서 우리 민족의 통일은 자연 또는 물질을 기초로 하는 작업과 의식 또는 정신을 기초로 하는 작업이 병행되어 추진되어야 한다."[72] 궁극적으로 통일교육은 인간의 의식을 고양하는 방법으로 이루어져야 한다. 그것은 동양철학에서 말하는 이상적 경지들과 연계되는 쉽지 않는 과정이지만 궁극적 지향점임에는 분명하다.

인간에 대한 분과적 이해를 넘어 통합적 이해를 시도하는 경향도[73] 동양의 마음에 대한 이해와 맥이 닿아 있다. 정신의 통일성을 주장하며 동양종교와 서양사상의 조화를 모색한 라다크리슈난의 말은 오늘날 세계사회의 방향을 구상하는 데 많은 도움을 준다.

현재의 긴장과 무질서의 원인은 상호 의존성이 커지는 삶의 과정과, 법과 제도 속에 나타나는 충성심, 애정 그리고 기질들이 통합되는 삶의 이데올로기 사이에 어떠한 조정이 없기 때문이다. 교육의 목

---

72) 김도종(1991), 앞의 글, p.47.
73) 켄 윌버(Ken Wilber)는 자연과학 전공을 하다 노자의 도덕경을 접한 후 동서양의 사상에 심취하여『의식의 스펙트럼』,『아이 투 아이』,『무경계』,『세상에서 가장 아름다운 용기』,『에덴을 넘어』,『통합심리학』,『모든 것의 역사』,『감각과 영혼의 만남』등을 통해 인간 의식과 의식의 행동표현을 연구하는 심리학의 모든 갈래를 통합하고 있다.

적은 기술뿐만 아니라 이상과 충성 그리고 애정과 존중 등을 전달하는 데 있다. 하지만 오늘날 교육은 새로운 세계 속에서 여전히 국가의 주권과 경제적 자족이라는 낡은 이상을 가지고 동분서주하고 있다. …… 우리 세대의 가장 큰 임무는 자아가 성장하여 세계의식을 받아들여 세계정신을 창조적으로 표현하는 데 있어서 필수적인 이상과 교육을 발전시키는 것이며 또한 다음 세대에 이러한 성실과 추진력을 전달하여 그들이 세계시민이 되도록 훈련시키는 것이다.74)

세계 공동체라는 관념으로 인간사회를 구성하는 데 장애가 되는 요소는 서로에게 주어진 의무감을 발현하지 못하는 인간의 마음속에 들어 있다. 우리는 인류의 영혼과 접촉해야 한다. '왜냐하면 영혼은 형상이고 신체를 만들기 때문이다.' 우리는 이상과 관습 그리고 감정을 발전시켜야 한다. 그것만이 세계 공동체를 만들 수 있고, 또한 신뢰 속에서 일하면서 상호 공통의 복지를 영위할 수 있다.75)

통일의 문제가 정치와 이념의 갈등이라는 현상적 문제를 넘어 궁극적으로 인간의 의식 문제와 관련된다는 점에서, 이것을 어떤 관점으로 바라보아야 하는지를 성찰할 필요가 있다. 통일, 통일교육에 대한 관점이 과거를 넘어 미래를, 현실을 넘어 이상을, 국가공동체를 넘어 세계공동체를 지향할 때 보다 보편적이고 본질적인 통일에 다가갈 수 있으며, 궁극적으로 평(平)과 화(和)의 세계로 나아갈 수 있을 것이다.

---

74) 김형준 옮김(2004), Sarvepallii Radhakrishnan, 『동양종교와 서양사상』 (*Eastern Religions & Western Thought*, Oxford University Press, 1939), 무우수, 서문.
75) 위의 책, 서문.

참고문헌

1. 원전 자료

『論語』(論語集註大全 影印本), 學民文化社, 1990.
『孟子』(孟子集註大全 影印本), 學民文化社, 1990.
『大學·中庸』(大學·中庸章句大全 影印本), 學民文化社, 1990.
『周易』(周易傳義大全 影印本), 學民文化社, 1990.
『禮記』(禮記集說大全 影印本), 學民文化社, 1990.
『近思錄』(影印本), 學民文化社, 1995.
『維摩經』(鳩摩羅什, 維摩詰所說經, 國立中央圖書館 所藏).
『道德經』(朴世堂, 新註道德經, 國立中央圖書館 所藏).
『退溪全書』(影印本), 成均館大學校出版部, 1992.
『退溪集』(《韓國文集叢刊》, http://db.itkc.or.kr/index.jsp?bizName=MM)
『南冥集』(《韓國文集叢刊》, http://db.itkc.or.kr/index.jsp?bizName=MM)
『高峯集』(《韓國文集叢刊》, http://db.itkc.or.kr/index.jsp?bizName=MM)
『牛溪集』(《韓國文集叢刊》, http://db.itkc.or.kr/index.jsp?bizName=MM)
『栗谷集』(《韓國文集叢刊》, http://db.itkc.or.kr/index.jsp?bizName=MM)
『宋子大全』(《韓國文集叢刊》, http://db.itkc.or.kr/index.jsp?bizName=MM)
『順菴集』(《韓國文集叢刊》, http://db.itkc.or.kr/index.jsp?bizName=MM)
『與猶堂全書』(全21冊)(1936年 新朝鮮社本 影印), 驪江出版社, 1989.
『朝鮮王朝實錄』(http://sillok.history.go.kr/main/main.jsp)

2. 1차 자료

교육과학기술부(2008a), 『초등학교 교육과정 해설(Ⅲ) : 국어·도덕·사회』, 교육인적자원부 고시 제2007-79호.

교육과학기술부(2008b), 『중학교 교육과정 해설(Ⅱ) : 국어·도덕·사회』, 교육인적자원부 고시 제2007-79호.

교육과학기술부(2009), 『바른생활』(1-1, 1-2, 2-1, 2-2), 한국통합교육과정학회.

교육과학기술부(2009), 『생활의 길잡이』(1-1, 1-2, 2-1, 2-2), 한국통합교육과정학회.

교육과학기술부(2009), 『초등학교 교사용 지도서 : 바른생활』(1-1, 1-2, 2-1, 2-2), 한국통합교육과정학회.

교육과학기술부(2010), 『초등학교 도덕』(3-1, 4-1), 서울교육대학교 도덕국정도서 편찬위원회.

교육과학기술부(2010), 『초등학교 생활의 길잡이』(3-1, 4-1), 서울교육대학교 도덕국정도서 편찬위원회.

교육과학기술부, 『교육인적자원부 고시 제2007-79호에 따른 초등학교 교육과정 해설(Ⅱ) : 우리들은 1학년, 바른생활, 슬기로운 생활, 즐거운 생활, 특별활동』.

교육과학기술부, 『교육인적자원부 고시 제2007-79호에 따른 초등학교 교육과정 해설(Ⅲ) : 국어·도덕·사회』.

교육부(1973), 『도덕과 교육 과정』.

교육부(1981), 『도덕과 교육 과정』.

교육부(1987), 『도덕과 교육 과정』.

교육부(1992), 『도덕과 교육 과정』.

교육부(1997), 『도덕과 교육 과정』.

교육부(1999), 『제7차 교육 과정의 개요』.

교육부(2000), 『고등학교 교육과정 해설 : 도덕』, 교육부 고시 1997-15호.

교육부, 교육부 고시 제1997-15호에 따른 『초등학교 교육과정해설(Ⅲ) : 국어·도덕·사회』

교육부, 『바른생활, 슬기로운 생활, 즐거운 생활, 우리들은 1학년 교육과정』, 교육부고시 제1997-15호[별책15]

교육부, 『초·중등학교 교육과정 : 국민공통기본교육과정』, 교육부 고시 제1997

-15호[별책1].

교육인적자원부(2003), 『(고등학교) 전통윤리』, 지학사.

교육인적자원부(2007), 초등학교 『바른생활』·『도덕』·『생활의 길잡이』.

교육인적자원부(2007), 『교육과정총론』, 고시 제 2007-79 호.

교육인적자원부(2007), 『도덕과 교육과정』, 교육인적자원부 고시 제2007-79호[별책].

교육인적자원부(2007), 『도덕과 교육과정』, 교육인적자원부 고시 제2007-79호[별책6].

교육인적자원부(2007a), 『중학교 도덕 1』.

교육인적자원부(2007b), 『중학교 도덕 2』.

교육인적자원부, 『'07 도덕과 교육과정심의회 자료 : 2007년 개정 교육과정』 (2007년 11월 22일 회의 자료).

교육인적자원부, 『교육인적자원부 고시 제2007-79호[별책15] : 바른생활, 슬기로운 생활, 즐거운 생활, 우리들은 1학년 교육과정』.

교육인적자원부, 『교육인적자원부 고시 제2007-79호[별책2] : 초등학교 교육과정』.

교육인적자원부, 『초등학교 교육과정』, 교육인적자원부 고시 제2007-79호[별책2].

서울대학교 도덕과교육과정개정연구회(1997), 『제7차 초·중·고등학교 도덕과교육과정개정 연구』.

서울대학교 사범대학 1종도서 『도덕·윤리』 연구개발위원회(1996), 『윤리 교사용지도서』, 교육부.

서울대학교 사범대학 국정 도서 편찬 위원회(2003), 『도덕』, 지학사.

한국교육개발원(1996), 『교육 과정 2000 총론 시안』.

3. 단행본류

강정화(2007), 『남명과 그의 벗들』, 경인문화사.

경북대퇴계연구소·경상대남명학연구소 편(2001), 『퇴계학과 남명학』, 지식산업사.

참고문헌 425

국립국어연구원 편(1999), 『표준국어대사전』, 두산동아.
김광수(2006), 『마음의 철학』, 철학과현실사.
김상봉(2000), 『호모 에티쿠스 : 윤리적 인간의 탄생』, 한길사.
김상봉(2005), 『도덕교육의 파시즘』, 길.
김영채(2007), 『창의력의 이론과 개발』, 교육과학사.
김용옥(1991), 『동양학, 어떻게 할 것인가』, 통나무.
김정휘 편저(2003), 『영재학생 그들은 누구인가』, 교육과학사.
김정휘·주영숙(1996), 『영재학생을 위한 교육』, 교육과학사.
김철운(2003), 『순자와 인문세계』, 서광사.
김충렬(2006), 『남명 조식의 학문과 선비정신 : 다시 울린 千石鐘』, 예문서원.
김형효(2000), 『원효에서 다산까지 : 한국 사상의 비교철학적 해석』, 청계.
남명학연구원 엮음(2006), 『남명사상의 재조명』, 예문서원.
남명학연구원 엮음(2008), 『남명학파 연구의 신지평』, 예문서원.
민중서림편집국 편(1998), 『한한대자전』, 민중서림.
박병기·추병완(1996), 『윤리학과 도덕교육 1』, 인간사랑.
박성익 외(2006), 『영재교육학원론』, 교육과학사.
박재주(1999), 『주역의 생성논리와 과정철학』, 청계.
박찬구 외(2011), 『윤리와 사상』, 천재교육.
박효종 외(2011), 『윤리와 사상』, 교학사.
방영준(2011), 『공동체, 생명, 가치』, 개미.
송항룡(1987), 『동양철학의 문제들』, 여강출판사.
신지은 외(2008), 『세계적 미래학자 10인이 말하는 미래혁명』, 일송포켓북.
예문동양사상연구원·오이환 편저(2004), 『남명 조식』, 예문서원.
유교대사전편찬위원회 편(1990), 『유교대사전』, 박영사.
유병열(2006), 『도덕교육론』, 양서원.
이희승 편저(1994), 『국어대사전』, 민중서림.
장승희(2005), 『다산 윤리사상 연구』, 경인문화사.
정우락(2008), 『남명과 퇴계 사이』, 경인문화사.

정진홍(2008), 『인문의 숲에서 경영을 만나다 2』, 21세기북스.
정태혁(2004), 『명상의 세계』, 정신세계사.
조준하 외(1996), 『한국인물유학사 2』, 한길사.
지운 외(2009), 『영성과 명상의 세계』, 전남대학교출판부.
철학사전편찬회 편(1988), 윤명로 감수, 『최신 철학사전』, 일신사.
최영진(2003), 『유교사상의 본질과 현재성』, 성균관대학교출판부.
최흥순(1995), 『비교철학연구』, 서광사.
추병완(1995), 『도덕교육의 이해』, 백의.
추병완(2000), 『열린 도덕과 교육의 이론과 실제』, 하우.
KBS 인사이트아시아 유교 제작팀(2007), 『유교 아시아의 힘』, 예담.
한 민족 철학자 대회(1991), 『현대 한국에서의 철학의 제문제』(대회보 2), 천지.
한국교육개발원(1996), 『교육 과정 2000 체제 및 구조개선, 신교육 과정 총론(안) 공청회』.
한국국민윤리학회 편(1987), 『국민윤리학개론』, 형설출판사.
한국도덕과교육학회 편(2001), 『도덕과교육론 : 제7차 교육과정 초·중·고 도덕과 교육의 과제와 방향』, 교육과학사.
한국도덕윤리과교육학회 엮음(1998), 『도덕·윤리 교과교육학 개론』, 교육과학사.
한국동양철학회 편(1986), 『동양철학의 본체론과 인성론』, 연세대학교출판부.
한국민족문화대백과사전편찬부 편(1991), 『한국민족문화대백과사전』, 한국정신문화연구원.
한국사상사연구회 편(2002), 『조선유학의 개념들』, 예문서원.
한국철학사연구회 엮음(2008), 『한국실학사상사』, 심산.
한국철학회 편(2000), 『한국철학의 쟁점』, 철학과현실사.
한국철학회 편(2003), 『다원주의, 축복인가 재앙인가』, 철학과현실사.
한영우(1999), 『다시 찾는 우리역사』, 경세원.
황갑연(1998), 『공맹철학의 발견』, 서광사.

4. 번역서류

강성위 옮김(1996), 막스 뮐러·알로이스 할더 지음(Max Müller und Alois Halder), 『철학 소사전』(Klines Philosophishes Wörterbuch, 1980), 이문출판사.

강승영 역(2010), 헨리 데이비드 소로(Henry David Thoreau, 1854), 『월든』, 이레.

경상대학교 남명학연구소 역(2001a), 조식, 『남명집』, 한길사.

경상대학교 남명학연구소 역주(2002b), 조식 엮음, 『사람의 길 배움의 길 : 學記類編』, 한길사.

권미숙 옮김(1998), 뚜 웨이밍(杜維明) 지음, 『한 젊은 유학자의 초상』(Neo-Confucian Thought in Action, Univercity of California Press, 1976), 통나무.

김용섭 옮김(1999), 張岱年 主編(1999), 『중국의 지혜 : 孔子에서 范縝까지』(中華的智慧 : 中國古代哲學思想精粹, 1999), 청계.

김유동 역(1997), 아도르노·호르크하이머, 『계몽의 변증법』, 문학과지성사.

김중웅 역(2006), 엘빈 토플러(Alvin Toffler) 지음, 『부의 미래』(Revolutionary Wealth, 2006), 청림출판.

김진아 역(1992), E. F. 슈마허(Ernst Friedrich Schumacher), 『작은 것이 아름답다』(Small is Beautiful : A study of Economics as if People Mattered, 1973), 범우사.

김철수(2005) 역, 켄 윌버(Ken Wilber), 『무경계 : 자기성장을 위한 동서양의 통합접근』(No Boundary, Boston : Shambhala Publications, 1979, 2001), 무우수.

김형준 옮김(2004), Sarvepallii Radhakrishnan, 『동양종교와 서양사상』(Eastern Religions & Western Thought, Oxford University Press, 1939), 무우수.

남기영 옮김(1996), Vergez·Huisman, 『인간학·철학·형이상학 – 프랑스 고교철학』(nouveau ≪cours de philo≫, Paris : Éditions Fernand Nathan, 1980), 정보여행.

노승영 옮김(2009), 제롬 케이건(Jerome Kagan) 지음, 『정서란 무엇인가』(What is Emotion?, Yale University Press, 2007), 아카넷.

문용린·유경재 옮김(2007), 하워드 가드너(Howard Gardner)(2006), 『다중지능』(*Multiple Intelligence*, 2006), 웅진지식하우스.

문진희·김명권 역(2009), 데이비드 호킨스(David R. Hawkins) 지음, 『의식수준을 넘어서』(*Transcending the Levels of Consciousness : The Stairway to Enlightenment*, Arisona : Veritas Publishing, 2006), 판미동.

박세일·민경국 공역(1996), 아담 스미스(Adam Smith) 지음, 『도덕감정론』(*The Theory of Moral Sentiments*, 1790), 비봉출판사.

박장호·추병완 옮김(1998), 토머스 리코나, 『인격교육론』, 백의.

박정숙 옮김(2006), 켄 윌버(Ken Wilber), 『의식의 스펙트럼』(*The Spectrum of Consciousness*, 1993), 범양사.

백영미 역(2011), 데이비드 호킨스(David R. Hawkins), 『의식혁명 : 인간행동의 숨은 결정자』(*POWER VS. FORCE : The Hidden Determiants of Human Behavior*, Arisona : Veritas Publishing, 1995), 판미동.

성백효 역주(2008), 『논어집주』, 전통문화연구회.

성백효 역주(2008), 『대학·중용집주』, 전통문화연구회.

성백효 역주(2008), 『맹자집주』, 전통문화연구회.

송기동 옮김·문용린 감역(2007), 하워드 가드너(Howard Gardner), 『통찰과 포용』(*Leadinf Minds*, 1995), 북스넛.

유영희 역(1989), 方立天 지음, 『불교철학개론』(佛敎哲學, 中國人民大學出版, 1986), 민족사.

이경화·최병연·박숙희 공역(2005), Gary, A. Davis & Sylvia, B. Rimm, 『영재교육』(*Education of the Gifted and Talented*, 2004), 박학사.

이계주 역(1995), 梁啓超 지음, 『중국고전학입문』(國學硏讀法, 중화서국, 1936), 형성사.

이영기 옮김(2008), 존 브록만(John Brockman) 엮음, 『위험한 생각들』(*What Is Your Dangerous Idea?*, New York : Edge Foundation, Inc., 2006), 갤리온.

이창신 옮김(2010), 마이클 샌들(Michael J. Sandel) 지음, 『정의란 무엇인가?』(*Justice : What's the right thing to do?*, New York : International Creative Management, INC., 2009), 김영사.

이희재 옮김(1999), 새뮤얼 헌팅턴(Samuel p.Huntington) 지음, 『문명의 충

돌』(*The Clash of Civilizations*, New York : DTR International, 1996), 김영사.

장기근·이석호 역(1988), 『노자·장자』, 삼성출판사.

장현갑 외 역(2005), 존 카밧친(John Kabat-Zinn), 『마음챙김 명상과 자기치유』(上·下)(*Full Catastrophe Living*, 1990), 학지사.

전주대학교 호남학연구소 역(1989), 정약용, 『국역 여유당전서 : ≪논어고금주≫』(2-4), 여강출판사.

전주대학교 호남학연구소 역(1989-1995), 정약용, 『국역 여유당전서』(1-5), 여강출판사.

정세구 역(1995), 리코나(Thomas Lickona) 지음, 『자녀와 학생들을 올바르게 기르기 위한 도덕교육』, 교육과학사.

조남국 역(1995), 이황, 『聖學十圖』, 교육과학사.

조효남 옮김(2004), 켄 윌버(Ken Wilber), 『모든 것의 역사』(*A Brief History of Everything*, 1995), 대원출판.

조효남 옮김(2007), 켄 윌버(Ken Wilber), 『감각과 영혼의 만남』(*The Marriage of Sense and Soul* : Integrating Science and Religion, 1999), 범양사.

추선희 역(2011), 잭 콘필드(Jack Kornfield), 『처음 만나는 명상 레슨』(*Meditation For Beginners*, 2004), 불광출판사.

표재명 옮김(2004), 마르틴 부버(Martin Buber, 『나와 너』(*Ich und Du*, Heidelberg : Verlag Lambert Schneider, 1954), 문예출판사.

하종호·김선희 옮김(2004), 김재권(Jaegwon Kim) 지음, 『심리철학』(*Philosophy of Mind*, 1996), 철학과현실사.

한국철학사상연구회 편역(1998), 『철학소사전』, 동녘.

현혜진 옮김(2004), 미셸 보바(Michele Borba) 지음, 『도덕지능』(*Building Moral Intelligence*, Sobel Weber Associates, 2001), 한언.

홍원식 외 역(2008), 蒙培元 지음, 『성리학의 개념들』(性理範疇系統, 北京 : 人民出版社, 1989), 예문서원.

황종원 외 역(2006), 楊國榮, 『유교적 사유의 역사』, 성균관대학교출판부.

5. 일반 논문

강두호(2001), 「도덕과 내용구성에서의 생명존중사상과 환경윤리」, 한국도덕과 교육학회 편, 『도덕과교육론 : 제7차 교육과정 초·중·고 도덕과 교육의 과제와 방향』, 교육과학사.

강충열(2006), 「자녀를 영재로 키우는 가정교육 '10訓'」, 『아동교육』 16(1), 한국아동교육학회.

고대만(2007), 「도덕교육에서 이성과 정서」, 『초등도덕교육』 제24집, 한국초등도덕교육학회.

금장태(2000), 「퇴계·남명·율곡과 선비의식의 세 유형」, 『퇴계학보』 제105집, 퇴계학연구원.

금장태(2002), 「퇴계와 남명의 학풍과 학문체계」, 『남명학연구』 제13집, 경상대학교 남명학연구소.

금장태(2003), 「유교의 실천론적 체계 : '中庸·誠·均平' 개념을 중심으로」, 『종교학연구』 제22집, 서울대학교 종교학연구회.

김경수(2009a), 「남명의 인물평을 통해 본 출처관의 기저」, 『한국철학논집』 제25집, 한국철학사연구회.

김경수(2009b), 「남명과 율곡의 道佛觀」, 『율곡사상연구』 제19집, 율곡학회.

김도식(2011), 「'통일인문학'의 개념 분석」, 『통일인문학논총』 제51집, 건국대학교 인문학연구원.

김도종(1991), 「역사 철학의 견지에서 본 민족과 통일」, 한 민족 철학자 대회, 『현대 한국에서의 철학의 제문제』(대회보 2), 천지.

김상일(1991), 「문화적 상징체계로 본 '유럽적 균열'과 '한국적 화합'」, 한 민족 철학자 대회, 『현대 한국에서의 철학의 제문제』(대회보 2), 천지.

김성기(2007), 「선진유학의 본질을 어떻게 재해석할 것인가」, 『유교사상연구』 제29집, 한국유교학회.

김세철(2007), 「남명 조식의 경·의사상과 언론활동에 관한 연구」, 『언론과학연구』 제7권 1호, 한국지역언론학회.

김유동(2010), 「비움, 배움, 관계맺음 : 깨달음을 자극하는 인문치료」, 『인문과학연구』 26, 강원대학교 인문과학연구소.

김의수(1999), 「문화 다원주의와 21세기 인류의 철학적 지향」, 『시대와 철학』

제10권 1호, 한국철학사상연구회.

김일환(2009), 「유교 교육론의 교학의 상관성」, 『한문고전연구』 19, 한국한문고전학회.

김종석(1984), 「미국 다문화교육(Multi-cultural Education)의 이론적 고찰」, 『미국학논문집』 제5권, 충남대학교 북미주연구소.

김진근(2006), 「남명철학사상의 현재적 의의 : 학문관·주역관·경의론을 중심으로」, 『한국인물사연구』 제5호, 한국인물사연구회.

김충렬(1986), 「동양 인성론 서설」, 한국동양철학회 편, 『동양철학의 본체론과 인성론』, 연세대학교출판부.

김항인(2001), 「미국 도덕교육 및 도덕교육연구의 역사와 과제, 한국도덕과교육학회 편, 『도덕과교육론 : 제7차 교육과정 초·중·고 도덕과 교육의 과제와 방향』, 교육과학사.

노희정(2006), 「도덕지능의 초등 도덕교육적 함의」, 『초등도덕교육』 20, 한국초등도덕교육학회.

도민재(2008), 「전통사회 '小學' 교육과 청소년 예절교육의 방향」, 『유교사상연구』 제32집, 한국유교학회.

박병기(2007), 「도덕교과와 철학, 그 연속성과 불연속성 : 홍윤기의 '도덕·윤리의 철학귀속성과 도덕·윤리 교육의 정체성'에 대한 도덕교육론적 응답」, 『사회와 철학』 제14호, 사회와철학연구회 논문집.

박병기(2009), 「도덕과 교육의 내실화를 위한 동양 도덕교육론적 대안」, 한국윤리교육학회·동양윤리교육학회 공동 학술대회 자료집.

박병기·강현숙(2007), 「한국 창의성 연구의 조망」, 『교육심리연구』 21(1), 한국교육심리학회.

박병춘(2009), 「공감 발달을 위한 도덕교육 방법」, 『홀리시틱교육연구』 제13권 제1호, 한국홀리스틱교육학회.

박원재(2007), 「노자의 수양론」, 임수무 외, 『공부론』, 예문서원.

박형빈(2009), 「도덕교육에서 도덕적 정서교육에 관한 연구」, 『윤리연구』 제74호, 한국윤리학회.

박홍식(1994), 「남명사상의 후대에 끼친 영향」, 『남명학연구』 제4집, 경상대학교 남명학연구소.

배종호(1986), 「동양 본체론 서설」, 한국동양철학회 편, 『동양철학의 본체론과 인성론』, 연세대학교출판부.

백도형(1997), 「형이상학으로서의 심리철학」(서평), 『철학과 현실』 통권 제32호, 철학문화연구소.

백도형(2008), 「심신 문제(mind-body problem)」, 『철학과 현실』 통권 제76호, 철학문화연구소.

백종현(2000), 「'한국철학'이란 무엇인가?」, 한국철학회 편, 『한국철학의 쟁점』, 철학과현실사.

설석규(2009), 「남명 조식의 도학적 세계관과 선비정신」, 『남명학』 제14집, 남명학연구원.

세키네 히데유키(2001), 「21세기 미래형 일본 도덕·윤리 교육의 방향과 과제」, 한국도덕과교육학회 편, 『도덕과교육론 : 제7차 교육과정 초·중·고 도덕과 교육의 과제와 방향』, 교육과학사.

송혁기(2011), 「사직상소문의 문학적 연구를 위한 일고」, 『한국한문학연구』 제48집, 한국한문학회.

신득렬(1990), 「정서교육」, 『교육철학』 제8집, 한국교육철학회.

신병주(2004), 「조선시대 선비 정신과 선비 학자들의 활동 : 16세기 선비들을 중심으로」, 『남명학』 제30집, 남명학연구원.

신병주(2008), 「16세기 남명 조식의 사상 형성과 현실 대응」, 『한국사상사학』 제31집, 한국사상사학회.

신창호(2007), 「동양의 교육 전통에서 '배움'의 의미 : 원시유학의 논의를 중심으로」, 『교육철학』 33, 한국교육철학회.

신춘호(2007), 「교과는 왜 가르치고 배우는가? : 교과지식의 성격에 관한 세 가지 관점」, 『중등 우리교육』, 우리교육.

심보선(2007), 「온정주의 이주노동자 정책의 형성과 변화 : 한국의 다문화 정책을 위한 시론적 분석」, 『담론 201』 제10권 제2호, 한국사회역사학회.

심승환(2010), 「공자의 교육사상에 나타난 '배움(學)'과 '사고(思)'의 관계에 대한 고찰」, 『교육철학』 47, 한국교육철학회.

양방주(2001), 「도덕과 내용구성에서의 전통윤리」, 한국도덕과교육학회 편, 『도덕과교육론 : 제7차 교육과정 초·중·고 도덕과 교육의 과제와 방향』, 교육과학사.

엄연석(2007), 「虛와 誠의 관점에서 본 남명의 수양론」, 『국학연구』 제10집,

한국국학진흥원.

오기성(2008), 「학교 통일교육의 다문화교육적 접근」, 『교육과정평가연구』제11권 제2호, 한국교육과정평가원.

오석원(1994), 「남명의 의리사상」, 『남명학연구』제4집, 경상대학교 남명학연구소.

오석종(1999), 「제7차 교육 과정 고등학교 심화 선택 과목 '전통윤리'의 적용 방안과 교과서 개발」, 『도덕윤리과교육』제10호, 한국도덕윤리과교육학회.

오석종(2001), 「도덕과 교육의 방향과 전통윤리와 시민윤리의 조화」, 한국도덕과교육학회 편, 『도덕과 교육론 : 제7차 교육과정 초·중·고 도덕과 교육의 과제와 방향』, 교육과학사.

유인희(2002), 「동양 윤리사상의 비교철학적 연구 : 서양현대윤리학의 과제에 대한 동양 신유학의 대응」, 『동양철학』제16집, 한국동양철학회.

유장현(1991), 「철학의 시대성과 그의 계시」, 한 민족 철학자 대회, 『현대 한국에서의 철학의 제문제』(대회보 2), 천지.

유한구(1998), 「교육내용 선정의 두 기준 : 교육내용 선정의 문제와 발전과제」, 『교육과정연구』제16권 1호, 한국교육과정학회.

유호진(2005), 「남명 시에 나타난 '上達'의 精神境界에 대하여」, 『한국한문학연구』제36집, 한국한문학회.

윤용남(2006), 「도덕윤리 교육의 방향에 관한 제언」, 『동양철학연구』제47집, 동양철학연구회.

윤인현(2008), 「남명의 출처와 문학을 통해 본 선비정신」, 『영남학』제13호, 경북대학교 영남문화연구원.

이광호(2002a), 「남명과 퇴계의 상호비판과 응답」, 『남명학보』창간호, 남명학회.

이광호(2002b), 「남명과 퇴계의 학문과 비교」, 『동방학지』제118호, 연세대학교 국학연구원.

이규완(2004), 「상소에 인용된 고사의 설득 용도에 관한 연구 : 태종—명종실록의 상소기사를 중심으로」, 『한국언론학보』제48권 4호, 한국언론학회.

이기동(1994), 「남명의 철학사상」, 『남명학연구』제4집, 경상대학교 남명학연구소.

이동희(1994), 「남명의 한국사상사적 위치」, 『남명학연구』제4집, 경상대학교 남명학연구소.

이문주(2001), 「『논어』의 성립과정에 대한 주석학적 연구 : 한당대를 중심으로」, 『유교경전 주석의 해석학적 접근』, 성균관대학교 동아시아학술원 유교문화연구소.

이상필(2006), 「조선말기 남명학파의 남명학 계승 양상」, 『남명학연구』 제22집, 경상대학교 남명학연구소.

이순연(2007), 「노자의 자연사상에 입각한 인성교육」, 『인문과학연구』 제8집, 대구가톨릭대학교 인문과학연구소.

이승환(2000), 「한국 전통 철학과 현대 철학의 연속성과 단절」, 한국철학회 편, 『한국철학의 쟁점』, 철학과현실사.

이종흔(2005), 「상생적 정서 함양을 위한 통일교육의 유교 윤리적 고찰」, 『통일전략』 제5권 제2호, 한국통일전략학회.

이종흔(2007), 「인지와 정의의 통합적 준거에 의한 학교통일교육개선 : 도덕 및 윤리 교과를 중심으로」, 『통일전략』 제7권 제2호, 한국통일전략학회.

이종흔(2011), 「왕양명의 양지와 치양지에 의한 도덕과 통일교육 방안」, 『통일전략』 제11권 제2호, 한국통일전략학회.

이지경(2003), 「조식 정치사상의 요체 '敬·義' 연구」, 『동양정치사상사』 제2권 2호, 한국동양정치사상사학회.

장승희(1999), 「전통윤리교육론 정립을 위한 시론적 연구」, 『도덕윤리과교육』 제12호, 한국도덕윤리과교육학회.

장승희(2008), 「초등학교 전통윤리교육의 문제점과 활성화 방안」, 『윤리연구』 제68호, 한국윤리학회.

장승희(2009a), 「유교에서 본 다문화교육 시론」, 『유교사상연구』 제34집, 한국유교학회.

장승희(2009b), 「외경윤리교육론 정립을 위한 시론 : 원시유교의 '敬'을 중심으로」, 『윤리연구』 제74호, 한국윤리학회.

장승희(2010), 「도덕과 "동양윤리" 영역 교과지식의 재구조화 원리」, 『도덕윤리과교육』 제30호, 한국도덕윤리과교육학회.

장승희(2011a), 「도덕과 내용체계에서 제4영역 '자연·초월적 존재와의 관계' 분석 : '2007개정교육과정'을 중심으로」, 『윤리연구』 제80호, 한국윤리학회.

장승희(2011b), 「순자 인성론의 도덕교육적 의미와 한계」, 『유교사상연구』 제

54집, 한국유교학회

장영란(2009), 「윤리교육에서의 정치철학적 주제와 목표」, 『하이데거 연구』 제21집, 한국하이데거학회.

정대현(2000), 「실학적 방향 : 한국철학의 쟁점과 과제」, 한국철학회 편, 『한국철학의 쟁점』, 철학과현실사.

정명중(2007), 「철학을 넘어 '배움의 윤리학'으로」, 『진보평론』 32, 진보평론.

정세구(1996), 「도덕 교과의 현행 교육 과정 분석 및 제7차 교육 과정 개발 방안 탐색」, 『교육과정연구』 제14권 제2호, 한국교육과정연구회.

정세구(1998), 「중등학교 '윤리' 과목 교사자격증 취득을 위한 대학관련학과 확대와 기본이수과목 개정 방향」, 『교육과정연구』 제16권 제2호, 한국교육과정연구회.

정세구(1999), 「중·고등학교 도덕과 교육 과정의 주제 중심 내용 체계 개발」, 『도덕윤리과교육』 제11호, 한국도덕윤리과교육학회.

정세구(2000), 「초·중등 도덕·윤리과 교육 반세기의 회고 및 반성과 21세기 초의 과제」, 『도덕윤리과교육』 제12호, 한국도덕윤리과교육학회.

정호표(1995), 「인지로서의 정서와 정서교육의 방향」, 『교육철학』 제13집, 한국교육철학회.

정호훈(2004), 「16세기 말 율곡 이이의 교육론 : 『격몽요결』·『학교모범』을 중심으로」, 『한국사상사학』 제25집, 한국사상사학회.

조남욱(1994), 「남명의 사림정신」, 『남명학연구』 제4집, 경상대학교 남명학연구소.

조영달(2009), 「현대사회의 지식인과 선비정신의 사회적 재해석 : 남명의 출처관을 중심으로」, 『남명학』 제14집, 남명학연구원.

채수한(1991), 「체제 융합의 기본정신의 탐구」, 한 민족 철학자 대회(1991), 『현대 한국에서의 철학의 제문제』(대회보 2), 천지.

채휘균(2010), 「남명을 통해 본 日常의 교육적 의미」, 『교육철학』 제41집, 한국교육철학회.

추병완(1995), 「미국의 도덕교육」, 『도덕윤리과교육』 제6호, 한국도덕윤리과교육학회.

추병완(2008), 「초등학교 도덕과 반편견 교육과정 개발」, 『교육과정평가연구』 제11권 제1호, 한국교육과정평가원.

프루지니나 허 아브로라 알렉산드로브나(1991), 「민족 규합의 기초인 문화의 세계관적 측면들」, 한 민족 철학자 대회, 『현대 한국에서의 철학의 제문제』(대회보 2), 천지.
한기순(2005), 「영재와 영재교육에 대한 담론 : 영재교육 그 안이 궁금하다?」, 『영재와 영재교육』 4(2), 한국영재교육학회.
한일조(2008), 「도덕성에 대한 뇌과학적 연구성과와 도덕교육」, 『교육철학』 제36집, 한국교육철학회.
홍승표(2006), 「동아시아 전통사상과 통일체적 세계관의 구성」, 『한국학논집』 제33집, 계명대학교 한국학연구원.
홍윤기(2006), 「도덕·윤리의 철학귀속성과 도덕·윤리 교육의 정체성 : 철학과 윤리학의 학문이론적 근거정립을 바탕으로」, 『철학연구』 제76집, 철학연구회.
홍윤기(2007), 「도덕교과와 철학, 그 불가피한 내재적 연관성과 학문적 확장양상 : 박병기의 "도덕 교과와 철학, 그 연속성과 불연속성 : 홍윤기의 '도덕·윤리의 철학귀속성과 도덕·윤리 교육의 정체성'에 대한 도덕교육론적 응답"에 대한 재응답」, 『사회와 철학』 제14집, 사회와철학연구회논문집.

6. 외국 자료

段玉裁 注(1997), 許慎 撰, 『說文解字注』, 上海 : 上海古籍出版社.
Aaron Ben-Ze'ev(1997), "Emotions and Morality", *Journal of Value Inquiry*, 31(2), pp.195-212.
Bennett W. Helm,(2001), "Emotions and Practical Reason : Rethinking Evaluation and Motivation", *Noûs*, 35(2), pp.190-213.
F. S. C. Northrop(1946), *The Meeting of East and West*, New York : Collier Books.
Frimer, Jeremy A. & Walker, Lawrence J.(2008), "Towards a new paradigm of moral personhood", *Journal of Moral Education*, v37 n3, Oxford : Routledge, pp.333-356.
Rachels, James & Rachels, Stuart(2007), *The Elements of Moral Philosophy*, New York : The McGraw-Hill Companies.

Ravenscroft, Ian(edit)(2009), *Minds, Ethics, and Conditions : Themes from the Philosophy of Frank Jackson*, Oxford University Press.

Renzulli, Joseph S.(2003), "Conception of giftedness and its relationship to the development of social capita", Colangelo, Nicholas & Davis, Gary A.(Eds), *Handbook on Gifted Education*(3rded.), Boston : Allyn & Bacon, pp.75-87.

Roeper, Annemarie(1989), *Educating children for life*, New York : Royal Fireworks Press.

Sandel, Michael J.(2005), *Public Philosophy : Essays on Morality in Politics*, Harvard University Press.

Spencer, Herbert(1861), *Education : intellectual, moral and physical*, New York : A. L. Burt Company.

Sternberg, Robert J.(2000), "Wisdom as a form of giftedness", *Gifty Child Quarterly*, v44 n4, pp.252-259.

Sternberg, Robert J.(2003), "Giftedness according to the theory of successful intelligence", Colangelo, Nicholas & Davis, Gary A. (Eds), *Handbook on Gifted Education*(3rd ed.), Boston : Allyn & Bacon, pp.88-99.

Sternberg, Robert J.(2005), "The theory of successful intelligence", Revista Interamericana de Psicolog a(Brazil), *Interamerican Journal of Psychology*, v39 n2, pp.189-202.

7. 인터넷 및 기타 자료

국가교육과정정보센터(2009a), "2009 개정시기 〉 초·중등학교(2009.12) 〉 총론 〉 [붙임 2] 초·중등학교 교육과정 총론 신구 대조표", http://ncic.kice.re.kr/nation.kri.org.inventoryList.do(검색일 : 2010.04.22).

국가교육과정정보센터(2009b), "2009 개정시기 〉 고등학교(2009.12) 〉 도덕과 〉 1. 생활과 윤리 〉 1. 성격 / 2. 목표 / 3. 내용(가. 내용체계, 나. 영역별 내용)", http://ncic.kice.re.kr/nation.kri.org.inventoryList.do(검색일 : 2010.04.22).

국가교육과정정보센터(2009c), "2009 개정시기 > 고등학교(2009.12) > 도덕
과 > 2. 윤리와 사상 > 1.성격 / 2.목표 / 3. 내용(가. 내용체계, 나. 영역별
내용)", http://ncic.kice.re.kr/nation.kri.org.inventoryList.do(검색
일 : 2010.04.22).

국가교육과정정보센터, 2009, "2009 개정시기 > 초·중등학교(2009.12) > 총
론 > [붙임 2] 초·중등학교 교육과정 총론 신구 대조표", http://ncic.
kice.re.kr/nation.kri.org.inventoryList.do?pOrgNo=10016260#(검색
일 : 2010.08.09).

국가교육과정정보센터, 2009, "2009 개정시기 > 초·중등학교(2009.12) > 총
론 > II. 학교급별 교육과정 편성과 운영 > 2. 중학교", http://ncic.kice.
re.kr/nation.kri.org.inventoryList.do?pOrgNo=10016260#(검색일 : 2
010.08.09).

김원배(2008), "[창간특집-글로벌플레이어] 다문화 시대", http://www.
etnews.co.kr/news/detail.html?id=200809180054(기사등록일 :
2008.09.24)(검색일 : 2010.04.22).

김은표(2008), "한국을 먹여 살릴 6대 미래기술", 『매일경제신문』, 2008.03.
06, 19면.

김태익(2009), "손의 퇴화", http://srchdb1.chosun.com/pdf/i_service/rea
d_body.jsp?ID=2009070300051&srchCol=pdf&srchUrl=pdf1(검색일 :
2009.07.13).

다음 백과사전, "한국학 (학문) [韓國學, koreanology]", http://enc.daum.
net/dic100/contents.do?query1=b24h2791b(출처 : 브리태니커)(검색일
: 2010.04.23).

연합뉴스(2008), "일본 교육체제 뜯어고친다 … 월말 교육개혁안 확정",
http://news.media.daum.net/foreign/asia/200801/06/yonhap/v195
03388.html(검색일 : 2008.01.06).

위클리 공감(2010), "국제결혼 맞선 보려면 소양교육 받아야", 대한민국 정책포
털 공감 코리아(2010.07.27), http://korea.kr /newsWeb/pages/brief
/categoryNews2/view.do?newsDataId=148697280(검색일 :
2010.08.10).

유석재(2008), "21C 코리아에도 '선비'는 태어난다", 『조선일보』, 2008.10.21,
23면.

이만열(2012), "'선비'를 한국의 상징으로 키우자", 『한국경제』, 2012.04.21, A 31면.

이유(2007), "유엔, 한국 '단일 민족국가' 이미지 극복 권고", http://www.hani.co.kr/arti/society/society_general/229825.html(기사등록일 : 2007.08.19)(검색일 : 2010.04.22).

정권현(2007), "일본, 월반·대학 조기입학 허용 : 교육개혁 가속화 … '도덕교육'도 강화키로", http://news.chosun.com/site/data/html_dir/2007/12/15 /2007121500051.html(검색일 : 2008.01.06).

지홍구(2010), "도넘은 국제결혼 사기…베트남인 4명 동포 속여 3억 원 뜯어", http://news.mk.co.kr/v3/view.php?year=2010&no=429317(매일경제신문, 2010.08.09)(검색일 : 2010.08.10).

http://100.daum.net/encyclopedia/view.do?docid=b10b1714a(검색일 : 2011.11.04). : 다음 백과사전 브리태니커.

http://100.daum.net/encyclopedia/view.do?docid=b12s0826a(검색일 : 2012.04.11).

http://100.daum.net/encyclopedia/view.do?docid=b18a0739a(검색일 : 2012.04.11).

http://100.daum.net/encyclopedia/view.do?docid=b23p2621a(검색일 : 2012.03.06).

http://db.itkc.or.kr/index.jsp?bizName=MM : 한국고전번역원 〉 한국고전종합DB 〉 한국문집총간 〉 여유당전서(與猶堂全書).

http://db.itkc.or.kr/index.jsp?bizName=MM : 한국고전번역원 〉 한국고전종합DB 〉 한국문집총간 〉 여유당전서(與猶堂全書).

http://dic.daum.net/search.do?q=%EB%9D%A0%EC%95%97(검색일 : 2012.03.13).

http://dic.daum.net/word/view.do?wordid=kkw000277215&q=%ED%8F%89%EA%B7%A0(검색일 : 2012.03.06).

http://www.segye.com/Articles/NEWS/CULTURE/Article.asp?aid=20120318020978&subctg1=&subctg2=(검색일 : 2012.04.29).

http://www.segye.com/Articles/NEWS/SOCIETY/Article.asp?aid=20111004006340&subctg1=&subctg2(검색일 : 2011.11.03). : 세계일보(김보은

기자), "남북관계 한파… 북한학과의 몰락".

http://www.seoul.co.kr/news/newsView.php?id=20101018030001(검색일 : 2011.06.07). : 이영, "우리나라 대학진학률은 너무 높은가?", 『서울신문』(2010.10.18).

http://www.seoul.co.kr/news/newsView.php?id=20110305011018(검색일 : 2011.06.07). : 김효섭·최재헌, "대학진학률 2년 연속 감소세 왜? : 가치관의 변화? 통계의 허구?", 『서울신문』(2011.03.05).

http://www.seoul.co.kr/news/newsView.php?id=20111007030014(검색일 : 2011.11.03) : 서울신문(윤설영 정치부 기자), "[오늘의 눈] 북한학과가 사라진다는 것".

EBS 다큐프라임(2008), "초등생활보고서", 제3부 〈나눔〉, 2008.07.09 방영.

EBS 다큐프라임(2008), "아이의 사생활", 제4부 〈다중지능〉, 2008.05.19 방영.

글의 출처

【제1부】 유교의 현재성과 도덕교육적 의미

제1장 전통도덕의 한계와 새로운 도덕성

「전통도덕의 한계와 새로운 도덕성 탐색을 위한 시론 : 유교, 그리고 창의성과 도덕성의 상생을 중심으로」, 『중등교육연구』 제57집 제1호, 경북대학교 중등교육연구소, 2009.

제2장 유교에서 배움의 본질과 도덕교육

「『논어』〈학이〉에 나타난 '배움[學]'의 본질과 도덕교육 : 『논어집주』와 『논어고금주』를 중심으로」, 『도덕윤리과교육』 제33호, 한국도덕윤리과교육학회, 2011.

제3장 공자사상에서 정서교육의 해법 찾기

「공자사상에서 정서교육의 해법 찾기」, 『동양철학연구』 제61집, 동양철학연구회, 2010.

제4장 남명 조식의 선비정신과 도덕교육

「남명 조식의 선비정신과 도덕교육 : 의(義)를 중심으로」, 『도덕윤리과교육』 제36호, 한국도덕윤리과교육학회, 2012.

제5장 다산 정약용의 성(誠) 수양과 도덕교육

「다산 정약용의 성(誠) 수양과 도덕교육」, 『도덕윤리과교육』 제35호, 한국도덕윤리과교육학회, 2012.

【제2부】 유교의 도덕교육적 위상과 통섭

제1장 "동양윤리" 영역 교과지식의 재구조화 원리

「도덕과 "동양윤리" 영역 교과지식의 재구조화 원리」, 『도덕윤리과교육』 제30호, 한국도덕윤리과교육학회, 2010.

제2장 초등 전통윤리교육의 문제점과 활성화 방안

「초등학교 전통윤리 교육의 문제점과 활성화 방안」, 『윤리연구』 제68호, 한국윤리학회, 2008.

제3장 '바른생활'·'도덕'의 전통윤리교육 분석

「초등학교 '바른생활'·'도덕'의 전통윤리교육 분석과 과제 : 2007 개정 교육과정을 중심으로」, 『윤리연구』 제77호, 한국윤리학회, 2010.

제4장 고등학교 '전통윤리' 교과서 분석

「고등학교 '전통윤리'에 대한 체계적 분석 및 평가」, 『중등교육연구』 제53집 제2호, 경북대학교 중등교육연구소, 2005.

제5장 유교원리에 의거한 다문화교육 방안

「유교원리에 의거한 다문화교육 방안 탐색」, 『윤리연구』 제78호, 한국윤리학회, 2010.

제6장 통일교육의 동양철학적 기초

「통일교육의 동양철학적 기초」, 『통일·다문화교육연구』 제10집, 한국교원대학교 통일·다문화교육연구소, 2011.

찾아보기

ㄱ

가경(佳境)　171
가계(家系)　132
가드너　34, 39, 41, 44
가르침[敎]　52
가시적 영재성　32
가역적 사고　30
가위호학(可謂好學)　59
가정에 의한 개념(concepts by postulation)　92
가정윤리　208, 296
가족 윤리　219
가족적 정실주의　271, 358
가치 관계 확장　261
가치ㆍ덕목　250, 254, 257, 263, 267
가치 상대주의적 관점　242
가치 지향적　50, 368
가치 허무주의　373
가치관　54, 302
가치상대주의　240
가치의 다원성　349
가치지향성　75
가치판단　118, 300
가치혼란　315
가훈　163

각론적 교과　314
간접 체험　326
간접적 리더　36
갈등　111, 118, 397
갈등 상황　90
갈등과 평화　396
갈력(竭力)　63
갈암(葛庵) 이현일(李玄逸, 1627~1704)　144
감각　104, 110
감각적　89, 94, 118
감각적 욕구　110, 111
감각적 인식　93, 94
감각질(Qualia)　87
감성　110, 111, 114
감성지수　35
감수성　118, 187
감정　84, 87, 88, 89, 96, 98, 99, 104, 106, 107, 116, 118, 205
감정ㆍ정서　90, 91, 93, 95, 97, 102, 103, 107, 110, 112
감통(感通)　165
갑자사화(甲子士禍)　134, 136
강단철학　206, 240

「강정우음(江亭偶吟)」 143
개념 158, 161, 164, 287
개념화 158, 159, 160, 162, 163, 164, 180, 191
개별성 408
개별자들의 특수성 406
객관성 117, 119, 387
거대담론 348
건곤이감 296
걸왕(桀王) 104
검욕(儉欲) 95
검욕(檢欲) 412
『격몽요결(擊蒙要訣)』 155, 284, 285, 290
격물(格物) 165
격물치지(格物致知) 18
견리사의(見利思義) 19
견자(獧者) 108
경(經) 240
경(敬) 68, 105, 120, 126, 127, 145, 146, 147, 161, 162, 164, 371, 374, 407
경계 72, 107, 121, 142
경신(敬身) 284
경애 250, 255
경온 스님과 이별하면서[別敬溫師] 139
경의(敬義) 146, 155
경장(敬長) 127
경전(經典) 234, 237, 240
경제윤리 332
경천 사상 312
경험적 교수·학습 방법 342

계구(戒懼) 145
계부당(鷄伏堂) 136, 149
계사(溪舍) 142
계신공구(戒愼恐懼) 180
고등정신능력 35
고등학교 200
고려장 256
고문체 140
고봉(高峰) 기대승(奇大升, 1527~1572) 138
고식적 율법주의 358
고전詩, 書, 易 등] 53, 224
고증작업 55
고증학 358
공(空) 93, 162, 201, 400
공간지능 34, 39
공감(sympathy) 89
공감 89, 90, 102, 107, 108, 109, 110, 113
공감능력(empathy : 타인의 문제를 그들의 입장에서 생각하는 것) 109, 118, 373, 374
공경 192, 372
공납(貢納) 135
공동선 352, 353
공동체 244, 250, 255, 312
공동체주의 335
공맹(孔孟) 53, 181, 400
공영달(孔穎達) 172
공자 18, 22, 42, 43, 46, 52, 53, 54, 55, 56, 57, 58, 62, 68, 71, 75, 77, 82, 97, 98, 99, 100, 101, 102, 104, 105, 106, 107, 109, 113, 114, 117,

162, 174, 176, 205, 233, 237, 364, 366, 367, 407
공적(空寂)　144, 169
공전제도(公田制度)　135
공정성　117, 202, 232
공정함(fairness)　374
공존　41, 189, 356, 375, 377
공중도덕　298, 299
과거 지향적 보수성　358
과밀학급　248
과욕(寡欲)　53
과학기술　48, 203, 246
과학만능주의　84
과학주의　159
과학지상주의　85
곽순(郭珣)　136
곽재우　152
관계성　182, 187, 367, 395, 406, 419
관계적 경　371
관념적 영역　399
관념적 완성체　419
관념화한 이성　92
관둔전(官屯田)　135
관물찰리(觀物察理)　145
관물찰세(觀物察世)　145
관용(tolerance)　374
〈관저〉　98
관점 바꾸기　109
관점의 문제　332
관평(寬平)　169
관포지교　296
관혼상제(冠婚喪祭)　234
광개토대왕　288

광대(廣大)　169
광자(狂者)　108
교과 내용의 난이도　308
교과 분할 과정　309
교과 중심주의 관점　391
교과내용지식　209
교과서　126, 217, 255, 257, 281, 299, 328, 337, 346
교과연구방법　209
교과지식(subject knowledge)　200, 211, 212, 216, 224, 227, 228, 229, 230, 233, 235, 236, 238, 304
교사(教師)　51
교사 교육　270
교사 권위　248
교사 양성기관　301
교사 재교육　270
교사 후 교육　302
교사교육　191, 268
교사용 지도서　294, 328
교사의 인식　287
교사의 질　302
교서(教書)　133
교수(教授)-학습(學習)　51
교수・학습 방법　324, 325, 342
교수・학습의 기본 원칙　334
교언영색(巧言令色)　66
교육 내용의 적정화　291
교육과정　36, 47, 82, 116, 199, 208, 209, 217, 227, 228, 248, 280, 289, 299
교육환경　112, 254, 303
교제(交際)　66

교학(敎學) 363
교화(敎化) 70, 333, 411
구경(九經) 173, 177, 178
구급(救急) 133
구방심(求放心) 53
구이지학(口耳之學) 141
구조주의적 입장 242
국가 경쟁력 29
국가·민족 생활 254
국가·사회·자연과의 관계 251
국가 윤리 221
국가 임용고시 302
국가 제일주의적 관점 419
국가경쟁력 48
국가공동체 412
국가브랜드 376
국가사회생활 234
국가애 250, 255
국가와 윤리 209
국가주의적 관점 391
국민공통기본교육과정 259
국민윤리 209, 223
국민윤리학(國民倫理學) 208, 210
국자감(國子監) 363
국제결혼 376
국제사회 122, 123
국제윤리 208
국학(國學) 363
군자(君子) 42, 52, 53, 56, 58, 64,
　　65, 66, 68, 71, 74, 98, 102, 116,
　　120, 128, 129, 148, 166, 167, 168,
　　177, 180, 240, 416
굿 개념 340

궁극적 본체 168
궁극적 원리 201
궁극적 이상사회 420
궁극적 존재 192
궁극적 질서 419
궁리(窮理) 142
권리(權利) 개념 335
권위 117, 188
권학(勸學) 53, 130
권형(權衡) 233
귀신(鬼神) 175, 180, 183
귀신장(鬼神章, 제16장) 172, 173,
　　174, 183
귀취(歸趣) 146
규범윤리학 203
규범의 내면화 249
규범적 차원 42
그릇[器] 79
그리스도교 윤리 사상 226
극기 64, 65
극치(克治) 145
근대 이성 191
근사록 290
글 외우는 것 60
글쓰기 60, 77
금상(今上) 133
금속활자 298
금욕주의 23
금장태 교수 138
급박(急迫) 71
기(氣) 96
기독교 246
기독교 사상 336

기묘사화(己卯士禍)　134, 136
기본생활습관　248, 251, 272, 278, 282, 305
기본생활태도　253, 274
기부문화　116
기쁨[說]　76
기상(氣像)　138
기술(skills)　291
기술정보사회　36
기신론적(起信論的) 사유(思惟)　235
기예(技藝)　79
기질　143
기질적 특성　137
기초연구　200
기초학문　49
길[道]　198
김굉필　136
김구　288
김득중 선생　330
김상봉 교수　386
김성기 교수　360
김식(金湜)　136
김옥균　256
김정(金淨)　136
김창숙 선생　297
김충렬 교수　125
김해　149
깨어있음　192

ㄴ

나-그것(Ich-Es)　395
나-너(Ich-Du)　395
나라사랑　288, 299

낙관주의　33
낙학(樂學)　76, 83
난(亂)　130
난이(難易)　94
난이도　336, 346
난타　299
남궁억 선생　297
남녀칠세부동석　19
남명(南冥) 조식(曺植, 1501~1572)
　124, 125, 126, 127, 134, 135, 136, 138, 140, 141, 143, 144, 145, 148, 150, 151, 152
남북관계의 갈등　397
남송(南宋) 시대　121
남용(南容)　100, 101
남쪽 창문　108
낱말 맞추기　289
내면화　248, 254, 257, 278, 316
내외(內外, 心身)　78
내외(內外) 관계　147
내용 체계표　254, 262, 264
내용선정 원칙　252
내용영역　82, 262
내용의 난이도　337, 340
내용의 일관성　346
내용의 적정화　259
내용의 중복　336
내재적 가치　229
내적 성찰　183
넬슨 만델라　33
노드롭(F. S. C. Northrop)　92
노래자(老萊子)　297
노병(老病)　133

노예 243
노자 94, 95, 233, 344, 401, 404, 410, 415
노자·장자 256
노장학(老莊學) 140, 143
녹색 교육 210
논리수학지능 34, 39
논리실증주의 203
논리적·합리적 사고 88
논술 327
『논어』 45, 47, 52, 54, 55, 79, 80, 91, 97, 98, 99, 103, 104, 111, 128, 130, 256, 298, 344
『논어고금주(論語古今註)』 46, 55
『논어집주(論語集註)』 46, 55
놀토 268
뇌과학 86
뇌룡사(雷龍舍) 136, 149
뇌의 발달 273
뇌풍(雷風) 138
능득(能得) 147
능력(ability) 39, 291

ㄷ

다도 체험 302
다마지오(Antonio Damasio) 113
다면성 195
다문화 259, 350, 356, 360
다문화교육 207, 263, 305, 348, 353, 354, 355, 366, 372, 381, 391
다문화사회 207, 348, 349, 352, 374, 397
다문화윤리(多文化倫理, multi-cultural ethics) 373, 380
다문화적 보편성 372
다문화정책 355
다문화주의(Multikulturalismus) 356, 379
다문화코드 348, 351, 359
다산(茶山) 정약용(丁若鏞, 1762~1836) 56, 60, 61, 62, 64, 65, 67, 69, 70, 71, 72, 75, 76, 77, 163, 164, 165, 168, 169, 171, 173, 175, 179, 180, 182, 183
다양성 26, 41, 204, 207, 375
다양성[다원성] 356
다양성[다원주의] 351, 380
다양한 평가 방법 342
다양화 261, 303
다원공동체적 국가 417
다원문화(multi-culture) 354
다원성[다양성]의 공존 352
다원주의 352
다인수학급 275
다인종국가 352
다중지능 26, 35, 39, 41, 44
다중지능(Multiple Intelligence) 34
다큐멘터리 제작팀 21
다학문적인 한국학 213, 311
단계적 관계성 406
단서[端] 129
단서(端緒) 131
단성소 150
단성현감 137, 149
단일민족 207, 357
단일성 355

당위(當爲) 53, 72, 80
대간(臺諫) 151
대곡(大谷) 성운(成運, 1497~1579) 148
대도(大道) 405, 408, 409, 413
대도(大道)의 자유자재함 409
대동사회(大同社會) 17, 18, 19, 74, 361, 362, 364, 375, 380, 413
대립과 갈등 419
대승과 소승 358
대승불교 414
대안의 추구 316
대인(大人) 42
대자적으로(pour soi) 394
대전(大殿) 133
대중매체 110
대중적 글쓰기 238
대토지겸병 135
대학(大學) 367
대학 277, 297, 366
『대학』 18, 147, 165, 166, 178, 180, 181, 182, 183
대학 진학률 47
대학의 도(道) 74
대화의 시간 38
덕(德) 57, 66, 68, 71, 77, 79, 107, 108, 116, 167, 169, 180, 182, 233
덕경(德經) 233
덕교육 316
덕목 59, 104, 120, 171
덕성(德性) 78
덕성의 형성 249
덕육(德育) 265
덕치(德治) 109, 416

덕화(德化) 187
던롭(Dunlop) 118
도(大道) 408
도(道) 52, 56, 58, 64, 65, 66, 70, 74, 76, 77, 78, 79, 94, 105, 128, 162, 176, 180, 201, 400, 404, 405, 417
도가 93, 95, 96, 117, 118, 162, 199, 201, 267, 320, 322, 331, 338, 399, 408, 412, 417
도가·도교 224
도가·도교 윤리 사상 225
도가니 개념(The Melting Pot Concept) 354
도경(道經) 233
도구이성 159, 164, 188, 189, 204
도구적 지식관 49
도덕 46, 85, 218, 229, 246, 275, 281
도덕 윤리 226
『도덕감정론』(The Theory of Moral Sentiments) 89
도덕경(道德經) 233, 344
도덕공동체 374
도덕과 195, 197, 211, 239
도덕관념 245
도덕교육 47, 74, 79, 81, 82, 90, 91, 112, 119, 126, 155, 157, 160, 184, 191, 235, 242, 271, 373
도덕교육의 파시즘 386
도덕성 18, 21, 22, 26, 33, 34, 37, 41, 53, 90, 110, 117, 303, 365
도덕심리학 384
도덕적 가치 115, 118
도덕적 가치문제 88

도덕적 감성 114
도덕적 감수성 91, 108, 109, 113,
    114, 187, 289, 304
도덕적 감정·정서 91, 118
도덕적 공감 109
도덕적 내면화 256
도덕적 능력 42, 44, 260
도덕적 민감성 187, 279
도덕적 사고력 272
도덕적 수양 366
도덕적 앎 91, 112, 113, 114
도덕적 열정성 327
도덕적 의사소통 기능 261
도덕적 인격(moral personhood) 38,
    43
도덕적·인격적 천(天) 411
도덕적 정서 91, 97, 103, 104, 105,
    106, 107, 108, 109, 110, 111, 112,
    113, 114, 118, 119, 205, 231, 374
도덕적 존재 370
도덕적 주체로서의 나 80
도덕적 판단력 278
도덕적 합리성 모델 38
도덕적 해결 능력 264
도덕적 행동 91, 122
도덕정치 134
도덕지능 22, 26, 34, 35, 373, 374
도덕지수 35
도덕철학 201
도리(道理) 70, 128, 129
도불(道佛) 161
도산 안창호 299
도산정사(陶山精舍) 142

도스토옙스키 298
도심(道心) 204, 374
도인(道人) 75
도추(道樞) 122
도학 121, 122, 139, 151
도학(道學) 선비 124
도학자 140
도학적 선비정신 154
도학적 의리(義理) 156
독립 과목 321
독일 통일 390
독자성 289
독자적 학문영역 387
동(同) 407
동국대 북한학과 388
동기화 90, 113
동몽선습 285, 290
동서양 고전탐구 155
동서양의 전통적 교육관 229
동아시아 199, 202
동양 의학 96
동양사상 119, 199, 202, 204, 211,
    212, 301, 405, 419
동양사상(불교·도가·유교) 92
동양사상과 현대 185
동양윤리 195, 196, 197, 198, 199,
    200, 203, 208, 210, 212, 216, 224,
    227, 230, 231, 235, 237, 239, 240,
    241, 385
동양윤리교육 211, 212
동양윤리교육학회 211, 291, 301
동양윤리학 203
동양의 수양론 92, 93

찾아보기 **451**

동양철학 196, 197, 198, 200, 203, 234, 238, 332, 346, 390, 418
동양철학[한국전통철학] 202
동양학(East Asian Studies) 197
동질성 144
동학 336
동화 개념(Assimilation) 354
두레 288
두려울 만함이 심함(可畏之甚也) 168
두려움[畏] 168
등가적 의미 264
등극(登極) 150
디스토피아(distopia) 373
띠앗 신문 188
띠앗활동 187, 188

ㄹ

라다크리슈난 420
락(樂) 76, 82
렌즐리(Renzulli) 33
로퍼(Roeper) 33
롤즈식 공정성 201
리더십 교육 37, 116
리처드 도킨스(Richard Dawkins) 85

ㅁ

마니또 활동 187
마땅함 121, 127, 129
마루야마 24, 40
마르틴 루터 킹 목사 33
마멜리(Matteo Mameli) 113
마음(心, mind) 84, 86, 92, 96, 145, 162

만고(萬古) 146
만남 383, 385
만물의 자연성(自然性) 409
만인에 대한 만인의 투쟁 411
만종의 벼슬 148
말타기 60, 77
말풍선 채우기 287
망(罔) 75
『맹자』 129, 130
맹자 54, 59, 93, 107, 109, 123, 129, 131, 233, 256, 344, 366, 374, 410
메타(meta)-도덕교육적 의미 393
메타(meta)-교육 81
메타(meta)-도덕 46, 72, 80, 82
메타(meta)-배움 47, 50, 53, 72, 79, 80, 81, 82
메타윤리학 203
멘토(mentor) 38, 116
명(命) 73
명(明) 178
명가명 비상명(名可名 非常名) 158, 162
명덕(明德) 147
명륜(明倫) 284
명분론 364
명상(瞑想, meditation) 184, 185, 189, 190, 191, 206
명실상부(名實相符) 364
명심보감 256, 290
명종조(明宗朝) 133
모델링 116, 154, 325, 380
모방 52, 116, 117
모범적인 인물상 122

모순논리 182
모학문 영역 216
목민(牧民) 67
목적론적 윤리와 의무론적 윤리 226
목표 설정 290
목표 진술 248
몸가짐 274, 284
몽배원(蒙培元) 교수 407
무(武) 104
무(無) 162, 402
무감정증 35
무과불급(無過不及) 233
무관심 35, 118
무극(無極) 400
무명(無名) 401
무명(無明) 410
무물(無物)의 의사 144
무속신앙 207
무악(武樂) 104
무오사화(戊午士禍) 134
무왕 104, 176
무욕(無欲) 412
무욕의 욕 94
무위(無爲) 201, 412
무위이치(無爲而治) 412
무위자연 93, 203, 233
무위자연(無爲自然)의 경지 409
무지(無知) 94, 412
무지의 지 94
무진년에 올리는 봉사(戊辰封事) 150
무진봉사(戊辰封事) 137, 150
무진육조소(戊辰六條疏) 150
묵상 246

묵적(墨翟) 64
문(文) 61, 62, 101, 217, 237
문·사·철(文史哲) 213
문과 질 101
문둥병 109
문명 비판 316
문명 위기 92, 245
문명의 이기(利器) 415
문묘종사(文廟宗祀) 137, 153
문물의 조화 407
문부과학성 265
문식(文飾) 62, 238
〈문언전〉 172
문예(文藝) 62
문왕 176, 180
문제아 개념 160
문제의식 307
문질(文質)의 원리 217, 232, 236
문질빈빈(文質彬彬) 237
문학작품 99, 104, 114
문화 102, 103, 110, 349, 351
문화 기술적 방법(ethnographic method) 31
문화 다원주의 352
문화 복수주의(cultural pluralism) 354
문화 상대주의 159
문화다원성 357, 372
문화다원주의(Kulturpluralismus) 356, 379
문화예술 111, 112, 114, 119
문화와 도덕 40
문화와 예술 112
문화의 이질화 399

문화적 복수주의(Cultural Pluralism) 354
문화적 특수성 355
문화창조의 능력 205
물리적인 존재 87
물리주의 84
물욕(物慾) 78
물질주의 49, 159, 189
물질지상주의 240
물체 없는 형상(形象) 95
미(美) 93
미(微) 94
미국의 다문화교육 353
미국의 소수집단우대정책(affirmative action) 352
미래사회 21, 24, 25, 26, 29, 33, 41, 42, 239, 303, 419
미래학자 304
미셸 보바 373
미언대의(微言大義) 55
미의식 85
민간신앙 199
민감성 114, 389
민본 사상 221
민본주의와 민주주의 226
민심 150, 151
민전(民田) 135
민족 윤리 221
민족 정체성 교육 213, 217, 309, 311
민족 주체성 311
민족애 250, 255
민족적 정체성(National Identity) 315
민족주의와 세계주의 227

민주 시민 교육 316
민주주의 19, 244, 364
민주주의 가치관 375

ㅂ

바나지(Mahzarin R. Banaji) 84
바른생활 249, 250, 253, 275, 276, 278, 281, 284, 287, 306
박물관의 유물 20
박병기 교수 382, 386
박재주 교수 402
반(反)도덕과교육론 243
반(反)도덕교육론 242
반공(反共)교육 387
반야심경 93, 344
반편견교육 378, 380
반형이상학적(反形而上學的) 풍조 245
밥상머리 교육 274
방납(防納) 135
방실(放失) 78
방영준 교수 417
방편(方便) 235, 238
배려 116, 283, 293
배려윤리 90
배움[學, 학문] 45, 46, 50, 51, 53, 58, 59, 61, 62, 63, 64, 65, 69, 72, 73, 74, 76, 80, 82, 83, 114
배움[學]의 본질 59
백공(百工) 177
백규(白圭) 100
백년지대계(百年之大計) 303
백성[民] 개념 70

백어(伯魚) 100
백우(伯牛) 108, 109
백인 청교도문화 354
벽립천인(壁立千仞) 139, 143
변증법적 통일태 404
변환의 원리 230
병이(秉彛)의 양심(良心) 131
보(洑, 방죽) 135
보고(寶庫) 54
보살(菩薩) 161, 416
보살 240
보편윤리 359, 360
보편적 가치 50, 393
보편화 126, 153, 189, 240
복성(復性) 172
본래적 의미[體] 120
본말(本末) 75, 78, 147, 165
본받음[效] 59
본성[性] 162
본성(本性, 其初) 59
본연지성 172
본질[質] 102, 103, 124, 160, 162
본질 도덕성 22, 43
본체론 200
본체론적 관점 402
봉건사회 19
봉공(奉公) 221
봉사(封事) 133
봉사활동 187, 261
부(富) 창출 23, 25, 27, 41
부버(Martin Buber) 395
부의 창출 22, 26, 40
부자(夫子) 99

부재夫子, 공재 68
부침(浮沈) 388
북송(北宋) 121
분과주의 195
분별력(conscience : 옳고 그름을 판단하는 데 도움을 주는 내면의 목소리) 373, 374
분별지(分別智) 408
분석적 영재성 32
불교 93, 95, 96, 117, 118, 137, 139, 144, 152, 161, 162, 199, 201, 206, 224, 267, 320, 322, 331, 338, 358, 399, 405, 410, 416
불국정토(佛國淨土) 414
불인인지심(不忍人之心) 191
붕당(朋黨) 134
비(費) 175
비교철학자 92
비동시적 발달 30
비빔밥 299
비선형적 잠재성 190
비판정신 154, 156
비판철학자 244
비표준화 24
빙고놀이 299

ㅅ

사(思) 75
사(射) 77
사(史) 237
사(賜, 子貢) 58
사(史, 겉치레만 잘함) 61
사고능력 배양 318

사관(史官) 133
사군(事君) 67
사단(四端) 374, 411
사랑 67, 106, 263, 293, 312
사량좌(謝良佐) 139
사례 256, 257, 258, 288
사림(士林) 134
사마시 136
사무(事務) 78
사무라이 123
사물접근법 145
사상(事象) 214
사색(思索) 75
사서삼경 290
사서오경(四書五經) 19
사양지심(辭讓之心) 374
사욕(私慾) 110
사유(思惟) 75
사이불학(思而不學) 75
사이비(似而非) 107
사자소학 296
사칠논쟁(四七論爭) 205
사화(士禍)의 시대 154
사화의 시대 133, 137
사회 환경 112, 258
사회과(social studies) 316
사회성지수 35
사회적 존재 구속성(Social Sein Gebun
 -denheit) 132, 386
사회주의적 입장 242
사회탐구영역 341, 346
산삭(刪削) 98
산해정(山海亭) 136, 139

삶[生] 131
삶의 질 115, 190, 206
삼강령(三綱領) 147
삼경(三經) 98
삼달덕(三達德) 173, 177, 178
삼대(三代:夏·殷·周) 363
삼대망국론 357
삼성(三省) 69
삼족당(三足堂) 김대유(金大有, 1479~
 1551) 151
삼지(三知)[生知·學知·困知] 173
삼행(三行)[安行·利行·勉强行] 173
삽화 286, 296, 330
상(上) 133
상(喪) 69, 102
상(常) 240, 404
상고시대 370
「상남명처사서(上南冥處士書)」 139
상달(上達) 155
상대주의 159, 243
상도(常道) 404
상례 70
상무(常無) 400
상반된 양극성 361
상보적 역할 301
상부상조(相扶相助) 256
상상력 91, 114, 145
상생(相生) 21
상선약수(上善若水) 412
상소(上疏) 150
상소문 140, 154, 156
상업주의 258, 270
상유(常有) 400

상장례 331, 343
상제(上帝) 175, 180, 370
상제천(上帝天) 181, 182
상제천(上帝天) 개념 165
상징 이미지 122
상천(上天) 201
새뮤얼 헌팅턴 351
새터민 263
색(色) 166
색·수·상·행·식(色受想行識) 93
색즉시공, 공즉시색(色卽是空, 空卽是色) 93
생멸(生滅) 235, 400
생멸·진여의 인식원리 236
생명·성윤리 219
생명 존중 사상 312
생명윤리교육 306
생명존중 250, 255, 263, 293
생명존중사상 324
생사(生死)의 갈림 121
생성론 190
생애 설계 38
생이지지(生而知之) 63
생태 윤리 220
생활 경험 253
생활 경험의 원리 300
생활 영역의 확대 250, 254, 319
생활경험의 원리 280
생활과 윤리 211, 212, 214, 216, 217, 218, 221, 222, 227, 235, 236
생활습관 253, 282, 283
생활의 길잡이 253, 286, 287, 288, 296, 298
서(恕) 107, 109, 366, 367, 368, 374, 377
서(書) 77
서(恕)의 정신 256
서경 371
서구 지향적 가치관 345
서당(書堂) 266, 285, 290, 363
서당 훈장 298
서리(胥吏) 135
서리망국론(胥吏亡國論) 135
서산대사 139
서술형 평가 261
서양 도덕교육론 301
서양 심리학 161
서양윤리 196, 201, 208, 210, 231, 232, 236
서양현대윤리학 203
서울대학교 사범대학 국정 도서 편찬 위원회 329
서원(書院) 290, 363
서원 체험 302
서인(庶人) 130, 367
선(善) 59, 70, 161, 162
선(善)의 경향 171
선가(禪家) 170
선각자(先覺者) 59
선과 불선 93
선비정신(Seonbi Spirit) 120, 122, 123, 124, 126, 127, 129, 152, 153, 155, 156, 157, 297
선왕(先王) 58, 151
선유(先儒) 62

찾아보기 **457**

선인(先人) 52, 75, 245
선입견 161, 162
선입견[편견] 160
선조 150
선종(禪宗) 414
선종과 교종 358
선진(先秦) 시대 359
선치(善治) 133
선택 과목 223, 346
선택중심 교육과정 259
선행 연구 336
선현(先賢) 76
선현들의 가르침[道] 80
선형적 마음 190
선형적 표현 190
선후(先後) 78
성(省) 69
성(成) 163
성(性) 67, 96, 178
성(誠) 120, 161, 162, 163, 164, 165,
　　　167, 168, 169, 171, 172, 173, 175,
　　　176, 177, 178, 179, 180, 181, 182,
　　　183, 189, 369
성(誠) 개념 164
성(誠) 수양 164, 181, 191
성(誠)=신독(愼獨) 174
성(誠)과 경(敬) 368, 378
성균관(成均館) 290, 363
성론(誠論) 165
성리(性理) 146
『성리대전(性理大全)』 148
성리설 138
성리학 18, 19, 93, 96, 137, 143, 152,
　　　163, 204, 313, 358, 370, 371, 400,
　　　408
성명(性命) 179
성선설 53, 240
성성(惺惺) 146
성신(誠信) 172
성실(誠實) 163, 250, 255, 372
성심(誠心) 63, 79, 168
성악설 53
성왕(聖王) 416
성왕들의 치세 416
성우(成遇) 136
성의(誠意) 166, 168, 170, 171, 181
성의·정심 170
성인(聖人) 42, 109, 165, 178, 417
성정(性情) 98
성지(誠之) 172, 178
성찰 69, 76, 82, 169, 185, 229, 245
성찰과 수양 121
성찰일기 쓰기 185
성찰적 삶 367
성취 기준형 내용-진술 291
성취기준형(achievement standards)
　　　방식 295
성취기준형 내용-진술 262
성취수준 277
성학(聖學) 151
성학십도(聖學十圖) 96, 155, 371
성현(聖賢) 52, 78
세계 공동체 421
세계 시민 210, 315
세계 시민성 교육 391
세계 평화 392

세계공동체 412, 421
세계관 54
세계시민 350
세계시민성 393, 397
세계주의적 관점 391
세계화 21, 159, 259, 289, 303, 307
세속세계 414
세종대왕 288, 297
세종대왕상 298
소(韶) 98, 104
소강사회(小康社會) 413
〈소남〉 100
소도(小道) 408
소로우(Henry David Thoreau, 1817~1862) 415
소비 110, 111, 114
소악(韶樂) 97, 103
소외 159
소위장(素位章, 제14장) 173
소이(所以) 65
소인(小人) 42, 416
소인 116, 129, 168
소중화사상 357, 358
소체(小體, 육체) 64
소통능력 350
소학 19, 74, 277, 283, 285, 290
손의 퇴화 273
손홍록 299
솔선수범 116
송(頌) 99
송대 122
송흠 297
쇄소응대(灑掃應對) 74

쇠젓가락 273
수(數) 77
수(受) 76
수기(修己) 74, 147, 377
수기이치인(修己而治人) 380
수기치인(修己治人) 18, 79, 366
수능 시험 328
수능 출제 방식 341
수능 평가 328, 340
수성(守成)의 시대 134
수습(修習) 76
수신(修身) 147, 166, 177, 181, 184, 361, 366
수양(修養) 124, 158, 160, 161, 162, 164, 189, 192, 201, 204, 205, 385
수양론(修養論) 138, 161, 204, 206, 240
수양법 127, 163, 178, 182, 189
수오지심(羞惡之心) 120, 121, 129, 131
수월성 26
수월성 교육 27
수장(首章) 59, 172, 173, 174
수정(守靜) 95
수편(首篇) 56, 130
수행(修行) 189, 201, 204, 385
순(順) 65
순암(順菴) 안정복(安鼎福) 141
순임금 98, 104
순자(荀子) 53, 54, 130, 181, 344, 366
순혈주의 355, 357
술이부작(述而不作) 234

숭명배청사상 358
숭조(崇祖)·친족(親族)간의 윤리 208
슈마허 244, 271
스스로 그러함[自然] 202
스타인버그(Sternberg) 32
스티커 활용 287
스펙트럼 197, 362, 384, 385
스펜서(Herbert Spencer) 228
스포츠 윤리 220, 235
습(習) 76, 77
습관 274, 279
습관화 254, 264, 277, 279, 282, 285, 305
승(僧) 140
승려 139
승화 104, 105, 106, 109, 110, 117, 124
시(詩)와 악(樂) 97
시·서(詩書) 175
『시경』 58, 97, 98, 99, 101, 114, 174
시대정신[Zeitgeist] 22, 23, 24, 41, 44, 234
시론(試論) 21, 44
시민사회 232, 252, 269, 293
시민윤리 196, 197, 232, 250, 252, 255, 293, 298, 300, 309, 333, 341
시방(十方) 세계 415
시비지심(是非之心) 374
시서(詩書) 61
시수 247
시습(時習) 60
시종(始終) 147
시중(時中) 233

시축(詩軸) 139
시폐(時弊) 133
식욕 115
신(神) 174, 175
신(信) 69, 105, 120
신경생물학 87
신경생물학자 113
신경코드 85
신독(愼獨) 165, 166, 167, 168, 169, 173, 174, 176, 178, 179, 181, 183, 184, 191, 297, 366, 368, 377
신명사도(神明舍圖) 146
〈신명사명(神明舍銘)〉 143, 146
신미년 133
신민(新民) 147
신사임당 156, 288
신성(Divinity) 190
〈신언명(愼言銘)〉 143
신자유주의 352
신종(愼終) 69
신종추원 59, 69, 70
신종추원(愼終追遠) 69, 70
신진관료 134
신체운동지능 34
실록(實錄) 133
실리(實理) 164, 165
실심(實心) 164, 165
실용 학문 78
실용주의 228, 389
실존 36, 42
실존주의 철학 394
실존지능 34, 39, 40, 44
실천[行] 37, 62, 90, 91, 120, 125,

155, 156, 165, 171, 295
실천 가능성 249, 279
실천학 127
실체 93
실학자 182
실행 170
심(心) 93, 181
심경(心經) 205, 371
심리적 불안정 114
심리철학(philosophy of mind) 86, 87
심리치료 114
심리학 161, 208
심리학·교육학 209
심미 24
심성론 203
심성의 함양 161
심성함양 228, 229
심신문제(mind-body problem) 86
심신이원론 84
심의위원 280
심의진 267
심재(心齋) 93, 161
심지(心知)의 작용 95
심층연구 195
「심통·성정도(心統性情圖)」 96
심화·보충형 308
심화 선택 308
심화과목 309
심화선택 223
십목십수(十目十手) 168, 183

ㅇ

아(雅) 99
아는 것 106
아담 스미스 89, 109
아도르노(Theodor W. Adorno, 1903~1969) 244, 315
아리랑 298
아리스토텔레스 362
아시아적 가치 202
아인슈타인 36
아치 베임(A. Bahm) 92
아킬레스건 387
아함경 344
아홉 가지 생각[九思] 104
악(樂) 77, 101, 407
〈악기(樂記)〉 172
악취(惡臭) 166
안보 의식 250, 255
안연 97, 106, 110
안의 299
안중근 288
안창호 256, 288, 296
안회 105
알인욕(遏人慾) 145
앎[知] 52, 113
애공 176
애공문정(哀公問政, 제20장) 173
애교·애향 250, 255
애민사상 154, 156
애환(哀鰥) 67
액션 러닝(Action Learning) 381
야누스의 두 얼굴 315
「야지(野池)」 143

약석(藥石) 141
양계초 99
양기(養氣) 53
양능(良能) 411
양립가능성 335
양명학 140, 358
양반계층 285
양시(楊時) 128
양심(良心) 120, 129, 132
양주(楊朱) 64
양지(良知) 411
〈양혜왕(梁惠王)〉 129, 130
어(御) 77
어량(魚梁) 142
어록(語錄) 54
어린이 철학교육 378
언론(言論) 138
언불진의(言不盡意) 158
언어 개발 119
언어 표현 문제 119
언어능력 28
언어지능 34, 39
언행 109
에고 190
에필로그 245
엔트로피 이론(Entropy Theory) 403
여성 차별 358
역(逆) 65
역사 132
역사 발전 50
역사적 변용 358
역사적 연계성 199, 200
역색(易色) 63

역지사지(易地思之) 109, 366, 374
연고주의 375
연기(緣起) 405, 410
연산군 135
연안(宴安) 121
열(說) 60, 76, 82, 83
『열녀전』 19
염치 272
엽전 한 닢 299
영리(榮利) 153
영성(靈性) 경영 시대 24
영역 간 발달불균형의 문제(asynchron
  -ous problem) 30
영욕(榮辱) 120
영재교육 22, 26, 27, 31, 32, 36, 41
영재교육원 31
영재교육진흥법 시행령 27
영재성 25, 31, 32
영재아 30, 32
영적 감수성 41
영혼 85, 86
예 59, 69, 102, 110, 111
예(藝) 77, 78
예(禮) 53, 58, 69, 70, 71, 72, 77,
  101, 105, 110, 120, 128, 131, 146,
  161, 233, 366, 374, 406, 407, 411
예·악·사·어·서·수(禮樂射御書
  數) 61
예국(穢國), 예토(穢土), 속계(俗界) 414
『예기』 17, 19, 71, 74, 172
예비교사 286, 392
예술 102, 104, 114
예악(禮樂) 102, 405

예악 101, 102, 112, 114
예악의 기준 103, 109
예의 98, 272, 312
예절 248, 250, 253, 255, 282, 284, 288, 293
예절교육 213, 239, 254, 266, 271, 271, 274, 309, 311
예지(叡智) 246
예화 187, 247, 256, 267, 294, 297
오계자(吾季子) 168
오달도(五達道) 173, 177
오온(五蘊) 93
오장육부 96
옥루(屋漏) 168
옥백(玉帛) 101
온고(溫故) 234
온고이지신(溫故而知新) 234, 239
온정주의 232
올바른 가치에 대한 존중[義] 43
올바름[義] 129, 154
완전체 개념 412
완전체에 대한 지향 399
완전한 깨달음 190
완전한 생활(complete living) 228
왕도의 실현 411
왕도정치 130
외경(畏敬) 54, 168, 169, 183, 188, 371, 372
외경성(畏敬性) 182, 183, 188
외경윤리교육 378
요가 206
욕구 30, 98, 107, 118
용(用) 67, 69, 71, 79, 234, 235, 406

용기(fortitudo) 246
우계(牛溪) 성혼(成渾) 148
우암(尤庵) 송시열(宋時烈, 1607~1689) 135
우인(友人) 99
우주본체론 201
우치(愚癡) 410
원문 해석 238
원불교 336
원시 신앙 사상 331
원시유교 165, 371, 400
월든(Walden) 호숫가 415
위(僞) 172
위기의식 195, 244, 265
위기지학(爲己之學) 136
위민 정신(爲民精神) 221
위상 208, 231, 247
위인(爲人) 65
유(由, 子路) 82
유(有) 162, 402
유·불·도(儒佛道) 209
유가(儒家) 127, 161
유관순 288
유교 17, 18, 19, 52, 55, 69, 73, 80, 95, 107, 120, 127, 161, 164, 171, 199, 202, 203, 205, 206, 224, 356, 357, 360, 380, 399, 410, 412
유교자본주의 20, 202, 357
유교정치 365
유기체 270
유기체적 405
유도리(여유) 교육 265
유명(有名) 401

유무(有無) 94
유불도(儒佛道) 52, 410, 416
유속(流俗) 107
유신(有信) 63
유씨(游氏, 游酢) 63, 66
유언 쓰기 186
유엔 인종차별철폐위원회(CERD) 207
유인희 교수 204
유일(遺逸) 133
유자(有子) 56, 58, 67
유자(儒者) 135, 143
유토피아 316, 413
유토피아 개념 412
유학 143, 201, 203, 320, 338
유학자(儒學者) 127, 136, 147
유협 정신 139
육경(六境:色聲香味觸法) 93
육근(六根:眼耳鼻舌身意) 93
육예(六藝) 61, 77, 78, 80
윤돈(尹焞) 64, 71, 76
윤리 24, 209, 223, 309
윤리교육의 철학귀속성 383
윤리교육학 231, 383
윤리와 사상 156, 197, 212, 223, 227, 235, 309, 310, 337, 341
윤리적 상대주의 373
윤리적 실제성 313
윤리적 이기주의 129
윤리적 정합성 181
윤리적 최대주의(Ethical maximalism) 359
윤리적 최소주의(Ethical minimalism) 359

윤리적 회의주의 203
윤리학 163, 208, 209, 245, 384
윤리학적 지식 자체 46
율곡(栗谷) 이이(李珥, 1536~1584) 124, 135, 137, 155, 164, 165, 284, 296
융통성 341
융합 195, 204
은(隱) 175
은비(隱費) 175
을묘년에 사직하는 상소문[乙卯辭職疏] 150
을사사화(乙巳士禍) 134, 136, 149
을지문덕 298
음부사건 140
음식윤리 115
음식을 내려주신 은혜에 감사드리는 상소문[謝宜賜食物疏] 150
음악 60, 77
음악지능 34
응용윤리 210, 211
응용윤리학 203
의(宜) 128
의(義) 103, 120, 121, 122, 123, 126, 127, 128, 129, 131, 145, 147, 148, 149, 152, 154, 366, 374
의(義)의 단서(端緒) 120
『의례』 19
의리(義理, loyalty) 58, 78, 122, 124, 138, 335
의병활동 152, 153
의사소통방식 36
의식(consciousness) 86, 190
의식 에너지 190

의식연구의 과학화　189
의식의 변화　191
의식주 생활　54
의식지도　189
의칙(儀則)　71, 406
이(理)　96, 128, 201
이(夷)　94
이(而)　234
이(理)　370
이(利)　73, 120, 127, 128, 129, 154
이(理)의 보편성　408
이(利)의 창출　122
이고(李皐)　172
이기(理氣)　180
이기(二氣)의 양능(良能)　175
이기동 교수　330
이기론(理氣論)　165, 203, 400
이념교육　386
이념의 분리　399
이데올로기　23, 229, 243
이림(李霖)　136
이발시(已發時)　145
이분법적 방편　361
이분법적으로 인식　252
이상 실현　233
이상사회　19, 130, 202, 240, 396, 412
이상적 인간　202, 204, 412, 416
이상적 인간상　201, 213, 333, 351, 396
이상적 자아　29
이상적인 공동체　362
이상적인 다문화공동체　376

이상적인 다문화사회　372
이상주의　31
이상향　412, 416
이성(理性)　84, 88, 89, 96, 106, 117, 201, 202, 205, 231, 315
이순신　156, 288, 299
이슬람　351
이승환 교수　198
이언적(李彦迪)　137
이욕(利慾)　138
이욕(利欲)　131
이웃　108, 109
이이　156
이익　128
이일(理一)과 분수(分殊)개념　407
이일분수(理一分殊)　408
이준　296
이치(理致)　73
이통기국설(理通氣局說)　165
이해(利害)　133
이해관계(interests)　201
이황　138, 156, 288
인(仁)　66, 73, 77, 78, 79, 91, 103, 105, 109, 110, 111, 114, 120, 121, 127, 128, 131, 161, 162, 176, 205, 366, 374, 406
인(仁)과 예(禮)　103
인간 중심의 경제학　244
인간 중심주의　368
인간게놈프로젝트　85
인간다움　84, 87, 89, 90, 99, 100, 103, 109, 191
인간됨　130

인간성[인간다움] 87
인간소외 315, 327
인간에 대한 사랑[仁] 43
인간의 존재적 속성 246
인간중심주의 159
인간친화지능 34, 39, 40, 44
인격 53, 117, 188
인격교육(character education) 90, 254, 316
인격교육 프로그램 269
인격적 권위 116
인격적 모델링 116
인격적 요소 53
인격적 위계 116
인격적 측면 53
인과법칙 86, 87
인권교육 289
인귀(人鬼) 175
인납(引納) 135
인도(人道) 92, 165, 171, 172, 174, 178, 179, 183
인도철학 197
인드라망 405
인류애 250, 255
인륜(人倫) 406
인문주의 407
인문질서의 확립 407
인문학 49
인물 256, 288, 300
인사(人事) 71, 142, 146
인생(人生)의 도 52
인성 171, 172, 202
인성 교육 213

인성교육(人性敎育) 160, 239, 250, 251, 266, 271, 274, 311
인성수양론 200, 201
인식론적 입장 242
인심(人心) 204, 374
인심도심(人心道心) 205
인욕(人慾) 96, 145, 410
인위(人爲) 410, 411, 415
인의(仁義) 64, 129, 130, 410
인의예지(仁義禮智) 20, 67, 161
인종·종족 기획(radical-ethnic project) 355
인종·종족적 동학(radical-ethnic dynamics) 355
인주(人主) 133
인지 도덕성 42
인지 발달 단계 119
인지과학 84, 86, 119
인지과학자 34, 39, 85
인지발달이론 90
인지상정(人之常情) 236
일반체계이론(Gerneral Systems Theory) 403
일본 123
일본 교육 265
일상생활 54, 78, 107, 274, 282
임사(臨事)의 경 371
임진왜란 152
입교(立敎) 283
입문 81
입지(立志) 284

ㅈ

자겸(自謙=自慊) 166
자공 57, 58, 367
자기(自欺)함 166
자기 계발서 49
자기 마음의 관리자(mental self-manager) 32
자기 성찰[省] 69
자기 성찰 366, 367, 368
자기결정 85
자기성찰 41
자기성찰능력(intrapersonal intelligence) 34, 35
자기성찰지능 34, 39, 40, 44
자기수양 167, 414
자득(自得) 133
자로 82, 364
자본의 논리 118
자본주의 19, 110, 114, 159, 189, 244
자아 정체성(Self Identity) 315
자아감 35
자아성찰 165, 169, 176, 182, 184, 186, 187
자아실현 29, 38, 40, 49, 266
자아존중감 29
자연(自然) 92, 161, 162, 405
자연(自然)의 도 52
자연 법칙 86
자연·초월적 관계 263
자연·초월적 존재와의 관계 82
자연 친화 324
자연과의 조화 정신 324
자연관 331

자연애 263, 293
자연적·물리적 천(天) 411
자연친화지능 34, 39, 40, 44
자유주의와 공동체주의 226
자율성 19, 25, 87, 294
자율적 도덕성 168
자율적 의지 167
자율적 존재 86
자율적인 실천 249
자전(慈殿) 151
자제력(self-control : 자신이 옳다고 느끼는 대로 하기 위해 생각과 행동을 조절하는 것) 373, 374
자주(自主) 250, 255, 293, 298
자하 57, 58, 63
작은 것이 아름답다 245
잠재력 32, 34
잠재적 영재성 32, 37
장로(長老) 140, 141
장영실 288
장인정신 156, 312
장자 344
장자(莊子) 136, 161
장자(張子) 148
장자사상 202
장재(張載) 402
재능 32, 34, 37, 39
재야사림 136, 147
재야사상 199
재야선비 137
재야학자 207
재외동포 257
저술 125, 126

적용 원리 304
적의(適宜) 127
적정화 260, 261, 282
전(傳) 69, 247, 316
전개 단계 294
전국수학능력시험 328
전국시대 55, 130
전문(篆文) 51
전생서(典牲署) 주부(主簿) 137, 149
전수(傳授) 76
전습(傳習) 69
전인적 인간 완성 279
전일론(holism) 방법 403
전중(典重) 99
전칭(專稱) 67
전통(傳統) 123, 197, 202, 247, 287, 316
전통도덕 17, 18, 19, 20, 21, 30, 41, 44, 156, 160
전통도덕교육 160
전통문화 212, 216, 287, 288
전통문화 프로그램 268
전통사상 196, 199, 288, 300
전통사회 45, 285, 293
전통예절 288, 296
전통윤리 196, 198, 200, 209, 210, 211, 212, 213, 214, 215, 216, 217, 221, 222, 227, 232, 236, 247, 250, 251, 252, 255, 266, 293, 295, 297, 298, 299, 300, 307, 309, 310, 318, 320, 333, 337, 341, 347
전통철학 196
전편 59

전환점 291
절대적 존재 370
절대주의 243
절도 115
절문(節文, 品節文章) 71
절문(節文) 128, 406
절의(節義) 122
절제(temperantia) 115, 118, 246, 250, 255
정(正) 64
정(情) 95, 96, 205
정곡(正鵠) 173
정국(淨國), 정토(淨土), 정찰(淨刹), 정계(淨界) 414
정금미옥(精金美玉) 54
정기(精氣) 94
정나라 음악 111
정당함[義] 364
정련화 216, 260, 261
정명(正名) 364, 365, 367, 375
정묘년에 사직하면서 승정원에 올린 상소문[丁卯辭職呈承政院狀] 150
정보 기반 경쟁 시대 27
정보윤리 220, 289
정보통신윤리교육 305
정보화 303, 307
정사(政事) 57, 59, 67
정서 30, 33, 88, 89, 90, 91, 101, 104, 106, 107, 110, 112, 113, 114, 117, 118, 232
정서 모델링 114
정서교육 90, 91, 110, 111, 112, 113,

115, 117, 118, 119
정서교육의 필요성 118
정서발달 단계 119
정서이론 117
정서적 공감 능력 90
정서적 공감 상태 109
정서적 동질감 326
정서적 모델링 117
정서적 분위기 112
정서적 불완전성 118
정서적 언어 115
정서적 친밀감 318
정서지능(Emotional Intelligence, EI) 35
정성(精誠) 163, 170
정수(精髓)[질(質)] 238
정시(靜時) 144
정신 85, 86, 87, 162
정신 수양 183
정신 인과(mental-causation) 86
정신의 통일성 420
정신적 가치 243, 245
정심(正心) 166, 170
정약용 46, 164, 256
정우락 교수 143, 144
정의(正義, justice) 250, 255, 293, 335
정의(justitia) 246
정의감 30, 31
정의적 도덕성 39
정의적 영역 34, 333
정의적 특성 29, 31
정인홍 125, 154

정자(程子) 106, 128, 143
정조(情操) 88
정조가 172
정주(程朱) 139
정직 250, 255, 293
정체성 123, 126, 231, 233, 289, 291, 387
정체성 형성 372
정체성 확립 259, 290
정치·경제윤리 208
정치 공동체 232
정치철학 196, 201
정호(程顥) 139
정홍순 299
제4내용영역 392
제1차 교육과정 387
제3차 교육과정기(1974~1981) 320
제4영역 자연·초월적 존재와의 관계 393
제4차 교육과정(1981~1988) 320
제5차 교육과정 223
제5차 교육과정기(1988~1992) 320
제6차 교육과정 209, 223, 309, 345
제6차 교육과정기(1992~1997) 320
제6차 도덕과 교육과정 312
제7차 고등학교 도덕과 교육과정 227
제7차 교육과정 209, 210, 211, 247, 250, 253, 294, 308, 309, 314, 321, 341, 342, 345
제7차 교육과정 개정 259
제7차 도덕과 교육과정 259
제8차 교육과정 258, 313
제 학문적 성격 239

제가(齊家) 151, 166
제례 60, 70, 77
제물론(齊物論) 161
제사(祭祀) 69, 175
제선왕의 흔종(釁鍾) 411
제자백가 417
조광조(趙光祖) 134, 136
조남국 교수 209
조남명(曺南冥) 141, 142
조상들의 자연관 324
조상숭배 69
조선 성리학 122
조식 139
조언경(曺彦卿) 134, 136
조언형(曺彦亨) 136
조절·절제 116
조지서(趙之瑞, 1454~1504) 136
조지서(造紙署) 사지(司紙) 137, 149
조화 96, 113, 313, 350, 368
조화 정신 312
조화로운 공존 348, 410
조화로운 상태 410
조화와 질서 419
조화의 자취 175
존양 145
존재론적 개념 404
존재의 실체 93
존재적 질서의식 404
존중(respect) 374
존천리(存天理) 145
존천리 거인욕(存天理, 去人慾) 96
존현(尊賢) 127

졸기(卒記) 133, 138, 145
종(終) 70
종[終, 初喪] 57
종고(鐘鼓) 99, 101
종교 85, 293
종교 윤리 220
종두법 256
종법주의 개념 357
종부시(宗簿寺) 주부(主簿) 137
종용(從容) 71, 78
종주(宗主) 58
종친부 전첨(宗親府典籤) 133, 137
종합적 영재성 32
종형(從兄) 127
좌망(坐忘) 93, 161
좌선(坐禪) 171
좌우명 163
〈좌우명(座右銘)〉 142
주5일제 수업 259
주경과의(主敬果義) 140
주공 111
주관성 84, 89
〈주남〉 100
주돈이(周敦頤) 139, 172
『주례(周禮)』 77
주살질 108
주역(周易) 172, 368
〈주역 〈계사전〉 399
주유천하(周遊天下) 130
주의집중력 28
主一無適 68
주자(朱子) 46, 56, 59, 61, 62, 63, 64, 66, 67, 68, 69, 70, 71, 72, 76,

99, 120, 129, 143, 165, 166, 167, 168, 169, 172, 175, 406
『주자가례』 19
주지주의 경향 285
주지주의 도덕교육 방법 279
주희(朱熹) 402
준법 250, 255, 293
중(中) 95, 107
중국 92, 99, 121, 197, 351
중국철학 52, 197
중국철학사상 171
중등학교 260
중복 문제 340
중용(中庸) 95, 96, 107, 115, 116, 120, 127, 148, 165, 172, 174, 176, 180, 181, 182, 183, 230, 233, 367, 369
중용(中庸)의 원리 230
중용의 원리 230, 231
중용의 체득 114
중인(衆人) 120, 131
중정(中正) 71
중층 도덕성 22, 42
중화(中和) 95
중화(中和)개념 96
즉자적으로(en soi) 394
증산교 336
증자 57, 58, 69, 167, 168, 299
증자의 삼성(三省) 75
지(智) 120, 131
지·덕·체(智德體) 266
지·인·용(智仁勇) 177
지각능력 85

지구촌 윤리 221
지기(地示=地祇) 175
지능(intelligence) 35, 39
지능 개념 34, 39
지성(至誠) 92, 109, 179, 180
지식기반사회(knowledged-based society) 23
지식변환의 원리 227
지신(知新) 234
지인(至人) 202
지인(知人) 149
지천(知天) 176, 177, 178, 181
지행(知行) 60
지행일치 318
지행합일(知行合一) 122, 156
지향성(Intentionality) 87
지향점 385
지혜(wisdom) 33
지혜(prudentia) 246
직관 92
직관에 의한 개념(concepts by intuition) 92
직업 윤리 220
진리 93, 246
진리의 다양성 159
진선미(眞善美) 229
진성(盡性) 172
진술의 문제점 249
진실무망(眞實無妄) 163, 165, 172, 183
진심(盡心) 93, 163, 374
진에(瞋恚) 410
진여(眞如) 235, 400

진정한 배움 48, 49, 50, 76
진화생물학자 85
질(質) 61, 101, 237, 238
질적인 제고 261
질정(質正) 58, 64, 74, 75, 76
질주(疾走)하는 세계 307
집중과 선택의 원리 235
집필세목 280
집필진 267, 280, 329

ㅊ

차별성 260, 289, 311, 326, 337
차별애 73
차별화 229, 261
차이의 윤리학 377
참나 각성 190
참된 도덕교육 243
참된 앎 82
참선(參禪) 161
창업(創業)의 시대 134
창의 도덕성 22, 41, 43
창의성 21, 22, 24, 25, 26, 28, 29, 31, 33, 37, 40, 41, 303, 305
창의성 교육 28, 29
창의적 리더십 교육 40
창조적 개방성 37
창조적 리더십 22, 26, 34, 40, 41
창조적인 한국인 312
책임 85, 293
책임감 103
처사(處士) 132, 134, 142, 145, 149, 151, 153
처칠 36, 298

척신(戚臣) 134
천(天) 169, 179, 182, 370
천(天)·지(地)·인(人) 324
천고불후 54
천덕(天德) 176
천도(天道) 128, 164, 171, 172, 174, 178, 179, 180, 181, 183
천도교 336
천리(天理) 71, 128, 140, 141, 142, 146, 168, 183, 406
천명 18, 96, 108, 183, 369, 410
천명지위성(天命之謂性) 408
천민 자본주의 258, 270
천방(川防) 135
천신(天神) 175
천연자득(天然自得) 144
천인합일(天人合一) 181
천자(天子) 130, 367
천자문 285, 290
천재 28, 37
천재(天災) 151
천재 개념 27
천주교 163
천지 95, 179
천지 질서 107
천지귀신(天地鬼神) 168, 169, 180
천품(天稟) 43
철학 87, 163, 208, 383, 384
철학교육 378, 380
철학귀속성 382, 386
철학귀속성 문제 382
철학분리불가능성 383
철학적 대안 203

철학적 상상력 304
철학적 성찰 186
철학적 앎 384
철학적 이성능력 89
철학함 384, 385
철학함의 작동 구조 384
청백리 정신(淸白吏精神) 221, 297
청소년 111, 114, 162
청소년 비만 115
청송(聽松) 성수침(成守琛) 148
『청허당집(淸虛堂集)』 139
체(體) 79, 217, 234, 235, 406
체(體)됨 71
체계철학(systems phillosophy) 403
체득 93, 108
체용(體用)의 관점 406
체용(體用)의 구조 400
체용(體用)의 원리 157, 217, 232, 233
체용관계 233
체용의 원리 234, 235, 236
체제순응적 인간 243
체험 프로그램 301
체험학습 261
체화(體化) 69, 76, 79, 106, 161, 280, 299
초감각주의 95
초등학교 187, 248, 260, 262, 273, 300, 306
초등학교 교육과정 247
초등학교 도덕과 교육과정 291
초월 94, 162
초월성 182, 188

초월적 존재 18, 40, 176, 181, 182, 191, 192, 201, 393, 395
초인식론 95
촉매 역할 90
총론적 성격 337
총체적 인격 163
최대도덕성 201, 202, 240
최대도덕성 개념(the maximum con-cept of morality) 202
최대윤리 360, 361
최부 297
최소도덕성 201, 202, 240, 375
최소도덕의 원리 157
최소윤리 360
추구(推究) 75
추뉴(樞紐) 130, 172, 174
추병완 교수 378
추상적 개념 263
추상적 원리 413
추악(醜惡) 93
추원(追遠) 69
춘추전국시대 404
춘풍(春風) 138
출사(出仕) 136, 149
출산 기피 현상 344
출처(出處) 122, 134, 148, 152
출처(出處)의 의리 138
출처관 156
충(忠) 69, 105
충(忠)의 가치 256
충신(忠信) 66
취미(趣味) 78
측우기 289

측은지심(惻隱之心) 109, 374, 411
치국(治國) 59, 67, 166
치신(致身) 63
치인(治人) 74, 147, 361, 366, 377
치자(治者) 74
치지(致知) 165
치지(致知)의 도 52
치허(致虛) 95
친미적 사대주의 198
친절(kindness) 374
칭찬하기 187

ㅋ

카자흐스탄 257
칸트 273
칼 만하임(Karl Mannheim) 132, 386
콜버그 38, 39
크리스트교 336

ㅌ

타당성 106, 294, 336, 387
타인 배려 115, 250, 255
타인에 대한 배려 367
타자의 실존 395
탈아(脫我) 161
탈춤 298
탐욕(貪慾) 410
탐진치(貪嗔癡) 삼독(三毒) 410
태(殆) 75
태교(胎敎) 47
태교법 116
태권도 289
태극(太極) 201, 370, 400, 402, 403

태극(太極) 개념 400
태극=리(理) 402
『태극도설』 190
태극의 초월성과 내재성 403
태사공(太史公) 130
태중(胎中) 274
태학(太學) 363
태허(太虛) 402
태화(太和) 402
택선(擇善) 178
테레사 수녀 33
텍스트 343, 347
토마스 모어(Thomas More, 1477~1535) 412
토지겸병 135
토착 신앙적 요소 340
토플러(Alvin Toffler) 23, 24
통(統) 247, 316
통시대적 가치 124
통일교육 209, 263, 382, 386, 387, 391, 396, 420
통일인문학 388
통일체적 세계관 390, 398
통일한국의 미래상 417
통치 이념 55, 134
통합교과 250, 253, 282
통합교육과정 253
통합적 정서교육 119
퇴계(退溪) 이황(李滉, 1501~1570) 96, 124, 127, 138, 140, 141, 144, 145, 150, 151, 155, 164, 296, 371
특수성 199, 200, 311, 317, 327, 372, 408

ㅍ

파시즘적인 교육 243
〈패검명(佩劍銘)〉 126, 143
패러다임 38, 316, 348
퍼즐놀이 289
페미니즘 203
편견 161, 162, 377
편지쓰기 187
평(平)과 화(和) 406, 419
평(平)과 화(和)의 세계 421
평가 125, 160, 162, 262, 326
평균 159, 160, 162
평민문학 99
평생교육 45
평천하(平天下) 18, 166, 366
평화 애호사상 156
평화·통일 293
평화 통일 250, 255
폐모살제(廢母殺弟) 125
폐부(肺腑) 167
포스트모더니즘 244
포은(圃隱) 정몽주(鄭夢周, 1337~1392) 122
포폄(褒貶) 126
표리(表裏)의 관계 147
표현[문(文)] 102, 237
표현의 자유 111, 115
품앗이 288
풍(風) 99
풍류 정신 312
풍수사상 207
풍수지리 340
풍약(豊約) 121

피아제(Piaget) 30
피터스(Peters) 113
핀란드 274
필위지학(必謂之學) 59, 62

ㅎ

하늘과 인간[天人] 361
하민(下民) 69
하잔(B. Chazan) 242
하학(下學) 77, 155
하학과 상달[下學上達] 361
하학이상달(下學而上達) 77
학(學) 51, 52, 59, 60, 75, 77
학교지식 212, 224, 228
학교지식[교과의 내용] 230
학급당 학생 수 254
『학기유편(學記類編)』 143
학문(學) 48, 63, 64, 78, 146, 195
학문공동체 158
학문적 정체성 196
학문적 특수성 231
학문적 합의 311, 336, 337
학문중심 교육과정 230
학문지식(disciplinary knowledge) 197, 198, 199, 200, 207, 210, 211, 213, 216, 223, 224, 227, 228, 230, 234, 237, 239
학문활동 125
學文 51
학습(學習:배움과 익힘) 59
〈학이(學而)〉 130
〈학이〉편 46, 47, 56, 58, 59, 63, 72, 79

찾아보기 **475**

학이불사(學而不思) 75
학이시습(學而時習) 60
학이시습지(學而時習之) 46, 55
학제적 접근 260
한 민족 철학자 대회(제4회 한국철학 자연합대회) 389
한국 문화사 교육 210
한국 민족 정신 탐구 312
한국 정체성 교육 207, 210, 217
한국교육개발원 312
한국국민윤리학회 312, 321
한국도덕윤리과교육학회 312
한국문화의 특수성 381
한국사회과교육연구회 312
한국윤리 197, 198, 200, 227
한국윤리사상 268
한국적 주체성 311, 313, 315, 345
한국적 특수성 199, 200, 347, 372
한국전례연구원 330
한국전통윤리 199, 200, 208, 209, 234
한국전통철학 206
한국전통철학[한국학] 200
한국정신문화연구원 312
한국철학 198, 346
한국학(韓國學, koreanology) 196, 199, 209, 213, 214
한문(漢文) 285
한문적 소양 344
함영(涵泳) 78
합리성 202, 231, 232, 240, 300
합리적 이성주의 204 260
항상성 404

항심(恒心) 411
해외결혼 353
행도(行道) 124
행복 29, 36, 49
행복한 도덕 22
행사(行事) 121, 155, 165, 183
행유여력학문(行有餘力學文) 59, 61
향교(鄕校) 290, 363
〈향당〉 107
향례 60, 77
향원(鄕原) 107
허경암(許敬菴) 75
허사(虛詐) 172
허정(虛靜) 95
허준 288
헌릉참봉(獻陵參奉) 133, 137, 149
〈혁대명(革帶銘)〉 143
현대 윤리학 384
현대문명 21, 203, 324
현대물리학 203
현대사회 45, 90, 114, 118, 122, 164, 189, 234, 237, 239
현대생활과 윤리 211, 217
현대적 선비 21
현상(玄想) 75
현상적 부조리 403
현상적 분리 418
현상적 존재 402
현상학적 질서 403
현실 지향적 관점 389
현실과 이상[생멸(生滅)과 진여(眞如)] 232, 235

현실적 적용[用] 120
현자(賢者) 66, 131
혈구지도(絜矩之道) 367
형상(形狀) 없는 형상 95
형성(形聲) 163
형성(形聲) 글자 51
형이상학의 세계 245
형이상학적 근거 395
형이상학적 본질 402
호국 정신 221
호모 에티쿠스(homo ethicus) 272
호인(胡寅) 68
호학(好學) 76, 83
혼례의 절차 343
혼정신성(昏定晨省) 60, 77
홀론 403
홀론적 사고 403
홉스 411
홍윤기 교수 382, 386
홍흥조(洪興祖) 61
화(禍) 131
화(和) 58, 69, 71, 72, 95, 98, 107, 406, 407
화엄(華嚴)사상 398
화육(化育)의 공효 164
화이부동(和而不同) 365, 367, 375
환경교육 266, 306
환경문제 203, 315, 327
환경윤리 289, 324
환과고독(鰥寡孤獨) 17
활동주제 276, 277, 282, 283, 285
활쏘기 60, 77
황강(黃江) 이희안(李希顔, 1504~

1559) 149
황홀(恍惚) 95
회야장(回也章, 제8장) 173
회재(晦齋) 이언적(李彦迪) 149
획일주의의 양면성 352
효(孝) 57, 59, 69, 70, 105, 288
효·제·자(孝悌慈) 120
『효경(孝經)』 55, 256
효도 69, 73, 109, 170, 250, 255, 293, 296, 297
효율성 24, 48, 49, 240, 293
효제(孝悌) 66, 67, 73
효친·경로 사상 313
후비(后妃) 98
후쿠다 야스오(福田康夫) 264
훈고학 358
훈민가 256
훈신(勳臣) 134
휼고(恤孤) 67
흥선 대원군 256
희(希) 94
희랍 197

기타

anti-bias education 378
anti-prejudice education 378
MQ(Moral Quotient, 도덕성 지수) 272
18개의 주요 가치 덕목 292
1인칭적 주관성 86
2007 개정 교육과정 210, 211, 212, 215, 217, 223, 227, 348, 349, 393
2009 개정 교육과정 210, 212, 214, 217, 222, 223, 348, 351, 387

20개 가치·덕목　252
21세기 문명　244, 307, 315, 347
3분 명상　184, 185
40개 요소　252
4개의 하위 영역　318

4P(Person, Process, Product, Press/Place)　29
8과 1/2지능　34
8조목　165
9.11 테러　351

장승희(張承姬)

서울대학교 윤리교육과를 졸업하고 같은 대학원에서 석사·박사 학위를 받았으며, 성균관 대학교 대학원 동양철학과 박사과정을 수료했다. 민족문화추진회(현 한국고전번역원) 국역연수원에서 3년간 수학하였고, 서울대학교와 동국대학교에 출강했다. 현재는 제주대학교 교육대학에 재직 중이다. 저서로 『다산 윤리사상 연구』(경인문화사, 2006 학술원 우수학술도서), 『전통윤리교육론』(경인문화사, 2008 학술원 우수학술도서), 『도덕교육, 그 성찰과 모색』(양서원, 2013)이, 공저로 『인격: 고대로부터 현대에 이르기까지의 인격의 의미』(서울대학교출판부, 2009 학술원 우수학술도서), 『양심: 고대로부터 현대에 이르기까지의 양심의 의미』(서울대학교출판문화원, 2012), 『도덕윤리과교육학 개론』(교육과학사, 2013) 등이 있다.

유교와 도덕교육의 만남

2013년 12월 20일 초판 1쇄 펴냄

지은이 장승희
펴낸이 허향진
펴낸곳 제주대학교출판부

등록 1984년 7월 9일 제주시 제9호
주소 (690-756) 제주특별자치도 제주시 제주대학로 102
전화 064-754-2275
팩스 064-702-0549
http://press.jejunu.ac.kr

제작 도서출판 보고사
주소 서울특별시 성북구 보문동7가 11번지
전화 02-922-2246

ISBN 978-89-5971-095-9 03190

ⓒ 장승희, 2013

정가 23,000원
사전 동의 없는 무단 전재 및 복제를 금합니다.
잘못 만들어진 책은 바꾸어 드립니다.

이 도서의 국립중앙도서관 출판시도서목록(CIP)은 서지정보유통지원시스템 홈페이지(http://seoji.nl.go.kr)와 국가자료공동목록시스템(http://www.nl.go.kr/kolisnet)에서 이용하실 수 있습니다. (CIP제어번호: CIP2013026180)